# 法律和社会科学

## 司 法 的 社 会 科 学

第19卷第1辑

—

侯猛　程金华　主编

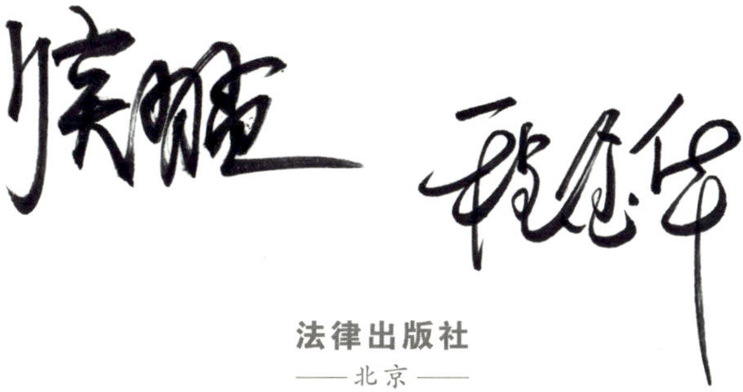

法律出版社
—— 北京 ——

图书在版编目（CIP）数据

法律和社会科学. 第19卷. 第1辑 / 侯猛, 程金华主编. -- 北京：法律出版社, 2021
ISBN 978-7-5197-6085-4

Ⅰ. ①法… Ⅱ. ①侯… ②程… Ⅲ. ①法律－文集 Ⅳ. ①D9-53

中国版本图书馆 CIP 数据核字(2021)第212570号

法律和社会科学(第19卷第1辑)
FALÜ HE SHEHUI KEXUE
(DI-19 JUAN DI-1 JI)

侯　猛
程金华　主编

责任编辑 高　山
　　　　 邓颖君
装帧设计 鲁　娟

出版发行 法律出版社
编辑统筹 学术·对外出版分社
责任校对 王晓萍
责任印制 陶　松
经　　销 新华书店

开本 880毫米×1230毫米 1/32
印张 13.625　字数 288千
版本 2021年12月第1版
印次 2021年12月第1次印刷
印刷 天津嘉恒印务有限公司

地址：北京市丰台区莲花池西里7号(100073)
网址：www.lawpress.com.cn
投稿邮箱：info@lawpress.com.cn
举报盗版邮箱：jbwq@lawpress.com.cn
销售电话：010-83938349
客服电话：010-83938350
咨询电话：010-63939796


书号：ISBN 978-7-5197-6085-4　定价：68.00元
凡购买本社图书，如有印装错误，我社负责退换。电话：010-83938349

# 法律和社会科学 第19卷第1辑



## 主 办 单 位

中国人民大学法学院法律与社会跨学科研究中心

中南财经政法大学基层法治研究所

北京大学比较法与法社会学研究所

**投稿系统：** https://flsk.cbpt.cnki.net/

**微信公号：** LSS_2014

# “司法的社会科学”专号

## 目　录

## Contents

《法律和社会科学》(2020)　第19卷第1辑,第1~54页

# 司法研究问答

陈杭平　程金华　戴孟岩　侯　猛　侯学宾
刘　洋　孙海波　张剑源　朱明哲*

**编者按:**司法研究的现状如何?未来会怎样?我们设计了若干个问题,邀请到九位青年学者来回答。他们来自法理学、法律社会学、法律实证研究、比较法学、犯罪学、诉讼法学、国际法学等不同领域,结合他们自己的研究经历,娓娓道来,从而勾勒出司法研究的整体图景。

* 陈杭平为清华大学法学院长聘副教授,程金华为上海交通大学凯原法学院教授,戴孟岩为美国欧道明大学(Old Dominon University)社会学和刑事司法系教授,侯猛为中国人民大学法学院教授,侯学宾为吉林大学法学院教授,刘洋为中国人民大学法学院助理教授,孙海波为中国政法大学比较法学研究院副教授,张剑源为云南大学法学院教授,朱明哲为中国政法大学比较法学研究院副教授。此次对话来自第六期司法研究方法工作坊(2020年8月29日)。

## [一] 你如何或因何关注司法研究

**陈杭平**:我在 2003 年赴河北省固安县人民法院做社会实践。每天跟法官坐着小面的,一起从县城到柳泉乡派出法庭,同吃同行同办案,算是第一次真正接触到基层人民司法。硕士期间,我跟随王亚新教授奔赴全国多个地方法院进行实证调查。从为获得进入现场的准许,而不得不在餐桌上与相关人员推杯换盏,到待在法院档案室抽样、翻阅、摘抄(在裁判文书网上公开尚未到来的年代,这几乎是大批量查阅裁判文书的唯一方法)。在这一过程中,我对实践中的司法制度、诉讼程序的真实面目有了更直观、具体、深入的了解。我的专业是民事诉讼法学,诉讼程序与司法制度不分家,离开特定的司法制度作框架和支撑,诉讼程序难以"独善其身"。因此,我关注司法研究也可谓是理所当然。

**程金华**:学习法律的人,难免会关注司法研究。就"关注"而言,我大约在北京大学读研究生时就开始关注了。后来更加具体的事例是,2002 年,当时我在中国社会科学杂志社担任编辑,因为对苏力老师的《送法下乡——中国基层司法制度研究》(以下简称《送法下乡》)①一书特别关注,就在《中国社会科学》2002 年第 3 期上专门组织了几篇文章讨论这本书。② 此后,在美国读书期间,我的博士论文也涉及中美两国的司法制度和司法地方保护主义问题。而真正开始比较深入、系统、实证地研究中国司法制度的契机是,我于 2013—2014 年在上海浦东新区人民检察院挂职担任检察长助理。在这一年,我比较深入地观察浦东新区人民检察院的人与事,也有很多收获。在挂职期间,促成我系统研究司法制度的一个具体原因是,当时浦东新区人民检察院刚好在承担最高人民检察院的一个年度重点理论课题,主题是检察人员的分类管理改革。该课题的立项早于党的十八届四中全会之后关于员额制改革的方案,还是很有前瞻性的。我受时任检察长的委托实际主持该课题,做了两件事:一是到山东、重庆等地检察院进行实地调查,了解已经开展检察人员分类管理改革试点单位的情况;二是在浦东新区人民检察院同事的协助下,对全国 1700 多名检察人员进行问卷调查。这一研究尝试进行了定性研究和定量研究的结合。通过这次研究,我对中国司法制度的实证研究有了更多的直观感受,也强化了对司法研究的兴趣和精力投入。

**戴孟岩:**大学时一开始对法律感兴趣,后来接触到了一些美国犯罪学方面的教材,觉得里面有很多关于惩罚和犯罪的哲学思考,慢慢也开始思考法律制度带给社会的影响。这

① 参见苏力:《送法下乡——中国基层司法制度研究》,中国政法大学出版社 2000 年版。

② 如萧瀚:《解读〈送法下乡〉》,载《中国社会科学》2002 年第 3 期;张芝梅:《〈送法下乡〉:一个读本》,载《中国社会科学》2002 年第 3 期;刘星:《走进现实的法律生活——评〈送法下乡〉》,载《中国社会科学》2002 年第 3 期。

些思考默默地把我带入到犯罪学和刑事司法这个领域。大学毕业后,我来美国读的博士学位就是刑事司法专业。毕业后我也一直从事这方面的科研和教学,主要研究美国警察。

**侯猛:**我在博士阶段才开始关注司法制度。最初主要不是因为兴趣,而是因为要报考北京大学。我硕士在中南政法学院就读法学理论专业,考博时决定还是报法理专业,并且报考北京大学。苏力当时已经因《法治及其本土资源》而名声大噪①,并且刚出版《送法下乡》。所以,就试着报苏力,也很幸运地被录取。因而在读博时,我就投入更多精力阅读司法研究的文献。不过,我在博士论文选题时并没有接着做基层法院的研究,而最终定名《中国最高法院规制经济的功能》。

**侯学宾:**这个问题说起来有点一言难尽,准确来说是一件意料之外、情理之中的事情。本科时更多的是一种漫无目的地瞎看书,不像现在大学生那么有压力有计划。尽管我专业知识没有那么精通,但坚持法治的崇高理想绝对是红彤彤的。可是我本科在检察院和法院的实习经历给理想残酷地浇了一大盆冷水。这也让自己对司法有了深深的"偏见",不屑于多看几眼。

理想主义的激情让我在硕士和博士阶段一头扎进了美国宪法解释的研究中,做了容易被人误解的原旨主义研究。后来因为各种难以言说的原因,这个研究就没有了后续,但是研究必须进行下去。条条道路通罗马,转弯改道走司法,支线开始变成主线。

---

① 参见苏力:《法治及其本土资源》,中国政法大学出版社2004年版。

这个半路出家有点意料之外，但却也是情理之中的事情。一方面，美国宪法解释研究不可能绕过联邦法院制度和法官群体的裁判实践，自己已经围绕司法研究进行了很多学术积累，只是需要转变研究对象。另一方面，工作中与司法实务部门合作的日渐增多，也驱使自己反思我国与其他国家和地区的法院制度和法官角色的相似之处。但其中也呈现出很多既有理论无法解释的景象，这本身就是一件很有意思的事。我第一篇转向司法的文章，就是通过分析我国大法官群体来检讨法官等级制。从此以后，我这个半路出家的人，就踏上了研究司法的“不归路”，也越来越感受到司法研究的魅力。

**刘洋：**我的博士论文是研究国际法院和国际法庭的司法政治。这方面的训练主要是在博士阶段完成的，包括去政治系上了一些博士生的核心课。但对司法研究的兴趣要更早一些。我在本科是一个转系生，对从外部观察法律运作的作品觉得更亲切。因为相对好入手，所以当时产生了对此有兴趣的错觉。后来就不专业地关注法律社会学方面的讨论。再后来因为偶然的机会，我在 2008 年接触到最高人民法院死刑复核的实践，开始对司法行为中如何容纳政策感兴趣。但当时还没有特别明确的问题意识，对相关的理论框架也没有什么了解。再后来辗转周折，在博士选题的时候决定追随内心，干脆写一个公认比较困难的问题。我研究的一部分内容是经典讨论，即在国际法中是不是存在“法律不明”的法律状态，国际法是否禁止法官通过宣布“法律不明”而拒绝裁判。选这个题目的一个重要考虑就是，我认为还没有什么学者从司法行为的角度写这个问题，我可能因此有一点机会

(毕业)。

**孙海波:**在硕士阶段,最初主要是对法哲学感兴趣,当时阅读也基本上是围绕英美法哲学中关于法概念或法性质展开的。研究生二年级,在确定硕士学位论文选题时,我苦思冥想,试图找到一个能够较好衔接法律理论与司法实践的议题。有一天忽然意识到“疑难案件”或许是个不错的点,是德沃金和哈特的法哲学理论激发了我的灵感。此时我主要还是在法哲学的层面上切入到司法研究的。尽管疑难案件是一个实践色彩更浓的问题,但这一阶段我主要是想在抽象层面上弄清疑难案件的基本概念和性质。故而,我的硕士论文最终定题为“当代英美法理学中有关疑难案件的问题研究”,至此之后十年的时间里,我始终围绕着疑难案件(包括周边)的问题进行研究,从司法的一般理论到司法的方法论。

**张剑源:**过去的研究中,我关注司法不算太多。我是近年来关注家事问题以后才相对系统地关注起司法问题来。因此,可以说是所关注的问题把我带回到对司法的关注上来。之所以有这种转变,与对家事司法认识的不断加深是密切相关的。首先,就家事问题来说,进入到司法和诉讼程序中的家事纠纷比例实际上是非常低的。然而,当你仔细观察那些进入到司法程序中的家事纠纷时就会发现,当亲人之间矛盾激化以致“对簿公堂”,当人情冷暖跃然纸上,成为一份份法律文书中的白纸黑字时,“身份”还是“契约”?法到底应该在多大程度上“入家门”?“清官”为什么“难断家务事”?以及更为宏观的,法律如何回应社会变迁?等等问题,都成为值得进一步追问的重要问题。要弄清楚这些问题,只关注法律规定是远远不够的,甚至很多时候,法律的“表达”

还常常会出现与社会生活“实践”不协调甚至冲突的情况。然而,如果我们将视角移回到实践领域,就会发现,家事司法实践的过程实际上蕴含了很多弥合这种不协调和冲突的可能。因此,对司法的关注将十分有助于我们理解和把握社会转型和家庭结构变迁背景下法律边界的重塑过程。其次,家事司法虽然是一个小问题,然而其所辐射出的问题域却非常宽广。传统与现代、国家与社会等相对宏观的理论范畴都可以在其中得到讨论。而且,由于家事问题的复杂性,一项好的家事司法研究还常常需要有相关学科知识(如历史学、社会学、人类学、人口学、心理学等)的引入,才能得到好的展开。因此,家事司法的研究实际上充满了非常多的可能性。无论是理论创新、实践回应,还是我们在各自领域所开展的学生培养都是非常好的切入点。

**朱明哲:**和其他所有大陆法系法学院的学生一样,我对规范意义司法研究的关注是从本科阶段开始的。实际上,我很难想象任何严肃的教义学研究竟然可以不关注司法活动。当然,这里并不是说使用一些现实或者虚构案例去阐明规范或者概念这种教学法意义上的关注,而是说司法活动的结果对法律规范的形成有建构作用。更直白地说,既然判例是一种法律渊源,那么判决在它能够改变法律规范这方面和立法并无不同,只是它们发挥作用的方式并不必然一样。在一个最极端的立场上,如果法律规范并不仅仅是立法的文本,而是每一个规则或原则在实践中的意义,每一次对法律的解释都在改变着规范的意义,从而也在改变着法律本身。而每一个规范现在的意义又无非是过去所有解释活动的总和。哪怕站在一个不那么极端的立场上,也不难认识到我们今天对某个规范的解释总是和过去不同,也随时有可能在未来改变。司法和法学在这种流变中都发挥着重要作用。的确,所有的法学研究都必然包括司法研究的部分。

对于解释性研究的关注是从我读博士时开始的。当时在博士生公共办公空间里有几个书柜放着一些重要的法学期刊供我们参考,其中有一本叫《法律与文化》(*Droit et culture*)。作为一个时常在法史学界讨论中感到自己十分没文化的人,我对这本期刊特别感兴趣,经常取来随手翻阅,借以逃避博士论文写作。上面的文章大多是用法社会学或法人类学的视角对当代欧洲某个法律现象的观察,借以探讨一个法理学或者法史学的问题。当时,我对社会科学几乎一无所知,知识背景都在教义学技术、分析法学和思想史训练中获得。这种思路对我而言既熟悉又陌生,充满了危险的诱惑。熟悉是因为这些文章研究的文本很多都是我曾经努力啃下来的经典著作,探讨的制度也往往是已经有所了解的制度。陌生则是因为作者们探讨这些文本或者制度的方式。他们使用大量司法档案,批判地审视这些在理论上得到正当化、成为我们学习典范的著作或者制度在实践中的形态,以及参与这些诉讼的人如何理解我们习以为常的那一套法律话语。虽然我当时对各种结构主义、后结构主义、功能主义等流派还十分陌生,但这种从文化和社会视角考察规范的思路破除了我关于"社会科学就是发问卷、做访谈"这样的成见,也破除了一个社恐患者对发问卷、做访谈的本能抗拒。

对描述性研究的关注比接触解释性研究稍微晚一点,但真正开始试着去做这类研究是最近的事。因为解释性研究很多作品是人类学视角下写出来的,所以必然会读到一些基于一个具体地点田野调查的民族志作品。这类作品都少不了描述性的部分。真正开始了解描述性的研究则始于阅读了福柯和布迪厄的作品后继续读那些使用他们的分析框架研究欧洲司法实践的作品。我当时的想法也很简单,就是对他们的作品感到震撼,想看看如何在法学研究中实施。还有一个比较直接的契机是博士三年级时上了拉图尔的写作指导课。他刚出了在最高行政法院的民族志作品,在博士生中引起了不小关注,所以很自然就读了他的书,成为他的小粉丝。

另外想要提一下的是,我最早读到的法律人类学作品并不是那些关于亚非拉地区的民族志报告,而是"人类学回家"后对自身文明的反思。所以,我也就找到了借口偷懒不去再学一门外语,也不用跑到一个陌生地方去做田野调查。

## [二] 你所理解的司法研究是指什么

**陈杭平:**我所理解的司法研究比较狭隘,就是以司法机关的组织架构、人员构成、职级配置、裁判行为等为对象的研究。具体一点讲,就是作为"单位"的司法机关如何构成与运作。它们由哪些人员组成,设有哪些职位、级别,各有什么权力和负有什么责任,办公及审判资源从何而来、如何保障,以及如何影响司法审判的过程和结果,等等。司法研究可以说是围绕司法机关的研究。除去按照几大诉讼法及其司法解释所规定的诉讼程序,其余与司法机关有关的都可归入"司法"范畴。当然,由于专业的关系,我不大关注公安、检察院、司法行政机关而主要集中于法院。

**程金华:**我所理解的"司法研究"是对司法体系及其运作

的研究。我们大致可以从两个维度进行分类:一个是研究的内容与对象,另一个是研究的方法。从研究内容来看基本上有四类对象:案件、人、程序和组织。从研究方法来看,大致可以区分成规范的研究和事实的研究。规范的研究主要研究与上述四类对象相关的应然法律规范(或者说"书本中的法律"),事实的研究则主要研究与这四类对象相关的事实与实然制度(或者说"行动中的法律")。不同研究对象和方法的组合,大致也构成与司法研究相关的不同学科体系与知识流派。当然,这仅是对国内司法研究的某种分类,还没有包含对司法体系的比较研究等。

**戴孟岩**:我的专业是刑事司法,在美国刑事司法专业主要研究与犯罪和法律相关的人与社会的行为。这个专业领域里的学者有广泛的学术背景,比如,社会学、心理学、公共政策、医学,等等。研究对象包括各种犯罪以及和犯罪相关的行为,也包括警察、法官、检察官、陪审团、监狱、政府以及社会组织等对于犯罪预防和发生产生反应的人和机构的各种行为。总的来说,研究对象很广泛,研究方法很多样。

**侯猛**:过去在法学院的课程设置中,《法院组织法》是独立课程,而且还比较重要。不过,这门课不知怎么就慢慢被取消了。国内的司法研究主要还是围绕法院来展开,当然并不限于法院,也包括检察院的研究,以及整个司法过程中其他各方主体的研究。例如,律师职业、司法行政机关以及公安或警察研究等。

相比之下,国外特别是美国的司法研究较为发达。也许首先与美国联邦法院,特别是联邦最高法院的地位和影响有关。司法研究既有制度研究,也有组织研究,还有人事研究;

既包括定性研究，也有定量研究；既有政治科学的研究，也有社会学、经济学的研究。总之，司法研究是多学科和跨学科研究的领域。

**侯学宾**：这是个因人而异的问题，不同的人有不同的理解和视角。司法研究当然是关于司法的研究，这是一句正确的废话。我觉得司法研究需要具备一定的特性，如实践性，面向实践中的问题是司法研究的基本立场。但这并不意味着司法研究只是对策性研究，而是要描述和提炼实践中存在的问题，概括类型化司法实践中的规律性认识。这种类型化尽可能坚持价值中立的立场。这并不是研究中的终点，尽管存在的都是有理由的，但并非都是合理的。因此司法研究需要具有强烈的反思性。这种反思不仅要面向实践中的成例，也要面向理论上的概念和观点。最终的结果要实现理论增量，顺便能给司法实践带来一点进步。

**刘洋**：我研究国际司法行为，主要围绕两个假设：第一，法官影响其他法官；第二，国际法庭影响其他国际法庭。当然，这个领域的很多研究讨论的是其他假设，比如，国家可以影响国际法官，或者国家可以影响国际法庭。但由于研究条件等限制，后者我目前涉及不多。至于这两个题目是不是被大家认为在司法研究的范围内，我其实没有太关心。

**孙海波**：法律核心在于司法，司法的核心又集中于案件的裁判，而案件的裁判又集中于疑难案件的裁判。对于司法问题的研究，大体上可以有规范和经验两种不同的进路。在我看来，司法研究可以包括三部分内容：其一，司法哲学，主要研究元理论层面的问题，比如，近年来学者们热议的同案同判究竟是道德义务还是法律义务,就可划归司法哲学的范畴;其二,司法制度论,围绕司法中具体的制度展开,这方面的例子不胜枚举;其三,司法方法论,主要研究法官在裁判实践中所运用的推理思维或论证方法,我自己所从事的疑难案件的裁判方法就属于这一部分内容。

**张剑源**:无论是法教义学,还是社科法学,都有大量有关司法的研究。即便是同一个司法研究的主题,由于研究视角的不同,常常也会有不同的研究进路,得出很多不同的结论。我可能会更关注社科法学意义上的司法研究。社科法学意义上的司法研究主要可以分为两类:一类是行动视角的研究,主要侧重于研究法官和诉讼参与人的行动、意识及态度。如"法官如何思考"、诉讼参与人的法律意识研究等就属于此类;另一类是组织和结构的视角,侧重于研究法院等司法机关的组织、结构和功能,以及司法在国家整体法治实践和国家建设中的地位和作用等。虽然切入角度不同,但无论行动的视角还是组织和结构的视角,在研究目的上却又是十分相近。从实践角度看,两类研究都旨在促进司法制度和司法实践的不断完善;从理论角度看,两类研究的成果实际上都可以与法的价值等很多传统法律理论形成对话,推进相关理论研究不断向前发展;同时也可以与其他相关学科的研究形成对话,促进法律和社会科学跨学科研究的发展。

**朱明哲**:我觉得可能应该至少区分三种不同类型的司法研究,第一种是规范性的(prescriptive),第二种是描述性的(descriptive),第三种是解释性的(interpretative)。它们分别对应规范科学、实证科学、文化科学。

对司法的规范性研究要求研究者整理和归纳判决中对

各种法律规范的适用规则、解释方法及解释结果，辨别出其中应该作为典范的部分，补充入内部融贯、外部独立于其他社会规范的法律体系之中。之所以称为“规范性”，是因为其虽然也关心法官在个案中的作为，但更主要的目的是告诉我们什么是“正确”的法律解释方法，以及什么是对某个规则的“正确”解释，亦即我们所应该采取的解释方法和应该遵循的解释。对于规范性研究而言，司法活动中最重要的是判决书的内容——亦即法官所生产的文本，而不是在个案的审理过程中发生了什么。判决书为法学方法论和法律规范本身的发展贡献了素材，留待教义学把这些初级材料整合入体系的大厦，所以这种研究进路仍然服务于体系建构，可以说是大陆法系教义学传统中必不可少的组成部分。

对司法的描述性研究则关心一个社会争议转变成法律争议、进入（或无法进入）司法程序、并最终在司法场所得到（或者得不到）解决的整个过程中，包括个人、团体和机构在内的不同行动者的所作所为以及他们之间的互动。之所以称为“描述性”，是因为这种研究首先关心的是对一连串事件发生过程的描述，并试图在经验材料的积累中寻找统计学意义上的规律，而非实践哲学意义上的规范。描述性研究只能告诉我们不同的行动者在做什么，有时候也能从策略角度解释他们为什么这么做，但很难说这种研究能告诉我们如何改进教义学。它的确可以告诉我们哪些法学方法或者哪些解释结果在何种情况下更容易得到哪些法官的接受。至于法官的接受程度是否能成为判断教义学技术运用的标准，则见仁见智了。

对司法的解释性研究则试图为行动者的决策与互动、或者在给定的时间和空间范围内某一个群体的司法实践整体赋予意义。之所以称为“解释性”,是因为这种研究要在关于行动者的决策(描述性)和他们对自己决策的正当化(规范性)的信息之基础上,进入行动者的主观世界,获得关于他们如何理解这些行动策略与正当化策略的知识。很多解释性研究试图建立某个群体心智结构的图式,并在此结构放置他们对司法活动所赋予的价值和评价、他们对司法(或准司法)过程中具体决策的观感,以及作为整体的司法与这一结构的互动关系。在大部分情况下,我们很难指望解释性的研究提供关于行动者决策的合理性(描述性)或正当性(规范性)的普遍结论,但它可以解释为何在我们看来相当不合理或不正当的决策在其他人看来相当合理或正当。

### [三] 在司法研究中,谈谈你印象最深的或最受启发的文章、或一本书或学者

**陈杭平:**本科期间读了苏力老师的《送法下乡》,兴奋不已,发现法学著作居然可以这么写。对于一个阅读面有限,并且习惯于教科书教条式写法的本科生来说,不啻于吃够了油腻的卤肉饭,来上一口清新爽口、嘎嘣脆的黄瓜条。中部欠发达地区基层司法活生生的现实,扑面而来。一口气读完后,连夜在水木清华BBS上发了几篇读书心得。其中的思路、视角,包括遣词造句,都不自觉地开始模仿苏力。虽然随着知识、阅历、见识的增长,越来越发现这部作品的局限性,但仍然有种初恋般的喜欢。有遗憾的人生才是真正的人生,有缺陷的作品也才是真实的作品吧。除此之外,王亚新、刘忠、侯猛等师友的司法研究成果也对我产生了比较深的影响。

**程金华**：我上面提过，苏力老师的《送法下乡》对我影响很大。这是一本中国基层司法制度和法律社会学研究的集大成者。尽管距离首次出版已经有二十年左右的时间了，书中的有些看法至今仍然很有嚼劲。

**侯猛**：引导我走上司法研究道路的一本书是《送法下乡》。我现在也是力求坚持苏力《送法下乡》的经验研究传统。苏力的研究至少分为前期和后期，前期以《送法下乡》为标志，强调田野调查。后期则是以《法律与文学：以中国传统戏剧为材料》①《大国宪制：历史中国的制度构成》②为标志，更注重想象力的社会科学解释力和勾连文本资料的修辞能力。前后期的研究方法论并不太一样，而我接续而且也只能接续前期的经验研究传统。

在博士论文写作阶段，读的文献就更多了，但大多集中在美国司法制度的研究。对于波斯纳、霍姆斯、劳伦斯·鲍姆，以及科斯、霍维茨的著述读的多些。不过，我读的第一本司法著作是日本学者棚濑孝雄的《纠纷的解决与审判制度》③，是大二在法院实习时读的。

博士毕业以后，就没有特别喜欢的文章和学者了。什么都读一些，但可能会有意识地去读当代中国司法的历史文献档案。这可以帮助我更好地理解中国司法制度乃至政法体制的制度变迁和运作过程。

---

① 参见苏力：《法律与文学：以中国传统戏剧为材料》，生活·读书·新知三联书店2006年版。

② 参见苏力：《大国宪制：历史中国的制度构成》，北京大学出版社2018年版。

③ 参见［日］棚濑孝雄：《纠纷的解决与审判制度》，王亚新译，中国政法大学出版社2004年版。

**侯学宾**:达玛什卡的《司法和国家权力的多种面孔:比较视野中的法律程序》①。选择强迫症患者最不喜欢这种问题,真想每一项都写一个,但懒癌患者还是占据了上风。达玛什卡这本书是我比较喜欢的,比较契合我的价值偏好,而且在司法研究上给我很多启发。第一,这本书具有较好的比较法视野。尽管司法研究应当立足于中国实践,但分析和解决问题却需要具备国际视野,才能突破地方性知识的桎梏。第二,这本书对理想类型的提炼具有启发意义。司法实践中的问题丰富复杂,但在研究中如何能进行较好的类型化或概念凝练是件颇具挑战性的事情。达玛什卡的研究依托于不同国家和地区丰富的法律程序实践,提炼出两种理想类型,给我们提供了一个较好的范例。第三,这本书并不是孤立地思考和分析司法制度实践,而是将其置于整个国家权力运行体制中。这对于研究我国司法实践中的问题具有直接的借鉴意义。比如,对于我国具体司法制度的研究,不能只是局限于司法场域,而是需要从整个政法制度,甚至是国家权力配置和运行的高度进行分析,才能避免盲人摸象的困境。

**刘洋**:就重要性而言,应该是牛津大学出版社 2011 年出版的赫尔什·劳特派特(Hersch Lauterpacht)的 *The Function of Law in International Community*(《法律在国际社会中的作用》),原版出版于 1933 年。②

几乎没有人否认国际法规则并不完善,但国际法院可不可以因为不存在相关规则而拒绝裁判呢?劳特派特的回答

---

① 参见[美]米尔伊安·R. 达玛什卡:《司法和国家权力的多种面孔:比较视野中的法律程序》(修订版),郑戈译,中国政法大学出版社 2015 年版。

② Hersch Lauterpacht, *The Function of Law in International Community*, Oxford University Press, 2011.

是,不行。然而,作出这个回答要过好几重关口,包括内部视角的教义的处理,以及外部视角下对国际法院功能以及司法在国际法体系中位置的理解。在本书重印时,写长篇序言的作者指出,这仍然是国际法的核心问题。从这个意义上而言,这是最重要的国际法著作。但作者是一个国际司法的参与者,不是观察者,所以这本书不适合作为研究国际司法的入门读物来模仿。当前文献里面研究的假设、方法、材料都与本书存在很大区别。不过,玄一点来说,能否读出这本书的好,是检验对这个领域的研究地图是否具有基本把握的标尺。这本书提醒从事国际司法研究的学人不要把自己圈起来玩,司法研究关乎最核心的问题。我选这本书,意在说明国际司法研究与其他理论研究的关联。如果要模仿参考,我推荐埃里克·波斯纳(Eric A. Posner)和米格尔·德·菲格雷多(Miguel F. P. De Figueiredo)的 *Is the International Court of Justice Biased*?(《国际法院有偏向吗?》)这篇论文。①

小波斯纳不用多介绍,2005 年发表此文时他跨界进入国际法研究不久。文章用数据说明国际法院的判决与法外因素存在关联,引发了一系列批评和讨论。一个外行教授的论文,甚至引来国际法院院长在美国国际法学会的年会上专门与其对话澄清。这可能是第一篇关于国际法院全数据的实证研究。在此之后,在这个话题上最有力的批评和讨论几乎都是通过严肃的实证研究来完成的。

另外一篇则是理查德·斯坦伯格(Richard Steinberg)的 *Judicial Law-Making at the WTO: Discursive, Constitutional, and Political Constraints*(《世贸组织的司法造法:话语、基本

① Eric A. Posner and Miguel F. P. De Figueiredo, *Is the International Court of Justice Biased*?, 34 The Journal of Legal Studies 599, p. 599-630(2005).

法律与政治的三重约束》)。① 他的文章阐明了国际法庭的缔造者(虽然带有承认霸权意味,姑且先这么说吧)怎么设计和实现对法庭的和法官司法行为的控制。这篇文章其实有隐形的限制条件,有待其他学者挖掘讨论,并且对照今天的状况来思考。

**孙海波**:对我从事司法研究影响最大的一本书是德沃金的《法律帝国》②。不少学者将其看作是一本纯法哲学的著作,但在我看来,这本书不仅处理了法概念的问题,更为重要的是它还关涉司法裁判本身,比较完美地阐释了法概念与裁判理论之间的关系,因而也可以将其当作是一本绝佳的司法理论方面的作品。德沃金是在疑难案件问题上着墨最多的学者。他关于疑难案件的界定、自由裁量的性质、法律的建构性解释对我硕士、博士论文以及后续研究产生了深远影响。

**张剑源**:之前在有关司法的阅读过程中,我对美国学者约翰·莫纳什和劳伦斯·沃克的《法律中的社会科学》③、波斯纳的《法理学问题》④以及苏力的《送法下乡》印象比较深刻,这些成果极大地拓展了我对司法和法学的认识。后来,聚焦于家事司法领域的研究,瞿同祖的《中国法律与中国社

---

① Richard H. Steinberg, *Judicial Lawmaking at the WTO: Discursive, Constitutional, and Political Constraints*, 98 The American Journal of International Law 247, p. 247-75(2004).

② [美]罗纳德·德沃金:《法律帝国》,李冠宜译,时英出版社2002年版。

③ [美]约翰·莫纳什、[美]劳伦斯·沃克:《法律中的社会科学》(第六版),何美欢等译,法律出版社2007年版。

④ [美]理查德·A.波斯纳:《法理学问题》,苏力译,中国政法大学出版社2002年版。

会》①、费孝通的《乡土中国　生育制度》②、梁漱溟的《中国文化要义》③以及梁治平的《寻求自然秩序中的和谐》④四本书对我的相关研究有非常大的影响，帮助我建立起了研究中过的历史感，也启发我要注重研究过程中的比较分析。再后来，贺欣老师有关家庭问题的法律社会学研究，以及侯猛老师有关法律和社会科学的相关研究对我有很大的影响，启发和促使我在微观研究基础上，不断努力深化理论提炼和理论思考。听说贺欣老师的《街头的研究者：法律与社会科学笔记》⑤即将出版，我非常期待读到这本书。

**朱明哲：**布迪厄所写的《法律之力：法律场社会学的基础》是对我影响最大的一篇文章。⑥ 这篇文章展现了一种把法律实践动态实践展开观察的无限可能。和每一个社会空间一样，法律场的现状都无非是行动者之间无穷无尽、永不停止的交换、合作、共谋、斗争在此刻的凝结。当聚合于这一刻的社会条件让新的社会实践成为可能、施加限制的同时，它们也为新实践所创造的新条件打开了大门。如同物种进化：每一种随机产生的基因突变只有在适应当时“环境”的情况下才能保留下来，也同时成为环境的一部分，要求其他的突变适应它的存在。换言之，结构/现实和实践/表象之间

---

① 瞿同祖：《中国法律与中国社会》，商务印书馆 2010 年版。

② 费孝通：《乡土中国　生育制度》，北京大学出版社 2020 年版。

③ 梁漱溟：《中国文化要义》，上海人民出版社 2018 年版。

④ 梁治平：《寻求自然秩序中的和谐》，中国政法大学出版社 2002 年版。

⑤ 贺欣：《街头的研究者：法律与社会科学笔记》，北京大学出版社 2021 年版。

⑥ Pierre Bourdieu, *La force du droit. Éléments pour une sociologie du champ juridique*, 64 Actes de la Recherche en Sciences Sociales 3, 3-19 (1986). 中文版参见[法]布迪厄：《法律的力量——迈向司法场域的社会学》，强世功译，载《北大法律评价》第 2 卷第 2 辑，法律出版社 2000 年版。

并不存在一种决定另一种的决定论关系。它们时刻处于动态的对话和变化之中。这种关注法律实践永恒动态特征的研究完全不同于以确定性为追求的法学研究,可以说就是从读完这篇论文开始,我逐渐放弃了对确定性的关注。

## [四]你如何展开研究司法领域中的具体问题

**陈杭平:**我想举迄今为止在我所做的司法研究中,最自得的一篇论文为例。我国当下的法院相较于西方的法院很特别,可以说是Chinese Exceptionalism(中国例外论)的一个典型。在过往的研究中,总是自觉或不自觉地使用西方的话语、理论,并且以西方式法院为理想类型,来描述和评析中国法院,当然更多的是对后者的批评。我国的法院当然存在诸多问题,理应遭受批评。但对研究者而言,"是什么?"、"为什么?",永远比"怎么办?"更重要。我国特有的这种法院组织是怎么来的?真实的面貌到底是什么?在理论上怎么概括描述,或者如何概念化以发掘在理论层面的一般意义?带着这种好奇心、求知欲,我竭尽所能,通过各种途径收集各类纸面及电子的地方志、审判志、司法年鉴、法院内部规范手册等,并跟法院内的朋友访谈提问。随着细节一点一点的汇集,我心目中有关新中国成立后法院组织的历史脉络、重要节点的想象也逐渐清晰起来。在此基础之上,我找到审判与司法行政两个抓手,提炼出"合一制"概念。概言之,就是在法院内部,审判人员与司法行政人员在"编制"、待遇、考核、升迁等方面不能截然区分开。这样一种审判与司法行政相互交织、难以区隔的组织结构是怎么产生的,有哪些主要特征,对司法审判的质效有何影响,构成了研究的核心内容。

本文最终以《论中国法院的“合一制”——历史、实践和理论》发表在《法制与社会发展》2011 年第 6 期。① 虽然已经过去将近十年，但引用率似乎在逐年增长，我还是挺开心的。虽然近年来中国司法改革如火如荼，法院组织结构有了重大变化，但该文的基本观点仍未过时。在此基础上，我又写了 *The "Adjudication - Administration Unified System" of Chinese Courts and its Changes*② 一文，对近些年来的改革有所回顾和评析。

**程金华**：前面提到，在浦东检察院挂职期间，我——被动地——接受了研究司法人员分类管理改革的问题。当然，这个问题也是个真问题。虽然分类管理改革已经启动多年，初始设计的改革任务，很多也已经“落地”。但是，即便改革举措落地，也不意味着这些制度设计在现实之中就有了生命力。有些制度设计一开始就歪了，有些则是实施过程中走样了。应该说，关于司法人员分类管理还有很多值得探讨的地方。由于我自己对实证研究感兴趣，研究的视野基本上属于法律社会学的范畴，因此我的司法研究更多关注司法体系及其运作的实际社会效果，而不是从诉讼制度的角度去看它们的应然规范。当然，司法体系及其运作有很强的规范性——正当程序来自程序实践的合法性。但是，我自己有个强烈的偏好，就是要务实地看待中国当前司法体系及其运作中存在的问题，以及未来的改革方向。说真心话，欧美日等地的司法体系可以作为我们的学习对象和参考模型，但不能把我们

① 参见陈杭平：《论中国法院的“合一制”——历史、实践和理论》，载《法制与社会发展》2011 年第 6 期。

② Chen Hang-ping and Zhang Shi-chao, *The "Adjudication-Administration Unified System" of Chinese Courts and its Changes* (forthcoming).

自己硬生生给套进欧美日模式的笼子里。白建军老师经常说,要用鞋去套自己的脚,而不是用自己的脚去适应固定的鞋子。这就是最根本的实证精神。除了人员分类管理改革,我近期主动关注的一些司法领域的具体问题,也是基于这样的想法开展的。这些问题包括:如何科学地测量中国法院的“案多人少”问题?新科技是否以及如何带来中国司法体系的结构性转型,并如何解决“案多人少”问题?如何在中国的政法语境中看待法院的组织化与组织结构?如何实事求是地建构中国未来的法院组织体系?

**戴孟岩:**在研究警察的程序正义问题时,我采用了三个方法。第一个方法是给警察进行这方面的培训,然后在培训前和培训后进行问卷调查来研究警察关于程序正义的态度变化。第二个方法是对警察的实际工作进行系统性观察,来研究警察的行为是否符合程序正义的要求。第三个方法是对和警察有过接触的民众进行访问,从民众的角度来考察警察的程序正义问题。具体来讲,关于警察的程序正义研究,很多都是从民众的心理问卷调查出发,琢磨什么情况下民众有意愿去支持警察和遵守法律的。这些研究集中于程序和结果的相对重要性,反映的也只是民众在做问卷的时候所表达的态度。从现实意义来讲,所缺失的是对民众真实行为的分析。换句话说,意愿不一定转化为实际的行动。现代科技的发展给研究提供了很多便利。在我的项目里,我们随机取样警察执法记录仪的视频资料,并对它们进行了一年多的系统性观察,来了解警察和民众接触时的真实行为。这些数据配合警察的问卷和民众的问卷,就构成了全方位的研究方法。对警察的培训也同时把科研和实际警务工作相结合,帮助警察提高公信力，对社会产生正面影响，实现科研的价值。

**侯猛：**我做法院研究主要还是法律社会学的进路，即研究法院组织、法院政策的运作过程和影响。以我的博士论文为例，题目是《中国最高法院规制经济的功能》。当时大家都扎堆去研究基层法院，我就觉得还是不要蹭热点；而最高人民法院这一块，那时大家都热烈讨论最高人民法院的政治功能，包括讨论宪法司法化等问题。我选择敬而远之。后来我注意到了最高人民法院二审的中福实业担保案的判决，便以此为切口，研究最高人民法院对社会经济生活、对市场的影响。主要还是采取访谈和调研的方式，而不是规范性的文本分析。

现在回过头来看，当时有些热点问题可能并非是中国制度框架内的真问题。总之，对于热点问题要保持适度距离和冷静思考。我自己十几年来做法院研究的经历，在第一届社科法学研习营上和学员们交流过。这篇讲稿后来收入《法律的经验研究：方法与应用》读本。[①]

**侯学宾：**司法领域内的问题依然是法律问题。这句看似无聊的话其实想表明，不管是偏重制度结构的研究，还是侧重司法职业群体的研究，都应当包括法律之内与法律之外。比如，我在研究法官等级制的时候，发现这个制度几乎处于一种被废置的状态，为什么会这样？这就是我要研究的问题。首先来说，一个正式的制度是建立在一系列的法律、司法解释和规范性文件之上的，梳理和分析这些规范是研究的基础，只有如此我们才能把握具体制度的目的或者其规范性

① 参见王启梁、张剑源编：《法律的经验研究：方法与应用》，北京大学出版社 2016 年版。

指向的目标。当然,在构成制度的规范内部可能无法很好地解释实践中存在的问题,这也要求我们要跳到法律之外进行观察和分析。其他社会科学提供的理论工具,有助于我们更准确地分析和解决问题。如果没有前面法律之内的分析作为基础,我们可能会失去法律的维度。如果没有后面法律之外的分析的引入,那么我们可能会固步偏狭。

**刘洋:**具体的作品还在努力中。比如我关注国际法院或者法庭行政系统对司法的影响。国际法的实证研究,特别是针对案件的,做到全样本一般不是特别困难。我用了一些量化分析。在另外一个研究中我用了对法官的访谈,但这种研究设计需要很多条件的配合,在大多数情况下可能难以实现。

**孙海波:**司法领域中的很多问题,往往会展现出两面性:一方面是较强的实践性,另一方面是理论性。我曾一度对"姓名权争议"有兴趣,通过观察司法实践中对姓名权的各种限制(尤其是不当限制),从法理论的角度切入,讨论姓名决定自由以及法律如何正当干预。对于这个议题,我首先梳理了司法实践中的个案,描述在这些个案中相关主体是如何限制公民姓名权的。我发现其限制理由既有形式层面的,也有实质层面的,其中实质层面最核心的便是违背公序良俗。最高人民法院第88号指导性案例遵循的正是这个思路。其次为了剖析以公序良俗限制姓名决定自由是否正当,就要弄清楚何为公序良俗,在司法实践中如何去把握和判断公序良俗,这既涉及民法的一般理论,更涉及法理论中对于道德的认识。这样一项研究立足于司法实践中的现实问题,通过使用法理论的概念和分析工具,结合经验性材料,最终形成了自己的立场。

**张剑源**：我想给大家分享之前的一项研究，是有关撤销监护权案件司法审判的。之所以会研究这个问题，是因为在调研过程中了解到一起有关撤销监护权的案件。该案的过程非常复杂。最终，法院撤销了一名长期遭受家庭暴力的男孩的父母的监护权，并指定由当地儿童福利院行使监护权。我在调研过程中了解到案件的全过程。当时，我就在想，法官在撤销还是不撤销之间到底应该如何考量？怎样的判决对于未成年人是最好的选择？虽然法律上也作出了“按照最有利于被监护人的原则”的规定(《民法典》第36条)，也列举了一些“可撤销”的情形，但究竟如何才是“最有利于被监护人”的情形呢？这是我非常想弄清楚的。基于这个调研中提出的问题，我搜集了更多有关撤销监护权的案件进行分析，发现法官的考量因素是非常多样的。首先，是被监护人到底有没有处在危险之中？法官对这个问题的考察主要回应立法中有关“可撤销”情形的规定，是必要的、基础性的考量要素。但除此之外，我们在案例中还看到了法官对其他一些因素的延伸性考量，比如，法官得考虑后续监护能力的问题，还得考虑后续监护意愿的问题，而不是一判了之这么简单，否则极有可能“案”结了，但“事”却没有真正解决。很显然，法官对这一系列因素的综合考量，体现出很强的能动性，不仅实现了对“法律真实”的查明，同时还在很大程度上通过对“看不见的事实”的关注和查明，从实践的角度真正地回答了怎样的判决才是“最有利于被监护人的”。实际上也就是使判决更加契合立法目的，弥合了法条与实践之间的距离。

**朱明哲**:我博士毕业后主要的研究是在包括法制史和思想史的法史学领域。我试着把立法、司法、学说看作三种相互作用、不具有相互决定关系、其合力形成了“法律规范”转瞬即逝之暂时样态的实体,然后从某一个时间段或者某一个事件入手,展现这些不同的法律渊源(及站在它们背后的男男女女)如何在一个具体的历史条件下,利用自己所能掌握的社会资本进行互动。在这个意义上,我自己进行的法史学研究总体上是描述性的,而且只把司法作为一个组成部分。

2018年起,我开始关注“生态文明”的司法实践,开始转向一种聚焦司法、解释性的研究计划。这一计划使用未经明确界定的“法文化”作为中介概念,试图展现法律实践—法文化—法规范之间的反思关系。一方面,法律实践是法文化的一部分,一种特定文化所确定的意义体系决定了法律实践的可能性;另一方面,法律实践不但可以作为一面镜子帮我们认识一种独特的文化系统,其本身也是法文化发展变迁的动力。每一种法文化都是法律实践共同体中的行动者分散决策之合力的产物。法文化的转变也终将推动作为其一部分的法律规范的改变。

## [五]结合你的专业和教育背景,谈谈相关领域司法研究的议题

**陈杭平**:从民事诉讼法的角度来看,司法研究的主要议题包括:(1)法院的组织架构及管理(如审判组织的构成、司法行政部门的权限,科层制与“扁平化”组织的优劣);(2)法院的人事组成(如法官的来源、养成、考评、晋升,人民陪审员的背景、资质、履职,司法辅助人员的构成、考评、激励);

(3)法院的审判资源汲取(如诉讼收费、经费保障、办公设施及基建);(4)法院与地方党政机关的关系;(5)上下级法院的关系(如审级关系、行政管理关系);(6)独立审判权的保障(如司法行政化现象、司法责任制);(7)裁判终局性与涉诉信访;(8)审判权与执行权的关系(如执行权内分还是外分);(9)诉讼程序与司法制度、组织的关系;(10)司法的历史传统、革命传统与全球化下的挑战与变迁(可能还包括新形势下的国际司法竞争,如互联网法院、最高人民法院国际商事法庭、最高人民法院知识产权法庭)。

**侯猛:**有兴趣的同学,可以去读我2019年在《现代法学》第4期上发表的《知识结构的塑造——当代中国司法研究的学术史考察》。[①] 这篇文章对过去四十年的司法研究进展,特别是偏重经验层面的研究进行了梳理。

做司法制度的法律社会学或法律的社会科学经验研究,就议题上主要是分成这几块:一是研究组织,研究各级法院的设置、法院的内部设置,等等,侧重于组织社会学的分析;二是研究制度或机制,即对某一项具体制度,例如,对员额制、立案登记制进行经验分析;三是研究人事,也就是对法官进行经验分析。这是横切面的分类研究。如果就纵切面来看,可以研究法院的过程(process),也可以研究法院的影响(consequence 或 influence)。但不论做哪个方面的研究,都得围绕两法,即《法院组织法》和《法官法》,来展开经验研究。我们不能做脱离法律条文的社会科学经验研究,而要做法律的社会科学经验研究。因此,围绕两法或从两法出发的经验

① 参见侯猛:《知识结构的塑造——当代中国司法研究的学术史考察》,载《现代法学》2019年第4期。

研究,要重视和强化起来。

**侯学宾:**这个是需要进行文献综述才能回答的问题,在这里只能说自己比较关注,或认为应当关注的司法研究的议题。法理学关注的司法研究主要侧重于对司法哲学和司法裁判方法的研究,但是我自己比较偏重于司法制度的研究,这个似乎有点悖论,就不多说了。

**刘洋:**国际司法研究需要一篇严肃的综述。据我初步的了解,中文文献主要集中在三个问题。第一是对 WTO 造法的研究,不少发表和评价平台都关注这样的研究。不少研究主要分析的单位似乎是上诉机构,即法庭。第二是在 2014—2016 年前后,兴起的国际司法公正的研究。这一部分的研究似乎集中于仲裁员,或者说裁判者个人。第三是在国际投资仲裁领域有一部分实证观察,特别是关于投资仲裁结果是否偏向发达国家的问题。根据我粗浅的了解,第一个和第三个问题在问题意识和理论框架上与国际同行的研究跟得更紧,所以也相对成熟一些。第二个问题的成果有不少,但在方法上和框架上可能还有完善的空间。此外,我觉得在中国语境下的某些重要问题可能还没有得到重视(或者说,还没有得到出版方的重视)。一部分原因是视野被遮蔽,另一部分原因有可能是问题意识没有到位,即使放在眼前也看不见。作为国际法教师,这个债该由我们来还。只有老老实实地一点一点从教学上改进。有可能的话自己也参与一点研究。

**孙海波:**我最近两三年从疑难案件转向指导性案例制度的研究,指导性案例涉及司法制度,当然其背后也有丰富、深刻的法哲学问题。目前中国学界对案例指导制度的研究已形成了一个学术共同体,涉及的具体议题有:指导性案例的效力、指导性案例的参照方法、指导性案例的编撰、指导性案例与法律的统一适用、指导性案例的退出机制、类案检索与同案同判,等等。

**张剑源:**从法社会学的角度来说,我觉得司法研究最重要的领域还是司法与社会的互动问题。由此领域出发,可以发展出一系列相关的研究议题,比如,司法对社会变迁的回应、司法与多元化纠纷解决、司法与传媒,等等。当然,这些议题从总体上来说还都是比较大的议题,要形成具体的问题意识,就必须回到具体的案例以及真正的司法实践中去。

**朱明哲:**关于生态司法的研究议题当然不是我作为一个环境法的外行能说清楚的。不过,我认为其中对于法理学的研究者可能有意义的议题包括以下几个:"主权"这个概念在解决全球治理问题时是否还有必要;政治国家/公民社会之间的分野是否还能帮我们分析法律现象;法律/政策的区隔是否还能帮我们理解当代的法律实践;法学/科学或者应然/实然的区分是否已经构成了我们实现治理目标的障碍;自然/社会之间的割裂如何才能在司法中弥合。

## [六] 你是怎样跟实务部门打交道、做研究的

**陈杭平:**跟司法部门打交道主要分为两类:一类是正式的交流,包括学术界组织的会议及司法部门组织的会议、邀请的参观等;另一类是非正式的交流,包括个人进行的调研、访谈、聚会等。通常来说,前者比较官方,可以获得面上的信

息、数据,比较适合了解概况;而后者相对私人,可以进行个别的深入交流,印证公开数据、说法的真伪虚实。当然,后者在很大程度上取决于自身对情况的熟悉、相互的信任关系、提问交流的技巧。

首先,如果缺乏对相关领域情况的把握,难以辨别对方所言的水分、成色。表达始终是主观的,既有带着情绪、私心等的有意为之,也有受认知框架、观察视角、所处位置等束缚的不自觉的片面、狭隘。听之而尽信之,难免会被带偏。所以,没有足够的知识、信息的积累,就难以进行有效的沟通。其次,如果不能建立起相互信任关系,则司法人员很容易以官方话语来敷衍塞责。信任建立在彼此认同的基础上。既要真诚地理解司法人员的处境,对他们的工作怀有敬意并抱以同情之理解,也要力所能及地帮助其解决困难问题,如利用专业知识解答审判疑难问题。居高临下、曲意迎合都是要不得的。平等、真诚的心态很重要。

**程金华:**作为研究者,我觉得在司法部门面前要扮演好两个角色,一个是学生的角色,另一个是朋友的角色。把自己当学生,认真去了解司法系统中真实发生的事,尤其是自己不知道的事。我自己经常以审委会或者检委会举例子。的确,对于大部分研究者而言,审委会或者检委会就是个“黑箱子”。但是,黑箱子里并不一定是蛇、蝎子、蜈蚣这些恐怖的东西,也有可能是锄头、钳子这样的工具,当然也不排除有珠宝的可能。里面究竟是什么,得去了解。学习了解之后,才能判断黑箱子里面究竟装了什么。以我的观察,审委会或者检委会这个“黑箱子”,里面装的东西是非常复杂的,不能以“好”或者“坏”一言蔽之。里面的很多东西在实践中有一定的功能，不完全是好或者坏。只有当好了学生，研究者才懂得司法系统是什么，是怎么运作的。作为朋友，研究者要多多倾听法官们、检察官们面临的难处，换位思考来理解他们的所作所为。从法官和检察官们所面临的问题出发，来思考解决问题的答案。当然，法官和检察官们想要解决的问题，并不一定有正当性。但是，作为司法研究者，如果连法官和检察官们的苦衷是什么都不知道，怎么可能提出有真正意义的解决方案呢？！作为学术界的研究者，我们当然也要和实践部门保持一定距离，免得“入戏太深”。但是，作为研究者，切忌一上来就把自己当作裁判者。

**戴孟岩：**首先要对研究问题有非常透彻的了解，知道它在社会上的实际意义，还有在实践工作中相关人员最关心的是什么。这样和他们沟通的时候才会有共识。如果打交道的目的是一同做课题，而不是简单的获取数据，那么耐心很重要。毕竟科研本身不是事务部门的工作。有很多部门也对科研问题没有那么开放。很多美国的警察局都关注科研动态，对于能解决他们实际问题的科研项目也很支持。因此和他们打交道的时候，了解他们的需求是关键。

**侯猛：**2015年，我有机会去最高人民法院做法律研修学者。因此，得以进入内部观察和学习，前后待了差不多一年半。尽管不是每天都去，但得以近距离接触法官和法院的日常运转。这种体验是非常难得的。但这种体验并不意味着能直接转化成为经验研究。实际上，我自己写博士论文的那个时期，从未进入过最高人民法院，也不认识最高人民法院的法官。主要是当时年纪小，没有人引荐，自己也不认识。直到2007年才第一次踏入最高人民法院的大门。也正是因为我的博士论文发表以后,才慢慢认识更多最高人民法院的同仁,比如,首先认识的何帆。他后来对我的研究也提出过不少批评。

关于学者参与司法改革的问题。我的最高人民法院那本专著出版以后,和最高人民法院有关方面就有了较多的联系,有时也会被邀请去参加有关司法文件制定征求意见座谈会。我2015年去最高人民法院做法律研修学者,主要是在政治部的法官管理部工作。有时我也去司法改革办公室,但比较少。在法官管理部的主要工作是参加《法官法》的修改研究工作。

当然,我觉得对于学者参与司法改革应当保持一个反省态度。看似非常有名的学者参与司法改革的政策制定,不是因为学者在特定领域做得好,而是因为人家需要。你被视为专家,主要还是因为你这个时候的年纪到了。

**侯学宾:**在司法研究中,我更多地采取一种观察式的打交道,实质上就是从外往里看,但并不亲身参与到司法实践中。这种打交道的方式比较便利,因为教师职业的特殊性,会有自己的学生、朋友分散在司法实务部门中,可以较为方便地进行聊天访谈和上门调研,这也比较容易获得真实的信息。这种打交道方式的优势,就是能够较为中立客观地分析司法实践中存在的问题。可以说是旁观者清,也可以说没有利益关联。比如,在研究中,我会先将自己的问题与初步思考提出来,与在实务部门工作的学生和同学交流,听取意见,让自己的研究不至于脱离实践。但我也希望能有一种参与式的打交道,实质上就是下场打球,而不是场边解说。这种打交道方式比较难,途径也不是很多,比如可以到司法部门挂职。这种方式便于研究者同情式地理解司法实践，掌握第一手资料，但这可能让自己陷入对策式思考的陷阱或丧失中立立场。当然这都是猜测，毕竟我还没有过这种体验，但这是值得尝试的一种方式。

**刘洋：**很多做国际司法研究的人是政治学者，他们不在这一行吃饭。国际法官或者国际法律官员高兴不高兴，对他们的职业生涯影响不大。这并不代表他们的研究就一定是独立的，因为他们可能受到其他因素的限制。但他们在与国际司法机构打交道的时候确实有比较高的自由度。据我所知，有一部分人的研究完全不依赖于与司法部门打交道，只依赖公开数据。因为其他场合的交往，我认识部分国际司法机构的工作人员，但我的部分研究完全没有依靠这些关系。

**孙海波：**司法研究不应在绝缘的理论真空中进行，我们所处理的很多问题都源自实践，因此有必要进行一定的“田野调查”。2014 年，我在撰写博士论文之初，曾联系家乡徐州市的几个基层法院进行调研和访谈，获得了不少珍贵的一手材料，这些材料至今依然还保存着。这次调研经历，让我对中国基层法官的工作机制有了更深切的理解。2018 年春天，我参与一个课题项目，研究类案的判断方法问题，当时最高人民法院也十分关注这个问题，尤其是司法责任制改革强制案件的承办法官必须检索类案，而四川省高级人民法院在全国率先推出了《类型化案件检索比对工作规则（试行）》。我跟随导师在四川省高级人民法院、成都市中级人民法院以及龙泉驿区基层人民法院进行为期一周的调研，在与法官的座谈中收获颇多，也影响了我的研究。2018 年夏天，我有机会到我国台湾地区中研院法律学研究所访问三个月，此行的主要目的就是了解我国台湾地区的判例制度,期间先后访谈了我国台湾地区"最高法院"的刑事法官、"司法院"的大法官,这次访问使我对我国台湾地区的判例制度有了更准确的认识。2019年我有幸被遴选为最高人民法院法律研修学者,在研究室从事一年的访问研究,这期间参与过一些疑难案件的讨论、一些司法文件的讨论和论证,从实践中汲取了不少经验,更重要的是发现了不少真问题、好问题。从事司法研究,如果有机会一定要去法院看看,以一种参与者的视角同情式地理解司法,这样研究才会有鲜活的生命力。

**张剑源**:我认为与司法部门打交道应该秉持一种"学习—服务"的态度。首先,"理论来源于实践"。在研究过程中,与司法部门打交道,就应该秉着学习的态度。应该在对实践的观察和理解中形成理论。即便是反思性的研究,也应该是在客观了解的基础上,在"言之灼灼"中形成自己的观点;其次,司法研究所形成的理论得能服务于实践,经得起实践的检验。只有将学习和服务结合起来,才能在研究者和司法部门之间形成良性的互动。

**朱明哲**:在真正落实上述关于生态司法的研究前,一直也没跟司法部门打交道。我认为最重要的是创造一种互相信任的环境。可能还是自己作为法律人的思维定式作祟,我觉得创造互信的最好方式就是严格遵守科研伦理规则的要求,避免影响对方的工作。

## [七] 作为学者,如何参与和研究司法改革

**陈杭平**:作为学者,参与或研究司法改革的渠道很多:其

一，多多少少总有机会应邀参与法律、司法解释、规范性文件的论证甚至起草工作，可以直接参与司法改革政策的制定；其二，通过发表文章、著作，影响司法政策制定者、执行者的抉择；其三，可以接受有关部门、组织的委托，作为中立第三方参与司法改革评估，发现问题、总结经验，促进深化司法改革；其四，与司法机关合作完成课题研究，优势互补，信息共享。

**程金华**：在中国，司法体系外的研究者想参与司法改革，并不容易。但反过来说，对司法改革进行研究的最好方式之一，恰恰是参与司法改革。对于后面一点，如果有可能，可以通过实习或者挂职的方式来实现。

**戴孟岩**：对于司法改革研究，我觉得需要科研人员真正的走入社会，深度、大量收集数据，进行科学分析，摒弃个人偏见。用纯粹的科研目的引导自己。换个角度来讲，研究者不应该在开始时就有立场，并对某种结论有期待，然后找一些支持自己结论的数据或者例子，并使用逻辑分析自圆其说。只有大量的数据才能真正、客观地展示现状，才能有机会避免因自以为是而忽略问题。

**侯学宾**：这个问题问得有歧义，如何参与司法改革和怎么与司法部门打交道基本差不多，但是作为研究者如何对司法改革进行研究确实有需要注意的地方。第一，研究司法改革有宏观和微观研究之分，但都需要了解司法改革实践。这要求我们尽可能地参与到司法改革措施的制定和实施中。这种参与有很多种方式，不管是观察式还是参与式都要将眼睛看向实践，了解某一项司法改革措施的来龙去脉和实践现状。第二,研究司法改革应当具有理论上的反思性或批判性。司法改革本身就是具有法律工程性质,其试图对司法制度进行反思和改进。但它本身也需要接受实践的检验和理论的检讨,后者就是研究者的重要任务和职责,也能推动理论的不断发展。研究者不应陷入对司法改革的政策性解读或支持,应当坚持研究者的学术独立性。第三,研究司法改革还要具有一定的对策性。尽管我认为这并不是研究者的主要目标,但是研究者提出的改革建议可以为司法部门提供一定的参考,起码要有研究者的赞同或反对的声音。

**刘洋**:国际司法机构改革是一个年年讲,但不一定有机会实践的事情。不过最近恰好 WTO 和投资仲裁都出现了改革实践机会。我知道有很优秀的同事有机会参与到这个过程中,给相关国家部委做咨询、提方案,甚至直接进了国家队。我个人的看法是,作为国际(司)法研究者,我的主要读者和对话对象是同行,包括国际同行,也就是其他学者。

**孙海波**:作为理论研究者应关注司法改革的动向,如果有机会应积极参与到其中去。近几年我的研究重心从疑难案件转向了司法判例制度。一方面研究普通法中的理论;另一方面关注中国的现实实践,并尝试从比较法的角度从普通法的经验中汲取营养。当下最高人民法院推行的案例指导制度,在运作过程中主要依赖于归纳或类比的思维,普通法的实践在这方面积累了大量的有益经验,可为我所用。2017 年年底,我承担了最高人民法院的年度课题"指导性案例司法适用的现状与前景",对中国法官使用指导性案例的基本格局进行了描述,并揭示出了在使用指导性案例时面临的一些难点,对案例指导制度的进一步发展找到问题。2018 年司法责任制改革以来,以司法类案统一法律适用成为了一个重要方向,如何检索和发现类案、如何判断案件之间的相似性、如何参照类案裁判成为了迫在眉睫的问题。我在最高人民法院担任法律研修学者期间,所承担的问题就是以司法类案统一裁判尺度,并参与了《最高人民法院关于统一法律适用加强类案检索的指导意见(试行)》论证和建议工作。研究可以跟紧司法改革的节奏,但不应被司法政策或文件牵制,应关注改革背后的深层理论问题。

**张剑源:**由于这几年关注家事司法问题比较多,所以我可能更关注"家事审判改革"。对这类问题的研究,从法社会学的角度入手,我个人觉得要从提出有意义的问题开始,"以点带面"地展开研究。特别是刚开始的时候,如果研究的视角过于宏观,可能就会忽略掉一些较为基础性的问题。

**朱明哲:**写出好书可能就是作为学者最好的参与方式。

## [八]关于司法研究的方法有哪些,怎么做,各自优势在哪里

**陈杭平:**虽然我也做一些司法数据统计与分析,但主要是定性研究。在中国,做定量研究面临比较大的挑战和困境。做定量研究有个基本前提,就是社会已经相当的格式化。换言之,诸多社会现象已经极大简化,可以通过抽象数字进行均质化描述。举个例子,比如,去美国的购物广场,对于一般人而言可选的商品牌子相当有限。但当你打开淘宝,挑花眼都未必做得出决定,无穷无尽的细节会影响甚至干扰你的选择。这就是典型的低格式化社会。这意味着用抽象

的数字去描述可能无限复杂的事实,是很不可靠的。而且,在这种社会里,获得数据本身就极其困难。官方公布的数据不靠谱,自己进行实证调查成本又极其高昂,需要经济、社会、符号等各种资源。因此,定量或定性研究本身各有优劣,难分上下,但对中国司法研究而言,定性研究可能更适合。无论是“解剖麻雀”还是“勘探地质”,围绕有限的样本进行深入发掘、分析,应该能比较可靠地了解一个局部、一个侧面。如果积累了足够多的样本,中国司法的整体样态就比较清晰了。

**程金华:**我前面提到,在浦东检察院挂职期间做司法人员分类管理改革课题时,我们就已经开始尝试定性(访谈)和定量(问卷)相结合的方式。定性研究能够获得有一定深度的知识,定量研究能够获得有一定宽度的知识。如果把对司法系统的知识掌握程度视为一个“面积”的话,这个面积的大小等于知识深度乘以知识宽度。所以,司法研究中的定性和定量一定是相辅相成的。当然,知识的深度更能展现研究者对研究对象的“洞见”,通常更有说服力;知识的宽度更能展现研究者对研究对象的“众见”,通常更有代表性。如果研究者没有办法同时开展两种方法的研究,则择己所需、所好、所能,把一种方法做到极致就可以。

**戴孟岩:**两种方法没有优劣之分,在数据的量到达一定程度时候,两者方法可以合二而一。两种都可以做的很好,也都会出现很多问题。不幸的是定性研究中出现的问题远远高于定量研究,呈现主观臆断、以偏概全、过度解读等趋势。在我的研究里,我不会单单使用定性研究。我会收集很多数据,以统计分析为主,用具体的、细致的例子,来帮助理解统计分析的结果。

**侯猛**：我自己还是做定性研究，主要是基于自己的学习研究经历，我博士阶段做法律社会学，在博士后阶段又跟着人类学老师学习了两年人类学知识。而人类学是非常定性的，即使有统计，也是在定性研究内的简单计算，不是定量。因此，这些构成我的知识偏好和知识结构。但我在做司法的定性研究时，也重视数据的收集和分析。这些数据服务于对问题的因果关系或前因后果的解释。

做司法的社会科学经验研究，和社会科学研究的基本要求一样，关键就是要解释因果关系。当然，在内部存在科学主义和阐释主义的分野。科学主义强调假设验证，甚至需要理论模型，从而发现真实客观的问题与结论。而阐释主义更强调理解，强调意义，因此关注人民包括法律人对司法制度的主观认知和感受。当然，这两者并不存在严格界限，或者说两者需要结合。例如，当我们说"让人民群众在每一个司法案件中都能感受到公平正义"，那么公正感的研究，不仅需要描述，也需要测量，就需要科学主义的实证的定量研究。

**侯学宾**：在司法研究中，定性与定量都是可选择的研究方法，没有优劣之分，关键在于运用之妙。我在司法研究中更多地运用定性研究方法，定量研究方法属于辅助角色。这种配置和自己的价值偏好、研究经验和技术薄弱有密切关系。我主要运用定性分析方法，比如注重对司法制度的历史回顾和文献分析。在研究离婚诉讼裁判文书公开问题时，就对裁判文书公开制度的历史做了一个梳理，也会通过调研访谈的方式获得对问题的经验性描述，概括其中存在的规律性认识和机制。定量研究建立在对大量数据的分析基础上，需要有特定的技术和模型,这个需要专门的学习。因此,我更多地运用定量研究方法来发现问题。比如我在研究司法批复制度上,通过数据分析揭示出该制度面临衰落的危机。我也会通过大数据研究分析制度运行的有效性,比如通过对离婚诉讼裁判文书公开的大数据分析,揭示出“不公开”制度运行实践中的混乱和对个人隐私保护的偏差。另外,我对回归分析等更高级的定量研究方法则运用得比较少,主要是自己的技术能力欠缺。

**刘洋:**我用一些量化分析,我有时也用定性。但我觉得严肃的定性其实难度更大。对理论的要求更高。因为在定性研究中说清楚一个变量的定性边界其实很不容易,量化表达有时候更直接。

但定量分析需要比较复杂的训练,同时,如果你不能在研究设计上作出突破(有能力把统计、建模或者实验作为一个博士研究的子领域),那么量化研究在研究题材选择上也比较有限。我觉得对量化的挺多批评,如果视为对简单化、错误的量化研究的批评,都是很有道理的。但如果有可能的话,最好能针对这些批评来改进方法,改善量化研究。

最有效厘清对这些讨论误解的办法,可能是系统地开一个博士生级别的方法课,可能需要两年的时间。我觉得我们现在有这样的师资条件。

**孙海波:**定性研究主要是规范性的进路,定量主要是经验或实证研究。定性研究的特点是概念性或分析性的,我自己的研究主要依循的是这一进路,对于疑难案件概念性质、成因、裁判方法方面的讨论,主要是定性研究。定量研究重在经验描述,如果样本选择和统计科学,便可直观地描述所要研究的问题，这种研究比较耗时费力，相应的理论化工作不会那么强，我在研究“指导性案例的司法适用现状与前景”时，便用了定量分析的方法，检索和统计了大量的经验案例，在此基础上描述中国法官使用指导性案例的特点和难点。

**张剑源：**关于研究方法，我认为针对不同的司法研究领域和研究对象，在研究方法上应该有一定的区分度。有些适合用定量方法，有些适合用定性方法。比如有关家事司法的研究，我认为，单纯的定量研究和单纯的定性研究可能都有一定的局限。单纯的定量研究，虽然根据大量的裁判文书，可以很好地了解到法官对行为、结果、因果关系等情况的查明。然而，研究者却很难准确把握法官对与案件密切相关的亲情、伦理等“看不见的事实”的考量过程，更无法把握法官的社会后果考量等情况；而单纯的定性研究，可能又会存在代表性不够、说服力不足等质疑。根据我这几年进行家事法研究的经验，我个人比较赞成“小数据+定性研究”相结合的方法。首先，无论如何，还是应该要先有一定的调研或参与观察基础，才能明确研究的具体问题、研究目的；其次，应该有一定数量的案例作为论据和分析对象，以更好地呈现所研究问题的一般性事实面向，同时呈现法官以及诉讼参与人的一般性行为、意识或态度；最后，研究过程中，就相关问题，还必须不断地通过访谈等方式完成与案例和数据的互相验证、互相补充。特别是对于那些属于“看不见的事实”范畴的内容，更是需要通过深度访谈、参与观察来完成。总之，对于家事司法的研究来说，我个人还是觉得应该以定性研究为基础，以案例和定量分析为必要补充。但是，需要补充的是，不能把案例仅仅当作数据,而应该当作一个丰沃的“田野”,是需要去挖掘和系统梳理的,只有这样,才能充分把握所研究问题的相对整全的面向。

**朱明哲:**我的司法研究还是以定性为主,因为我对人们怎么理解自己和其他人的行动更感兴趣。这可能是我以法史学作为自己首要研究领域的惯性所致。毕竟依靠法国国家档案馆保存完整的大学教师档案去探究少数的十几个作者的心路历程,要比数数容易得多。与此同时,我们也不应该忽视统计数字的用处。在我的研究中,关于经济和社会的统计数字更多是用于说明作者的主观感受在何种程度上背离于当时的客观状况。比如,有些作者在社会与经济的不平等达到历史巅峰的时候竟会觉得人类已经走向了一个平等的社会,又有些作者会在国际贸易的保护主义最盛行的时候乐观地认为世界已经无比紧密地结合在了一起。这种冲突背后的原因相当耐人寻味。

## [九]如何发现因果关系,如何进行理论解释或理论提炼

**陈杭平:**一言以蔽之,大胆假设,小心求证。当然,假设不是天马行空的遐想,而是在特定理论脉络、观察视角下的够格的(competent)设想。

**程金华:**发现事物之间的因果关联,是科学研究的最高境界。一旦掌握了因果关系,就可以改造世界了。反过来也说明,因果关系并不容易掌握。以量化研究为例,我们比较容易发现司法现象之间的关联关系,但是往往容易被误解为

因果关系，或者被故意说成因果关系。无论是因果关系还是关联关系，作为社会科学的司法研究要求研究者在发现事实的同时，能够说明现象变化的机制（mechanism）。在我看来，变化和机制是社会科学研究的两大基石。如果事物没有变化，对此进行研究的效用很低。假设，宇宙是不会变化的，那么我们只要接受它就可以。而我们之所以要对宇宙进行研究，很大程度上是因为它是已经变化的或者/和可能正在发生变化的——在非常缓慢地发生变化。这种变化对人类（科学研究者的最终用户）就有很大意义了。它是变好，还是变坏？为什么有些变化了，有些没有变化？如何让它变得更好以及如何阻止它变坏？等等。所以，对于司法研究者而言，发现司法体系及其运作的变化，说明其变化的规律——或者说机制——就是进行了理论解释或者提炼。从变化（实证）到机制（理论），是自然而然的。成熟的司法研究，不会停留在发现事实层面，也不会为了理论而理论。

**侯学宾：**回答这个问题有点可以意会、难以言传的感觉。理论解释有点像一种演绎，将理论运用到对具体问题的分析中，比如，运用官僚科层制理论分析我国上下级法院之间的关系或者法官之间的关系，这种理论解释最忌讳的就是死搬硬套两张皮。理论提炼有点像一种归纳，通过对实践的分析和理论的反思归纳提炼出一种新的概念或理论，比如，费孝通先生提出的“差序格局”概念就是此类，但是这个相当难。

**刘洋：**大神来答吧。

**孙海波：**个案或案例是司法研究的重要抓手，研究者依赖案例，在案例之中抽取重要的信息。更重要的是，研究者要学会超越案例,案例只是分析问题的工具,通过深入到案例的背后,凝练出理论问题。我在从事司法研究的过程中,有意地将法哲学(法理论)与司法裁判理论贯穿在一起,而疑难案件就是帮助我打通这二者的一个重要桥梁。

**张剑源**:我认为,要在司法研究中形成理论,第一步必须要能够形成对现象和数据的抽象和概括,能够首先形成具有一定概括性和总结性的概念。我在《法学家》发表了《发现看不见的事实:社会科学知识在司法实践中的运用》①,在该文中,我使用了"看不见的事实"这个概念。写这个文章就是希望能够对过去我所进行的一些微观研究中的现象,进行抽象的概括。如刚才我介绍的撤销监护权案件,实际上,法官所考量的"能力""意愿"等因素,就是《看不见的事实》这篇文章所讨论的其中一种法官所考量的"看不见的事实"。这一概念形成了对相关现象的一定程度的概括。但是,这一概念的形成还不能称为是理论提炼。概念的形成只不过是第一步,只是对现象的一个相对抽象的概括。而理论的形成还必须要建立在一系列复杂的研究和深度思考基础上。首先,是形成对话。和谁对话呢?可以是与既有的理论对话,也可以是与"假想敌"的对话,要能够预估到潜在的质疑和批判。只有通过不断的对话,相对抽象的概念才会更为全面、更为坚固,并开始慢慢发生着从量变到质变的转变。其次,要想进一步成为理论,相关的抽象和概括还必须要有足够解释力,要能够指导实践。我们在很多论文中看到的"基于……理论",以及很多文章中专门有一个部分介绍"理论

---

① 参见张剑源:《发现看不见的事实:社会科学知识在司法实践中的运用》,载《法学家》2020年第4期。

基础”，实际上就表明这些被引用的理论具有一定解释力。而通常所说的“理论来源于实践又指导实践”，则更清楚地表明了一个有效的理论的独特地位和实践意义。

**朱明哲**：我们现在的社会科学研究难度似乎不在于理论解释。相反，理论解释有些过于容易了。只要熟读福柯、布迪厄、拉图尔，乃至韦伯、涂尔干的作品，我们可以很轻松地找到一个理论框架去套自己收集的实证资料。

相反，我想提一点自己对转换司法研究目光的想法。我们的司法研究现在更多把目光放在了法官、检察官、律师身上，以及可以在报纸上发声、有资源可以让自己的争议进入司法程序的人。简言之，我们的司法研究书写的很大程度上仍是“the haves”的故事。可能下一个阶段需要做的是去书写“the have nots”的历史。

史学和法学都是一种语言的艺术，所以我们的论述长期以来依赖书面保留的证据。有足够的教育水平能把自己的所思所想写下来、有足够的社会资源把这些文字公开并让一个外国的研究者看到，符合这两个条件的人在任何一种文化中都只会是极少数。毕竟美国著名史学家和社会学家查尔斯·梯利（Charles Tilly）曾经说“难以为失意者作传”。为无法自我言说者代言当然是非常困难的事业，却也是值得我们追求的事业。如果认同上述观点，那么“我们必须去理解那些属于失业者、乞丐、流氓、妓女的时间和空间……直到每个边缘人都拥有自己的领地，正如每一块土地上都有边缘人”①。

---

① André Vant & Jean-Yves Authier, eds., *Marginalité sociale, marginalité spatiale*, Editions du CNRS, 1986, p. 21-22.

具体而言,我们可以从两个方面努力。

首先,我们可以转换使用的材料。像社会史学家一样,利用司法的研究者犯罪记录、庭审记录、医疗档案、工伤和失业保险申请、税收记录、工会会员登记表。正是在这些档案之中,一片土地上的边缘人留下了他们在世间活过的证据,也留下了他们对法律的否定和法律对他们的否定。我们还可以阅读大众媒体对一系列法律争议的讨论。法学家总是习惯于高傲地宣告大众媒体误解了法律争议。我们往往忘记了,非法律人对法律的误解和法律人对法律的理解一样,都折射出文化赋予法律的意义,也折射出文化本身。不同的是,法律人的意识让我们看到文化的正面形象,而非法律人则帮我们看到文化的月之暗面。后者藏在我们的视野之外,却依然以其独特的方式存在着。一个可能让许多法律人感到不适的事实是:我们并未、也不可能垄断对法律意义的赋予。正如《法律与文化》杂志发刊词说的那样,“只有对照法律的缺位和对法律的否定谈论法律才有意义”。

其次,我们还可以换一种方式读我们习惯从中发现“法律是什么”的那些材料。我们不再问“法律是什么”,而是问“法律对于那些我们宣称要保护的人做了什么”。在这个方向上,我们需要一些知识考古学的帮助。传统的学说史研究关心人们说了什么、怎么说,亦即那些用以形成学说的“话语”。知识考古学则把话语理解为一种通过语言而为的实践,我们应该关心的是那些并不连续的话语实践所以形成的历史条件、它们彼此叠加的形态、它们转变和消灭的规则。换言之,我们不但要去展现、描述一个话语实践发生的客观条件,还要试着理解客观结构中的行动者通过有意识的实践到底做了什么。于是,作为理论载体的文本成了写作者的话语,又进一步成了他们在给定历史情境之下所为之事。当福柯通过知识考古学"杀死作者"时,他也提供了一种把伟大人物和重要事件赶出历史、向平时为幽暗所支配的角落投下一束光芒的可能性。那些没有留下名字的男男女女一直默默站在黑暗中,等待着知识考古学向他们投下的这一束光芒,照亮他们面孔。在那一瞬间,他们终于成了法律的主角。

## [十] 你现在正在或计划做哪些司法研究的议题

**陈杭平**:目前比较感兴趣的是以下几个点:司法责任制这个司法改革的"牛鼻子"似乎还没做深做透;互联网法院作为科技与司法结合的产物,对当下的法院组织、司法程序形成了重大冲击,代表了未来司法的一种可能前景和发展方向,值得研究;历史视野下中国司法与中国社会的互动关系,中国司法理论模型的提炼。

**程金华**:上面大致已经提到,我目前已经在做的司法研究问题至少包括:(1)如何对法官工作量进行科学测量,并在这个基础上进行法院人力资源的合理配置;(2)如何从宏观、中观和微观层面来审视新科技对中国法院司法体系的影响,以及在此基础上所形成的组织再造;(3)如何基于实证研究和比较研究来提炼中国法院司法的治理体系与治理能力现代化;(4)如何科学地对中国法院和检察院的司法公信力进行实证评估。

**戴孟岩**:目前的议题主要围绕警察的行为和警务工作中人工智能的应用。警察的行为研究也就是分析警察的自由裁量权。包括在和民众接触中,警察的程序正义行为、武力使用情况、对民众的帮助,等等。这个项目刚刚结束。因为大数据和人工智能是警务工作的发展方向。如何通过人工智能的方法提高警务工作的效率是我感兴趣的,也是我现在正在做的项目。

**侯猛:**我从 2012 年开始,就在做中国法院信访的变迁研究。到现在过去了七八年,情况发生了巨大变化,因此,还需要花更多精力去补充修改。以上是烂尾之一。

另外,从大的方面来说,我一直想做的工作是把社会科学引入对司法裁判过程的研究。2015 年我在《中国法学》发表《司法中的社会科学判断》①,可以说是一篇总纲性文章。最近我在写的两篇文章,一篇是判例的社会科学研究,另一篇是司法裁判过程中的人类学思维②。算是对 2015 年那篇文章的拓展,不过不是经验研究文章,但有些方法论反思的味道,主要是想与法解释学、法学方法论的研究有更多实质性的对话。

**侯学宾:**在司法研究中,我以前主要关注法官制度和司法解释制度,前者主要集中于法官角色和法官管理制度问题,后者主要集中于比较小众的司法批复和司法规定制度。现在计划转向司法研究中的裁判文书制度。其实这属于一个大框架,具体问题主要集中在家事领域,一方面依托于公开的裁判文书,研究司法实践中的具体家事问题,如姓名权、祭奠权和彩礼等问题。另一方面是依托于家事领域的裁判文书,分析裁判文书说理、裁判文书管理和类案类判制度等。

① 参见侯猛:《司法中的社会科学判断》,载《中国法学》2016 年第 6 期。

② 参见侯猛:《司法中的社会科学思维——以人类学为中心》,载《思想战线》2020 年第 6 期。

**刘洋：**多数司法研究的同行可能会发现国内司法研究与国际司法研究的问题意识并不一样。这个区别究竟是由于认识的误区，或者说是由于对国际司法的忽视造成的，还是由于这两个领域的确存在理论上的区别（因而是两个领域），是一个值得对话探讨的问题。国际司法研究中的一个重要假设是国际机构（如国际法院）是代理，国家是委托人。很多国际司法研究是围绕这个假设展开的。但在国内和比较司法研究中就不太讨论这个问题。我想问的是，国际法院与国家在国际关系理论中的委托—代理关系可以进一步简化成国内司法研究中的命题吗？如果可以，怎么简化？如果不可以，为什么？这个问题既可以做理论研究，也可以做实证研究。我之所以拿出来和大家讨论，其实是希望各路司法研究大拿关心一下国际司法研究。

**孙海波：**我目前关注较多的仍然是司法判例制度，具体说是指导性案例适用的方法论问题。接下来将回归司法的一般理论，研究司法论证的性质，尤其着重于类比推理。

**张剑源：**刚才已经提到过，我之前有关司法的研究更多涉及一些相对微观的问题。这些微观研究让我对司法过程，对法官及诉讼参与人的意识、态度和行为，对司法在国家整体法治实践和国家建设中的地位和作用有了较好的了解。在继续开展相关微观研究的基础上，目前正逐步开始新一阶段的研究设计，主要是希望能够“以点带面”地对司法中一些相对普遍性的问题进行一定的总结和反思，与国内外相关研究形成一定的理论对话，并在此基础上形成一些更具理论意义和实践意义的成果。换言之，进行理论提炼。

**朱明哲**:我现在做的主要是气候变化和生物多样性司法中展现出的科学/法学、法律/政策、人类/非人三组关系的全球比较研究。

## [十一]对想做司法研究的后学有什么建议

**陈杭平**:首先,“读万卷书”。相对于建立在部门法之上的法教义学、法解释学,司法研究缺乏学科的隶属和束缚,因此研究方法、进路上也必然需要开放性、多元性。社会学、经济学、政治学、历史学、传播学等其他社会科学的理论资源都有用武之地。至于怎么读书,读哪些书,并无章法,兴趣和口味最重要。啃经典固然好,但读些具体的描述性的作品也是好的。

其次,“行万里路”。司法研究不是纯粹的文本研究,在很大程度上是经验性研究。如果缺乏对社会、人性的基本认知,没有移情能力、同理心,很难做好司法研究。举个例子,我参加工作之后,活动在学院、学校所构成的“单位”里,才对法院组织的结构及其重要性产生感性认识,进而有了理论上的兴趣和自觉。读书时从书本上获得种种概念、理论于此才被激活,转化为可以使用的理论工具。

最后,多一点耐心。中国当下正处于前所未有的大变局当中,甚至用“历史三峡”来形容都有些过时了。自近代以来,中国社会的转型历经曲折,但方向大致是确定的。但当前的国际、国内形势似乎让一切看起来都高度不确定。对于司法研究,也同样如此。很多共识性的、前提性的观念需要重新审视,很多研究的起点将变成研究的对象。“读万卷书”,不要急匆匆地拿着书上看来的理论“武器”,寻找实践中的靶子，牵强附会，强行解释；“行万里路”，不要见识了一点新鲜事、反常现象，就迫不及待地要将其夸大抬高，语不惊人死不休。多看看，多想想，多一点耐心，才可能看得更清楚，想得更明白。

**程金华：**准备好法律规范、实证方法和司法实践三个方面的“装备库”。玩过电脑游戏的人都知道，要在游戏中通关升级，至少需要有进攻、防御和恢复元气的三种本领。出色的司法研究者，也需要三种本领。首先，要掌握相关的法律规范知识，尤其是诉讼法、组织法的知识基础，这是行走司法研究“江湖”的基础装备。有了这些知识，就不会被认为是外行。其次，要掌握至少一种实证的方法。有了这种方法，司法研究者就有了与“路人甲”相区别的独门武器。最后，武器能否有用在于实战。就像“兵器谱”中排名第一的天机老人，位居第一多年，担心被超越而避战多年，结果被排名第二的上官金虹所杀。司法研究者虽有扎实的法律规范训练，并有“独门武器”，但也应当时常应用于对司法体系及其运作的研究中，时时关注行业发展的动态，并更新自己的知识库。可以说，针对当下中国法院和检察院的司法研究，如果有一年以上的时间对司法实践没有做认真关注，就很容易出现知识陈旧。正因如此，当下中国的司法研究者，可谓是“痛并快乐着”！

**戴孟岩：**最重要的是对自己是否适合这个学科有个正确的判断：是否关心社会问题，是否有正义感，分析能力、逻辑能力、计算能力、独立思考能力如何，等等。我觉得有个端正的态度很重要，其次才是能力。社会科学有很多观点，但是不是所有的观点都是正确的。不正确的、片面的观点会误导别人,还可能对社会上的一些人造成伤害。端正的态度就是科学的态度,实事求是的态度。最后需要思考的是自己是否愿意做科研。做科研很辛苦,付出的时间和精力,不是真心感兴趣的话,会很辛苦。

**侯猛:**进入这个领域靠兴趣,也靠偶然。有两点建议:第一,做司法研究要以阅读大量文献为前提。没有阅读量就开始写作,会走上一条盲目自信的道路。而文献不仅包括学者的论文,也包括司法资料和档案材料。第二,如果是做经验研究,一定要培养经验感。经验感的培养,说直白点就是你要去接触它,就是一定要去那里,面对面地和人交谈、观察。先不要想象或抽象概念,而是要直面研究对象。例如,你准备研究法官离职问题,但如果不去和法官接触,就在网上搜集一些资料,读读别人研究的二手文献,那怎么行呢?

**侯学宾:**这种建议大多属于老生常谈,但希望各位同学能各取所需。对于司法研究而言,首先,要有强烈的兴趣。这种兴趣可以来自对实践中问题的困惑,也可以来自理论上的反思,这种兴趣可以是一个敲门砖,或者是一个导火索,给你一个入门的动力。其次,要树立自己研究司法的理论坐标或功底,学术研究不同于非专业人士的日常认识,需要进行理论上的分析、提炼和反思,这都要求具备丰富的理论功底。但在众多的理论流派中,需要有一个坐标,才能让自己不迷乱其中。最后,接受较好的学术训练,包括读书、写作和学术交流等基本规范。所有这一切其实都需要落实在行动中,没有终南捷径,只有慢慢的"磨",磨得死去活来才能登堂入室。

**刘洋**：听说有一个社科法学研习营，好像还都是很有名的教授免费来讲的，就冲着送书也得去占这个便宜，对吧。

我的建议是问问你自己是否敢于接受任何挑战。好的司法研究很可能要求你完全跳出现有知识储备，从头学一到两个学科的知识。更常见的情况是，要求你在自己擅长的领域全部推倒重来，从严肃的博士生方法训练学起，学语言、学方法、学理论，有的时候还包括学写作。越是已有成就的青年才子，接受这样挑战的机会成本就越高。你是否敢接受这种挑战？但我觉得十年之后，司法研究领域的最高发表水平很可能就需要这种训练，现在入门的同学就要作此准备。当然，你完全有理由怀疑，一个告诉你一统江湖的成功秘笈的吃瓜路人，很可能其实只是摆地摊推销盗版的书贩子。

**孙海波**：司法中有无穷无尽值得研究的好问题，重要的是做一个有心之人。一方面要阅读和积累，另一方面要观察生活实践。从实践中探寻真问题，以理论反观实践。另外，应该尽早找到自己感兴趣的研究方向，形成自己研究的问题域，围绕一个中心问题向边缘辐射，做好自己的学术规划。

**张剑源**：前几年，我和几位同学一起开展了一个课外学术活动，当时我们通俗地把它称为是“读案例、写综述、学法理”活动。第一步是读案例；第二步是做文献综述，检索和分析由这些案例所引申出的相关问题的学术讨论和对话；第三步是寻找那些可以对这些案例背后的争议形成具有解释力的理论观点，进行阅读和讨论。当时我在想，这三个步骤完成好了，我们就一起讨论，试着形成一些批判性的思考，与既有理论形成对话。后来，由于这一批同学陆续毕业，或到其他高校深造去了，就没有继续开展下去。但是，接下来我打算要把它重新开展起来。我个人认为,这是一个可以尝试的方式,供同学们参考。当然也很愿意看到这种方式在大家的学习实践中更完善,也希望我们云南大学法学院的同学与在座各位有更多这样的学术交流。

**朱明哲:**还是要把教义学学好。

《法律和社会科学》(2020) 第19卷第1辑,第55~103页

# 对话中的司法实证研究

## ——以美国司法政治学的早期发展为例

张翔宇*

**摘　要:**本文从具体研究方法和理论演变的角度切入,对美国20世纪80年代以前司法政治学研究中的不同理论分支(态度主义、策略主义、新制度主义)进行分析,试图建立不同理论研究之间的对话,并借此进一步讨论美国早年司法政治研究的演变脉络、学术地位及其启示。虽然司法政治研究的方法并不落后,但学术热情却在20世纪60年代达到一波高潮后,逐渐冷却,直到80年代中期才再度兴起。笔者认为,“没落”的主要原因是研究范围趋于狭窄以及学术受众不明晰。

**关键词:**司法政治学　行为主义　态度主义　策略主义

---

* 张翔宇,华东政法大学副研究员、乔治城大学法律科学博士(S. J. D.)。感谢侯猛老师组织的司法研究工作坊为本文初稿的讨论提供了宝贵的平台,感谢侯猛、唐应茂、程金华、刘洋、彭小龙、于龙刚等老师为本文初稿提出了精准深刻的修改意见,亦感谢肖炜霖同学在校对本文时提出的修改意见。当然,文责自负。

## [一]问题的提出

长期以来,法院研究属于传统法律规范分析的范畴。该领域的学者们强调通过法律教义和比较法学来理解法律是如何在个案中被解释和适用,并指导法官在个案中裁判的。不过,随着政治科学的创立、行为主义思潮的兴起和美国司法政治环境的转变,越来越多的学者开始质疑一成不变的规范分析范式,尝试借助实证分析的手段来研究司法行为和司法角色。研究方法和理论也呈现“百花齐放,百家争鸣”的态势。

国内学者很早便关注到美国司法政治研究的学术文献,并发表了不少综述性的文章,为中国法学界提供了新的研究视野。[①] 不过现有研究中,从具体的研究方法和理论演变角度切入进行分析的并不多,学者们较少探讨不同研究之间是如何进行对话、哪些研究(为何)占据主流地位,以及司法研

① 比如田雷:《法官如何决策?——司法行为研究的文献综述》,载陈金钊、谢晖主编:《法律方法(第八卷)》,山东人民出版社2009年版,第213-224页;王彬、刘巧巧:《法官为何如此决策?——关于法官行为策略模型的文献综述》,载陈金钊、谢晖主编:《法律方法(第20卷)》,山东人民出版社2016年版,第177-192页;陈林林、杨桦:《基于“态度”的司法决策》,载《浙江大学学报(人文社会科学版)》2014年第3期;徐霄飞:《司法治理中的决策模型研究》,载《浙江社会科学》2018年第1期。

究作为一个学术共同体是如何被其他学科看待的，等等。本文将从学术演变的角度切入，通过对理论的综述和整理，试图建立不同研究之间的对话，用以分析 20 世纪 80 年代以前美国司法政治研究的演变及所处的学术地位，并希望从中获得一些启示。

本文将选取美国 1980 年以前的学术史作为研究对象。这一选择有主观和客观上的理由。主观上，笔者认为 1981 年马丁·夏皮罗（Martin Shapiro）的《法院：比较法上与政治学上的分析》一书可视作是美国司法研究的一个转折点。① 几乎所有的司法研究的课程都会要求学生阅读这本司法研究领域内的扛鼎之作。该书从理论上证明了法院的政治性，并举出一些能够影响司法权的内外部制度因素，对后来的诸多研究亦有影响。②

客观上，司法政治研究于 20 世纪 60 年代达到一波小高潮，但学术热情逐渐冷却，直到 80 年代中期才再度兴起。正如本文脚注所展现的，绝大多数的研究发表于 20 世纪 60 年代，此后研究逐渐减少，直到 80 年代中期才有所改变。实际上，一些有影响力的美国司法政治学的研究著作出现在 20 世纪 80 年代以后。③ 比较司法政治学研究亦兴起于这一时

---

① Martin Shapiro, *Courts: A Comparative and Political Analysis*, University of Chicago Press, 1981.

② 于明：《"政治"地理解司法——读夏皮罗〈法院：比较法上与政治学上的分析〉》，载苏力主编：《法律书评》第 9 辑，北京大学出版社 2011 年版，第 1 页。

③ 例如，一些当代策略主义和态度主义研究中的重要文献，参见 Lee Epstein & Jack Knight, *The Choices Justices Make*, Congressional Quarterly Press, 1998; Jeffrey A. Segal & Harold J. Spaeth, *The Supreme Court and the Attitudinal Model Revisited*, Cambridge University Press, 2002。

期。① 在本文中,笔者也会根据既有研究,对司法政治研究的"没落"作出分析。

总体来说,在美国政治科学研究向行为主义转变的背景下,法院研究也慢慢向实证主义靠拢,有关法院与政治之间关系的研究——司法政治研究——也在20世纪40年代兴起,开始更多地关注法官个体或法院的行为及其与政治制度的互动。在这场"大转型"中,司法研究的方法论并不落后,不仅研究方法——尤其是量化方法——在对话的过程中逐渐精进,而且学者还分化出不同的理论分支。不论是量化研究方法,还是不同的理论,均紧跟时代潮流。但这些努力并没有改善司法政治研究的地位,不论是在政治学界还是在法学界,这一研究分支都是比较边缘化的。

在笔者看来,美国司法政治研究的学术史是具有启发性的。其理论基础和方法的发展并非是在一朝一夕间完成的,是建立在漫长的历史积淀、庞大的学术共同体和扎实的学术传统的基础上的。一方面,在重视研究方法和统计学知识的重要前提下,研究人员尝试开展跟踪研究和对话研究。这不仅为扎实的学术传统奠定基础,也为研究方法的改进和创新提供依据和建议。另一方面,即使好的问题意识与研究方法演变之间的关系似乎并不如我们预想得那么清晰,但包容的学术环境能够使具有不同优势的研究层出不穷,为理论间的对话和学习创造可能。

在文章展开之前,笔者希望就几个问题先进行说明。首先,美国的司法研究汗牛充栋,而本文仅对早期的司法政治

① Martin Shapiro, *Public Law and Judicial Politics*, in Ada W. Finifter ed., Political Science: The State of the Discipline II, American Political Science Association, 1993.

学研究进行回顾。除此以外,法律与社会运动(Law and Society Movement)亦兴起于20世纪60年代,其中的"差距研究"——研究"行动中的法"和"书本上的法"的差距——关注法律在实施过程中存在的各种问题,也同样涉及司法程序和司法行为。[①] 但本文的梳理并不会涉及法律与社会运动的相关文献。其次,本文的主要目的在于梳理早期的理论和研究方法,并非一篇"知识社会学"范式的文章。对司法政治学历史地位的探讨,更多的是基于笔者自身的观察和既有文献,而未做出更详尽的理论展开和经验论证。为了更明确地回答"为何衰落、为何再兴起"等问题,则需要回顾"知识社会学"的理论和更长时间维度内的司法研究发展,这值得写一篇新的文章加以探讨。

本文结构安排如下。在第二部分中,笔者首先简要介绍20世纪20年代兴起的行为主义思潮,以及其对公法研究最初的影响。第三部分简述赫尔曼·普里切特(Herman Pritchett)的研究,其著作被后来的学者视为当代司法行为研究的开端。[②] 然后,笔者将分类综述早期的司法政治学者如何以不同的视角来理解和研究法院,包括法官的意识形态(第三部分)、法官所使用的策略(第四部分)以及司法制度的角色定位(第五部分),具体分析不同理论项下所采纳的研究方法及其优劣与演变,并简单介绍其所处的学术地位。笔者会在第六部分中总结这一段学术演变史,并结合历史背景和既有文献来解释司法研究的边缘化。笔者在结尾处(第七部分)尝试说明这一段学术史为我们带来的启示。

---

① 刘思达:《美国"法律与社会运动"的兴起与批判——兼议中国社科法学的未来走向》,载《交大法学》2016年第1期。

② Lee Epstein & Jack Knight, *Reconsidering Judicial Preferences*, 16 Annual Review of Political Science 11,13(2013).

## [二] 行为主义思潮下司法政治研究兴起

19 世纪末,公法研究(public law study)在美国生根发芽。哥伦比亚大学首先设立了相关院系,开展以公法研究为基础的政治学学术活动。其他大学紧随其后。在学科创立之初,历史比较主义与形式主义的研究方法占据上风。学界整体上强调通过比较各国政治体制,来描述和研究国家制度,并解释其背后的原理。① 但也有学者对这一研究范式提出质疑,认为公法和政治学的研究不应该趋于形式主义,而应该对当代、对个体、对具体政治现象作出解读。② 一场向行为主义方法③转向的运动如火如荼地在美国学术界开展

---

① Albert Somit & Joseph Tanenhaus, *The Development of Political Science: From Burgess to Behavioralism*, Allyn & Bacon, 1967, p. 23-33.

② Ibid., p. 30-33; Walter F. Murphy & Joseph Tanenhaus, *The Study of Public Law*, Random House, 1972, p. 3-10; Nancy Maveety, *The Study of Judicial Behavior and the Discipline of Political Science*, in Nancy Maveety ed., The Pioneer of Judicial Behavior, University of Michigan Press, 2003, p. 6-9.

③ 对何为行为主义研究,学界是有不同的看法的。例如,大卫·伊斯顿(David Easton)认为这一范式的研究对象是人,即政治参与者的动机、个性和自我认知。而达尔(Robert Dahl)则认为这一"运动"关注的是一种态度,而非具体的研究范畴。基于这些不同的看法,我仅援引阿尔伯特·索米特(Albert Somit)和约瑟夫·坦恩豪斯(Joseph Tanenhaus)对行为主义的一些看法。第一,政治科学是一门能够对政治现象进行解释和预测的科学。第二,政治学的关注对象是那些可以被观测的政治现象。(由于制度本身无法被观察,因此二人认为制度不在考察范围内)第三,对问题的论证应该基于"量化"的数据。第四,研究是理论导向的,引出理论的假设应该是可以被证明的。第五,研究者应尽量少地关注"应用型研究",即对某问题的解决方案,这不利于行为主义的科学发展。第六,价值应在研究之外,因为价值的真假无法被检验。第七,政治科学应该关注跨学科性。第八,政治科学应该给予方法论更多的关注。See Albert Somit & Joseph Tanenhaus, *The Development of Political Science: From Burgess to Behavioralism*, Allyn & Bacon, 1967, p. 177-179; Robert A. Dahl, *The Behavioral Approach in Political Science: Epitaph for a Monument to a Successful Protest*, 55 The American Political Science Review 763 (1961); David Easton, *The Current Meaning of Behavioralism*, in James C. Charlesworth ed., Contemporary Political Analysis, Free Press, 1967.

起来。时任芝加哥大学政治系教授的查尔斯·梅里安(Charles Merriam)是该运动最初的倡导者之一。在1921年的一篇文章中,梅里安强调政治学应该增加其科学性与时效性,因为许多研究局限于历史与文本,缺乏对微观治理程序的细致分析。① 他格外强调对统计学和心理学理论的应用:统计数据可以检验假设的正确性,而心理学则有助于理解政治参与者的行为动机与价值偏好。后来许多学者都将梅里安视为行为主义的领军人,也正因为他,实证研究才能够生根发芽,芝加哥大学也成为了早期实证研究的主阵地。②

许多公法学者也同样受到了这场"大转型"的影响,他们紧跟时代潮流,开始关注法官的个体行为及他们与政治的互动。作为美国政治学创始人之一的查尔斯·海因斯(Charles Haines)在1922年的一篇文章中指出最高法院有政策制定的功能,称其为"司法立法"(judicial legislation)。海因斯认为,法官制定政策的结果受多种因素的影响,包括教育、过往的经验、价值判断等。③ 罗伯特·库什曼(Robert Cushman)认为应将宪法案件放入历史、政治、经济以及法官性格的语境中来理解④,爱德华·科温(Edward Corwin)同样把最高法

---

① Charles E. Merriam, *The Present State of the Study of Politics*, 15 The American Political Science Review 173(1921).

② Albert Somit & Joseph Tanenhaus, *The Development of Political Science: From Burgess to Behavioralism*, Allyn & Bacon, 1967, p. 183-184; Robert A. Dahl, *The Behavioral Approach in Political Science: Epitaph for a Monument to a Successful Protest*, 55 The American Political Science Review 763(1961).

③ Charles G. Haines, *General Observations on the Effects of Personal Political and Economic Influences in the Decisions of Judges*, 17 Illnois Law Review 96(1922).

④ Robert E. Cushman, *Leading Constitutional Decisions*, F. S. Crofts & Company, 1925, p. 20.

院的判决当作“立法性审判”(legislative judgment)。①

也有学者尝试以定量的方式来研究司法行为。在1925年的美国全国政治学研讨会(The National Conference on the Science of Politics)上,如何进行定量研究这一问题就受到了关注。② 与会者伊西多·洛布(Isidor Loeb)教授指出可以将案件进行分类,统计法院在不同类别案件中投票的情况,并计算投票行为与政策价值之间的一致性。③ 但在之后数年,再也没有类似的会议出现。虽然没有了学术会议,但一些实证研究开始在公法领域出现。比如,科尔特斯·尤因(Cortez Ewing)尝试使用统计数据来解释四个影响最高法院判决结果的因素,包括参议院和总统就大法官的任命人选之争、大法官的区域分布、年龄以及教育背景。④ 罗德尼·莫特(Rodney Mott)使用实证方法来研究美国各州最高法院的影响力。⑤ 他通过问卷调查搜集了全美200多名法律教授对州法院的评价,并列出不同州法院判决被其他州法院、最高法院或法学教科书援引的频率,考察它们之间的相关性。⑥ 不过这一时期,主流的公法研究依旧沿用历史主义和形式主义的方法。⑦

---

① Edward S. Corwin, *The Twilight of the Supreme Court: A History of Our Constitutional Theory*, Yale University Press, 1934, p. 184.

② Arnold B. Hall, *Round Table on Public Law: Determination of Methods for Ascertaining the Factors that Influence Judicial Decisions in Cases Involving Due Process of Law*, 20 The American Political Science Review 127(1926).

③ Ibid., p. 128-129.

④ Cortez Ewing, *The Judge of the Supreme Court, 1789-1937: A Study of Their Qualifications*, University of Minnesota Press, 1938.

⑤ Rodney L. Mott, *Judicial Influence*, 30 The American Political Science Review 295(1936).

⑥ Ibid.

⑦ Albert Somit & Joseph Tanenhaus, *The Development of Political Science: From Burgess to Behavioralism*, Allyn & Bacon, 1967, p. 17.

今天我们所称的“司法政治学”(judicial politics)或“司法行为研究”(the study of judicial behavior)可以追溯到20世纪40年代中期。① 由于罗斯福新政时期法院与总统之间的冲突,越来越多的人认识到个体对政策的态度(或者说是意识形态)在司法判决中所起到的决定性作用,这也启发了新一代的学者运用行为主义的研究范式,来理解法院与政治之间的关系。

## [三]赫尔曼·普里切特的研究及其影响

赫尔曼·普里切特是第一位对最高法院进行系统性量化分析的学者,他也是司法政治学领域内公认的学术先驱。作为一名芝加哥大学的政治学教授,普里切特深受梅里安教授倡导的行为主义影响(他也在一本著作的扉页致敬梅里安②)。他从法官个体入手,讨论意识形态是如何影响司法判决的,并为之后的态度主义学派(attitudinal model)奠定基础。

普里切特深刻地认识到最高法院的政治功能。他指出,由于法院不得不审理一些高度敏感且事关国家大局的案件,因此无法在判决上给出“一刀切”的答案。③ 这使法官们的政策价值以及其他非法律因素在很大程度上影响了司法裁

① Nancy Maveety, *The Study of Judicial Behavior and the Discipline of Political Science*, in Nancy Maveety ed., The Pioneer of Judicial Behavior, University of Michigan Press, 2003, p. 6-9; Lee Epstein, *Some Thoughts on the Study of Judicial Behavior*, 57 William & Mary Law Review 2017(2015-2016).

② C. Herman Pritchett, *Civil Liberties and the Vinson Court*, University of Chicago Press, 1954.

③ C. Herman Pritchett, *The Roosevelt Court: A Study of Judicial Politics and Value*, 1937-1947, The Macmillan Company, 1948, p. 254-255.

判。普里切特最大的贡献不在于证明了法院的政治性,而是用实证研究回答以下问题:(1)大法官们相互之间是如何赞成或反对的;(2)大法官们对某些议题或社会群体的价值取向如何;(3)某些大法官的想法是如何能够成为法官判决意见的。在其最重要的两本著作中,普里切特使用了两种不同的定量方法来证明自己的观点。①

第一种方法被称为阵营分析(Bloc Analysis),用来研究最高法院大法官们的投票阵营。表1展示了在1931—1935年,9位大法官相互间出现在同一反对意见中的次数。比如,斯通(Stone)大法官出现在8:1的反对意见中的次数为4,他与卡多佐(Cardozo)一起反对过多数派意见51次,与布兰戴斯(Brandeis)为53次。普里切特借助这一方法来尝试理解最高法院大法官间的分歧情况、摇摆票、以及多数派判决逻辑的走向。如果我们将阵营分析应用到更长的时间跨度,例如,为每一个司法年度绘制如表1所示的表格,我们还能够窥见最高法院的司法动态。除此之外,阵营分析亦可用于计算大法官们的赞成票、在5:4判决或所有判决中的投票阵营,通过不同的视角来考察法官间的分歧情况。

**表1　联邦最高法院1931—1935年大法官投票阵营分析结果**

| 1931—1935 Terms | Stone | Cardozo | Brandeis | Hudges | Roberts | VanDevanter | Sutherland | Butler | McReynolds |
|---|---|---|---|---|---|---|---|---|---|
| No. Dissents | 67 | 55 | 57 | 15 | 15 | 17 | 23 | 36 | 33 |
| Stone | (4) | 51 | 53 | 12 | 6 | | | 1 | |

① C. Herman Pritchett, *The Roosevelt Court: A Study of Judicial Politics and Value*, 1937 - 1947, The Macmillan Company, 1948; C. Herman Pritchett, *Civil Liberties and the Vinson Court*, University of Chicago Press, 1954.

续表

| 1931—1935 Terms | Stone | Car-dozo | Brand-eis | Hud-ges | Roberts | Van-Devanter | Suther-land | Butler | McRey-nolds |
|---|---|---|---|---|---|---|---|---|---|
| Cardozo | 51 | (3) | 40 | 12 | 2 | 1 | | 1 | |
| Brandeis | 53 | 40 | (1) | 10 | 8 | | 1 | 3 | |
| Hudges | 12 | 12 | 10 | (2) | 1 | 1 | | | |
| Roberts | 6 | 2 | 8 | 1 | (1) | | 5 | 7 | 3 |
| Van-Devanter | | 1 | | 1 | | (1) | 13 | 13 | 11 |
| Suther land | | | 1 | | 5 | 13 | (1) | 19 | 13 |
| Butler | 1 | 1 | 3 | | 7 | 13 | 19 | (5) | 17 |
| McRey-nolds | | | | | 3 | 11 | 13 | 17 | (13) |

资料来源：C. Herman Pritchett, *The Roosevelt Court: A Study of Judicial Politics and Value, 1937-1947*, The Macmillan Company, 1948, p. 32。

除了阵营分析以外，普里切特将大法官在不同类型案件中的投票频率进行整理，来理解法官的政策偏好（policy preference）会如何影响投票行为（见表 2）。在 1948 年，这种计量方法其实既不算创新①，也不算严谨。② 不过结合每一位法官工作背景和具体的判决文本，普里切特得以解释法官间政策偏好的差距及这一差距对审判行为的影响。他将影响司法判决的因素主要归为两类，其一是法官对自由价值的认同程度，其二

① 例如，Charles G. Haines, *General Observations on the Effects of Personal Political and Economic Influences in the Decisions of Judges*, 17 Illnois Law Review 96(1922)。

② John P. Frank, *The Roosevelt Court by C. Herman Pritchett Book Reviews*, 34 Iowa Law Review 143(1948-1949).

是法官对司法角色的认知。① 以大法官弗兰克福特(Frankfurter)为例,在州和联邦案件中,他的投票行为完全不同。在普里切特看来,弗兰克福特是一名崇尚公民权利却相当克制的法官——他强调言论自由和(刑事)程序正义,但非常在意州与联邦权力的分界。

**表2 联邦最高法院大法官在1946—1952年非一致投票的公民权利案件中的投票记录**

单位:%

| Justice's Voting Frequency of Civil Right Cases | For Alien Claims | For Negro Claims | For Criminal Defendants' Claims | | For Free Speech Claims | | Total |
|---|---|---|---|---|---|---|---|
| | | | State | Federal | State | Federal | |
| Number of Cases | 23 | 4 | 37 | 21 | 16 | 12 | 113 |
| Murphy | 100 | 100 | 100 | 100 | 100 | 100 | 100 |
| Rutledge | 100 | 100 | 100 | 85 | 100 | 100 | 96 |
| Douglas | 63 | 100 | 97 | 84 | 100 | 100 | 89 |
| Black | 100 | 100 | 86 | 62 | 94 | 100 | 87 |
| Frankfurter | 82 | 75 | 46 | 85 | 13 | 83 | 61 |
| Court | 39 | 75 | 35 | 43 | 25 | 17 | 35 |
| Jackson | 50 | 33 | 14 | 55 | 6 | 45 | 31 |
| Clark | 14 | 67 | 32 | 14 | 10 | N/A | 24 |
| Burton | 35 | 75 | 19 | 14 | 19 | 8 | 22 |
| Minton | 19 | 33 | 12 | 0 | 27 | 0 | 14 |
| Vinson | 30 | 0 | 16 | 0 | 19 | 0 | 14 |

① 绝大多数学者是依据单一维度(特指意识形态)来模型化法官的投票倾向。但亦有例外,比如,近期一篇文章中,作者借助政治意识形态和法官对不同制度(行政机构、法院、陪审团)权力边界的认识来对法官进行排序。See Joshua B. Fischman, *Politics and Authority in the U. S. Supreme Court*, 104 Cornell Law Review 1513(2018).

续表

| Justice's Voting Frequency of Civil Right Cases | For Alien Claims | For Negro Claims | For Criminal Defendants' Claims | | For Free Speech Claims | | Total |
|---|---|---|---|---|---|---|---|
| | | | State | Federal | State | Federal | |
| Reed | 9 | 33 | 14 | 10 | 31 | 0 | 13 |

资料来源:C. Herman Pritchett, *Civil Liberties and the Vinson Court*, University of Chicago Press, 1954, p. 190, 201。

实际上,普里切特的观点并不算新颖,毕竟现实主义法学很早就意识到政治意识形态与司法裁判之间的关系。但其使用的定量分析却为司法政治研究打开了一扇新的大门。在行为主义范式的影响之下,一大批学者自20世纪50年代起,涌入司法政治的研究领域。他们不仅带来了全新的分析手段,也带来更多元的理论和视角。

### [四] 态度主义

普里切特最直接的影响是启发了更多的学者沿着态度主义的进路来理解司法判决。这一理论假设政治意识形态(political ideology)是对法官影响最深远的自变量。借用一位学者的话来说,大法官伦奎斯特(Rehnquist)会以保守派的方式来裁判,是因为他有保守派的意识形态。① 不过由于这一思想由来已久,因此对学者来说,最核心的问题是态度如何影响裁判,进而应该如何测量和预测大法官的态度。

普里切特提供了两种解决这一问题的方式,但均有缺陷。

① Jeffrey A. Segal & Harold J. Spaeth, *The Supreme Court and the Attitudinal Model Revisited*, Cambridge University Press, 2002, Segal & Spaeth, p. 86.

阵营分析固然可以理解法官间的投票阵营,但这一分析本身与政策偏好或者判决内容无关,且无法反映法官相互之间的影响程度、法官间的政策偏好的差距。① 按照投票百分比进行的排序虽然直观,但第一,这仅是一种"面板数据"(box score),无法展现法官如何在同一类别的不同案件中具体适用法律。② 第二,"面板数据"本身必须假设案件的重要性和影响是相似的,因此才能归纳出政策偏好的排序。③ 针对这些问题,学者们提出了其他的定量方法,企图弥补其中的不足,这其中包括古特曼量表(Guttman scale)和因子分析(factor analysis)。

古特曼量表是一种社会心理学家用来测量人们对某一问题态度的方法。研究人员可以通过问卷调查等形式获得人们对某一类问题的一系列回答,借此将研究对象进行光谱式排序,从而比较研究对象对议题的态度的差别。④ 举例而言,比如我们要测量研究对象对外国人的接受程度,我们可以通过问卷调查的方式询问他们是否接受外国人成为:(1)游客;(2)本国公民;(3)商业交易伙伴;(4)邻居;(5)私人朋友;(6)配偶及其亲属。⑤ 在整理问卷时,我们可以给所有"是"的答案打1分,累加所得的高分意味着对外国人接受程度最高。另外,我们也可以对研究对象进行排列(比如,纵轴代表研究对象,横轴代表问

---

① Walter F. Murphy and Joseph Tanenhaus, *The Study of Public Law*, Random House, 1972, p. 173-176.

② C. Herman Pritchett, *Civil Liberties and the Vinson Court*, University of Chicago Press, 1954, p. 189-191.

③ John P. Frank, *The Roosevelt Court by C. Herman Pritchett Book Reviews*, 34 Iowa Law Review 143 (1948-1949); Wallace Mendelson, *The Neo-Behavioral Approach to the Judicial Process: A Critique*, 57 The American Political Science Review 593(1963).

④ Louis Guttman, *A Basis for Scaling Qualitative Data*, 9 American Sociological Review 139(1944).

⑤ Sidney R. Peck, *A Behavioural Approach to the Judicial Process: Scalogram Analysis*, 5 Osgoode Hall Law Journal 1, p. 5-6(1967).

题),如图1所示,尝试将空间进行分割,一边为"+"或"是",一边为"-"或"否"。如此,我们能够了解研究对象对待该问题的态度差异,也能够获悉问题本身所反映的态度是深还是浅。若是在图1中分割区域的一边掺杂着相反的符合(如"+"区域中存在"-"),则可以通过一些数学工具来验证量表的有效性。①

| | A | B | C | D | E |
|---|---|---|---|---|---|
| 1 | + | + | + | + | − |
| 2 | + | + | + | + | − |
| 3 | + | + | + | − | − |
| 4 | + | − | − | − | − |
| 5 | + | + | − | − | − |
| 6 | + | + | − | − | − |

**图1　古特曼量表示意**

格兰登·舒伯特(Glendon Schubert)成功地将古特曼量表应用于司法研究。② 相较于问卷调查,舒伯特指出学者首先需要作出一些合理假设,如法官是依据某种特定的政策价值(policy value)来裁判某一类案件,再来度量法官偏好某种政策价值的程度。③ 例如,在公民权利领域,我们假设法官的判案依据与法官对待公民权利的态度相关。那么在每一起案件中,法官都会问自己:"依据本案的事实部分,我是否应该剥夺个体的公民权利?"法官投出的赞成票或反对票,则是其对这一问题在不同情形下的回答,我们可以通过古特曼量表来对法官进行排序。例如,在表3中,舒伯特利用古特曼量表对最高法院大法官在1959年的公民权利(主要包括第一、五、六、八修正案项下的

---

① B. F. Green, *Attitude Measurement*, in Gardner Lindzey ed., Handbook of Social Psychology, Addison-Wesley, 1954; Herbert Menzel, *A New Coefficient for Scalogram Analysis*, 17 Public Opinion Quarterly 268(1953).

② Glendon Schubert, *Quantitative Analysis of Judicial Behavior*, Free Press, 1960, p. 269-376.

③ Ibid., p. 280.

言论自由和程序正义)案件中的投票情况进行排序。其中,"x"代表与上下两侧案件一致的赞成票,"x̲"指不一致的赞成票,"-"指不一致的反对票,"*"代表未参与。每位法官的度量位置(scale position)是由其最上方的"x"决定的,度量值=2×度量位置/案件数-1。舒伯特同时代的不少学者亦借助古特曼量表来研究司法行为①,也有学者将这一方法延伸到其他国家的司法系统,如日本最高法院。②

**表3 最高法院大法官在公民权利案件中投票情况的古特曼分析,1959年度**

| Cases | D | Bl | Wa | Br | S | H | F | Wh | C | Totals |
|---|---|---|---|---|---|---|---|---|---|---|
| 2/257 | x | | | | | | | | | 1-8 |
| 1/220 | x | x | | | | | | | | 2-7 |
| 2/474 | x | x | | | | | | | | 2-7 |
| 3/420:549 | x | x | | | | | | | | 2-7 |
| 3/420:550 | x | x | | | | | | | | 2-7 |
| 4/51 | - | x | x | | | | | x̲ | | 3-6 |
| 2/525 | x | x | x | | | | | | | 3-6 |
| 3/144 | x | x | x | | | * | | | | 3-5 |

① 参见S. Sidney Ulmer, *Supreme Court Behavior and Civil Rights*, 13 The Western Political Quarterly 288(1960); Joel B. Grossman, *Role-Playing and the Analysis of Judicial Behavior: The Case of Mr. Justice Frankfurter*, 11 Journal of Public Law 285(1962); Harold J. Spaeth, *Judicial Power as a Variable Motivating Supreme Court Behavior*, 6 Midwest Journal of Political Science 54(1962); Harold J. Spaeth, *Warren Court Attitudes Toward Business: The "B" Scale*, in Glendon Schubert ed., Judicial Decision-Making, Free Press, 1963; S. Sidney Ulmer, *Quantitative Analysis of Judicial Processes: Some Practical and Theoretical Applications*, 28 Law and Contemporary Problems 164(1963)。

② Takeo Hayakawa, *Civil Liberties in Japanese Supreme Court*, in Glendon Schubert ed., Judicial Behavior: A Reader in Theory and Research, Rand McNally & Company, 1964.

续表

| Cases | D | Bl | Wa | Br | S | H | F | Wh | C | Totals |
|---|---|---|---|---|---|---|---|---|---|---|
| 2/1 | x | x | * | x | | | | | | 3–5 |
| 2/217 | x | x | x | x | | | | | | 4–5 |
| 2/390 | x | x | x | x | | | | | | 4–5 |
| 2/511：111 | x | x | x | x | | | | | | 4–5 |
| 2/511：122 | x | x | x | x | | | | | | 4–5 |
| 2/610 | x | x | x | x | | | | | | 4–5 |
| 3/370 | x | x | x | x | | | | | | 4–5 |
| 3/405 | x | x | x | x | | | | | | 4–5 |
| 4/59 | x | x | x | x | | | | | | 4–5 |
| 1/281：21 | x | x | x | x | | | | | $\underline{\times}$ | 5–4 |
| 1/281：37 | x | x | x | x | | | | | $\underline{\times}$ | 5–4 |
| 3/370 | x | x | x | x | | | | $\underline{\times}$ | $\underline{\times}$ | 6–3 |
| 4/263 | x | x | x | x | * | | | | | 4–4 |
| 4/206 | x | x | x | x | x | | | | | 5–4 |
| 4/253 | x | x | x | x | x | | | | | 5–4 |
| 2/384 | x | x | x | x | x | | $\underline{\times}$ | | | 6–3 |
| 1/234 | x | x | x | x | x | | | $\underline{\times}$ | $\underline{\times}$ | 7–2 |
| 2/60 | x | x | x | x | x | x | | | | 6–3 |
| 3/697 | x | x | x | x | x | x | x | | | 7–2 |
| 1/278 | x | x | x | x | – | x | x | | $\underline{\times}$ | 7–2 |
| 1/98 | x | x | – | x | x | x | x | x | | 7–2 |
| 1/147 | x | x | x | x | x | – | x | x | $\underline{\times}$ | 8–1 |
| 4/282 | x | x | x | x | x | x | – | x | $\underline{\times}$ | 8–1 |
| 4/283 | x | x | x | x | x | x | – | x | $\underline{\times}$ | 8–1 |
| | | | | | | | | | | 147–138 |

续表

| Cases | D | Bl | Wa | Br | S | H | F | Wh | C | Totals |
|---|---|---|---|---|---|---|---|---|---|---|
| Totals | 31-1 | 31-1 | 25-6 | 24-8 | 10-21 | 6-25 | 5-27 | 7-25 | 8-24 | 285 |
| 147-138 | | | | | | | | | | |
| Scale positions | 32 | 31 | 27 | 24 | 11.5 | 7 | 6 | 4 | 3 | |
| Scale scores | 1.00 | 0.94 | 0.69 | 0.50 | -0.28 | -0.56 | -0.62 | -0.75 | -0.81 | |
| R = 1-12/249 = 0.952 | | | | | S = 1-15/52 = 0.712 | | | | | |

资料来源:Glendon Schubert, *The Judicial Mind: The Attitudes and Ideologies of Supreme Court Justices* 1946-1963, Northwestern University Press, 1965, p. 110。

所有这些研究都成功证明了一个由来已久的观点,即联邦最高法院法官的判决与其政策偏好,或者更广义地说,与其政治意识形态是相一致的。举例而言,舒伯特将最高法院在 1946 年到 1963 年的判决按年份进行了数次排序,来研究大法官之间的政策价值差距是否发生改变。① 他将 1657 份判决归为六类,其中最大的两类是涉及公民权利(或政治自由)的 C 表(562 件)和涉及经济自由的 E 表(537 件)。经济自由案件涉及劳动经济纠纷、劳动工会、大小型企业间纠纷、州税等;自由派人士倾向于保护经济关系中的弱势群体。在比较了历年的 C 表和 E 表后,舒伯特发现除了个别法官外,如沃伦(Warren)和克拉克(Clark)②,其余大法官在这一期间的裁判行为是一致的,即法官间的政策价值差距未发生改变。舒伯特还发现,大法官在 C

① Glendon Schubert, *The Judicial Mind: The Attitudes and Ideologies of Supreme Court Justices* 1946-1963, Northwestern University Press, 1965, p. 5.

② Ibid., p. 116-119.

表和 E 表上的排序并不存在直接的线性关系。①

此外，施佩特（Spaeth）和格罗斯曼（Grossman）尝试考察子类别与主类别案件的关系。② 施佩特绘制了 1953—1959 年有关经济自由案件的 E 表，并将 E 表中商业管制和劳动工会案件分别单列来进行比较。他发现主表与两个子表之间是存在高度相关性的，进而证明保护劳工的大法官也会支持商业管制。③而格罗斯曼认为统计公民权利案件的 C 表本身不能完全解释弗兰克福特的投票行为，他依据“拒绝承担司法责任”（denial of judicial responsibility）的理念，为弗兰克福特大法官特别设计了一个新的案件类别。④

诚然古特曼量表可以很清晰地展现法官针对某一类案件的裁判偏好，但这种分析方法很快就受到了学者的批判。最大的问题在于，该计量方式假设法官的裁判逻辑是能够依据单一维度展现的。⑤ 即有且仅有一个维度来帮助对法官司法行为的排序和解释。当遇到单一维度无法解释的现象，比如弗兰克福特

---

① Glendon Schubert, *The Judicial Mind: The Attitudes and Ideologies of Supreme Court Justices* 1946 - 1963, Northwestern University Press, 1965, p. 143 - 144.

② Joel B. Grossman, *Role -Playing and the Analysis of Judicial Behavior: The Case of Mr. Justice Frankfurter*, 11 Journal of Public Law 285( 1962); *Harold J. Spaeth, Judicial Power as a Variable Motivating Supreme Court Behavior*, 6 *Midwest Journal of Political Science* 54 (1962); Harold J. Spaeth, *Warren Court Attitudes Toward Business: The " B " Scale*, in Glendon Schubert ed. , Judicial Decision -Making, Free Press, 1963.

③ Harold J. Spaeth, *Warren Court Attitudes Toward Business: The " B " Scale*, in Glendon Schubert ed. , Judicial Decision -Making, Free Press, 1963.

④ Joel B. Grossman, *Role -Playing and the Analysis of Judicial Behavior: The Case of Mr. Justice Frankfurter*, 11 Journal of Public Law 285( 1962).

⑤ Glendon Schubert, *The Judicial Mind: The Attitudes and Ideologies of Supreme Court Justice* 1946-1963, Northwesterm University Press, 1965, p. 78-80; Joseph Tanenhaus, *The Cumulative Scaling of Judicial Decisions*, 79 Harvard Law Review 1583, 1590-1591(1966).

的裁判逻辑,古特曼量表就显得毫无用武之地了。纵使格罗斯曼尝试为弗兰克福特量身订做新的样本和量表,但我们无法借该模型来解释其他法官的行为。这是否意味着我们要为所有法官重新设计新的量表?那么是否学者就陷入了一种任意筛选样本来最大化量表有效性的游戏中?① 除了单一维度的问题外,约翰·斯普拉格(John Sprague)还发现,随着同一量表中案件数量及年份的增加,古特曼量表的有效性也会大打折扣。② 这意味着,如果我们希望借助一个量表(而非舒伯特使用 17 个量表来展现 17 个司法年度)来计量法官的长期司法行为,那么该量表的可信度是非常之低的。舒伯特也意识到了这些问题,并尝试引入因子分析来更精确地度量法官的裁判行为。③

因子分析是一种找寻变量间相关性的统计方法,其目的是从诸多变量中抽取若干公因子(或潜变量),使复杂的变量间关系得以简化。在计算机技术普及和回归分析流行前(当时仅有几所大学拥有使用大型计算机进行回归分析的实力),因子分析是一种常用的理解变量间相关性的手段,也可用于对数据进行降维或者脱敏处理、测量变量间的多重共线性等。许多学者利用这种方法来考察大法官之间的政治意识形态的差距。④

---

① Joseph Tanenhaus, *The Cumulative Scaling of Judicial Decisions*, 79 Harvard Law Review 1583,1590-1591(1966).

② John D. Sprague, *Voting Patterns of the United States Supreme Court: Cases in Federalism*, 1889-1959, Ardent Media, 1968, p. 147-150.

③ L. L. Thurstone & J. W. Degan, *A Factorial Study of the Supreme Court*, 37 Proceedings of the National Academy of Science 628(1951).

④ Ibid.; Glendon Schubert, *The Judicial Mind: The Attitudes and Ideologies of Supreme Court Justices* 1946-1963, Northwestern University Press, 1965; Glendon Schubert, *The Judicial Mind Revisited: Psychometric Analysis of Supreme Court Idealogy*, Oxford University Press, 1974; David W. Rohde & Harold J. Spaeth, *Supreme Court Decision Making*, W. H. Freeman, 1976.

路易斯·瑟斯通(Louis Thurstone)是推动形心分析法①(centroid method)——一种计算公因子的方式——发展和普及的重要学者,也是最早将这种研究方法应用于公法研究的学者之一。基于1943—1945年联邦最高法院115份有至少两票反对的判决,瑟斯通将大法官之间投票情况的相关性列入表4所示的表格中。其中相关系数越大,说明两位法官越认同对方的投票结果,也就越有可能同时出现在多数派(或少数派)判决意见中。他通过形心分析法得出因子系数表(如表5所示)。在该系数表中,左边九个变量对应九位大法官,前三列系数代表三个因子变量与各法官变量的相关系数,而第四列"变量共同度"(Communality)(系数平方之和)对应因子变量对某法官变量的总体解释能力。这张系数表中的三个因子变量可以看作是三维坐标轴,每个变量代表一个坐标点。在这一坐标轴上,每一个变量(坐标点)到某坐标轴的投影代表因子变量与该变量的相关性,也可说明不同变量依据该因子变量而变化的一致程度;同时也可以通过旋转坐标轴来找寻最合适的因子系数组合。所以,假如两名法官的坐标点在某一坐标轴上的投影距离相近,则可以说明两位法官因为某一特性(自身的、案件的等)所做出的裁判行为相似程度高。可惜的是,瑟斯通没有对各因子变量定性,

---

① 参见L. L. Thurstone and J. W. Degan, *A Factorial Study of the Supreme Court*, 37 Proceedings of the National Academy of Science 628(1951), p. 629。具体计算方式如下:(1)对任一列进行求和得S;(2)对S进行求和并开方的T1/2;(3)用S除以T1/2得出因子F对应各变量(大法官)的因子载荷(loading);(4)计算不同系数与因子载荷的积(若同一变量则计算因子载荷的平方);(5)用变量相关系数表中的各系数减去步骤4中对应的积,得新的一张系数表;(6)重复步骤1-5,直至剩余系数值非常小(<0.1)。在计算机技术尚未的普及的年代,该方法因计算方便而广受社科研究人员的欢迎,但现在已经基本不再使用。参见Stanley A. Mulaik, *Foundations of Factor Analysis (Second Edition)*, CRC Press, 2009, p. 147。

因此我们也就无从得知到底是何种因素影响了大法官的裁判结果。

**表 4　最高法院大法官投票数据的相关系数矩阵,1943—1945 年**

| Justice | No. | 1 | 2 | 3 | 4 | 5 | 6 | 7 | 8 | 9 |
|---|---|---|---|---|---|---|---|---|---|---|
| Black | 1 | — | 0. 59 | 0. 42 | 0. 40 | -0. 15 | -0. 25 | -0. 41 | -0. 46 | -0. 66 |
| Douglas | 2 | 0. 59 | — | 0. 30 | 0. 35 | -0. 10 | -0. 16 | -0. 36 | -0. 45 | -0. 60 |
| Rutledge | 3 | 0. 42 | 0. 30 | — | 0. 46 | -0. 19 | -0. 21 | -0. 36 | -0. 38 | -0. 50 |
| Murphy | 4 | 0. 40 | 0. 35 | 0. 46 | — | -0. 25 | -0. 28 | -0. 42 | -0. 32 | -0. 39 |
| Reed | 5 | -0. 15 | -0. 10 | -0. 19 | -0. 25 | — | -0. 13 | 0. 29 | 0. 07 | -0. 07 |
| Jackson | 6 | -0. 25 | -0. 16 | -0. 21 | -0. 28 | -0. 13 | — | -0. 05 | 0. 26 | 0. 03 |
| Stone | 7 | -0. 41 | -0. 36 | -0. 36 | -0. 42 | 0. 29 | -0. 05 | — | 0. 19 | 0. 23 |
| Frankfurter | 8 | -0. 46 | -0. 45 | -0. 38 | -0. 32 | 0. 07 | 0. 26 | 0. 19 | — | 0. 40 |
| Roberts | 9 | -0. 66 | -0. 60 | -0. 50 | -0. 39 | -0. 07 | 0. 03 | 0. 23 | 0. 40 | — |

资料来源:L. L. Thurstone & J. W. Degan, *A Factorial Study of the Supreme Court*, 37 Proceedings of the National Academy of Science 628(1951), p. 629。

**表 5　基于形心分析法的因子分析矩阵**

| Justice | Ⅰ | Ⅱ | Ⅲ | $h^2$ |
|---|---|---|---|---|
| 1 | 0. 80 | 0. 23 | 0. 24 | 0. 75 |
| 2 | 0. 70 | 0. 29 | 0. 31 | 0. 67 |
| 3 | 0. 64 | -0. 10 | -0. 10 | 0. 43 |
| 4 | 0. 67 | -0. 24 | -0. 17 | 0. 54 |
| 5 | -0. 21 | 0. 45 | -0. 06 | 0. 25 |
| 6 | -0. 28 | -0. 23 | 0. 58 | 0. 47 |
| 7 | -0. 53 | 0. 38 | -0. 23 | 0. 48 |
| 8 | -0. 57 | -0. 19 | 0. 08 | 0. 37 |
| 9 | -0. 64 | -0. 23 | -0. 10 | 0. 47 |

资料来源:L. L. Thurstone & J. W. Degan, *A Factorial Study of the Supreme Court*, 37 Proceedings of the National Academy of Science 628(1951), p. 629。具体计算方式如下:(1)对任一列系数的绝对值进行求和得 $S_i(i=1,2,...,9)$;(2)对 $S_i$ 进行求和并开方得 $\sqrt{T}$;(3)用 $S_i$ 除以 $\sqrt{T}$ 得出因子 L1 对应各变量(大法官)的无加权因子载荷(unweighted factor loading) $UL1_i$ $(i=1,2,...,9)$;(4)通过 UL1 与各变量相关系数相乘得加权因子载荷(weighted factor loading)

$L1_i(i=1,2,...,9)$;(5)用相关系数矩阵中的各变量系效减去该变量相应的加权因子载荷的差值绘制一张新的系数矩阵;(6)重复步骤(1)—(5),直至剩余系数值非常小(<0.1)。在计算机技术尚未的普及的年代,该方法因计算方便而广受社科研究人员的欢迎,但现在已经基本不再使用。See Stanley A. Mulak, *Foundations of Factor Analysis* (*Second Edition*), CRC Press, 2010, p. 147.

舒伯特借鉴了瑟斯通创立的因子分析方法,对司法研究的假设和研究方法进行改进。如图2所示,首先,舒伯特假设每一位大法官都有自己的理想点(i-point),这一点总结了所有影响法官裁判的各种因素,并在一条有含义的矢量上进行分布;另假设每一起案件根据其性质和事实可以抽象成一个刺激点(j-point),并且在同一矢量上分布。他假设,基于矢量的方向和含义,所有法官会认可在其理想点左边(或右边)的诉由,并驳回所有右边(或左边)的诉由。①

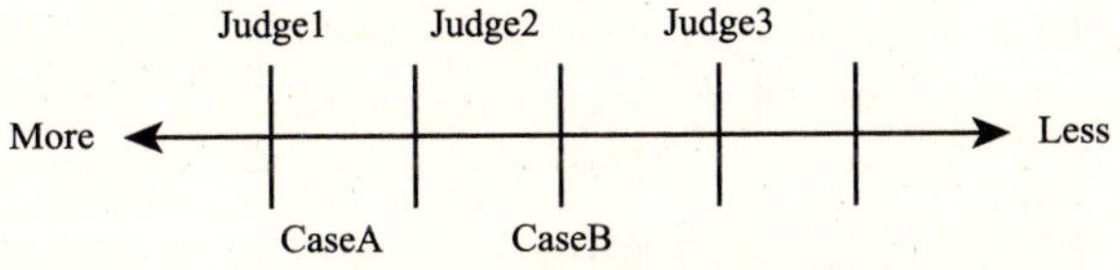


**图2 法官意识形态理想点假设模型**

舒伯特进一步假设因子分析导出的因子载荷可以看作大法官的理想点,因为因子分析本身涵盖了大量影响司法决策的变量。通过瑟斯通的研究方法,舒伯特尝试在一个三维因子坐标中找出各位大法官的理想点。紧接着依据历年代表公民权利案件的C表和代表经济自由案件的E表,在多维空间中找出一条直线,通过旋转坐标轴,使每一位大法官的理想点在这条线上的垂直投射点到原点的距离与古特曼量表中的排序存在最高相关性。如表6所示,1946年至1962年各年古特曼量表的结果与

① Glendon Schubert, *The Judicial Mind*: *The Attitudes and Ideologies of Supreme Court Justices* 1946-1963, Northwestern University Press, 1965, p. 2-11.

因子分析结果的相关系数高于 0.9。从而证明法官在公民权利和经济自由两个问题上的意见分歧,的确在很大程度上影响了最高法院案件的裁判结果。十年后,舒伯特借助新兴的计算机软件和相近的研究方法再次证明了自己的观点。①

**表 6 大法官投票数据的古特曼排序和因子分析结果间的相关性检验,1946—1962 年**

| Variable | C | | E | |
|---|---|---|---|---|
| Term | Tau | Significance Level | Tau | Significance Level |
| 1946 | 89 | $0^{3}12$ | 99 | $<0^{4}25$ |
| 1947 | 97 | $0^{4}25$ | 89 | $0^{3}12$ |
| 1948 | 87 | $<0^{3}43$ | 93 | $<0^{3}12$ |
| 1949 | 94 | $0^{4}25$ | 86 | $0^{3}43$ |
| 1950 | 93 | $<0^{3}12$ | 83 | $0^{3}43$ |
| 1951 | 94 | $0^{4}25$ | 86 | $0^{3}43$ |
| 1952 | 99 | $<0^{4}25$ | 89 | $0^{3}12$ |
| 1953 | 94 | $0^{4}25$ | 100 | $0^{5}28$ |
| 1954 | 97 | $0^{4}25$ | 92 | $0^{3}12$ |
| 1955 | 97 | $0^{4}25$ | 99 | $<0^{4}25$ |
| 1956 | 99 | $<0^{5}28$ | 96 | $0^{5}28$ |
| 1957 | 100 | $0^{5}28$ | 94 | $0^{4}25$ |
| 1958 | 89 | $0^{3}12$ | 100 | $0^{5}28$ |
| 1959 | 78 | $0^{2}12$ | 94 | $0^{4}25$ |
| 1960 | 99 | $<0^{4}25$ | 82 | $<0^{2}12$ |
| 1961 | 91 | $0^{4}15$ | 87 | $0^{4}58$ |
| 1962 | 83 | $0^{3}43$ | 99 | $<0^{4}25$ |
| Average | 93 | — | 92 | — |

资料来源:Glendon Schubert, *The Judicial Mind: The Attitudes and Ideologies of Supreme Court Justices* 1946-1963, Northwestern University Press, 1965, p. 221。

① Glendon Schubert, *The Judicial Mind Revisited: Psychometric Analysis of Supreme Court Idealogy*, Oxford University Press, 1974.

舒伯特的研究代表了早期的司法政治学者对量化研究的另一种尝试,旨在探寻法律与政治的关系。这些量化方法虽然将司法研究向前推了一大步,但方法本身还是有值得反思和批判的地方。首先,因子分析和古特曼量表一样,均假设法官的司法行为可以由某单一维度进行解释。当法官受到诸多因素(包括意识形态、听众、政治、金钱、怠惰、名誉等)的影响时,舒伯特和普里切特的定量分析能得出的结论就显得有些简单。其次,两位学者都未给予案件事实和判决理由足够的重视。令人疑惑的是,法官的投票本身就能够决定一起案件的全部?假设法院判我赢,却毫无救济,那我到底是赢是输?再次,上述研究存在循环论证的嫌疑,即用投票来解释法官的政策偏好,再用政策偏好来解释投票。① 最后,我们依旧缺乏对裁判中具体因果机制的理解。大法官以该种方式裁判,是因为他们真切地相信法律就该如此被解释,还是为了迎合同一个小圈子里的政治精英?②

有关态度主义的研究,除了普里切特和舒伯特等人在定量方法上的创新外,其他学者也在研究方法和角度上做出了贡献。首先,部分是为了解决循环论证的问题,研究人员思考如何通过一些替代方案来测量大法官的意识形态和对司法角色的认知。比如,乌尔默(Ulmer)在研究密歇根州最高法院时,借助任命大法官的党派来定义大法官的意识形态。③ 大卫·达内尔斯基(David Danelski)对大法官就任前在公共场合讲话的内容进行分析,来测量法官对待不同政策的态度。④ 纳格尔(Nagel)将有

① Martin Shapiro, *Political Jurisprudence*, 52 Kentucky Law Journal 294, 326 (1964); James L. Gibson, *From Simplicity to Complexity: The Development of Theory in the Study of Judicial Behavior*, 5 Political Behavior 7, 14 (1983).

② Lawrence Baum, *The Puzzle of Judicial Behavior*, University of Michigan Press, 1997, p. 40.

③ S. Sidney Ulmer, *The Political Party Variable in the Michigan Supreme Court*, 11 Journal of Public Law 352 (1962).

④ David J. Danelski, *Values as Variables in Judicial Decision-Making: Notes toward a Theory*, 19 Vanderbilt Law Review 721 (1966).

关意识形态的调查问卷分发给宾夕法尼亚和新泽西州的法官们,借此完成研究。① 在研究刑事审判的领域,学者通过与初审法官的访谈来测量法官对待政策和司法决策的态度,进而比较法官个体因素与审判量刑间的关系。② 这些研究方法均在一定程度上减少了潜在干扰变量对因果关系的影响。

归根结底,态度主义关注的是司法裁判与政策偏好、政治意识形态等因素之间的线性关系,这一类型的研究假设如果 A 存在,则 B 存在。基于这一研究类型,学者还考察了其他因素对案件结果的影响。如研究人员通过调查问卷或者访谈来了解法官如何定位自己的角色(或理应扮演何种角色),并与其判决进行比较③。也有学者分析法官的社会化过程与司法角色的关系④,或者从法官的社会背景入手,讨论不同法官的过往经历对

① Stuart S. Nagel, *Political Party Affiliation and Judges' Decisions*, 55 The American Political Science Review 843(1961).

② See David N. Atkinson & Dale A. Neuman, *Judicial Attitudes and Defendant Attributes: Some Consequences for Municipal Court Decision-Making*, 19 Journal of Public Law 69(1970); James L. Gibson, *Judges' Role Orientations, Attitudes, and Decisions: An Interactive Model*, 72 The American Political Science Review 911(1978).

③ See Theodore L. Becker, *A Survey Study of Hawaiian Judges: The Effect on Decisions of Judicial Role Variations*, 60 The American Political Science Review 677(1966); Dean Jaros & Robert I. Mendelsohn, *The Judicial Role and Sentencing Behavior*, 11 Midwest Journal of Political Science 471(1967); Henry Robert Glick & Kenneth N. Vines, *Law-Making in the State Judiciary: A Comparative Study of the Judicial Role in Four States*, 2 Polity 142(1969); J. Woodford Howard, *Role Perceptions and Behavior in Three U. S. Courts of Appeals*, 39 The Journal of Politics 916(1977); See David N. Atkinson & Dale A. Neuman, *Judicial Attitudes and Defendant Attributes: Some Consequences for Municipal Court Decision-Making*, 19 Journal of Public Law 69(1970); James L. Gibson, *Judges' Role Orientations, Attitudes, and Decisions: An Interactive Model*, 72 The American Political Science Review 911(1978), Gibson.

④ See Beverly Blair Cook, *The Socialization of New Federal Judges: Impact on District Court Business*, 1971 Washington University Law Quarterly 253(1971); Robert Carp & Russell Wheeler, *Sink or Swim: The Socialization of a Federal District Judge*, 21 Journal of Public Law 359(1972).

任职概率和判案的影响。① 自20世纪70年代起,司法政治学者开始引入回归分析,研究性别②、种族③等因素对裁判行为的影响,这些研究亦促使我们思考法官偏见与司法行为的关系。

### [五] 策略主义

态度主义自兴起以来就一直是美国司法研究的主流。④ 但其他一些理论亦在同时期被提出,或是与态度主义互补,或是提出相左的假设和结论。其中之一是策略主义研究,这一流派假设:(1)个体对行为作出选择来达成某种目的;(2)任何个体的行为都会基于对其他社会参与者行为的预期,即个体选择是策略性的;(3)个体行为是在其特定的制度环境下做出的。⑤ 策略

---

① See Stuart S. Nagel, *Judicial Backgrounds and Criminal Cases*, 53 The Journal of Criminal Law, Criminology, and Police Science 333 (1962); Stuart S. Nagel, *The Relationship Between the Political and Ethnic Affiliation of Judges and Their Decision-Making*, in Glendon Schubert ed., Judicial Behavior. A Reader in Theory and Research, Rand McNally & Company, 1964; S. Sidney Ulmer, *Social Background as an Indicator to the Votes of Supreme Court Justices in Criminal Cases: 1947-1956 Terms*, 17 American Journal of Political Science 622(1973).

② See John Hagan, *Extra-Legal Attributes and Criminal Sentencing: An Assessment of a Sociological Viewpoint*, 8 Law & Society Review 357(1974); Herbert M. Kritzer & Thomas M. Uhlman, *Sisterhood in the Courtroom: Sex of Judge and Defendant in Criminal Case Disposition*, 14 Social Science Journal 77 (1977); Candace Kruttschnitt, *Social Status and Sentences of Female Offenders*, 15 Law & Society Review 247(1980).

③ See John Hagan, *Extra-Legal Attributes and Criminal Sentencing: An Assessment of a Sociological Viewpoint*, 8 Law & Society Review 357(1974); James L. Gibson, *Race as a Determinant of Criminal Sentences: A Methodological Critique and a Case Study*, 12 Law & Society Review 455(1978).

④ Jeffrey A. Segal et al., *Ideological Values and the Votes of U. S. Supreme Court Justices Revisited*, 57 The Journal of Politics 812, 812(1995).

⑤ Lee Epstein & Jack Knight, *Toward a Strategic Revolution in Judicial Politics: A Look Back, A Look Ahead*, 53 Political Research Quarterly 625, 626 (2000).

主义来源于理性选择理论,后者假设个体会在既定的约束条件下,根据既定的目标对不同的选择做出成本收益分析,并采用边际收益最高的选择。①

学者应用理性选择理论时会面对两个主要的问题。首先,如何定义法官的目的?其次,法官回应不同约束条件的策略是什么?早期的策略研究主要关注最高法院的大法官行为。例如,达内尔斯基利用联邦最高法院的内部资料来研究首席大法官的动机和策略型行为。② 在他看来,首席大法官的动机是多元的,不仅希望推动自己的政策偏好、维护自己在院内的声望、保证法院的凝聚力,还希望维护法院的合法性。为了保证自己的目的得以实现,他会在法院运作的各个方面施加影响。在案件受理阶段,他有权列出不必受理且无须讨论的案件,供各位法官传阅。在庭审阶段,他可以决定是否延长律师的辩论时间,以调整信息的密度。庭后讨论时,他通常第一位发言,为案件的性质和判决理由定下基调。他控制着庭后讨论的节奏,以避免法官之间针锋相对、恶言相向。投票后,如果首席大法官在多数派,他能够决定谁(包括他自己)来起草意见。此外,他会经常与同僚私底下进行交流,说服他们加入多数判决。

法官的约束条件不仅来源于内部,也来源于法院与政治体制间的关系。沃特·墨菲(Walter Murphy)敏锐地感知到了这点。通过梳理美国历史上数次国会对法院的挑战[1802 年司法条例、麦克德尔单方面诉讼案(*Ex parte McCardle*)、罗斯福的法

① Lee Epstein & Jack Knight, *Toward a Strategic Revolution in Judicial Politics: A Look Back, A Look Ahead*, 53 Political Research Quarterly 625, 626 (2000).

② David J. Danelski, *The Influence of the Chief Justice in the Decisional Process of the Supreme Court*, presented at the American Political Science Association Meeting in New York, 1960.

院重组方案、沃伦法院等]，墨菲指出在每次危机中，法院都触及议员们的核心利益(选民、利益团体、立法权)①，并由此引发国会对法院的批评，进而带来限制司法权的立法动议、弹劾等。因此，法院也会相应地后退几步，减少和政治机构的直接冲突。② 墨菲认为，大法官们对待司法审判的态度会随着政治环境的变化而调整，他们想维护"保护基本权利"的公正形象，但不想与政治机构发生直接冲突。在两者间，法院期望维持一种平衡来提高自己的权力合法性和有效性。③

墨菲将最高法院面临的约束条件归成三类。第一类涉及法律问题④，即法院是消极的案件裁判者，其权力的行使受程序法的限制。第二类与司法体系有关。⑤ 最高法院本身为九人合议机构，任何多数判决都需获得至少五票。且最高法院判决的实施取决于下级法院如何采纳或区分先例。第三类涉及政治制度，即美国的三权分立体制。⑥ 一旦法院过于激进，公共意见会倒戈，且法院管辖权会被剥夺、法官会被弹劾、法官薪水会被锁死，司法判决也不会被其他政治机构执行。这些外部的约束条件会左右大法官的行为方式。以首席大法官威廉姆斯·塔夫特(**William Taft**)为例，他会说服自己的同僚加入多数判决意见⑦；会通过书信或其他渠道与下级法院法官沟通交流⑧；会就

① Walter F. Murphy, *Congress and the Court: A Case Study in the American Political Process*, The University of Chicago Press, 1962, p. 256-262.

② Ibid., p. 246-247.

③ Ibid., p. 262-266.

④ Walter F. Murphy, *Elements of Judicial Strategy*, University of Chicago Press, 1964, p. 21-23.

⑤ Ibid., p. 26-28.

⑥ Ibid., p. 26-28.

⑦ Ibid., p. 44-45, 47.

⑧ Ibid., p. 101-104.

法官提名人选与总统交换意见,甚至进行游说①;也与国会议员和法律协会密切联系,积极推动国会增强司法权力(如取消强制上诉管辖权)。②

可惜的是,纵使策略研究对态度主义的线性逻辑进行了批判和补充,但并没有成为与态度主义相抗衡的主流理论。究其原因,一方面,司法政治研究在20世纪六七十年代的讨论并不聚焦于司法决策,学界更关注的是如何让社会科学研究——或者更明确地说,量化研究——成为能够与主流的教条主义法学方法并驾齐驱的研究范式。③ 另一方面,虽然策略主义讲出了很有意思的故事,但我们并不知晓这些故事是个案还是普遍情况,即它无法回答学界的下述疑问:在绝大多数案件中,大法官们是会更多地依赖其政治意识形态或先例来进行裁判,还是说会采取不同的策略以达成其目的? 事实上,不少策略主义研究都被其他学者质疑和批判。

举例而言,伍德福德·霍华德(Woodford Howard)认识到司法投票行为的变化。他发现,大法官在庭后会议上对案件的认定,与最终判决并非完全一致。④ 这意味着,不少法官会在此期间决策性地改变投票行为、调整判决依据和理由。这主要归因于:(1)新任法官不稳定的司法态度;(2)法院对自身权力和合法性的考量(主要在敏感的案件中);(3)大法官对案件的理解发生改变。但索尔·布伦纳(Saul Brenner)对该理论的延展

---

① Walter F. Murphy, *Elements of Judicial Strategy*, University of Chicago Press, p. 73-77, 113-121, 150-155.

② Ibid., p. 137-145, 161-168.

③ Lee Epstein & Jack Knight, *Toward a Strategic Revolution in Judicial Politics: A Look Back, A Look Ahead*, 53 Political Research Quarterly 625, 626 (2000), p. 634.

④ J. Woodford Howard, *On the Fluidity of Judicial Choice*, 62 The American Political Science Review 43 (1968).

性提出质疑。通过对1945年至1958年庭审记录和最终投票行为的比较，布伦纳发现大法官的投票行为在八成以上的案件中是稳定的。①

另一位策略主义的拥趸，大卫·罗德（David Rohde）的研究也受到质疑。在对意见团体（opinion coalition）的研究中，罗德假设司法意见的起草者都是政策导向的。他们不仅希望判决意见与自己的意识形态相近，并且只得五票就行。他们不会为了获得额外票数而削弱自己的判决意见。② 一个推论是，多数意见（majority opinion）的加入人数并不等同于在本案中判定同一方胜诉的法官人数（decision coalition），未加入多数意见的法官会以并存意见（concurring opinion）的形式加入胜诉的一方。③ 但罗德的结论及其推论均受到其他学者的质疑。比如迈克尔·贾尔斯（Michael Giles）借助罗德所使用的数据发现，意见团体和判决团体之间并没有明显差异；相反地，两者人数趋于相同。④

罗德对最高法院如何指定法官起草多数意见的研究也同样受到了质疑。就规则而言，如果首席大法官在多数派，则由其指定一位法官起草多数意见；否则则由多数派中在最高法院工作

① Saul Brenner, *Fluidity on the United States Supreme Court: A Reexamination*, 24 American Journal of Political Science 526 (1980); Saul Brenner, *Fluidity on the Supreme Court*: 1956-1967, 26 American Journal of Political Science 388 (1982).

② David W. Rohde, *Policy Goals and Opinion Coalitions in the Supreme Court*, 16 Midwest Journal of Political Science 208 (1972); David W. Rohde, *A Theory of The Formation of Opinion Coalitions in the U. S. Supreme Court*, in Richard G. Niemi & Herbert F. Weisberg eds., Probability Models of Collective Decision, Charles E. Merill, 1972.

③ Ibid.

④ Michael W. Giles, *Equivalent Versus Minimum Winning Opinion Coalition Size: A Test of Two Hypotheses*, 21 American Journal of Political Science 405 (1977).

最久的大法官指定一位意见起草者。罗德认为指定者一般会指定自己,或与自己意识形态最相近的人起草多数意见;但如果多数派只有五人,那么指定者会考虑指定持摇摆票的法官来撰写,以防止其倒戈。① 不过格雷戈里·拉特金(Gregory Rathjen)发现,在1959年至1969年,最高法院在指定经济案件的起草者时并没有遵循罗德的假设,意识形态相近者并未得到优待。② 面对质疑,罗德则尴尬地回应,或许最高法院只会在比较重要的案件中遵循自己的理论。③

简言之,虽然策略主义讲了很好的故事,但不少学者纷纷拿出反例来质疑其理论的适用广度,这也在一定程度上导致了策略研究在20世纪80年代的没落。但公允地看,策略主义提出了不少好问题。最重要的一点是,司法研究不应该仅局限于投票行为。司法权力的实施及其后果体现在司法程序的各个方面,包括如何设置内部讨论程序、如何选择判决的撰写人、如何选择裁判依据、如何获得更多法官的支持等。既然如此,那么法官会在什么情况下如何策略性地施加其影响?他们是否会改变投票行为或判决理由?他们(指定)撰写多数意见的动机是什么?他们希望获得多少票?这些议题都并非态度主义能解答的。

---

① David W. Rohde, *Policy Goals*, *Strategic*, *Choice and Majority Opinion Assignments in the U. S. Supreme Court*, 16 Midwest Journal of Political Science 652 (1972).

② Gregory J. Rathjen, *Policy Goals*, *Strategic Choice*, *and Majority Opinion Assignments in the U. S. Supreme Court*: *A Replication*, 18 Midwest Journal of Political Science 713(1974).

③ David W. Rohde & Harold J. Spaeth, Supreme Court Decision Making, W. H. Freeman, 1976, p. 182.

## [六] 新制度主义（New Institutionalism）

作为一股新的思潮，新制度主义实际上要等到 20 世纪 80 年代才正式登上学术舞台。① 但其中的思想在早期的司法政治研究中已有出现，并被后来者继承和发展。

新制度主义与行为主义有所不同。行为主义关注政治系统中的参与者的动机、个性以及自我认知等，强调个体行为对制度的影响，而个体特性——譬如意识形态、社会阶层、地域来源等——则又独立于制度以外。② 但该理论框架也有其缺陷，即忽视了历史对政治过程的塑造，也弱化了规范和准则对行为人的影响。③ 以司法政治研究为例，不论法官是意识形态导向的还是策略导向的，似乎法律、法官和法院的独特性都被弱化了。与政客相比，法官并无区别，只不过是不同岗位上相同的政治生物罢了。

---

① James G. March & Johan P. Olsen, *The New Institutionalism: Organizational Factors in Political Life*, 78 The American Political Science Review 734 (1984); Rogers M. Smith, *Political Jurisprudence, The "New Institutionalism," and the Future of Public Law*, 82 The American Political Science Review 89 (1988); Peter Hall & Rosemary Taylor, *Political Science and the Three New Institutionalisms*, 44 Political Studies 936 (1996).

② Robert A. Dahl, *The Behavioral Approach in Political Science: Epitaph for a Monument to a Successful Protest*, 55 The American Political Science Review 763 (1961); David Easton, *The Current Meaning of Behavioralism*, in James C. Charlesworth ed., Contemporary Political Analysis, Free Press, 1967; Albert Somit and Joseph Tanenhaus, *The Development of Political Science: From Burgess to Behavioralism*, Allyn and Bacon, Inc., 1967, p. 23–33; David Easton, *The Political System*, 15 Philosophy and Phenomenological Research 131 (1954).

③ James G. March & Johan P. Olsen, *The New Institutionalism: Organizational Factors in Political Life*, 78 The American Political Science Review 734 (1984); Terrence McDonald, *Introduction*, in Terrence McDonald ed., The Historic Turn in the Human Science, The University of Michigan Press, 1996.

对于这些问题,新制度主义给出了不同的解决方案。首先,政治制度被认为不仅可以被国家机构塑造,也可被其他社会、经济制度所塑造,且不同制度之间是存在相互依赖性的。其次,不仅个体偏好可以影响政治后果,制度本身也会塑造个体偏好、行为准则、行为合法性和可供采纳的策略。同时,历史对制度的演化是有影响的,即所谓的路径依赖。该理论框架使一些议题得到关注。比如,制度在演化过程中对其自身的塑造(譬如权力分配不平等对经济/政治制度的长期影响①)、制度对理性选择的影响②、制度的文化意义与表征意义③等。

由于新制度主义强调制度的独特性和制度对行为人的影响,相应地,司法政治研究的重心也从法官个体转向法院,强调对不同制度/机构的权力分配和权力来源的比较分析。法官能做出某些行为,不仅因为其"政治性",也因为司法制度给予其相应的策略和限度;当事人或者政客选择或不选择法院,也是因为法院的某种独特性能够使其获益;而法院的特性也是由历史、政治过程和社会/经济需求所塑造的。基于这一逻辑,研究的核心问题变成了"谁获益了什么?"和"为何选择法院,而非其他政

① See Kenneth L. Sokoloff & Stanley L. Engerman, *History Lessons: Institutions, Factors Endowments, and Paths of Development in the New World*, 14 The Journal of Economic Perspectives 217 (2000); Daron Acemoglu, Simon Johnson & James A. Robinson, *Reversal of Fortune: Geography and Institutions in the Making of the Modern World Income Distribution*, 117 The Quarterly Journal of Economics 1231(2002).

② 制度主义学者也将理性选择理论纳入新制度主义的范畴,后者假设理性人在一些特定的局限条件下做出选择,而局限条件则是由制度给予的。See Cornell W. Clayton, *The Supreme Court and Political Jurisprudence: New and Old Institutionalism*, in Cornell W. Clayton & Howard Gillman eds., Supreme Court Decision - Making: New Institutionalism Approaches, The University of Chicago Press, 1999.

③ Peter Hall & Rosemary Taylor, *Political Science and the Three New Institutionalisms*, 44 Political Studies 936(1996), p. 946-950.

治手段,来达成某一目的?”。

在行为主义大行其道的 20 世纪中叶,将法院当作是一种制度来研究的学者较少。其中代表的两位包括罗伯特·达尔(Robert Dahl)和马丁·夏皮罗。达尔并不算严格意义上司法政治学者,他唯一一篇与法院有关的文章发表于 1957 年,探讨法院是否是反多数人(anti-majoritarian)的制度。① 不同于其他同时代的学者,达尔将最高法院看成是一个政治机构,并问道,何种利益团体会从法院获益?法院分配利益和成本的方式是否与美国的民主政体相一致?他指出,在大多数情况下,法院并不会反多数人。法院与行政机构的关系支持这一结论:平均而言,总统每隔 22 个月能够指定一名新大法官,因此如果一名总统在任两届,则可任命(平均)四位与自己意识形态一致或相近的大法官,保证对最高法院多数席位的控制。司法裁判数据也与该结论吻合:自 1789 年起,最高法院总共仅废止了 80 多个法案。这其中有超过一半的法案是在法案通过 4 年后被废止的,那时国会的多数派或许已然易位。另一半在 4 年内废止的法案,如果法案代表了议会多数人利益,则立法机构在绝大多数情况下会以法律的方式推翻最高法院的先例。

基于此,达尔否认了法院作为宪法保护者的身份和功能,认为其在大多数情况下和其余的民主机构是处于同一战线的。虽然法院的合法性来源于对宪法的解释,但权力的行使是被民主制度所限制的,后者有诸多的方法来控制司法权。那么法院的功能又是什么呢?达尔提出,法院的主要功能在于承认政治联盟决定的基本政策的合法性(conferring legitimacy)。② 在 20 世

---

① Robert A. Dahl, *Decision Making in a Democracy: The Supreme Court as a National Policy-Maker*, 6 Journal of Public Law 279(1957).

② Ibid.

纪五六十年代,学者普遍认为美国政治体系中所谓的"多数"只不过是无数小型利益团体联姻的结果,达尔秉持同样的观点。有趣的是,达尔同样指出,当政治联盟不够稳固以至于国会缺乏能力来否定法院时,后者拥有更大的权力来做出符合其自身利益或多数法官政治意识形态的判决。①

达尔的分析思路和新制度主义非常相近。他探寻制度本身的逻辑,而非法官个体,并在宏观政治维度中考察法院的政治功能。虽然达尔的研究也遭受不少学者的质疑②,但的确引出了许多值得深入讨论的议题。③ 法院的政治功能应当如何界定?司法制度与政治制度的关系是如何的?总统任命法官的考量是什么?法院的合法性来源是什么?除国会多数派以外,司法判决是否会和公共意见相一致?当多数派的政治联盟不够稳定时,法院是否会变得更"不民主"?

除了达尔外,夏皮罗也很早就将法院作为一种制度纳入考察,并将这一类型的研究称为"政治法理学"(political jurisprudence)。④ 他把司法系统看作是众多政府机构(government agency)之一,拒绝将法院假想为不受政治影响而由"法律

① See Robert A. Kagan, *Adversarial Legalism: The American Way of Law*, Harvard University Press, 2001; Keith E. Whittington, *Political Foundations of Judicial Supremacy: The Presidency, the Supreme Court, and Constitutional Leadership in U. S. History*, Princeton University Press, 2007.

② See Jonathan D. Casper, *The Supreme Court and National Policy Making*, 70 The American Political Science Review 50 (1976); Gerald N. Rosenberg, *The Road Taken: Robert A. Dahl's Decision-Making in a Democracy: The Supreme Court as a National Policy-Maker*, 50 Emory Law Journal 613, p. 627-629 (2001).

③ Gerald N. Rosenberg, *The Road Taken: Robert A. Dahl's Decision-Making in a Democracy: The Supreme Court as a National Policy-Maker*, 50 Emory Law Journal 613, p. 627-629 (2001).

④ Martin Shapiro, *Political Jurisprudence*, 52 Kentucky Law Journal 294, 326 (1964).

技师"组成的部门。① 在夏皮罗看来,政治法理学的研究应以政治学的视角来考察法院与其他政府机关和社会的互动及司法判决对权力和资源分配的影响。② 因此,当提问"为何法院"和"如何通过法院"时,学者需横向比对法院和其他政治机构,讨论法院的比较优势和劣势。

夏皮罗的著述颇丰,包括宪法学理论③、法院与行政机构的关系④、司法制度⑤等。以宪法理论为例,夏皮罗重点讨论了"司法能动"与"司法克制/谦逊"之间差别的政治内涵。围绕联邦最高法院自20世纪30年代起的一系列激进行为(如罗斯福新政时期的"法院重组计划"⑥、沃伦法院时期在民权领域的裁判),法学界在20世纪60年代开展了一场不同研究进路的大辩论。夏皮罗认为,这场辩论的核心不是形而上的法律解释规则,而是如何确认法院的政治功能,这一点尤其体现在他对最高法

---

① Martin Shapiro, *Law and Politics in the Supreme Court: New Approaches to Political Jurisprudence*, Free Press of Glence, 1964, p. 15.

② Martin Shapiro, *Political Jurisprudence*, 52 Kentucky Law Journal 294, 326 (1964), p. 294-295.

③ Martin Shapiro, *Freedom of Speech: The Supreme Court and Judicial Review*, Prentice-Hall, 1966.

④ Martin Shapiro, *Law and Politics in the Supreme Court: New Approaches to Political Jurisprudence*, Free Press of Glence, 1964; Martin Shapiro, *The Supreme Court and Administrative Agencies*, The Free Press, 1968.

⑤ Martin Shapiro, *Stability and Change in Judicial Decision - Making: Incrementalism or Stare Decisis*, 2 Law in Transition Quarterly 134 (1965); Martin Shapiro, *Toward a Theory of "Stare Decisis"*, 1 The Journal of Legal Studies 125 (1972); Martin Shapiro, *Appeal*, 14 Law & Society Review 629 (1980).

⑥ 有关罗斯福新政时期法院与总统的紧张关系,参见 William E. Leuchtenburg, *The Supreme Court Reborn: The Constitutional Revolution in the Age of Roosevelt*, Oxford University Press, 1966。有关"法院重组计划"对最高法院大法官的直接影响,参见 Daniel E. Ho & Kevin M. Quinn, *Did a Switch in Time Save Nine?*, 2 Journal of Legal Analysis 69 (2010)。

院言论自由判例的剖析和批判中。① 夏皮罗否认简单认定法院是或不是“反多数人”机构,声称任何政治机构都有民主和不民主的两面性。比如,国会的立法权实际上掌握在小型利益团体、政治领袖和各类立法委员会手里,不能算得上是完全民主。② 所以面对不同团体的当事人,夏皮罗认为法院应给予代表不足(under-represented)的团体一些发声权,来提高整个政治体制的民主性;而对于那些在国会的政治斗争中明显败北的利益团体,法院应该忽略。③

不过司法权力也受到体制限制。④ 法院无法像国会和总统一样,直接与地方百姓沟通以了解民意,并且获得他们的支持。司法权力的成功实施取决于法律共同体、下级法院和民众对裁判的认可和遵循。这意味着,法院必须尽其所能地说服他的观众,因而需要给出清晰、分析细致、一致和中立的判决意见,一方面指导如何适用法律,另一方面满足法律共同体对司法中立性的期待。⑤ 法院不仅可以依据国会的多数派来测量民意,也能够通过上诉机制来获得地方性知识,进行更细致的社会控制。⑥

在进行社会管理时,法院与行政机构存在相似性,两者均是对某一政策领域进行社会管理的(国会以下的)“下属立法者”,相互竞争,又相互补充。⑦ 在某些领域(比如反垄断法和劳动

---

① Martin Shapiro, *Freedom of Speech: The Supreme Court and Judicial Review*, Prentice-Hall, 1966.

② Ibid., p. 17-25.

③ Ibid., p. 34-39.

④ Ibid., p. 27-34.

⑤ Martin Shapiro, *Law and Politics in the Supreme Court: New Approaches to Political Jurisprudence*, Free Press of Glence, 1964, p. 24-32.

⑥ Martin Shapiro, *Appeal*, 14 Law & Society Review 629(1980).

⑦ Martin Shapiro, *The Supreme Court and Administrative Agencies*, The Free Press, 1968.

法），由于法案留下巨大的法律空隙，法院承担起更多的职责；而在更需要专业性和及时性的领域（比如税法），法院则留给行政机构更多的裁量权。① 不过与行政机构相比，法院缺乏专业性，是个通才；且由于司法决策的事后性和被动性以及判决更针对当事人，法院进行社会管理的时效性和广度是有限的。但行政机构由于受政治、利益团体和产业的影响更大，更容易被庇护主义（clientelism）和裙带主义（patronism）影响②，而法院相较而言更加中立，能更好地衡量正反双方的观点和证据。此外，由于判例规则的存在和司法审查管辖权的分散，法院通过解释法律来改变规则走向的方式是更加渐进式的；相较而言，行政机构作为官僚机构，垂直控制更严格，因此改变规则走向也可更加快捷。③

相比于对法官意识形态和策略的分析，达尔和夏皮罗的研究更加关注法院所承担的社会和政治功能。为探求这一问题，学者需要从制度的角度考察法院与其他政府机构之间的关系、法院的独特性及其比较优势。从这一角度出发，法官本身的特性往往是被弱化的；相反地，法院本身的“政治性”则是由司法过程和政治过程所塑造的。不难看出，在两位学者的论述中，当谈及法院的角色，就不得不提及国会和行政机构的功能定位、利益团体的角色以及政府机构的比较优势等。不过也正因为如此，在讨论法律实证研究能否成为一个新范式的大背景下，对法院制度的研究往往游离于法官行为主义研究之外。

---

① Martin Shapiro, *Law and Politics in the Supreme Court: New Approaches to Political Jurisprudence*, Free Press of Glence, 1964, p. 15.

② Martin Shapiro, *The Supreme Court and Administrative Agencies*, The Free Press, 1968, p. 2-64.

③ Martin Shapiro, *The Supreme Court and Administrative Agencies*, The Free Press, 1968, p. 73-91; Martin Shapiro, *Stability and Change in Judicial Decision-Making: Incrementalism or Stare Decisis*, 2 Law in Transition Quarterly 134 (1965).

## [七] 司法政治研究的尴尬境遇：为何小众？

以上章节讨论了行为主义思潮对司法政治研究的影响,并分门别类地讨论了早期态度主义、策略主义和新制度主义研究的一些内容和方法。其中,对法官意识形态的考察毋庸置疑地是这一时代的主流观点,其他流派则对司法政治研究进行了补充,提供了不一样的研究思路。回过头看,美国早期司法政治的研究方法并不落伍,反而是一直紧跟潮流的,在某些方面甚至比相应思潮的出现要更早一些。本文对文献的梳理看似创造了一个学术繁荣的印象,但是在20世纪60年代,不论在政治学界还是在法学界,司法政治研究并不是一个有前景的领域。在政治学界,司法研究非常的边缘化,阿尔伯特·索米特(Albert Somit)和约瑟夫·坦恩豪斯(Joseph Tanenhaus)对美国政治科学协会(American Political Science Association)的问卷调查显示,1953年有18.1%的政治学家自认为是进行公法研究①,到1961年这一数字降到16.4%。② 而1963年的问卷显示,公法和政治理论被当成是学界最不显著、最没有声望的两个子学科。③夏皮罗在1993年的一篇文章里抱怨说,司法政治学"已经成为政治学中地位最低下的子学科之一",并且在20世纪80年代的大多数时间里,"有惊人比例的顶级学府——比如哈佛、耶鲁、

① 我们今天称为司法政治的实证研究,在20世纪中叶也是所谓"公法研究"的一部分,许多当年的司法研究学者亦自称公法学者。Walter F. Murphy & Joseph Tanenhaus, *The Study of Public Law*, Random House, 1972, p. 3-10.

② Albert Somit & Joseph Tanenhasu, *American Political Science, A Profile of a Discipline*, Atherton Press, 1964, p. 52.

③ Ibid., p. 54-55.

芝加哥、密歇根、斯坦福——没有资深学者从事专门的教学活动”。①

而在法学界，法律与政治相关的研究也受到了极大的抨击。细想一下，赫伯特·韦克斯勒（Herbert Wechsler）《迈向宪法的中立原则》一书出版于1959年②，亚历山大·比克尔（Alexander Bickel）《最不危险的部门》出版于1962年。③ 与司法政治学强调法院的政治性不同，这些同时代最有影响力的法学著作强调司法的中立性、谦逊和去政治性。实际上，早在1949年，前最高法院大法官韦利·拉特利奇（Wiley Rutledge）的助理理查德·沃夫森（Richard Wolfson），就在书评中猛烈抨击了《罗斯福法院》一书的研究成果，认为普里切特完全否定了“遵循先例”的原则和最高法院的专业性，过分夸大了法官间意识形态之争，并将大法官的案件简单地分类成“赞成/反对”公民权利或政府行为。④ 沃夫森完全否定了该书的价值，认为普里切特的研究会让联邦最高法院的合法性受损，也会影响公众对法院中立性和专业性的认识。有趣的是，就连普里切特自己也持有类似的担忧。⑤

结合笔者的观察和既有学者的分析，本文尝试列举一些导

---

① Martin Shapiro, *Public Law and Judicial Politics*, in Ada W. Finifter ed., Political Science: The State of the Discipline Ⅱ, American Political Science Association, 1993, p. 365.

② Herbert Wechsler, *Toward Neutral Principles of Constitutional Law*, 73 Harvard Law Review 1(1959).

③ Alexander M. Bickel, *The Least Dangerous Branch: The Supreme Court at the Bar of Politics*, Bobbs-Merill, 1962.

④ Richard F. Wolfson, *The Roosevelt Court by C. Herman Pritchett Books Reviewed*, 49 Columbia Law Review 145(1949).

⑤ C. Herman Pritchett, *The Development of Judicial Research*, in Joel Grossman & Joseph Tanenhasu eds., Frontiers of Judicial Research, John Wiley & Sons, 1969.

致司法政治研究尴尬境遇的原因。首先,早期司法政治研究的视野过于狭窄,虽然在研究方法上有所创新,但理论拓展显得过于薄弱。如前文所述,态度主义的研究在这一段时期占据了司法研究的主流。学者将大多数心思花费在如何改进定量研究方法上,而非改进理论和扩展研究视野。① 虽然这段时期的量化方法越来越先进,但即便不看文章,读者们也可猜到其结论,即政策偏好或意识形态决定裁判行为。② 若非对量化方法有额外的兴趣,阅读相关文献并不能获得更多的知识。

研究视野的狭窄还体现在研究对象的单一上。我们不难从以上的文献梳理中发现,绝大多数的研究仅关注联邦最高法院,而缺少对下级法院或州法院的考察,导致学界对法院政治功能缺乏全面的研究和认识。这一点在量化方法上也有所体现,大量的定量模型仅适用于研究联邦最高法院,难以应用于其他司法机构,这也间接减少了对其他法院的认识。③ 夏皮罗在评价这段时期的研究时,用"作为宪法的公法:只有最高法院"(Public Law as Constitutional Law:Supreme Court Alone)这一小标题加以概括,足见其对研究对象单一这一现象的不满。④ 在

---

① Kenneth Vines, *Judicial Behavior Research*, in Michael Haas & Henry S. Kariel eds., Approaches to the Study of Political Science, Chandlering Publishing, 1970.

② Martin Shapiro, *Public Law and Judicial Politics*, in Ada W. Finifter ed., Political Science: The State of the Discipline Ⅱ, American Political Science Association, 1993; Joel B. Grossman & Joseph Tanenhaus, *Toward a Renascence of Public Law*, in Joel Grossman & Joseph Tanenhasu eds., Frontiers of Judicial Research, John Wiley & Sons, 1969.

③ Kenneth Vines, *Judicial Behavior Research*, in Michael Haas & Henry S. Kariel eds., Approaches to the Study of Political Science, Chandlering Publishing, 1970.

④ Martin Shapiro, *Public Law and Judicial Politics*, in Ada W. Finifter ed., Political Science: The State of the Discipline Ⅱ, American Political Science Association, 1993.

许多其他学者看来，司法政治研究或者说公法研究几乎等同于对最高法院投票行为的研究，并且研究结论单一，或多或少地会对这一领域有所疏离。

而对于研究法院的学者来说，当他们仅将自己的关注点锁定在法官个体的投票行为上时，也就排除了对法院——作为某种制度而言——的政治功能的宏观认识和把握。① 公法学者未能有效地探讨一个问题，即研究法院如何能促进我们对政治体制的了解和认识。法官的投票和策略对社会到底会有什么影响？又会如何改变政治程序的进程和结果？司法研究者未能回应这一系列的疑问。对许多同时代的政治学家而言，不论法院到底是不是“政治的”，法院好像总是在“随机性”地提审某些案件，并“随机性”地对行政和立法机构施加影响，与学者们关心的国会、总统或政府机构常态化的政治运作似乎毫无关联。② 公法学者并没有在理论和实证层面，对法院如何嵌入政治体制这一问题给予足够的关注。对政治学宏观问题研究的缺失，似乎注定了司法政治研究的边缘化。司法政治学的再兴起，一定程度上也是归因于研究视野的打开，越来越频繁地探讨下级法院、州法院、以及新兴国家的司法系统的政治功能，促成公法学者加入更宏观的学术讨论。③

除了上述公认的理由外，笔者根据自身的观察也提出一个

① Lawrence Baum, *Judicial Politics: Still a Distinctive Field*, in Ada W. Finifter ed., Political Science: The State of the Discipline Ⅱ, American Political Science Association, 1993.

② Martin Shapiro, *Public Law and Judicial Politics*, in Ada W. Finifter ed., Political Science: The State of the Discipline Ⅱ, American Political Science Association, 1993, p. 366.

③ Martin Shapiro, *Public Law and Judicial Politics*, in Ada W. Finifter ed., Political Science: The State of the Discipline Ⅱ, American Political Science Association, 1993, p. 366.

假设:早期的司法政治研究者对自身的学科定位并不清晰,并不清楚自己的研究目的为何、核心受众是谁。这部分体现在学者对如何称呼学科所产生的分歧上,有人坚持公法(public law)研究,有人使用政治法理学(political jurisprudence),也有学者改用司法政治学(judicial politics)。不同的学科名称隐含的问题意识不尽相同。比如政治法理学,其落脚点自然而然便是法学理论。许多当时的司法研究学者(比如夏皮罗、坦恩豪斯)也推崇这一术语,认为应该将政治理论纳入法学理论的分析框架,政治研究为辅,而规范分析为主,落脚点是借助政治理论为规范分析的法学理论提供实证支撑。① 比如夏皮罗认为司法程序应给予代表不足的利益团体更多的话语权,支撑这一观点的根据是这些团体在立法程序中没有办法发出足够多的声音,导致民主制度失灵。② 但也有学者提出质疑,认为政治法理学及其所隐含的规范分析目的,不适合称呼一门通过定性分析和定量分析来解释政治现象的学科。肯尼斯·维恩斯(Kenneth Vines)就建议使用司法政治学一词,以便于司法研究向现代政治科学靠拢,且能够灵活涵盖所有政治相关的因素——包括指导法官的法学理论。③

---

① Walter F. Murphy & Joseph Tanenhaus, *The Study of Public Law*, Random House, 1972, p. 3-10; Nancy Maveety, *The Study of Judicial Behavior and the Discipline of Political Science*, in Nancy Maveety ed. , The Pioneer of Judicial Behavior, University of Michigan Press, 2003, p. 6-9, Walter & Murphy; Martin Shapiro, *Political Jurisprudence*, 52 Kentucky Law Journal 294, 326 (1964); C. Herman Pritchett, *The Development of Judicial Research*, in Joel Grossman & Joseph Tanenhasu eds. , Frontiers of Judicial Research, John Wiley & Sons, 1969.

② Martin Shapiro, *Freedom of Speech: The Supreme Court and Judicial Review*, Prentice-Hall, 1966, p. 34-39.

③ Kenneth Vines, *Judicial Behavior Research*, in Michael Haas & Henry S. Kariel eds. , Approaches to the Study of Political Science, Chandlering Publishing, 1970.

对内而言,这些分歧体现在不同的研究范式上,有些学者更偏理论(比如夏皮罗),而有些学者更偏实证方法(比如舒伯特)。而对外而言,学科名称或多或少会左右其他领域学者的关注程度。正如劳伦斯·鲍姆(Lawrence Baum)所说,对"公法研究"这一词语的长期使用,"突出了与美国政治学其他领域的不同之处,并暗示了该学科是法律导向,而非政治科学导向的"。① 这一认识并不能激励政治学者加入相关的讨论和研究。

## [八]结语及启示

本文回顾了美国早期司法政治学研究的演变历史。司法政治研究随着行为主义的兴起而兴起,并在经历了20世纪60年代的一波小高潮后,研究热情逐渐冷却。回顾历史不难发现,司法政治研究的理论和方法一直是紧跟潮流的,但其作为一个新的学术领域遭到质疑,并且面临边缘化的危险。

作为中国法学者,我们能从中获得什么启示呢?笔者认为,首先,方法的学习可以帮助我们理解当代的法律实证研究,包括其中的实验设计以及隐含的模型假设等,正如本文在态度主义一章的讨论所展示的那样。并且统计方法本身并不会过时,只不过随着时代的改变、计算机技术的普及等原因,其计算方式、应用场景等或许会发生改变。在今天的法律实证研究中,因子分析亦有使用场景。例如,有研究人员整合了十个指标,利用因

---

① Lawrence Baum, *Judicial Politics*: *Still a Distinctive Field*, in Ada W. Finifter ed. , Political Science: The State of the Discipline II, American Political Science Association, 1993, p. 198.

子分析来比较美国各州女性的社会政治地位①,司法研究者借助这一指标来测量各州居民对女性大法官的认可程度。② 另外,宪法学者在研究宪法权利的法律效力与实际效力之间关系的时候,首先利用主成分分析(principal component analysis)③——因子分析的一种简化形式——来量化各国通过宪法保护权利的意愿,减少潜变量对回归分析的影响。④ 作为上述两种分析方法的延伸,多维尺度分析法(multidimensional scaling)亦被用来可视化各国保护宪法权利的“理想点”。⑤ 这些当代研究在方法上保持了一定的连续性。

除此以外,研究方法的学习,本身也可以帮助我们开拓研究视野、寻找新的问题意识。例如,我们是否也能利用因子分析来测量各省的法治情况或其他与法律相关的潜变量?又如,刘庄利用调查问卷和假设场景来研究裁判文书的写作会如何影响(压制)法官的偏见⑥,那我们是否也能利用类似的方法来研究:

---

① Jason Harold Windett, *State Effects and the Emergence and Success of Female Gubernatorial Candidates*, 11 State Politics & Policy Quarterly 460(2011).

② Scott S. Boddery et al., *Naming Names: The Impact of Supreme Court Opinion Attribution on Citizen Assessment of Policy Outcomes*, 53 Law & Society Review 353(2019).

③ 舒伯特也应用过主成分分析作为因子分析的替代方案进行研究, Glendon Schubert, *The Judicial Mind Revisited: Psychometric Analysis of Supreme Court*, Oxford University Press, 1974.

④ Adam S. Chilton & Mila Versteeg, *Do Constitutional Rights Make a Difference?*, 60 American Journal of Political Science 575, 585(2016).

⑤ Yonatan Lupu, *The Informative Power of Treaty Commitment: Using the Spatial Model to Address Selection Effects*, 57 American Journal of Political Science 912(2013); Adam S. Chilton & Mila Versteeg, *The Failure of Constitutional Torture Prohibitions*, 44 The Journal of Legal Studies 417(2015); Adam S. Chilton & Mila Versteeg, *Courts' Limited Ability to Protect Constitutional Rights*, 85 The University of Chicago Law Review 293(2018).

⑥ Zhuang Liu, *Does Reason Writing Reduce Decision Bias? Experimental Evidence from Judges in China*, 47 The Journal of Legal Studies 83(2018).

(1)普法是否会增加法院(国家)合法性①;(2)司法判决的内容和说理方式,是否会影响公众对判决的支持程度②等一系列的问题。或者说,我们是否也能尝试应用文本语义分析的统计方法,来研究法律文书、法院工作报告、院长信箱等。

笔者认为,抛开具体的研究方法,我们能够从该学术史中获得的启示,更多的应该是一种态度,即应如何对待实证研究。中国法律实证研究已有40余年的历史,从最初摸索和引进西方法律社会学理论,到开展田野调查和个案分析,再到今天尝试应用大数据进行量化分析。③ 但法律实证研究在各个维度都有继续改进的空间。其中之一,就是量化的研究方法。程金华教授在一篇文章中敏锐的指出,当前中国实证研究存在数据处理和统计操作过于随意的问题,在样本采集、变量操作、模型搭建、回归分析、统计推论等各个方面均与理想的社科研究规范存在差距。④ 上文的论述表明,新的学术范式的转变和普及并不能在一朝一夕间完成,是需要长久和庞大的学术积淀作为基础的。在这一过程中,严谨的学术态度、细致入微的理论考察和扎实的方法论功底都是不可或缺的。这一点在态度主义的研究中体现得格外明显,学者们非常重视如何测量不同的变量和数据,并借助系统的统计学知识来探寻变量之间的关系,这些努力拓展了

① 苏珊·怀廷(Susan Whiting)是用对照组实验研究中国的普法电视教育是否会影响公民对政权合法性的认识,不过问题意识类似。参见 Susan Whiting, *Authoritarian "Rule of Law" and Regime Legitimacy*, 50 Comparative Political Studies 1907(2017)。

② 例如,上文提到的有关对女性大法官认可程度的文章,研究的也是类似的问题。Scott S. Boddery et al., *Naming Names: The Impact of Supreme Court Opinion Attribution on Citizen Assessment of Policy Outcomes*, 53 Law & Society Review 353(2019).

③ 陈柏峰:《法律实证研究的兴起与分化》,载《中国法学》2018年第3期。

④ 程金华:《迈向科学的法律实证研究》,载《清华法学》2018年第4期;雷鑫洪:《方法论演进视野下的中国法律实证研究》,载《法学研究》2017年第4期。

法律作为一门实证研究的深度和广度。

与此相关的一点是对话研究和跟踪研究在这段学术史中所体现出的重要性。不少学者指出,国内的实证研究缺少跟踪和对话研究,存在学术圈地的现象,这或多或少地阻碍了研究方法和理论上的改进。① 本文认为,虽然研究方法的创新往往伴随质疑和批判,但这些会激励后来者找寻更加合适的替代方案。例如,学者对早期态度主义研究方法的批判之一是循环论证,为了解决这一缺陷,杰弗里·西格尔(Jeffrey Segal)和阿尔伯特·科夫尔(Albert Cover)借用媒体对大法官的评述作为独立于判决以外的数据来测量法官的政治意识形态,并受到广泛认可。② 另外,安德鲁·马丁(Andrew Martin)和凯文·奎因(Keven Quinn)应用项目反应理论(Item Response Theory)和马尔科夫链蒙特卡洛(Markov Chain Monte Carlo)这一贝叶斯方法对法官的投票倾向进行排序,前者缓解了案件同质性(假设所有案件对法官投票倾向的激励一致)的问题,后者容许法官的投票倾向在动态的时间跨度内是可变的(假设法官理想点的变换遵循随机游走)。③ 例如,面对策略主义不具有普遍性这一质疑,学者借助更多的数据量,以定量的方式予以回应。④

近年来,司法研究也存在不同理论分支相互交融的趋势。

---

① 程金华:《迈向科学的法律实证研究》,载《清华法学》2018 年第 4 期;程金华:《当代中国的法律实证研究》,载《中国法学》2015 年第 6 期。

② Jeffrey A. Segal et al. , *Ideological Values and the Votes of U. S. Supreme Court Justices Revisited*, 57 The Journal of Politics 812, 812(1995); Jeffrey A. Segal & Albert D. Cover, *Ideological Values and the Votes of U. S. Supreme Court Justices*, 83 The American Political Science Review 557(1989).

③ Andrew Martin & Kevin Quinn, *Dynamic Ideal Point Estimation via Markov Chain Monte Carlo for the U. S. Supreme Court* 1953-1999, 10 Political Analysis 134 (2002).

④ Lee Epstein & Jack Knight, *The Choices Justices Make*, Congressional Quarterly Press, 1998.

法官不再被假设成只讲策略或者只讲意识形态，而是能够对不同的制度环境作出不同的回应。例如，大法官的态度（理想点）并非如学者假设得那样是恒定的，并且他们往往对任命他们的总统更加忠诚，而对待之后的政府则会显得更加“叛逆”。① 再如，大法官会依据案件所涉言论的类型和自身的意识形态来进行投票，而非公平公正地保护言论自由本身：即便都是第一修正案的官司，反堕胎言论和 LGBT 言论在最高法院享受的待遇是不一样的，这取决于大法官自身的意识形态。② 若是没有量化法官政治意识形态的数据库，我们很难想象在今天看到如此具有普遍说服力的策略主义研究。

最后，不少学者指出中国社科法学的研究缺乏足够清晰的问题意识③，但好的问题意识与研究方法演变之间的关系似乎并不如我们预想得那么清晰。舒伯特等人的研究占据司法政治研究的主流，但由于其结论过于单一、方法不具有普及性、行文过于技术性等原因，司法政治研究并不能激起学界的兴趣。但在长期对话和跟踪研究的过程中，量化研究的方法得到了长足的改进，并最终整合成数个统一的数据库，以供后来者在理论上进行开拓和创新（如上文指出的糅合）。在这过程中，包容的学术环境至关重要。不仅保证了这些“无聊”研究的出现，也为学者间交流对话、取长补多提供了可能。

---

① 参见 Lee Epstein et al., *Ideological Drift among Supreme Court Justices: Who, When, and How Important*, 101 Northwestern University Law Review 1483 (2007); Lee Epstein & Eric Posner, *Supreme Court Justices' Loyalty to the President*, 45 The Journal of Legal Studies 401(2016)。

② Lee Epstein et al., *Do Justices Defend the Speech They Hate? An Analysis of In-Group Bias on the US Supreme Court*, 6 Journal of Law and Courts 237(2018).

③ 程金华：《迈向科学的法律实证研究》，载《清华法学》2018 年第 4 期；顾培东：《法学研究中问题意识的问题化思考》，载《探索与争鸣》2017 年第 4 期；尤陈俊：《作为问题的“问题意识”——从法学论文写作中的命题缺失现象切入》，载《探索与争鸣》2017 年第 5 期。

《法律和社会科学》(2020)　第19卷第1辑,第105~144页

# 实用话语与两性不平等

贺　欣　吴贵亨*

**摘　要**:本文以法庭对话为材料,展示了逐渐出现于法庭中的“实用话语”。法官发明这种话语,既是对离婚妇女的帮助,更是对她们的限制。通过问答、对话、反驳以及其他互动方式,法官为法律对于两性平等和妇女权益的理解设置了支撑前提。通过审视法官和诉讼当事人的对话过程,我们将微观层面的语言习惯和宏观的社会力量、发展进程联系起来。尽管法官真诚地希望保护女性权利,但他们时常在不经意间再生并强化男权主导的标准。调研材料体现了男性霸权式的主导是如何在本应维护两性平等的法院中自我强化。同时,对话中的互动突出体现了社会的张力和转型期社会环境对司法运作的影响。

**关键词**:法庭对话　实用话语　两性不平等

---

* 贺欣为香港大学法律学院教授;吴贵亨为美国加州大学圣地亚哥校区社会学系教授。原文为英文,参见 He Xin & Ng Kawi, *Pragmatic Discourse and Genaler Inequality in China*, Law and Society Review, Vol. 47, p. 279-310(2013)。

从很多方面去衡量,婚姻家庭法在保护女性权益方面都堪称典范。两性平等被宪法奉为金科玉律。全国人大在1992年通过了《中华人民共和国妇女权益保障法》,为离婚妇女提供一系列的具体保护措施。随后,为了应对市场经济下女性面临的新的困境,2001年修正的《中华人民共和国婚姻法》第46条对重婚、有配偶而与他人同居、实施家庭暴力以及虐待、遗弃家庭成员进行了惩罚。尽管该条款并未指向夫妻中的特定一方,但其初衷显然是为了保护女性。

在中国这样一个传统的男权社会里,这些善意的立法在实践中能否发挥作用?保护两性平等是中国共产党执政以来的长期主张,但这显然与中国传统价值观有所出入。这种法律规范与社会现实的冲突如何调和?这是否意味着,至少在民事领域,法律可以引领某些重要的社会变革?还是说,如果缺乏了强有力且遍及全社会的对两性平等之信仰,法院推动社会变革的能力事实上更加有限。

### [一]法律对话与两性平等

本研究通过审视法院的法庭对话,对家事法律和两性(不)平等之间的相互影响进行探索。法社会学学者普遍认为,法律的事实话语远远超出法律文本的狭窄范畴。在法庭上，法官、律师和诉讼当事人在争论、劝说、辩护时，援引的话语往往体现出整个社会的情感和价值观，而法律只是其中的一部分。尽管法社会学文献对此深信不疑，但既有文献对于权利、义务、道德等概念在法庭审判中的具体引入却鲜有涉及。如果说语言确实是一种力量①，那么要理解法律力量如何被使用和争夺，就必须考察为争夺意义解释控制权而展开的实时对话。

本文深入调查了法官与诉讼当事人就离婚意义的讨论，试图填补既有研究的空白。文章的理论分析构建于不断发展的一系列相关法社会学研究之上。在这些研究中，法庭话语被视为一种机构性的话语，表达并构建了社会分化和不平等。② 法律话语以其强大的框架设定力量构建了冲突的表达。③ 因此

---

① See Pierre Bourdieu, *Language and Symbolic Power*, Harvard University Press, 1987; John M. Conley & William M. O' Barr, *Just Words: Law, Language and Power*, 2nd Ed., University of Chicago Press, 2005; Michel Foucault, *The Archaeology of Knowledge*, Harper & Row, 1972; Michel Foucault, *Truth and Power*, in M. Foucault ed. and C. Gordon trans., Power/Knowledge: Selected Interviews and Other Writings, Pantheon Books, 1980.

② See Susan Hirsch, *Pronouncing and Preserving*, University of Chicago Press, 1998; Gregory M. Matoesian, *Law and the Language of Identity*, Oxford University Press, 2001; Sally Engle Merry, *Getting Justice and Getting Even*, The University of Chicago Press, 1990; Elizabeth Mertz, *The Language of Law School: Learning to "Think Like a Lawyer"*, Oxford University Press, 2007; Kwai Hang Ng, *The Common Law in Two Voices: Language, Law, and the Postcolonial Dilemma of Hong Kong*, Stanford University Press, 2009; Justin B. Richland, *Arguing with Tradition: The Language of Law in Hopi Tribal Court*, University of Chicago Press, 2008; Shonna Trinch, *Latinas Narrative of Domestic Abuse*, John Benjamins Publishing Co., 2003.

③ See William L. F. Felstiner, et al., *The Emergence and Transformation of Disputes: Naming, Blaming, Claiming…*, Law and Society Review, Vol. 15, p. 631-654. (1980-1981); Lynn Mather & Barbara Yngvesson, *Language, Audience, and the Transformation of Disputes*, Law and Society Review, Vol. 15, p. 775-821 (1980-1981); Sally Engle Merry, *Getting Justice and Getting Even*, The University of Chicago Press, 1990.

这也成为了重诉、争夺社会利益和权力分配的领域。①

本文通过实证案例研究探索了法庭中快速发展的话语规范,对学术发展的贡献具体体现为三个层面。首先,通过分析真实审判中的法庭对话,我们发现一种“实用话语”正越来越多地被法官在法庭调解环节所采用。法官有意识地反复使用这种新型的实用话语,将法庭审判转化为由某种特定官方女性权益意识所主导的平台。其次,本研究揭开了司法调解的理想主义面纱,揭露出其凌驾于诉讼当事人之上的权力本质。通过问答、对话、反驳以及其他互动方式,法官为法律对于两性平等和妇女权益的理解设置了支撑前提。法官微妙地运用语言,以互动的方式对诉讼当事人行使权力。② 从这个方面说,司法权力是离散的,正如福柯所言:法律语言系统地形成了其表达的目标。③ 最后,我们致力于理解看似不涉及性别问题之司法决定如何加深性别不平等的社会现状。在探寻话语运用生态的同时我们发现,司法调解作为一种机构程序,尽管名义上宣称要推动两性平等,然而实质上却固化了性别不平等的现状。尽管法官们努力保护女性权益,但他们时常在无意之中引入并加强了既有的男权标准和价值观,使得女性成为了婚姻破裂恶果的被动接受方。如后文所示,这种实用话语对于社会、经济上处于低下阶层的女性有着格外严重的伤害。

---

① See Michel Foucault, *Truth and Power*, in M. Foucault ed. and C. Gordon trans., Power/Knowledge: Selected Interviews and Other Writings, Pantheon Books, 1980.

② See Susan U. Philips, *Ideology in the Language of Judges: How Judges Practice Law, Politics, and Courtroom Control*, Oxford University Press, 1998.

③ Michel Foucault, *The Archaeology of Knowledge*, Harper & Row, 1972, p. 49.

除了论述法庭现场的话语对于司法权离散化的理论意义之外，我们也试图探讨离婚这一转型期社会的标志性现象。离婚诉讼已经迅速成为了主要城市民事审判中的重要构成部分，占 2010 年所有民商事案件的 23%。① 专门的家事法庭被家事以应对设立法领域越来越多的案件（大多数是离婚诉讼）。本文主要基于对华南某家事法庭的民族志式研究。通过比较新兴的实用话语和被其取代的传统道德话语，文章集中展现了法院中迅猛发展的新兴准则。

### [二] 实用话语

我们对于话语意义的理论化受到两种截然不同的理论传统的启发：语言人类学家将话语看做被使用的语言②；而福柯学派则将话语理解为对实践不同的讨论、解释方式，这些方式形构了它们讨论的对象③。鉴于萨利·梅丽（Sally

---

① 参见中国法律年鉴编辑部编：《中国法律年鉴 2011》，中国法律年鉴社 2011 年版，第 171 页。

② See Alessandro Duranti, *Linguistic Anthropology*, Cambridge University Press, 1997; Elizabeth Mertz, *A New Social Constructionism for Sociolegal Studies*, Law & Society Revi, Vol. 28: 5, p. 1243 - 1265 (1994); Elizabeth Mertz, *Legal Language: Pragmatics, Poetics, and Social Power*, Annual Review of Anthropology, Vol. 23, p. 435-455 (1994); Elizabeth Mertz, *The Language of Law School: Learning to "Think Like a Lawyer"*, Oxford University Press, 2007; Joel Sherzer, *A Discourse-Centered Approach to Language and Culture*, American Anthropologist, Vol. 89, p. 295-309 (1987); Michael Silverstein, *Metapragmatic Discourse and Metapragmatic Function*, in J. Lucy ed., Reflexive Language: Reported Speech and Metapragmatics, Cambridge University Press, 1993; Michael Silverstein, *Indexical Order and the Dialectics of Sociolinguistic Life*, Language and Communication, Vol. 23: 3-4, p. 193-229 (2003).

③ See Michel Foucault, *The Archaeology of Knowledge*, Harper & Row, 1972; Sally Engle Merry, *Getting Justice and Getting Even*, The University of Chicago Press, 1990; Deborah Cameron, *Working with Spoken Discourse*, Sage, 2001.

Merry)对于新英格兰两个下级法院的话语研究①,我们将话语理解为系统化的解释方式。对于话语的研究着眼于法庭上对于特定问题的讨论,体现出更广泛的文化框架和价值观如何被引入法律讨论中,或者说,法律讨论如何兼具文化性和道德性。根据梅丽所述,法庭对话时常游离于法律对于是非、事实真相的理解之外,而深入到一种不同的正当化模式之中。② 举例而言,治疗性话语避免使用诸如"动机""行为"等探寻个人可归责性的法律语言,而"采取谅解错误行为的态度,因为该行为是由特定环境导致的,因而是可以理解和接受的"③。梅丽论述道,在美国,这种话语首先被以帮助他人修复受损关系为职业者采用,随后被引入法律行业中用以处理诸如离婚案件之类起诉到法院的家庭关系状况④。

与此相似,我们在法院所发现的实用话语是一种机构性话语。这一话语围绕民事审判结构所展开,是法官基于对调解的偏好而塑造出来的。考虑实用话语的非法律本质,它与治疗性话语确有相似之处,但事实上二者相差甚远。在实用话语中,法官看似是起帮助作用的职业人士,但她最终的目的是消解纠纷,而非修复受损的关系。法官对于谁对谁错、谁可以理解、谁值得赞赏等问题不作深究。正如下文所示,实用话语以解决问题为目标。不同于改革初

---

① See Sally Engle Merry, *Getting Justice and Getting Even*, The University of Chicago Press, 1990.

② Ibid., p. 115.

③ Ibid., p. 114-115.

④ See Martha Fineman, *Dominant Discourse, Professional Language, and Legal Change in Child Custody Decisionmaking*, Harvard Law Review, Vol. 101, p. 727-774(1988); Martha Fineman, *The Illusion of Equality: The Rhetoric and Reality of Divorce Reform*, University of Chicago Press, 1991.

期(约20世纪80年代)的做法,如今的法官不去调查关系破裂的原因,也不去试图通过思想教育改造配偶双方。① 实用话语的意义在于,它从根本上重新定义了法院对于离婚这一社会行为的"天然态度":法院不再将离婚当作一种禁忌,而将之看作不可避免的现实。具体而言,实用话语有以下特征。

其一,它是非道德性的。道德话语曾经是家事法律的主导话语,体现为对过错一方的思想教育,被法院用来要求过错方寻求和解。如今,家事法院的法官不关心妻子是否善良、孝顺,也不在意丈夫有没有外遇或是家暴。简言之,相比于挽救婚姻,法官更关心解决问题。新的实用话语将离婚看作当今社会现实的一部分。过去,依赖于道德性话语的当事人往往能从法官那里得到支持;如今,当事人面对的是更加现实的法官,常常对基于道德的请求与随之而来的强烈情感无动于衷。

其二,实用话语将离婚理解为当前社会现实的一部分。数据显示,很多城市的离婚率正不断攀升,一些主要城市的离婚率已经达到了50%。② 过去,法官将他们的角色定位为通过"审判"挽救失败的婚姻,主要方式是对于法律即道德的权威性陈述以及一系列以阻止离婚为目的的调解手段。如今,法院的主要功能在于决定离婚的法律后果,判定夫妻之间的权利和义务。这一领域的问题包括财产分配、子女抚

---

① See Philip C. C. Huang, *Divorce Law Practices and the Origins, Myths, and Realities of Judicial "Mediation" in China*, Modern China, Vol. 31:2, p. 151-203 (2005).

② See Jim Yardley, Women in China Embrace Divorce as Stigma Eases, *New York Times* (*Oct.* 4, 2005), http://www.nytimes.com/2005/10/04/international/asia/04divorce.html? pagewanted=all.

养权归属以及抚养费用承担等一系列相关待裁事项。

其三,伴随实用话语出现的是法院对于限制自我角色的认知。政府事实上很少插手家事领域。① 与劳伦斯·弗里德曼(Lawrence Friedman)和罗伯特·珀西瓦尔(Robert Percival)对美国初审法院的研究结果②并无不同的是,中国法院在家事法领域的角色也经历了类似转变——从纠纷解决到对常规案件的行政化处理。尽管法院原则上可以阻止夫妻双方离婚,但法官知道,只要当事人态度足够坚定,他终将用尽驳回离婚起诉的法定理由。法院剩下的权力是增加离婚请求方的"交易成本"。交易成本的形式是多样的,例如,通过驳回第一次起诉延长离婚过程,为弱势一方(通常为女性)争取子女抚养权或更多的财产权。增加离婚的交易成本并非是为了阻止离婚的发生,而是为了均衡离婚双方的力量对比,缓和离婚对弱势一方经济上的冲击。因此,实用话语正是当今法院自我限制认知的产物。

### [三] 华南地区某法院的法庭话语研究

本文所分析的对话节选来自 2011 年 12 月我们在华南地区 Z 市某法院旁听的案件。Z 市坐落于富庶的珠三角中心地带,2010 年市人均生产总值达到 11,000 美元,也因此吸引了大量来自内陆地区的外来务工人员。我们调研的基

---

① See Michael Palmer, *Transforming Family Law in Post-Deng China: Marriage, Divorce and Preproduction*, The China Quarterly, Vol. 191, p. 675-695 (2007).

② See Lawrence M. Friedman & Robert V. Percival, *A Tale of Two Courts: Litigation in Alameda and San Benito Counties*, Law and Society Review, Vol. 10, p. 267-302(1976).

层法院辖区内约有80万居民,其中30万是外来务工人员。虽然普通话常用于正式场合,但很大一部分人日常说粤语。

我们的资料收集分为两部分。我们通过介绍进入法院,认识了审判法官,并获准观摩审判全程。两名女性法官专职审判离婚案件,还有一位男性法官帮助清理积压案件。我们在那待了大约1个月。由于处在法庭最忙的时间段,有时周六也要开庭,因此在调研期间,我们几乎天天都能看到法官进行庭审。我们一共观摩了20场庭审。在中国,民事审判进程干脆迅速,一场审判通常只需一次庭审,耗时一个上午或一个下午。我们观摩的一些案件只有短短10分钟(通常由于被告没有到庭),但在大多数案件中,庭审持续1小时至2小时。

在法庭里,调研主要依赖我们自己人工记录。不过由于庭审时间较短,记录并不是很困难。在调研结束前,法院很友善地提供了我们所观摩的部分案件的法庭官方记录。这些记录由配合法官工作的书记员录入。本文所引用的对话片段来源于我们自己的笔记和法庭的官方记录。尽管我们做了详细的记录,但仍然难以囊括很多细节,如口误、迟疑、沉默以及语言之外的心理压力、腔调等特征。尽管有不足之处,但考虑到对于中国法庭法社会学研究的缺失,我们的调研资料仍然弥足珍贵。出于保护隐私的考量,我们对文中涉及的姓名和其他身份特征进行了替换。

资料的第二部分是我们的采访,对象主要是观摩案件的主审法官和其他处理离婚诉讼经验丰富的法官。我们试图了解法官为何会问某些特定问题,以及什么样的证据能够形成法院判决的基础。总体而言,受访法官坦率地阐述了他们对于诉讼当事人表现的看法、特定证据的分量以及他们做出判决的依据。采访时间为半小时至 1 小时不等。

由于我们的调研地点处于社会经济、人口有其独特性的珠三角地区,我们对实用话语这一发现进行了进一步验证,以了解这是珠三角地区的个别现象还是具有一定普遍性的现象。我们通过电话采访了江苏省、广西省、浙江省和陕西省四省擅于处理离婚案件的法官。同时,我们也将自己的发现与其他地区的离婚案件研究文献进行了对比,范围涵盖华北地区①、广东省内其他地区②、上海市③以及甘肃省④。

### [四] 离婚案件中法官角色的转变

受苏联和其他大陆法系国家的影响,我国的民事审判直到不久之前还延续着纠问式的诉讼风格。过去,法官有义务为其处理的案件收集证据。在离婚领域,通过调解达成和解曾是法官处理此类诉讼的标准模式。20 世纪 90 年代以前,大多数离婚诉讼在法院做出最终判决之前要么被调解,要么在社会压力之下和解。⑤ 贺欣就过去的机制做出如下阐述:

---

① 参见陈雪飞:《离婚案件审理中法官话语的性别偏向》,载《北大法律评论》第 8 卷第 2 辑,北京大学出版社 2007 年版,第 386-411 页。

② See He Xin, *Routinization of Divorce Law Practice in China: Institutional Constraints' Influence on Judicial Behavior*, 23 International Journal. of Law, Policy and the Family, Vol. 23:1, p. 83-109(2009);黎晓婷:《释放被压抑的声音》,载广州审判网 2012 年 6 月 29 日, http://www. gzcourt. org. cn/fxtt/2012/06/29165057179. html;巫若枝:《当代中国家事法制实践研究——以华南 R 县为例》,中国人民大学 2007 年博士学位论文。

③ See Philip C. C. Huang, *Chinese Civil Justice, Past and Present*, Rowman & Littlefield Publishers Inc. ,2010.

④ 参见王晓玲:《冲出围城:M 法院离婚案件调查报告》,载《司法》2007 年第 1 期。

⑤ See Philip C. C. Huang, *Chinese Civil Justice, Past and Present*, Rowman & Littlefield Publishers Inc. ,2010.

> 承办案件的法官首先进行数次实地调查发现离婚的真实原因。然后法官会召集所有相关人员，灌输实现家庭社会和谐的思想，并对配偶双方进行教育或批评。法院掌握着来自家庭、社区和官方的巨大压力，再加上一些物质上的引诱，使得离婚诉讼人很难抵抗。大多数情况下，他们会检讨自己的“错误”或“幼稚”，并与配偶达成所谓的当庭和解。①

在这种指导思想下，法庭对于批准离婚诉讼请求非常抵触，并坚持通过调解达成和解，即便原告多次起诉也无济于事。②

一定程度上是为了缓解纠问式审判过程的沉重负担，国家在20世纪90年代修改了诉讼程序，要求诉讼当事人就案件诉讼和证明承担更多责任。③ 如今，法院的政策导向是当事人主义，证明责任落在当事人身上，而不是由法官承担。④ 离婚案件中法官角色的调整与这一司法政策的改变步调一致。尽管调解仍然是法院庭审程序中的强制环节，但法官很少在审判准备阶段亲自调查取证。⑤ 法院的判决很大程度

---

① He Xin, *Routinization of Divorce Law Practice in China: Institutional Constraints' Influence on Judicial Behavior*, 23 International Journal. of Law, Policy and the Family, Vol. 23:1, p. 86-87(2009).

② See Philip C. C. Huang, *Divorce Law Practices and the Origins, Myths, and Realities of Judicial "Mediation" in China*, Modern China, Vol. 31:2, p. 177-178 (2005).

③ 参见任建新(最高人民法院院长):《最高人民法院工作报告(1996年)》,1996年3月12日在第八届全国人民代表大会第四次会议上。

④ See Margaret Woo, *Shaping Citizenship: Chinese Family Law and Women*, Yale Journal of Law & Feminism, Vol. 15, p. 99-134(2003).

⑤ See He Xin, *Routinization of Divorce Law Practice in China: Institutional Constraints' Influence on Judicial Behavior*, 23 International Journal. of Law, Policy and the Family, Vol. 23:1, p. 83-109(2009).

上甚至仅仅依赖于诉讼双方提供的被法庭认可的证据和庭审过程中对证人的询问。①

表1展示了贺欣在广东省P区法院调查得到的一组关于离婚案件结果的数据。该组数据与改革前和改革初期的数据截然不同。如今,判决离婚的案件数量比驳回或和解的数量高出3倍。法官对于准许离婚不再迟疑。而他们大多认为,真正的和解十分难达成。即便在争议案件中法院驳回了离婚起诉,法官也会告诉起诉人,如果他们6个月后再次起诉,离婚就会被准许。② 与此类似的,对于甘肃省的研究指出,准许离婚的判决占到了该省离婚诉讼判决总数的64%。③ 黄宗智也指出,自20世纪90年代以来,在上海市和其他地区,法官开始支持一些在过去必然以和解结案的离婚诉讼。④

**表1　广东省P区法院2003—2006年离婚案件的结果**

单位:件

| 年份 | 调解离婚 | 判决离婚 | 调解和解 | 判决不离 |
|---|---|---|---|---|
| 2003 | 406 | 225 | 48 | 95 |
| 2004 | 280 | 236 | 36 | 84 |
| 2005 | 215 | 217 | 39 | 97 |
| 2006 | 199 | 231 | 25 | 105 |

资料来源:See He Xin, *Routinization of Divorce Law Practice in China: Institutional Constraints' Influence on Judicial Behavior*, 23 International Journal. of Law, Policy and the Family, Vol. 23:1, p. 90(2009)。

① See Margaret Woo, *Shaping Citizenship: Chinese Family Law and Women*, Yale Journal of Law & Feminism, Vol. 15, p. 132(2003).

② See He Xin, *Routinization of Divorce Law Practice in China: Institutional Constraints' Influence on Judicial Behavior*, 23 International Journal. of Law, Policy and the Family, Vol. 23:1, p. 83-109(2009).

③ 参见王晓玲:《冲出围城:M法院离婚案件调查报告》,载《司法》2007年第1期。

④ See Philip C. C. Huang, *Divorce Law Practices and the Origins, Myths, and Realities of Judicial "Mediation" in China*, Modern China, Vol. 31:2, p. 178-180(2005).

法庭庭审有四个环节：法庭调查，法庭辩论，法庭调解和宣判。尽管在大多数案件中前三个环节各自独立，但它们有时会被整合。改革虽然已经起步，但民事审判仍然是法官主导的程序。在前两个环节，诉讼双方可以质疑对方的论点和证据。但即便是在调查环节，也是由法官决定谁来说话、什么证据可以被质疑、什么问题可以问。简言之，法官控制了调查环节的节奏和方向。在我们的调研法院中，时常看到法官打断诉讼人及其代理人的发言，甚至律师的发言。这种主导性的角色使得法官成为了诉讼中的“第三方”①，也很可能是最重要的一方。通过对法官的采访我们了解到，法官在庭审中提出的问题通常直接影响其最后作出的判决。这意味着法官和诉讼当事人的互动比诉讼双方的互动更为重要。普通法系庭审中，话语权的对抗多出现在交叉询问环节②；而在中国的庭审中，构建法律冲突的权力关系集中体现在法官与诉讼当事人的互动过程。

法官和当事人互动的重要性在法庭调解环节更加明显。正是在这一阶段，法官试图说服当事人接受提议。正如陈雪飞所说，“法官在这一过程中的角色是主导性的；他们能够很轻易地削减、废除或是撤销当事人的诉求”③。法官期望达成调解是有明显动机的。原则上说，如果纠纷双方达成调成协议，法官就不

① See Susan U. Philips, *The Judge as Third Party in American Trial Court Conflict Talk*, in Allen D. Grimshaw ed., Conflict Talk: Sociolinguistic Investigations of Arguments in Conversations, Cambridge University Press, 1990.

② See Maxwell J. Atkinson & Paul Drew, *Order in Court*, MacMillan, 1979; Gregory M. Matoesian, *Law and the Language of Identity*, Oxford University Press, 2001; Kwai Hang Ng, *The Common Law in Two Voices: Language, Law, and the Postcolonial Dilemma of Hong Kong*, Stanford University Press, 2009.

③ 陈雪飞：《离婚案件审理中法官的性别偏向》，载《北大法律评论》第 8 卷第 2 辑，北京大学出版社 2007 年版。

必担心判决无法执行;同时,法官也规避了判决被上诉的风险,因为调解协议应当是自愿的。最后,法官也不必花费精力在判决书撰写上。21 世纪初的 10 年,法院系统经历了审判司法向调解司法的回归①,包括我们调研对象在内的很多法院为了回应这一司法政策,要求法官调解一定比例的经手案件。官方数据显示,家事、婚姻案件的审判率逐年稳步递减,从 2002 年的 38%减少到 2010 年的 27%,而调解和撤诉率相应增长。② 然而,民商事案件的总体调解率在 2010 年仅为 39%③,而在 20 世纪五六十年代,这一数据约为 85%④。

### [五] 道德上的犬儒主义

本文所用的资料主要来自三名法官在大约 1 个月内审理的案件。我们全程观摩了本文所涉及案件的庭审过程。这些案件全部采用简易程序,仅有一名法官进行审理,约有一半的当事人没有法律工作者或律师代理。纠纷双方的亲友通常会在听审席观审。

---

① See FU Hualing & Richard Cullen, *From Mediatory to Adjudicatory Justice: The Limits of Civil Justice Reform in China*, in Margaret Y. K. Woo & Mary E. Gallagher eds., Chinese Justice: Civil Dispute Resolution in Contemporary China, Cambridge University Press, 2011; Keith J. Hand, *Resolving Constitutional Disputes in Contemporary China*, University of Pennsylvania East Asia Law Review, Vol. 7:1, p. 51-159(2011).

② 参见中国法律年鉴编辑部编:《中国法律年鉴 2011》,中国法律年鉴社 2011 年版。

③ 参见中国法律年鉴编辑部编:《中国法律年鉴 2011》,中国法律年鉴社 2011 年版。

④ See Stanley Lubman, *Dispute Resolution in China After Deng Xiaoping: Mao and Mediation Revisited*, Columbia Journal of Asian Law, Vol. 11:2, p. 229-392 (1999).

实用话语的出现表明,一种越来越强的不介入倾向正在城市地区家事法庭的法官之中蔓延。我们所观察到的法官似乎都拥趸"除非必要,否则不作出判决"的司法原则。

鉴于过错离婚机制已经有名无实,简单而无争议的离婚请求只是走个形式。我们观摩的最平淡的离婚案件之一,主角是一对结婚 20 余年夫妻。丈夫和妻子一起来到法官面前,面对面坐在法庭里,没有什么眼神交流或互动(从技术上说,丈夫提起了离婚请求,因此他是原告,而妻子是被告)。他们对于共同财产的分配没有争议,也没有需要抚养的子女——他们唯一的儿子已经 22 岁了。丈夫援引了"感情确已破裂"作为离婚的原因。50 多岁的王法官是这个案件的主审法官,也是家事法庭的常任法官。她并没有进一步了解夫妻双方现在的感情状况,而是批准了离婚请求,然后让即将离婚的夫妻签署相关法庭文件。整个过程耗时约 15 分钟。

还有一起案件也十分直截了当。该案中,夫妻双方都想要离婚,对财产分配、子女抚养权也没有争议,但这一次被告方(妻子)并不在场。王法官就一系列常规问题询问了丈夫。已经快 60 岁的丈夫表示,他和妻子之间已经没有任何爱情了。他曾经向法院提起过一次离婚请求,但后来同意撤诉,这次是他第二次起诉离婚。他还告诉王法官,他在 2008 年离开了家,之后就和妻子一直分居。

在这场简短的庭审(大约半小时)临近尾声时,原告和法官发生了如下:

对话①:

【原告】实际上,我不想离婚。我们曾经一起畅想过美好的未来。经过这么多年的争吵,我们谈过,也试着努力挺过来。现在,真的是无路可走了。

【法官】所以你到底想不想离?

【原告】我坚决要离。

原告用"无路可走"这样的套话来表达他对于离婚是多么的不情愿:虽然他想走下去,但是他没有办法(无路可走)。他这么说暗示了他并不是婚姻破裂的罪魁祸首,从而试图避免离婚带来的谴责。这种道德话语在改革前的体制下是非常典型的。过去的法官至少会就为何"无路可走"询问原告,并试图鼓励原告将婚姻经营下去。① 然而,在新的"实用主义"体制下,王法官仅仅是冷漠地回应原告:"所以你到底想不想离?"意识到法官没有心情说教,原告立刻卸下了道德上的伪装,清晰地回答道:"我坚决要离。"

在我们观摩的一些案件中,一些妻子指责她们的丈夫不忠。如前所述,在过去,法官会就这一指控的真实性进行调查。如今,她们更倾向于在双方同意离婚的情况下忽略这一指控。从法院的角度的看,双方同意足以成为准许离婚的理由。我们观摩的一起案件涉及一对刚过30岁的年轻夫妇。妻子指责丈夫出轨了两次。不过,双方都同意离婚,他们争议的焦点只在子女的抚养权。主审的陈法官是一位30多岁的年轻女法官。尽管妻子在庭审期间数次提出丈夫出轨的指控,陈法官对此并未深究。

一些近期的相关研究也表明,当前离婚越来越多地被当作客观事件来对待。在一例丈夫因妻子拒绝性生活而提起离婚诉讼的案件中,贺欣发现,"不同于改革之前的做法,该案件中法

① See Philip C. C. Huang, *Divorce Law Practices and the Origins, Myths, and Realities of Judicial "Mediation" in China*, Modern China, Vol. 31:2, p. 151-203 (2005).

官并不关心离婚的真正原因"①。该案法官甚至认为，深究离婚的原因会侵犯到夫妻的隐私，而她的任务只是准许离婚或驳回请求。在陈雪飞记录的另一个华北地区的案件中，当妻子希望在调解书中加入"离婚的真实原因是原告有了外遇"时，法庭的书记员回应道："何必呢？反正你都同意离婚了。"被告随后抱怨说，法院对于离婚案件的处理过于程式化，没有给当事人一个倾诉的机会。② 她同时表示，对于很多经历了个人艰难时刻的诉讼人，法院没有表现出同情心。③ 另一个例子是法官在调解中时常使用"好聚好散"的说法来劝说离婚双方接受离婚的现实向前看。上述种种事例表明，新制度已经和过去的制度渐行渐远，认为离婚具有社会危害、需要不惜一切代价阻止的陈旧观点已被舍弃。

那么，这种新兴的实用话语如何沟通性别平等与女性权益？随后我们将对一个案例进行分析。通过分析法庭上法官和当事人之间的对话，我们可以理解实用话语是如何一方面为离婚女性提供了出路，另一方面又限制了她们的可行选择。

我们主要的案例来源于陈法官审理的一起有争议的离婚诉讼。陈法官 30 岁出头，是年轻一代的法官，毕业于正规大学法学院。纠纷双方李先生和李女士是一对 40 岁出头的移民夫妻，来自广东山区，有一个 10 岁的女儿。李先生是邮局的合同工，而李女士没有受过正规教育，是一家清洁公司的保洁员。他们是一对典型的工薪移民夫妻，从家乡来到城市寻求更宽裕的生

---

① He Xin, *Routinization of Divorce Law Practice in China: Institutional Constraints' Influence on Judicial Behavior*, 23 International Journal. of Law, Policy and the Family, Vol. 23:1, p. 92(2009).

② 参见陈雪飞：《离婚案件审理中法官话语的性别偏向》，载《北大法律评论》第 8 卷第 2 辑，北京大学出版社 2007 年版，第 397-398 页。

③ 同上书，第 397 页。

活。李先生一个月收入约为 1800 元,李女士约 1400 元。夫妻收入的很大一部分被用于偿还李先生父母家的外债。债款还清不久后,李先生就提起了离婚诉讼。他说,他对妻子已经没有任何感情了。同时他还声称,李女士和他的父母处得不好。从法律的角度看,李先生使用了"感情确已破裂"作为离婚的法律基础。

正如一些学者指出的,当前中国接纳"感情确已破裂"作为离婚的法定原因,同时缺乏法官的实地调查和对证人的交叉询问,这说明采用的是事实上的无过错离婚政策。① 李女士向法官明确表达了她反对离婚的态度。在庭审开始阶段,李女士问法官,是不是庭审只是走个形式,法院是否一定会批准她丈夫的离婚请求。陈法官向李女士保证,她没有就判决结果形成任何先入为主的想法。

在法庭上,李女士辩解道,她丈夫想要离婚的真正原因是他家庭的债务已经还清。她断言,李先生现在经济条件好了就想要抛弃她。更重要的是,李先生的父母想要他们生个男孩,而只要她还是李先生的妻子这就不可能实现,因为她已经年纪太大不能怀孕了。

尽管这起诉讼双方有很大争议,案件本身十分简单,不涉及复杂的财产分配和文本证据问题。双方都没有律师或法律工作者代理。在长达 1 小时的法庭调查阶段,法官倾听了双方(主要是女方)的观点。

---

① See Deborah Davis, *Who Gets the House? Renegotiating Property Rights in Post-Socialist Urban China*, Modern China, Vol. 20, p. 1-30(2010); Deborah Davis, *Marriage and Divorce Trends in China*, YouTube (Oct. 20, 2011), http://www.youtube.com/watch?v=o-HSt3iafiU; Philip C. C. Huang, *Chinese Civil Justice, Past and Present*, Rowman & Littlefield Publishers Inc., 2010, p. 204-208.

案件随后进入法庭调解环节。法官有两个选择,要么劝说丈夫放弃离婚的请求,要么劝说妻子接受离婚。她选择了后者,表现了新体制下法官现实的做法。她首先询问了李先生是否接受和解。当李先生拒绝之后,陈法官没有试图去扭转他的想法。她已经认定丈夫不可能被这段婚姻挽留,于是很快将重心转向了李女士。

在长达半小时的对话中,陈法官试图说服李女士接受离婚。漫长的谈话里,法官不断使用实用话语削弱李女士的传统道德观,引导李女士接纳自己的看法。法官与诉讼当事人交流形式多样,提问、回答、招架、反驳都体现出实用话语的元素。陈法官与双方当事人都用普通话交流,但当事人,尤其是女方,有浓重的广东口音。

正如下文所示,尽管调解谈话以标准的问答形式展开,但谈话并未严格遵循法庭上的模式。法官提出了很多经过感情色彩修饰的问题来说服李女士放弃她的婚姻。相对应地,李女士常常没有就问题给出直接的回答,而是作出了欧文·戈夫曼(Erving Goffman)所说的"回应"①,以试图就法官问题中隐含的挑战进行辩解。

对话②:

【原告】我告诉她,如果她愿意离婚,我给他10,000元。

【法官】你会给她10,000元,对吧?

【原告】对,为了补偿她在我身上浪费的时间。

【法官】所以,如果他给你10,000元,你会同意离婚吗?

① See Erving Goffman, *Forms of Talk*, University of Pennsylvania Press, 1981.

【被告】10,000元,我当然不同意。他完全……

【法官】对你来说多少钱比较合适?

【被告】我不想要钱。这是我们的婚姻。我认为只要我们各退一步,我们就能和好。那才是我想要的。

从一开始,李女士就表明了她不想磋商的态度。对于理解实用话语所隐含的运作方式,这段对话很有启发。在其他夫妻愿意磋商的案件中,法官的作用在于推进这一进程,促使双方让步,有时还要防止强势方欺压弱势方。然而,这段对话是不一样的:实用话语在此体现为一种导向型话语:面对一个不想磋商的当事人,它首先要正当化磋商的好处所在。在对话过程中,它将妻子对于维护婚姻的坚持描绘为一种非理性和问题化的状态。在对话③中,法官与李先生交流,希望他能给妻子一些补偿,李先生很快答应提供10,000元补偿妻子的青春损失,但李女士表示她根本不想磋商。

对话③:

【法官】现在让我告诉你。你看,你们已经在一起很多年了。你们的婚姻有什么问题,你心里知道得比我清楚。这个婚姻能继续下去吗?对吗?……我能说他什么?你没办法把他绑在你身边!比方说这次法院驳回了离婚请求:他会回来和你一起生活吗?这是你真正需要思考的东西,对吗?我知道,你是个传统女性,也许你认为离婚是不好的,对你小孩也不好。但这就是现实:他不想再和你一起生活了;他坚决要离婚。

【被告】他……

【法官】你想的是维护家庭的完整。想法很好,但可能实现吗?

在这段对话中,陈法官质疑了被告维持婚姻的理智:事实是明摆着的。法官描述被告婚姻的方式是具有控制性的，因为这种描述方式使得李女士很难辩解说她的婚姻很好。对于法官的问题李女士很难做出肯定其婚姻的回答——你比我更了解你的婚姻，而即便是我都看出来你的婚姻正在垂死挣扎。

陈法官进一步确立了另一个"事实"以构建随后的交流：女性已经无法阻止男性从不幸福的婚姻中脱身。她倾向于认为婚姻是两个自由个体之间的契约。法官将丈夫定义为决心离开的自由人而非有过错需要被教育的人，这印证了广泛层面上由过去的道德话语向如今的实用话语的转变。如前所述，新的实用话语在个人对自己婚姻的选择上采取了坚定的不干涉主义立场。

法官随后抛出了另一个问题，进一步暗示李女士对婚姻的坚持毫无用处："比方说这次法院驳回了离婚请求：他会回来和你一起生活吗？"这一问题的修辞体现了它已经预设了一个答案，即丈夫不会回来。接着，法官赞扬李女士是一位贤惠的"传统女性"。将李女士的身份塑造为"女性"体现了陈法官围绕受委屈的妻子展开的具有性别指向性的话语。不同于"妇女"这个将女人视为非性别化社会主义同志的标签，"女性"一词是性别化的。① 在这里，陈法官用这个词表现出传统女人的形象：贤惠，但同时被动、有依赖性、弱势。像李女士这么忠贞的"女性"，她是看不到她所面对的明显"事实"的："他不想再和你一起生活了；他坚决要离婚。"当李女士表现出一丝怀疑时，法官立刻接上一个问题，指出扮演贤惠妻子的角色是毫无意义的："你想的是维护家庭的完整。想法很好，但可能实现吗？"

---

① See Tani E. Barlow, *Politics and Protocols of Funu*: (*Un*) *Making National Woman*, in C. Gilmartin, et al. eds., Engendering China, Harvard University Press, 1994.

对话④:

【被告】以前她(女儿)还小,一岁大,我说如果我们离婚怎么办……那时候,他说这绝对不可能发生。

【法官】啊,你看,我们这里每个人都要处理成百上千的案子。

【被告】他说这不可能发生,这绝对不可能发生。现在,你看,他就告诉我他想要离婚。我不懂。

【法官】实际上,我觉得离婚这事非常正常。所有夫妻结婚的时候都说他们不会离婚;都说要永远在一起。没人会在结婚的时候就想着离婚的事。但现实是,每年都有几百对夫妻在我这里,告诉我说他们要离婚。这就是我为什么说这很正常,对不?

【被告】但……

【法官】我认为处理这个问题更理性或者更有效的方法是你提些要求,然后我们看看双方能不能协商一下。

【被告】什么样的要求?他必须给我钱。

【法官】是的。

【被告】但他没钱给我。

【法官】他现在同意给你10,000元。

【被告】10,000元?我是为了他才工作的。我在他眼里是什么人?他对待我根本就不像对待老婆。他对我就像对佣人,玩物。他对我就像是对陌生人。

【法官】但如果不离婚,他连10,000元都不会给你。那时候你觉得他会像对老婆一样对你吗?

【被告】他不给我钱,但那可以的。

在这段对话中,李女士告诉陈法官她的丈夫曾经承诺永远不离开她。法官的回答毫无感情："承诺就是用来违背的。"再一次的，实用话语发挥了作用：它将离婚正常化了。为了实现这一点，陈法官引述了自己每年审判数百起离婚案件的经验。值得注意的是，她用了"正常"这个词，说明离婚不仅普遍，而且是一种常态。将离婚正常化与过去道德话语下将离婚理解为病态是相去甚远的。处理这种"正常"的生活事件需要的是理性，而非感情。进一步的，法官让李女士理性地处理离婚问题，示意李女士应当把握机会尽可能多地从她已经疏远的丈夫那里得到利益。陈法官用了"理性"来形容索取赔偿然后奔向新生活这一选择，暗示了李女士对于婚姻的执着在过去可能会被赞赏，但在现在只会被认为是"不理性"。

法官此前已经建议李先生给他的妻子支付一笔一次性的赔偿费用，而李先生表示同意。她随后又问李女士有没有一个报价。对于法官来说，金钱赔偿似乎是解决这类问题最现实的方法。在本案中，没有哪条法律规范要求李先生必须赔偿她的妻子，因为他既没有使用家庭暴力也没有发生婚外情。法官问李先生是否愿意用金钱来安抚他痛苦的妻子，缓解妻子的愤怒和挫败感。在本段对话的前半段，李女士似乎屈服于金钱赔偿之下。她告诉法官，丈夫必须给她钱，法官说李先生已经同意支付10,000元。但李女士随后的反应表明，她对于钱有着不同的道德解读。对她来说，钱不是补偿的手段，而是道德的象征。她告诉法官，那样的钱(10,000元)就像把她当"佣人"或"玩物"对待，不像对自己的妻子。

陈法官拒绝将这个问题道德化。她告诉李女士，名称是没有意义的。如果李女士选择做一个"名义上"的妻子，她的丈夫连10,000元都不会给。法官问道："那时候你觉得他会像对老婆一样对你吗？"李女士坚持她的传统话语——只要能维持住婚姻,没钱也行。

对话⑤:

【法官】如果你这么想问题,那只会让事情变得对你更糟,不是吗?

【被告】不,不会的。我女儿在上学;至少没人会对她说,“哎,不是吧,你没有爸爸,他不要你妈了?”

【法官】那么多人都离婚了。现在这个年代,谁会说这些?

【被告】不,不是那样的……

【法官】而且,你们如果离了,没必要让你女儿的同学和老师知道,不是吗?你看,她爸爸全年在广州工作。其他人怎么会知道?离婚后他还是会去看他的小孩的。

【被告】其他人怎么可能不知道?很多人都会知道的。他说我没有生出儿子。他们家想要个儿子。他说我现在年纪太大,生不出儿子了。他就是这么说的。

【原告】实际上,我一开始就说他们没有这么说过。都是你误会了……

【被告】所以我又误会了!2009年我们一起过年的时候你爸就这么说了。我们2月20日回家过年的时候,你爸说像我生的这样的女孩儿天下无数。

【法官】你有没有想过你不想离婚的真正原因是什么?你觉得不离比离了好,但如果你不离,是不是真的更好呢?

【被告】这个我也不知道。

【法官】那就是了。

【被告】我认为……

在这段对话中，李女士表示不离婚对他们的女儿更好，在学校就没有人会说他们的女儿没爸爸。法官再一次告诉李女士，离婚是很普遍的，而且没人会知道，因为李女士的丈夫常年离家，而且他仍然会去看自己的女儿。李女士的反驳透露了她心中李先生坚持要离婚的真正原因——李先生的父母想要一个男孙，而李女士年纪已经太大不能再次怀孕了。李先生否认了这一指控，但李女士记得李先生的父亲何时对她这么说过。陈法官没有表现得很吃惊，在农村，想要男性后代延续家族血脉的想法实在太寻常了。然而，法官并没有就这一问题进一步询问，而是立刻将新的问题抛给了李女士。她不否认李女士受到了性别歧视的对待，但她只关注实用主义的问题——维持婚姻是不是处理这个问题更好的选择？很显然，法院作为解纷机构不再使用法律教育、改造离婚当事人。

对话⑥：

【法官】我就想问你一个问题。关键问题是你觉得你们还能不能像夫妻一样生活在一起？他能不能像对老婆一样对你？

【被告】在这方面，双方都要更加宽容。

【法官】为何你要更加宽容？也许你离婚后，可以找到一个更疼你的人。

【被告】我不觉得我能找到。总体上，我们这样的只会被骗，这不会发生。

【法官】不一定，让我把你的情况说得更通俗一些：现在有老公没老公不都是一个样，对吗？那你为什么还想维持这段“有名无实”的婚姻呢？为什么你不能……另外，即使我判决……

如这段对话所示，陈法官继续问李女士：“你觉得你们还能不能像夫妻一样生活在一起?";"他能不能像对老婆一样对你?"这些问题意图揭示出李女士道德婚姻观"不理性"的一面。在实用主义对话影响下,名分意义不大。法官不断重复这些带有修辞色彩的问题,这种互动方式强化了这样一个预设前提,即李女士的婚姻是意义极小甚至毫无意义的。

当李女士表示她和丈夫都需要更耐心时,法官直白地否定了她的看法,又对她进行了安慰。一反常态地,李女士的回答有些愤世嫉俗:她说像她这样的背景只会再次被骗。陈法官告诉李女士她其实已经没什么可失去的了。法官使用了"有名无实"来形容被告的婚姻,用通俗的方式说,"有老公没老公不都是一个样"。

对话⑦:

【被告】这不一样。你们这样的人自己没有这样的经历,所以你们不懂。我的想法和你们这样的人不同。他还是会变好的。他一定会,他一定要试试。

【法官】但你有没有想过这件事的另一面?也就是说,因为我这次会给出一个判决,首先我可能判离也可能判不离。假设我这次判不离。那他6个月之后再来怎么办?到时候你想让我怎么做?

【被告】如果他再来起诉,我就让他一次性付清女儿的抚养费,行不?我想要,我想要,女儿(哭泣)。我和他一起生活了十几年了。他说我不给他们钱十几年了。你可以……你可以……去调查(哭泣)……

【法官】你现在什么情况?

在这段对话中,李女士告诉法官她的想法是不一样的。值得注意的是,李女士用了"你们"而不是"你",指代的是一个群体,不仅包括年轻的陈法官,也包括比陈法官更加年轻的法庭助理。她说像法官那样的人是不会有她这种问题的，因为二者之间存在鸿沟，一边是一个处在失败婚姻中未受过教育的中年女人，另一边是年轻、受过高等教育的富裕职业女性。法官并没有回应这个稍加修饰的挑战，而是就司法现实指出，即便她这次驳回离婚起诉，李先生也只会稍后再次起诉。在这里，陈法官试图向李女士解释，法院不会也不能强迫她丈夫和她在一起。李女士这次也许能避免离婚，但最终法院还是会批准离婚请求的，而那时李女士可能就一无所有了，因为法律不强制夫妻一方在无过错的情况下赔偿另一方。此时，李女士崩溃了，泪流满面，并开始用一种混乱的意识流方式追叙她结婚这么多年丈夫带给她的痛苦和艰难。

正如梅丽定义的，法律话语讨论的是"财产、权利、个人人身和财产保护、所有权、事实和真相"①。但前文的对话很大程度上被法官对于调解结果的偏好所塑造，这种机构性的偏好也存在于美国家事法庭中②。在调解过程中，法官对权利和证据不作讨论。实用话语是一种成本收益分析：维持婚姻的好处是什么？延续婚姻的目的是为什么？所以你觉得你收到了不公的对待，那他补偿你怎么样？

某种意义上，李氏夫妇案件中的法官确实讨论了最终的法律解决。但她的"法律"分析仅仅是为她的运筹帷幄提供了背景支持。丈夫可以在6个月后再次起诉并可能获准离婚的事实只是给李女士增加了更多的压力，促使其以一种实用主义的态

---

① Sally Engle Merry, *Getting Justice and Getting Even*, The University of Chicago Press, 1990, p. 112

② See Martha Fineman, *Dominant Discourse, Professional Language, and Legal Change in Child Custody Decisionmaking*, Harvard Law Review, Vol. 101, p. 727–774 (1988); Martha Fineman, *The Illusion of Equality: The Rhetoric and Reality of Divorce Reform*, University of Chicago Press, 1991.

度来处理这个问题。法官决心要劝说李女士接受离婚并在可能的范围内尽可能获得好的补偿。如果现实是“无法强迫一个人在不情愿的情况下和你共同生活”,那么法律不会改变这个现实;相反,它会接受现实并以此为出发点。这又再次体现了实用话语和道德话语的显著区别。

## [六]抗 争

如果李女士懂得法律或者请得起律师,那么她的论点应当集中在夫妻感情并未破裂这一点上。实际上,该案有很多事实可以证明这一点。在法庭调查阶段,李女士表示她和丈夫虽然工作地点相距很远,但会互相探望,保持稳定的性生活(李女士提到在丈夫的要求下,她上了避孕环)。他们的感情多年来一直不温不火,又为何必须在这一天结束婚姻?如果她提出了这一论点,法官恐怕很难再认定丈夫的离婚请求早晚会被接受。

然而,考虑她的背景和没有代理的状况,李女士没有办法组织出受到法律支持的观点。面对法官的建议和实用话语,她的回应缺乏组织性,话题不断转变①。随着问答的展开,李女士逐渐开始自省。在陈法官导向性问题的攻势下,她就是否继续婚姻这一问题与自己展开了痛苦的辩论。同时,对于丈夫指责她不是一个好妻子,她也显得愈发不满。她说她不应当被抛弃。她告诉法官,她为家庭做出了很大贡献,并述说了她是如何悉心照顾原告的父母。在她看来,她丈夫指责她不是一个好妻子是毫无根据的,而只要她还认为自己是妻子,就不能被抛弃。

---

① John M. Conley & William M. O' Barr, *Rules versus Relationships*: *The Ethnography of Legal Discourse*, University of Chicago Press, 1990; Susan Hirsch, *Pronouncing and Preserving*, University of Chicago Press, 1998, p. 94.

如前所述,李女士认为他丈夫和丈夫的父母想要儿子的迫切愿望是离婚的真正原因。如果这样的事发生在过去的法院,那么法官一定会进行彻底的调查。如果李女士的说法被证实,法官不仅会驳回离婚请求,还会教育丈夫指出他的错误。毕竟,重男轻女正是共产党领导下的新中国努力想要根除的封建歧视。如今,法官仅在必要时才会做出判决。“如果他不想和你维持婚姻关系,你不能强迫他这么做”,这是新时代实用话语奉行的不干涉原则箴言。

对话⑧:

【被告】我不懂你说的东西。我没什么文化。

【法官】我现在在向你解释事情。我正在很慢地向你解释。

【被告】他更有文化。他当然能说赢我。你也这么认为,法官;你觉得他说的很对。

【法官】我不觉得他说的很对。我只是想跟你把事情讲清楚,也就是说……

【被告】你跟我讲事情,但我不懂。

【法官】所以你应该好好听。你只有好好听了才能懂。

【被告】我听了怎么会懂?你说离婚就离婚;你说去找别的男人就去找别的男人。我什么话都说不上。

【法官】我是想要……

【被告】我两手空空了。

李女士无力就可能发生的法律后果与法官争辩,只能诉诸于对法律本质的抨击。被告尽管缺乏法律知识,但她对这个世界的了解足以让她意识到她是处在不利的一方。她告诉法官法院站在她丈夫那一边,因为她丈夫“更有文化”。她认为法官似乎认为她丈夫说的更对,因为她丈夫受教育程度更高。她哀叹法律对弱者缺乏同情;她哀叹法律对穷人缺乏同情;更重要的,她哀叹法律对“没什么文化”的社会成员缺乏同情,正如对她本人那样。

对话⑨:

【法官】好吧,现在很难达成调解了。你应该回去好好深入想想。好吧,就想想我对你说的东西。

【被告】我不懂你说的东西。你提到下次再来。我希望下次不要再来了。

【法官】我不关心你听懂没有。这就是法律的规定。今天,我很耐心地给你做了解释,我目的是帮你们两个解决问题。但到了我做出裁判的时候,我不需要和你们商量我要如何裁判。我只需要根据发现的事实和法律做出判决。这对我来说很简单。我对你不厌其烦地说了这么多,就是希望你能理性地面对你的问题,从而解决这个问题。法律对每个人都是一样的。对不懂法的人,法律也是运用的同样的规范。它不会给不懂法的人额外的关照。那不是法律运作的方式。你必须懂这一点。

【被告】(大声地)我不懂。

在这里,陈法官决定放弃调解。在她看来,李女士的做法不能给自己带来任何好处。在对话⑨中,法官向李女士指出,法律对待所有人都是一样的,不论他们是否懂法。她解释说,她的判决不是基于妻子是不是一个好妻子或是有没有对家庭做出贡献,而是基于李先生和李女士是否还有作为夫妻共同生活的愿望,以及有没有其他选择来缓和解决问题所带来的痛楚,比如金钱补偿。对此,李女士的回应很简洁:“我不懂。”这一明显放大音量的回应显示出李女士对法律的抵抗。其含义既是李女士对法律知识的明显缺乏，更是一个挫败的诉讼当事人对法律现状的不信任感。

陈法官和李女士的争论事实上有着不同的目标：法官想要她通过同意离婚得到最大的回报，但李女士拒绝将离婚作为一个可能性。在下文记录调解结尾的对话⑩里，陈法官明确地透露了她能为李女士从她丈夫那争取到的利益，包括她女儿的抚养权，最少10,000元的一次性补偿，以及最重要的，有可能获得的每个月500-800元的抚养费。但很显然，李女士没有心情磋商。她对法官说的最后一句话是，“在我的婚姻里，没有希望，只有失望”。希望和失望这对反义词强调了李女士对于自己婚姻和法律系统的幻灭。

对话⑩：

【法官】当我说“调解”的时候，我是这个意思：根据你们的合意，比如，如果你们同意你们的女儿归你（李女士）并且他每个月支付你500-800元，数额你们可以再进一步协商，那我们就可以把这些写进调解协议，就有了法律效力。另外，关于钱，他说一次性会补偿你10,000元。也许你觉得10,000元太少了，你可以多要点。我们可以把这个也写进法院的协议，这也有法律效力。懂吗？

【被告】这只让我失望，没有给我希望。

【法官】你说什么？

【被告】在我的婚姻里，没有希望，只有失望。

在陈法官的判决书里，正如她暗示的那样，她驳回了离婚起诉。她采用了一个技术性的论点。原告在他的起诉中提到，他和他的妻子自2007年以来分居，但判决书认为就这一点原告没有提供任何证据供法庭参考。这暗示了如果李先生在下一次起诉中提供更确实的证据证明他们的婚姻已经破裂,他就更有机会实现他的离婚愿望。与此同时,陈法官让离婚的过程变得对李先生更加困难。如前所述,在离婚交易成本是很高的,但在陈法官的判决书中并未提及她对李女士所说的,“对于拖延不可避免的事件,法院能做的也就这么多了”。

### [七]两性不平等

这种实用话语在其他地方也属普遍。我们电话采访了我们认识的江苏、广西、浙江和陕西的法官,他们对离婚诉讼很有经验。由于采访对象的选择都是基于我们的关系网,采访对象不能构成系统化的样本。此外,我们也没有观摩这些地区的法庭审判。然而,这些在城市工作的法官们所做的评论也体现出对离婚的实用主义态度。他们指出,为弱势方争取一个好的协议是非常重要的目标。笔者认为,这是由于对于法院角色的重塑是源自中央政府、自上而下的改革。而在农村地区,社区与传统价值规范的联系更加紧密,法官似乎更注重修复婚姻关系。因此,他们的话语相较之下具有更强的治疗性。

在社会主义中国,很长一段时间内离婚诉讼很难获得支持,而法官作为庞大国家机器的一员,认为他们有责任纠正失和夫妻所犯的“错误”。① 这样的司法环境成为了一系列史无前例的公众辩论的焦点,并在 2001 年《婚姻法》修正案颁布时到达高潮。老的法律被指责过度放纵国家家长式作风,过分限制个人

---

① See Philip C. C. Huang, *Chinese Civil Justice, Past and Present*, Rowman & Littlefield Publishers Inc., 2010.

自由选择。① 自由主义者争辩道，离婚在一些场合是必要的，因为它能将痛苦的夫妻从不幸的结合中解放出来，也使得他们的子女免于在尖刻的家庭环境下成长。②

这种离婚自由，伴随两性平等这一共产党长期宣传的理想，很快就站稳了脚跟。它推广了一种新的感情自主、经济独立的女性形象。在一份名为《两性立法平等》的报告中，中国法学会婚姻家庭法学研究会会长夏吟兰女士建议，"婚姻自由"的范畴不仅应包含"结婚自由"，也应当囊括"离婚自由"。她补充道，"幸福结婚、理性离婚都是对幸福的追求，都体现了时代的进步"③。

然而，保守派担心自由化的模式会让女性处于不利的位置，因为男性在市场化社会处于主导地位。④ 最后，2001 年的《婚姻法》在修订中采取了折中的态度：它允许"离婚自由"，但"过错方"要付出一定的代价。修订的目的在于防止强势方（通常是丈夫）滥用离婚自由，保护弱势方（通常是妻子）不受欺压。的确，2001 年《婚姻法》似乎期望维护家庭稳定。该法第一次明确承认了婚姻稳定对于国家的利益。但从某种意义上说，这一

---

① See William Alford & SHEN Yuanyuan, *Have You Eaten? Have You Divorced?: Marriage, Divorce and the Assessment of Freedom in China*, in W. Kirby ed., Ideas of Freedom in the Chinese World, Stanford University Press, 2003.

② 参见李银河：《修改〈婚姻法〉时要警惕倒退》，载《妇女研究论丛》1998 年第 2 期；潘绥铭：《对修改婚姻法的五个疑问》，载李银河、马忆南主编：《婚姻法修改论争》，光明日报出版社 1999 年版，第 103－105 页；徐安琪：《婚姻法修改的误区——限制离婚》，载李银河、马忆南主编：《婚姻法修改论争》，光明日报出版社 1999 年版，第 182－192 页。

③ 参见《立法为两性平等护航》，载中华女性网 2009 年 9 月 16 日，http://www.chinawoman.com/rp/main? fid = open&fun = show_news&from = view&nid = 49670。

④ 参见苏力：《冷眼看婚姻》，载李银河、马忆南主编：《婚姻法修改论争》，光明日报出版社 1999 年版，第 34－58 页。

修订是向道德主义过错原则机制的回归。① 该法第46条惩罚试图隐匿财产阻碍婚姻财产公平分配的一方;进一步地,该法允许无过错方向有过错的配偶求偿,过错包括重婚、有配偶而与他人同居、实施家庭暴力以及虐待、遗弃家庭成员。

然而,那是纸上的法律。当自由和平等的理念逐渐占据上风,离婚诉讼的司法实践在20世纪90年代和21世纪初的十年来经历了迅猛的改变。如今,人们在结婚、离婚的问题上几乎完全自主,以至于多次申请离婚现在被当做感情已经破裂的证据,可以由此获得离婚判决。② 如今的体制可以被认为是事实上的"无过错"离婚:配偶可以自由选择离婚。③ 将维系婚姻纽带视为首要任务的时代已经过去了。尽管法律在分配夫妻共同财产等问题上仍然会惩罚有过错的一方,比如实施了家庭暴力的丈夫,但过错不再是判决离婚的必要条件。某种程度上,这种改变给了想要离婚的女性更多的自由,因为大部分起诉离婚的都是女性。④ 然而,通过离婚,丈夫可能将财产从原来的家庭转移到新的家庭,以满足其感情需求或生育男性后代的愿望,这种担心不是空穴来风。因此,政府不希望离婚过程过于简短或便捷,也不希望离婚成为经济强势方摆脱弱势方的工具。

---

① See Margaret Woo, *Shaping Citizenship: Chinese Family Law and Women*, Yale Journal of Law & Feminism, Vol. 15, p. 133(2003).

② See He Xin, *Routinization of Divorce Law Practice in China: Institutional Constraints' Influence on Judicial Behavior*, 23 International Journal. of Law, Policy and the Family, Vol. 23:1, p. 83-109(2009).

③ See Deborah Davis, *Who Gets the House? Renegotiating Property Rights in Post-Socialist Urban China*, Modern China, Vol. 20, p. 1-30(2010); Deborah Davis, *Marriage and Divorce Trends in China*, YouTube(Oct. 20, 2011), http://www.youtube.com/watch? v=o-HSt3iafiU; Philip C. C. Huang, *Chinese Civil Justice, Past and Present*, Rowman & Littlefield Publishers Inc, 2010, p. 204-20

④ 参见王晓玲:《冲出围城:M法院离婚案件调查报告》,载《司法》2007年第1期;徐安琪:《离婚与女性地位及权益之探讨》,载《浙江学刊》2007年第1期。

在这样的环境下,实用话语进入了法庭。如我们的案例分析所示,这部分是由于对调解的回归所致。调解率如今成为评价法官工作的重要指标,因此,法官积极促使诉讼人接受调解协议是可以理解的。而新的不干涉主义政策和审判方式的改革使得法官更加依赖调解。他们没有足够的资源来调查手中所有的离婚案件。然而,这种新的调解方式不同于过去和解的理念。直到20世纪80年代都很有效的思想教育方式如今已经很罕见了。① 上述案例中李女士所援引的道德对话也不再有效。她的丈夫显然更理解法院的运作方式。当他第二次或第三次申请离婚时,法院就会最终批准。正因为这样,陈法官才认为李女士的婚姻依靠法院是没有希望挽回的。她希望能在无可挽回之前为李女士争取一些利益,而实用话语正是这样被法官用于"磋商"从而帮助弱势方获得补偿。如前文所述,陈法官对于道德谴责毫无兴趣;相较之下,她更关心如何让李女士在婚姻无可避免地终结时不要两手空空。

因此,实践中的实用话语看似矛盾:对于一些女性来说,它助长了性别不平等,因为它嘲笑一些女性将丈夫绑在婚姻中的传统理念。实用话语避免提到丈夫和妻子之间的力量交锋,也避免支持任意一边。法官假定夫妻双方都已经准备好并有能力在离婚后分开独立生活。男方和女方同时也被假定就子女在这一过程中受到的伤害承担同等的责任,并被要求在分手后对子女投入同等的关心。

中国的法官更愿意当一个替代性的决策者。玛萨·法曼(Martha Fineman)发现,美国专业帮助人士的话语存在这样一

① See He Xin, *Routinization of Divorce Law Practice in China: Institutional Constraints' Influence on Judicial Behavior*, 23 International Journal. of Law, Policy and the Family, Vol. 23:1, p. 83-109(2009).

个问题：在调解离婚和子女抚养权纠纷时，这些帮助人士试图避免评价纠纷双方，不去进行谴责或发现错误，而是注视未来，试图找出对于女性和儿童最好的解决方案。① 这一问题在中国法官身上也有所体现。法官避免了纠错的任务，却也导致妻子无法如过去一般立于离婚诉讼中的道德制高点。法曼同时认为，这种对形式正义的追求有时会使得离婚诉讼改革中一些有价值的关怀蒙上阴影。例如，法官试图将女性解读为没有负担的、与男性力量均等的市场主体，这就可能忽略女性与她们子女的联系。正如前文所见，李女士反对离婚很关键的一个原因就在于她坚信离婚对她女儿会造成种种的伤害。

更进一步说，在实用主义话语的形式下，正如法社会学者在美国社会中所发现的，女性相比男性通常更不擅长进行经济方面的磋商。② 比如李女士，她完全没有准备好在"如果离婚"的假设下谈论经济补偿的问题。她仍然坚持维持她法定妻子的状态，强调她对家庭的贡献。假如她对金钱问题更加警觉的话，她应当更主动地与丈夫进行相关磋商。

对于尚未准备好磋商的夫妻，实用话语具有很强的束缚性。如陈法官所说，"在判决书里，你可能什么补偿都得不到"。实用话语的束缚性体现在让步是唯一的可行选择。虽然不情愿，但诉讼当事人必须承认，法官调解是法院能够提供的最佳救济方式。换句话说，这种帮助是以一种强制的方式提供的；一个现实的、愿意合作的诉讼人不会两手空空地离开。讽刺的是，法律为了给女性提供更好的救济，事实上为稳固男权主导铺平了道路。

---

① See Martha Fineman, *The Illusion of Equality: The Rhetoric and Reality of Divorce Reform*, University of Chicago Press, 1991.

② See John M. Conley & William M. O' Barr, *Just Words: Law, Language and Power*, 2nd Ed, University of Chicago Press, 2005, p. 49.

即便实用话语可能是新兴社会现实的反映,但其本身作为一种机构性话语也是造成当前现状的成因,这尤其体现在它对离婚问题谈论和思考方式的改变上。这些新的谈论和思考模式最终潜移默化地融入社会,时常给女性带来悲惨的结果。一个坚守自己婚姻的女性在这一体制下注定成为失败者,不论法官是多么善良或富有同情心。尽管如此,霸权和对法律的反抗就出现在法官与女性诉讼人之间的互动中。

最后,通过与其他社会进行对比,实用话语和性别不平等这二者的关系得以进一步明晰。实用话语是男女经济力量越发不平等以及国家迅速退出家事领域的产物。随着这一话语进入法庭,传统的道德话语被削弱。尽管传统观念下的女性地位不及男性,但在经济、社会层面最脆弱的女性可以获得一些单薄的保护,这通常体现为要求丈夫承担供养妻子的义务。

在米尔霍塞尼(Mir-Hosseini)对伊朗伊斯兰家事法的研究中,她发现伊斯兰教法中最为男权化的一些元素事实上能够帮助处于社会弱势地位的女性实现关于婚姻的目标。① 她所研究的底层伊朗女性通过使用关于家庭关系的传统道德话语赢得保卫婚姻的战斗。这些女性也因此在磋商中处于强势地位。举例而言,一些女性通过伊斯兰法律中关于聘礼的规定威胁丈夫抵抗其离婚的要求,而她们得到了法院的支持。

在中国,至少在城市地区,过去道德话语的垄断已经逐渐被新兴实用话语打破,甚至连单薄的保护都无法提供。对于传统道德话语来说,其问题在于在男权社会下它是霸权主义的,因为它强迫女性将之作为"默认状态"来对待。

举例来说,在苏珊·希尔施(Susan Hirsch)对肯尼亚海岸的

① See Ziba Mir-Hosseini, *Marriage on Trial*, I. B. Tauris, 2000.

斯瓦希里穆斯林(Swahili Muslim)的研究中,她发现那里的女性有时可以扭转男性宣布(男性只需说“离婚”就可以解决婚姻问题)和女性保全(女性被要求忍受婚姻中的艰难)造成的话语不对等。① 但即便她们发展出权利话语来为她们的幸福斗争,该话语也不能被女性简单作为“另一种选择”,这和我们所讨论的实用话语是不同的。相较之下,斯瓦希里穆斯林女性的权利话语更多的是一种最终救济,女性只能以一种微妙的方式向法院提出这种话语,她们必须先“证明”其他可能的道德话语所提供对婚内矛盾的救济方式(如更多的爱和承诺)都不能拯救她们的婚姻。②

中国的情况似乎有所不同。实用话语的到来将传统的道德话语驱逐出了法庭。由此可以推测,中国所推行的实用话语为其他话语进入家事领域带来了契机。正如我们之前论述的,实用话语的问题与法曼发现的职业帮助人士的问题相类似——它仅仅关注形式正义:女性现在被“赋予”了离婚的权利。③ 但值得深思的是这样一个问题——在包含实用话语在内诸多相冲突的话语中,能否出现一种话语真正关注离婚司法实践中两性的实质平等?在任何情况下,实用话语和性别不平等的联系都很可能非常复杂,值得未来进一步研究。

## [八] 结论

通过研究法庭话语,我们展示了案例中反复出现的离婚诉

---

① See Susan Hirsch, *Pronouncing and Preserving*, University of Chicago Press, 1998.

② See Susan Hirsch, *Pronouncing and Preserving*, University of Chicago Press, 1998, p. 81-111.

③ See Martha Fineman, *The Illusion of Equality: The Rhetoric and Reality of Divorce Reform*, University of Chicago Press, 1991.

讼之特性。法官开始使用新的话语以鼓励当事人采取衡量得失的态度,拿到补偿并摆脱她们糟糕的婚姻。实用话语下的法官将对离婚“新的态度”宣扬为一种常态,从而向不情愿离婚的当事人施压。法官们擅于使用评价性的结论和带有感情色彩的问题,从而体现出离婚相对于留在糟糕婚姻中所具有的优势。这在陈法官和李女士的交流中格外明显。李女士的案件是以性别议题的生动案例,因为它反映了司法机构塑造两性关系的能动过程①。通过展现重塑对某种破裂社会关系之合法性认知的法律力量,我们的法庭话语研究解开了法律在意识形态层面的面纱。

通过实用话语的视角,本文展示了法院如何制造两性不平等,尤其是在一些男性提起的以传宗接代或找寻新欢为目的的离婚诉讼中。同时,本文也揭示了对离婚态度戏剧化的转变:从改革前的注重调和婚姻矛盾,到如今认为一些婚姻无可避免地会结束,而结束的条件必须磋商好。这一转变出现的原因在于,法院面对日益增多的案件和有限的资源,必须就离婚这一本质上属于社会学范畴的问题找出一个方便的司法救济途径,上文案例很好地说明了这一点。在一些非政府组织或妇联运营的项目里,可以发现一种更加治疗性的话语根植于社会工作和人权保护之中。而相较之下,法庭上的话语被实用主义态度所主导,其目的不在于修复受损关系或实践道德诉求,而在于找出解决之道。

---

① See Lynn Price Cooke, *"Doing" Gender in Context: Household Bargaining and Risk of Divorce in Germany and the US*, American Journal of Sociology, Vol. 112:2, p. 442-472(2006).

这种对话和其他学者在既有文献中所记录的并非完全不同,①但中国的实用话语与所处的转型期文化和政治环境结合紧密。不可否认,中国调解语言的使用有提高效率的实际需求,但实用话语的产生,其背后的推动力是多元的。如我们的论述所示,这种话语是法院在机构性压力下的产物,其压力在于法院需要在传统价值和道德标准失范的社会中提供解纷之道。由此可见,它既是推动解决方案达成的话语,也是积极宣扬为何调解是对女性更有利之解决方案的导向型话语。

我们的研究表明了法律话语如何维护性别不平等,尽管此维护并非故意为之,而是出自提供"解决之道"的善意愿望。我们观察和采访的法官们真诚地认为,为坚持挽回失败婚姻的女性争取一些利益是他们能给予的最佳救济。但正是由于像陈法官这样的法官们扮演了审判者兼调解员的角色,中国所使用的实用话语给"在法律的阴影下磋商"②赋予了新的内涵。尽管总体上法官是出于善意,但语言上的证据表明,这种新的话语已经成为通向性别不平等的道路。

---

① See David Greatbatch & Robert Dingwall, *Selective Facilitation: Some Preliminary Observations on a Strategy Used by Divorce Mediators*, Law & Society Review, Vol. 23:4, 613-642(1989); Sally Engle Merry, *Getting Justice and Getting Even*, The University of Chicago Press, 1990; Liz Trinder, Alan Firth & Christopher Jenks, "*So presumably things have moved on since then?*" *The Management of Risk Allegations in Child Contact Dispute Resolution*, International Journal of Law, Policy and the Family, Vol. 24:1, p. 29-53(2010).

② See Robert Mnookin & Lewis Kornhauser, *Bargaining in the Shadow of the Law: the Case of Divorce*, Yale Law Journal, Vol. 88, p. 950-997(1979).

《法律和社会科学》(2020)　第19卷第1辑，第145~177页

# 家事裁判文书中的情感说理

## ——以“不准离婚”判决为样本

杨　帆　冷正涛*

**摘　要**：中国的传统法律文化与当代司法政策都十分重视情感说理，目的是提高判决的可接受度，促进社会和谐稳定。对已公开“不准离婚”判决的数据统计显示，目前我国大多数此类判决的说理都较模板化，针对个案开展充分情感说理的比例非常少，这一定程度应和了既有研究的结论。卡方分析和对21位家事法官的深入访谈显示，法院层级、法官对于法治精神的不同理解、案多人少的现实、当事人情况等是影响家事裁判文书说理风格的重要因素。中国家事司法呈现出权力、法治与情感要素之间错综复杂的关系。一方面，权威机关基于维护家庭和谐、社会稳定的目的，以及中国家事法律的独特文化传统，倡导家事司法中的情感说理；另一方面，由于现代形式主义法治原则的建立，情感说理在家事司法中依然处于辅助地位。

**关键词**：情感说理　不准离婚判决　形式法治　家事司法

---

* 杨帆，吉林大学理论法学研究中心、法学院副教授，吉林大学司法数据应用研究中心研究员；冷正涛，中南财经政法大学法学院硕士研究生。本文系作者主持的司法部2017年度国家法治与法学理论研究项目“司法裁判中的情感说理问题研究”(17SFB3003)的研究成果。贺欣、侯猛、刘洋、侯学宾、彭小龙、张剑源、自正法等学者在本文写作过程中提供了许多帮助，吉林大学法学院邵子华、李方淳、张影、武卓熙等同学参与了本课题的数据收集，作者在此一并表示感谢。

## 导言

按照现代法治的一般原则,司法说理(主要表现为裁判文书说理)应该是一个相对理性的过程,遵循逻辑三段论的模式,以事实为依据、以法律为准绳。道德、情感等因素应尽可能地被排除在司法说理的过程之外,其目的是实现法律的科学性与确定性。但是,中国的传统法律文化与司法实践往往更加重视情感说理,其目的是增强司法的可接受性。在中国古代社会中甚至有"原情而略法"之说。① 在今天中国的家事法律实践中,这种特点表现得也较为明显,并被司法权威部门以司法政策、典型案例等方式加以肯定。现代形式法治与中国式司法情感说理似乎存在某种冲突。那么,在规范和实然两个层面上,情感说理究竟在中国的司法中扮演了怎样的角色?对这一问题进行全面系统的研究就具有重大的理论与现实意义。一方面,它可以展现特定文化土壤中"形式法治"与"实质法治"之间错综复杂的关系,应和了法理学

① 清代学者汪辉祖在《学治臆说·能反身则恕》中说:"法所不容姑脱者,原不宜曲法以长奸;情尚可以从宽者,总不妨原情而略法。"转引自徐忠明:《清代中国法律知识的传播与影响——以汪辉祖〈佐治药言〉和〈学治臆说〉为例》,载《法制与社会发展》2011年第6期。

中最核心的一个问题——法律与道德的关系；另一方面，它也可以让我们更好地认清情感说理在司法实践中的位置，恰当拿捏其尺度，处理好法律形式主义导向与社会效果导向在司法实践中的辩证关系。

在英美法学界，司法中的情感问题虽然受到了一定的重视，但是多数研究是从认知心理学等角度对司法裁判中的情感因素进行研究，而极少从法律文化的角度对这一问题进行阐释，其目的依然是将情感纳入具有普遍意义的科学之中加以理解。① 在形式主义色彩较强的德国法教义学传统中，也曾发展出一种非主流的"法感情"理论，但是这种理论在司法裁判中的运用依然受到教义学的强烈制约，并具有高度的文化情境属性。② 在我国学界，由于法律文化的相对特殊性，这一问题受到更多关注，但是近年来绝大多数研究都是从政策、规范和应然的角度针对情感和法律形式推理的关系问题阐发主张，而几乎没有研究从实然的角度出发对其开展深入的经验分析。③ 以上都为从经验视角研究中国司法中的情感说理问题开拓了空间。

当然，对法官的裁判风格、说理特点进行经验研究，虽然可以一定程度上呈现情感和形式理性等要素在司法中的角

---

① 近年来的代表性研究：David E. Klein & Gregory Mitchell eds., *The Psychology of Judicial Decision Making*, Oxford University Press, 2010; Blumenthal JA., *Does Mood Influence Moral Judgment? An Empirical Test with Legal and Policy Implications*, Law Psychology Review, Vol. 29, p. 1-28(2005).

② 赵希：《德国司法裁判中的"法感情"理论——以米夏埃尔·比勒的法感情理论为核心》，载《比较法研究》2017 年第 3 期。

③ 例如，李艳秋：《试论法律推理中逻辑判断和价值判断的关系》，载《学习与探索》2010 年第 6 期；郑志华：《由事实迈向规范：刍议情理的二大维度》，载《交大法学》2013 年第 1 期；孙海波：《告别司法三段论？——对法律推理中形式逻辑的批判与拯救》，载《法制与社会发展》2013 年第 4 期；陈林林、王云清：《论情理裁判的可普遍化证成》，载《现代法学》2014 年第 1 期。

色,但是这种呈现也受到诸多其他因素的制约。换言之,裁判说理作为一种法官行为,决定它的因素有很多,对判决书的经验研究所展现的可能也只是一个侧面。既有的法官行为研究可以为我们很好地框定当前研究的限度。贺欣教授与吴贵亨教授对中国离婚诉讼的话语行为进行了分析,他们发现法官通常习惯用“实用主义”的话语策略去劝说女性一方,来达到顺利作出判决的目的。① 这种“实用主义话语”主要存在于庭审和调解的口语中,而对于离婚诉讼裁判文书中的话语风格,他们并没有过多着墨。贺欣教授还发现,在中国的离婚案件中,法官通常会基于“自保”的目的,策略性地选择判决方式,这种方式甚至具有高度的重复性。② 对中国法官和其他法律职业者的这些策略性行为作出解释的,还包括张剑源、麦宜生(Ethan Michelson)和李科等学者的研究。③ 他们都试图分析和总结影响中国司法行为的各种外部因素,比如政治权威的作用、考核标准、人际关系等等。

与这些研究不同,本文的出发点是裁判文书的说理风格,选用的经验材料也首先是公开的裁判文书,再辅以访谈对这种说理风格进行解释。在我们看来,对裁判文书说理风格的研究可以补充前述法官行为研究未能关注到的经验领

---

① He Xin & Kawi Ng, *Pragmatic Discourse and Gender Inequality in China*, Law & Society Review, Vol. 47, p. 279-310(2013).

② He Xin, *Routinization of Divorce Law Practice in China: Institutional Constraints' Influence on Judicial Behavior*, International Journal of Law, Policy and the Family, Vol. 23:1, p. 83-109(2009).

③ 参见 Li Ke, *Relational Embeddedness and Socially Motivated Case Screening in the Practice of Law in Rural China*, Law & Society Review, Vol. 50:4, p. 920-952(2016);张剑源:《家庭暴力为何难以被认定?——以涉家暴离婚案件为中心的实证研究》,载《山东大学学报(哲学社会科学版)》2018 年第 4 期;Ethan Michelson, *Decoupling: Marital Violence and the Struggle to Divorce in China*, American Journal of Sociology, Vol. 125:2, p. 325-381(2019);贺欣:《司法为何淡化家庭暴力》,载《中国法律评论》2019 年第 4 期。

域，与其形成对话。当然，与多元化的经验田野（比如前述研究多关注庭审过程等）相比，聚焦于裁判文书的经验研究可能无法呈现影响司法说理的诸多外部因素。所以这些既有研究的结论也就成为本研究的一些制约性前提。例如，根据贺欣教授的研究，法官往往会选择最为安全、稳妥的行动策略，那么经过常理推断，裁判文书说理的同质化似乎已经是一个不证自明的事实。究竟是否如此？我们认为还有必要进一步展开经验探索。至少，在近些年权威机关提出的规范性要求（主要表现为规范性文件倡导个性化、实质化的情感说理）与既有研究呈现的同质化法官行为之间，我们发现了一定的张力。同时，我们也希望通过访谈等方式进一步分析这种说理风格背后的原因。究竟如既有研究所主张的，裁判文书的说理风格形成于实用主义的行动策略，还是说其背后也蕴含法官对“情感说理”“形式法治”等问题的不同理解？

基于以上问题意识和既有研究框定的范围，本文将从规范分析与经验描述两个角度，研究中国司法裁判中的情感说理问题。主要目的是呈现情感说理与形式法治的关系，同时也对既有关于中国法官行动策略的研究做些许回应与补充。其中经验研究分为量化研究与质性研究两部分，是本文的重点所在。量化研究将以公开的“不准予离婚”裁判文书作为样本。以此类案件为切入点的原因在于，按照《中华人民共和国民法典》（以下简称《民法典》）的规定，感情确已破裂是准予离婚的唯一条件。这一标准较为主观和模糊，带有强烈的情感道德判断色彩，给司法实践留下了很大自由裁量与说理的空间。在实践中，此类案件正是司法裁判文书中最经常出现情感说理的案件类型。[①] 量化研究可以展示中国裁判文书情感说理的总体状况,并一定程度上说明各种变量之间的相关性。但要进一步探求情感说理背后深层次的原理,质性研究自然也不可少。在这一部分,将以对四个城市21位家事法官的深入访谈为素材,着重解释家事司法(尤其是不准离婚案件)情感说理背后的深层机制。

### [一]规范视域中的司法情感说理

规范层面,裁判文书该如何进行说理,在最重要的几部程序法中并无明确的规定。实践中,司法裁判文书的说理风格也形态各异,根据案件类型、地域、案件的难易程度、各地的司法政策、法院层级、法官的个人特质等变量呈现较为复杂和多元的样态。其极端情况包括了法国式的"极简主义"说理风格,也有类似美国式的详尽的实质主义司法说理。[②] 但实践的混乱并不意味着这一问题没有受到官方重视。恰恰相反,近年来从中央到地方都非常重视改进司法裁判文书说理这一问题。具体体现在权威机关制定的各种司法政策上。

党的十八届三中全会和四中全会都提出"增强法律文书说理性"等宏观要求。在此之后的2015年2月,《最高人民法院关于全面深化人民法院改革的意见——人民法院第四个五年改革纲要(2014—2018)》对人民法院裁判文书释法

---

① 胡昌明主编:《裁判文书释法说理方法——〈最高人民法院裁判文书释法说理指导意见〉的案例解读》,人民法院出版社2018年版,第211页。

② 对于不同裁判文书说理风格的详述,参见陈林林:《法律方法比较研究——以法律解释为基点的考察》,浙江大学出版社2014年版,第66-146页。

说理作了细致的要求。纲要明确提出“繁简分流”的裁判文书说理要求：对于重大、疑难、复杂的案件要尽量详细说理；而对于简单案件，则以简化说理方式、提高司法效率为目标。纲要同时提出要重视律师的辩护意见，对于没有采纳的律师意见要给予充分解释；还要重视对裁判文书的说理质量进行监督，建立相应的激励、考评机制。① 2016年6月，最高人民法院又印发了《人民法院民事裁判文书制作规范》和《民事诉讼文书样式》，进一步规范和细化了相应要求。但是这些规范性文件都没有对形式理性说理与情感/实质说理等概念进行清晰界分，更没有对两者之间的关系提出明确要求。

在这些规范性文件基础上，2018年6月，最高人民法院颁布了这一领域最重要的政策性文件——《关于加强和规范裁判文书释法说理的指导意见》。该意见共21条，对裁判文书说理进行了非常细致的规定。其中第1条明确提出：“裁判文书释法说理的目的是通过阐明裁判结论的形成过程和正当性理由，提高裁判的可接受性，实现法律效果和社会效果的有机统一……发挥裁判的定分止争和价值引领作用，弘扬社会主义核心价值观，努力让人民群众在每一个司法案件中感受到公平正义……促进社会和谐稳定。”②这表明，中国裁判文书说理的目的被定位为要兼顾形式正义（法律效果）与实体正义（社会效果），而后者又是被着重强调的。意见的第2条分四个方面对裁判文书说理进行了具体要求，分别是“阐明事理”“释明法理”“讲明情理”“讲究文理”。其中

① 《最高人民法院关于全面深化人民法院改革的意见——人民法院第四个五年改革纲要(2014—2018)》(法发〔2015〕3号，2015年2月4日发布)。

② 《最高人民法院关于加强和规范裁判文书释法说理的指导意见》(法发〔2018〕10号，2018年6月1日发布)。

对“讲明情理”的定义是“体现法、理、情相协调,符合社会主义主流价值观”。这是情感说理相关问题第一次在规范性文件中被强调。但是这一意见并不是一味地鼓励裁判文书进行道德或情感说理以追寻实质正义,它也基于形式法治的精神对裁判文书的说理进行了适当限制,具体体现在该意见第15条规定:“裁判文书释法说理应当避免使用主观臆断的表达方式、不恰当的修辞方法和学术化的写作风格,不得使用贬损人格尊严、具有强烈感情色彩、明显有违常识常理常情的用语。”①

除了规范性文件以外,最高人民法院还发布了不少指导性案例、公报案例、典型案例等。它们也都可以被视为说理方式的重要规范效力来源。与本研究主题密切相关,2015年年底最高人民法院发布了两个与“不准离婚”有关的典型案例。其中“刘某森诉李某梅离婚纠纷案”中就运用了较多的情感性说理。审理该案的法院在作出不准离婚判决的同时,运用一些情感性的说理语句规劝双方当事人重归于好,例如,“30余年相识、相守实属不易”“应珍惜多年来建立起来的感情和家庭”“念及多年的夫妻情份,念及对已故老人们的承诺”等等。最高人民法院在解释该案件的意义时也认为,对于此类老年人离婚案件应该以劝说和好为主要方式,并使用了“少时夫妻老来伴”等情感性的话语进行解释。②这一典型案例对此后的许多类似判决的说理都起到了示范效果。

---

① 《最高人民法院关于加强和规范裁判文书释法说理的指导意见》(法发〔2018〕10号,2018年6月1日发布)。

② 刘某森诉李某梅离婚纠纷案,载中国法院网2015年12月7日,https://www.chinacourt.org/article/detail/2015/12/id/1763465.shtml。

虽然实践中裁判文书的情感说理多出现在民事案件中，但这不意味着刑事、行政类案件不需要在裁判文书中进行情感说理。事实上，面对近年来层出不穷的、引起民众极大关注的各类重大案件，司法机关也越来越强调在裁判文书中纳入老百姓能够接受的“情感话语”，以更好地实现司法的社会效果。例如，轰动一时的“于欢故意伤害案”在2018年6月被最高人民法院公布为具有较强规范约束力的第93号指导性案例。在“裁判要点”中，最高人民法院专门强调今后类似的判决都要“确保司法裁判既经得起法律检验，也符合社会公平正义观念”①。在2019年10月召开的第七次全国刑事审判工作会议上，最高人民法院院长周强在讲话中也明确提出“司法绝不能背离人之常情、世之常理”，“要将法律的专业判断与民众的朴素认知融合起来，以严谨的法理彰显司法的理性，以公认的情理展示司法的良知，兼顾天理、国法与人情”②。时任最高人民法院副院长、大法官江必新随后在《人民司法》撰写长文，明确提出司法审判要将“非法律因素融入到司法审判过程中，实现法律效果与社会效果相统一、依法审判与人民意愿相统一”，“必须破除法律教条主义和机械执法的理念”，要“健全民意收集机制”，“要求司法审判将主观正义与客观正义统一起来，做到法律与情理的融通”。③

家事审判改革是中国目前司法改革的重要议题之一。

---

① 于欢故意伤害案，最高人民法院指导案例93号(2018)。

② 《划重点！新时代刑事审判围绕这些工作开展》，载最高人民法院网2019年10月17日，http://courtapp.chinacourt.org/fabu-xiangqing-191221.html。

③ 江必新：《司法审判中非法律因素的考量》，载《人民司法》2019年第34期。

2018年7月,最高人民法院颁布《关于进一步深化家事审判方式和工作机制改革的意见(试行)》(以下简称《意见》),对家事司法提出了具体要求。虽然其中没有明确规定家事裁判文书应该如何说理、是否需要进行更多的情感说理等问题,但是它依然对情感说理问题有宏观指引作用。比如《意见》第2条提出:"牢固树立人性化的审判理念,对当事人的保护要从身份利益、财产利益延伸到人格利益、安全利益和情感利益,保护当事人隐私,注重人文关怀,充分发挥家事审判对婚姻关系的诊断、修复和治疗作用。"①同时,《意见》还大力倡导以调解方式处理婚姻家事纠纷,要求人民法院展开家事调查、提供心理疏导、设置专门的家事法庭等等。这些措施虽然最终不一定会体现为判决书中的情感说理,但是足以说明在家事司法领域情感元素扮演着重要角色。后续的调研和访谈也证明了这一点。2019年10月,最高人民法院副部级专职委员、大法官胡云腾在"家事裁判文书说理有奖征文颁奖仪式暨家事裁判文书说理论坛"上,就家事司法中的情感说理问题作重要讲话。他提出,要"努力制作更多事理清晰、法理严明、情理温馨、学理坚实和说理充分的家事裁判文书,促进家事审判在政治效果、法律效果和社会效果上的统一"。②

从以上对规范性的文件、政策、讲话和典型案例的分析中,我们可以得出一个初步的结论:适当的情感类说理话语在裁判文书中不但没有被禁止,甚至在一定范围内(尤其是家事司法领域)被大力提倡,其目的是促进司法说理与社会

① 《最高人民法院关于进一步深化家事审判方式和工作机制改革的意见(试行)》(法发〔2018〕12号,2018年7月18日发布)。

② 刘强:《胡云腾在家事裁判文书说理论坛发言时强调 加强家事裁判文书说理研究 促进家事审判三个效果统一》,载《人民法院报》2019年7月19日,第1版。

大众感知之间的衔接，提高司法的可接受性。离婚纠纷司法恰恰为这种情感说理提供了绝佳的舞台，因为《民法典》第1079条对于离婚的条件仅仅笼统地规定了“感情确已破裂”一个规范性标准。该条也仅规定了四种法定应当判决离婚的情形：重婚或者与他人同居的；实施家庭暴力或虐待、遗弃家庭成员的；有赌博、吸毒等恶习屡教不改的；因感情不和分居满二年的。这其中有非常大的裁量和解释空间，需要法官以说理进行填充。在离婚司法实践中，如果没有发生法定的证明“感情确已破裂”的情形，法院基于实用策略等原因，一般不会判决第一次起诉离婚的原告胜诉；离婚判决通常都发生在第二次起诉的时候。① 因此，理论上我们可以推测，在这样的规范与实践背景下，多数中国法官会策略性地在“不准离婚”判决中选择运用情感话语进行说理，以增强判决书的可接受性。当然，这一假设需要后续的经验研究对它进行检验。

### [二] “不准离婚”判决的类型学与量化分析

本部分将利用基于“中国裁判文书网”深度开发的“聚法案例”平台所公开的裁判文书，②对“不准离婚”判决的说理方式进行类型化研究和数据统计分析，目的是展示说理的总体状况及背后机理。需要说明的是，最高人民法院于

---

① He Xin, *Routinization of Divorce Law Practice in China: Institutional Constraints' Influence on Judicial Behavior*, International Journal of Law, Policy and the Family, Vol. 23:1, p. 83-109(2009).

② 选用“聚法案例”平台作为研究数据库的原因是，该平台不但基于裁判文书网对已公开裁判文书进行了收集，还进行了初步的改选，设置了诸多“节点”，便于初步检索和统计。

2016年修订《最高人民法院关于人民法院在互联网公布裁判文书的规定》,基于保护个人隐私的理由将离婚诉讼裁判文书列入不公开的范围。在此之后,"裁判文书网"及相关数据库所公开的"不准离婚"判决也有些许下降的趋势。但是在实践中,离婚裁判文书不公开的政策并没有被贯彻,这种下降趋势并不明显。各地方人民法院在执行这一政策时存在很大差异,有些法院的离婚案件裁判文书公开数量几乎没有受到这一政策的影响。① 后续对四个不同地区城市法官的访谈也基本证实了这一点,一些法官表示这一政策对他们的工作几乎没有影响。

无论如何,由于相关裁判文书公开的不完整性,基于目前已公开判决文书的研究很难说是一个全样本的大数据研究,仅仅是基于海量已公开文本的经验描述。后续还会以质性研究的方式对量化研究进行补充。截至2019年10月31日,我们以"不准(予)离婚"作为关键词,在"聚法案例"数据库的"判决结果"部分进行检索,共得到417,132份相关判决。为了便于人工读取和统计,我们对这些判决文书进行随机抽样,再对样本进行人工筛选,去掉重复和不相关的判决书,共得到有效样本500份,作为研究的母本。②

### (一)不准离婚判决书的说理类型

围绕"情感说理"这一核心概念,我们首先对这些样本进

① 有研究标明,2016年之后,离婚案件裁判文书形式公开的数量不但没有减少,反而有所增加,只是实质公开(只公布案号等,没有公布具体案情)的数量有所减少,且各地区法院执行政策的标准非常不统一。参见侯学宾:《离婚诉讼裁判文书"不公开"的制度反思》(未刊稿)。

② 抽样的具体方法是先将搜索页面设为随机显示,每页显示20份判决书,将前25页判决书进行批量下载。通过人工审阅,如遇到不符合的文书,我们将其剔除之后,再在后续页面下载补充文书。最终为了方便统计,也基于统计学的一般样本量需求,我们随机抽取了500份有效样本。

行前期开放式的审读。这种开放式审读遵循如下逻辑：首先，观察一份判决文书的说理部分，确认其是否遵循了传统的三段论式演绎推理，包括认定案件事实、寻找正确的法律依据、将法律依据与案件事实对应并作出司法结论；其次，观察它的说理针对性，即是否能针对具体的个案事实对当事人情况进行说明，说理性内容能否使当事人信服司法结论；最后，对说理语言的分析，即说理语言是否详尽充实，是否有独特的情感说理语言对当事人进行情感性的分析和劝说。在此基础之上，这些裁判文书的说理类型可以初步分成四种类型。

1. 直接适用法条型

这一类判决书的说理部分通常十分简洁，甚至并无实质性说理内容。法官一般直接以“证据不足”作为理由驳回原告离婚的诉讼请求。例如：

> 原告在举证期限内未能提交证明其夫妻感情确已破裂的相关证据，故对原告要求与被告离婚的诉讼请求，本院不予支持。据此，依照《中华人民共和国婚姻法》第三十二条和《中华人民共和国民事诉讼法》第六十四条第一款，《最高人民法院关于适用〈中华人民共和国民事诉讼法〉的解释》第九十条之规定，进行如下判决……①

2. “套路模版化”说理

这一类判决有简单的当事人情况说明和简洁的劝说性话语，既解释了法官认为感情尚未破裂的原因又表明了法官维护婚姻关系稳定的态度，在逻辑上并不存在问题。但通过

① 钟某某诉杨某某案，湖南省怀化市辰溪县人民法院民事判决书，(2016)湘1223民初114号。

大量开放式审读后我们发现,这一类判决说理在实务中占了很大部分的比例,其中语句和格式都大量重复出现,严重时甚至分不清两个不同案件的说理有何区别。尤其是在同省(自治区、直辖市)的范围内,此种说理类型的判决书经常大量重复出现。例如:

原、被告双方系自主婚姻,有较好感情基础。近年来双方因生活琐事而产生隔阂,影响了夫妻感情,但夫妻感情并未完全破裂,只要双方加强沟通,互谅互让,夫妻关系是可以改善并和好如初的。现原告李某坚持离婚的诉讼请求,不具备法定离婚条件,本院不予支持。①

3. 针对具体案件事实说理,偶尔有情感劝说语句

这一类判决说理针对当事人的具体情况和案件事实进行了较为详尽的分析,其角度十分全面,从感情基础、婚龄到子女情况,对双方矛盾产生的原因、生活具体矛盾和性格问题都有论述。以此来判断婚姻关系的好坏,得出感情尚未破裂的结论,并对当事人有一定的调解和劝说,是比较全面的说理方式。但此类说理一般较为注重客观事实的分析,语言较为中立,没有过多情感性修辞。法官仍处于一个居中超脱的地位,仅就婚姻关系的过往事实与纠纷做出分析并判断其是否可以延续,极少触及当事人之间情感层面的问题,属于偏重事实分析而较少情感劝说的说理方式。例如:

原、被告经自由恋爱而同居在一起,同居一年多后才补办结婚登记手续,故双方婚姻基础较好。被告因盗窃被判刑入狱期间,原告曾多次去探视,

① 李某诉董某甲案,湖北省武汉市江岸区人民法院民事判决书,(2016)鄂 0102 民初 2655 号。

并寄生活费给被告，说明双方婚后夫妻感情较好。双方在原告母亲生日宴会上为小事吵架，是因为双方缺乏沟通和互谅互让。只要双方努力克制自己，多站在对方的立场去考虑，互谅互让，是完全可以和好的。为了家庭的稳定和谐、小孩的健康成长，应不准予离婚。①

4. 基于个案较多运用情感话语进行说理

这一类判决说理不仅对当事人具体情况做出分析，更侧重于道德性的情感说理以调解双方的矛盾。在分析完双方当事人的情况之后，此类判决说理将大部分内容放到劝说上，以伦理道德标准和情感性修辞对双方当事人的行为提出建议与要求，力图维护婚姻关系。法官甚至超出案件事实而着眼于当事人今后的婚姻生活，以调和人的身份进行了情感性的劝说。此类司法说理更偏重社会道德和情感，而一定程度上舍弃了法律形式主义的风格。例如：

婚姻关系的存续是以夫妻感情为基础的。李某1与祝某系经别人介绍，双方自愿结婚，婚后双方相处融洽且生育儿子，建立起夫妻感情。祝某因患子宫腺肌瘤而切除子宫，现患有下肢静脉曲张，长期需要药物治疗，生活来源主要依靠李某1供养，双方身体健康的差异，随之产生婚姻生活中的矛盾，这也是人之常情。但是俗话说：少年夫妻老来伴。双方都已人到中年，且面临孩子高考，家和万事兴。希望双方珍惜对方曾经的付出，理解彼此现实生活的不易，相互关爱，遇事多交流，共同面对

① 陈某某诉王某甲案，湖南省永州市宁远县人民法院民事判决书，(2016)湘1126民初549号。

生活的苦痛,维护好家庭的团结,而不能一散了之,不管不问。李某1为追求个人幸福,要求与祝某离婚,但又不愿承担扶助义务和救助责任,如双方离婚祝某将居无定所,生无来源,故原判未准予双方离婚,并无不当。①

还有的判决文书说理虽然较短,案件事实部分交代不多,但是其情感劝说色彩却非常浓厚,且更多地使用了情感性修辞,也可以划归为这一类。例如:

生活平淡,相辅相成,享受婚姻的快乐与承受生活的苦痛是人人必修的功课。人生如梦!当婚姻出现裂痕,陷于危机的时刻,男女双方均应该努力挽救,而不是轻言放弃。本院极不情愿目睹劳燕分飞之哀景,遂给出一段时间,以冀望恶化的夫妻关系随时间流逝得以缓和。②

可以看到,一定程度上,这四类说理类型之间的关系是层层递进、越来越复杂。从第一类向第四类的变化是,法官对于判决书说理的理解越来越超越形式法治的思维,情感说理的要素更加明显。其中前两种说理类型显现出法官并没有参与到个案当中进行有针对性的说理,仅仅出于满足形式化判决的目的进行说理。这显然不符合最高人民法院的政策性期待。后两种说理方式则真正做到了针对个案进行详细说理。只是相比第三种类型,第四种说理类型更跳脱出

---

① 李某诉祝某案,安徽省六安市中级人民法院民事判决书,(2017)皖15民终852号。

② 江苏省泰兴市人民法院民事判决书,(2016)苏1283民初3912号。该判决文书曾被公众号"说刑品案"在"判决的悲悯与温度"一文中作为典型的情感说理判决进行收录和推广,参见《文化 | 判决的悲悯与温度》,载新浪网2020年3月11日,https://k.sina.com.cn/article_6873397851_199afba5b00100ofan.html?from=news。

“法理”而关注“情理”。这不仅应和了最高人民法院的期待,同时,根据相关研究,判决书的说理越充分,司法的公正性越可能得到保障。① 因此,仅仅从类型学的角度讲,后两种说理类型是比较可取也比较符合规范期待的裁判文书说理进路。

## (二)不准离婚判决书的量化统计及卡方分析

在以上开放式审读与归类的基础上,我们对所有500份有效样本的“本院认为”说理部分进行了细致的人工阅读,并对其进行分类统计结果如图1所示。

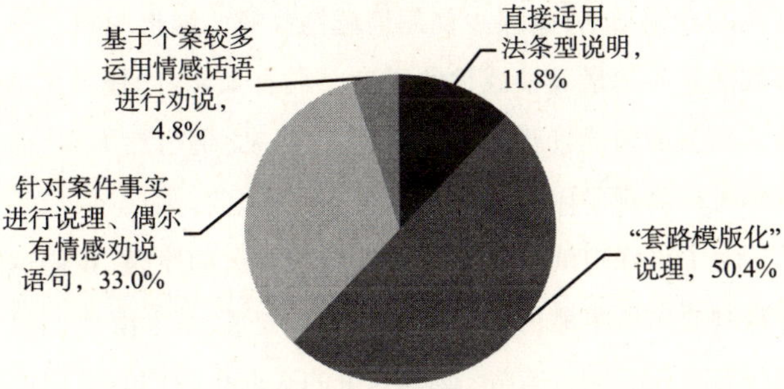


**图1 各类型说理方式在所有样本中所占比例**

如图1所示,在“不准离婚”判决书的说理部分,多数法官选择使用非常简单的说理方式,甚至不说理。其中,11.8%的裁判文书仅仅引用了法条,而没有进行任何实质说理。有50.4%的判决书选择了非常模板式的说理方式,在所有说理方式中占比最多且超过半数。这种方式具有高度的可复制性,几乎不针对个案进行说理。以上两者相加占比达到了62.2%。这说明大多数中国不准离婚判决都缺乏充

① Liu Zhuang, *Does Reason Writing Reduce Decision Bias? Experimental Evidence from Judges in China*, Journal of Legal Studies, Vol. 47:1, p. 83-118 (2018).

分的说理,更不要说针对个案进行情感劝说式的说理。这一点与权威部门的司法政策要求有一定的距离。同时,这一发现正好验证了前述既有的法官行为研究所得出的结论——大多数的中国家事司法审判,法官基于工具主义、实用主义的策略考量,都选择了一种程序化(routinization)的操作模式,这样可以将自身所面临的风险降到最低。① 当然,“模板化”说理的动机还需要通过质性研究的方式予以进一步探寻。另外有 33.0%的判决书能够做到针对个案进行充分说理,但是这些说理也主要针对案件事实进行分析,很少有情感性的劝说话语,也很少使用情感性修辞。这也说明了绝大多数法官不愿触及情感性的说理。只有 4.8%的裁判文书运用了较多的情感性话语进行说理。这一比例虽然不高,但是依然可以体现中国家事司法的某些特点。

为了更好地解释这样的说理特征背后的原因,我们试图在裁判文书所承载的信息中寻找若干变量,来考察他们对于说理方式的影响。首先,这些变量的选取与我们的常识性假设以及前期对于规范政策和理论的学习有关。例如,我们假设,法院的层级以及案件的复杂程度可能会影响说理的方式——也许法院的层级越高、案件的复杂程度越高,说理的复杂性就越高,就越有可能运用较多情感说理。按照最高人民法院的规范性政策(包括公布的典型案例等),我们还假设老年人离婚案件可能会有更多的情感说理。其次,这些变量的选取还来自于我们的访谈调研。例如,访谈中多位被访法官提到当事人因素会影响他们的说理意愿。这一部分也

① He Xin, *Routinization of Divorce Law Practice in China: Institutional Constraints' Influence on Judicial Behavior*, International Journal of Law, Policy and the Family, Vol. 23:1, p. 83-109(2009).

会在后续的定性研究中被展示出来。最后，变量的选取还受到裁判文书所能承载信息条件的制约。例如，结合贺欣教授的相关研究，我们曾假定起诉次数（timer of petition）会影响法官的说理①——如果是第二次起诉还不被判决离婚的案件，法官就会尽可能多运用情感说理，以促进判决的可接受性。但是起诉次数这一变量却很难在公开裁判文书中被识别，因此只能被放弃。基于以上三个原因，我们选取四个可被识别的变量——法院层级、地域、法官有无提及《民法典》第 1079 条规定的离婚情形，以及当事人婚龄——来考察它们与说理特征之间的相关性。我们结合 SPSS 统计软件，运用卡方分析法，②得到如表 1 所示的结果。

**表 1　若干变量对说理类型影响的卡方分析**

| 卡方分析变量 | | 直接运用法条说理 | “套路模版化”说理 | 针对事实进行说理，偶尔有情感劝说语句 | 基于个案较多运用情感话语说理 | 基准差区间 |
|---|---|---|---|---|---|---|
| 法院层级（＊＊p=0. 000） | 基层法院 | 37（11. 82%） | 178（56. 87%） | 82（26. 20%） | 16（5. 11%） | 0. 02%～11. 39% |
| | 中级法院 | 22（11. 76%） | **74（39. 57%）** | **83（44. 39%）** | 8（4. 28%） | |
| 地域（＊p=0. 038） | 东部地区 | 16（9. 41%） | 88（51. 76%） | 60（35. 29%） | 6（3. 53%） | 0. 61%～6. 76% |
| | 中部地区 | **31（18. 56%）** | 80（47. 90%） | 49（29. 34%） | 7（4. 19%） | |
| | 西部地区 | 12（7. 36%） | 84（51. 53%） | 56（34. 36%） | 11（6. 75%） | |
| 说理有无提及法定离婚情形（民法典第 1079 条）（＊＊p=0. 004） | 有 | 14（12. 50%） | **42（37. 50%）** | **52（46. 43%）** | 4（3. 57%） | 0. 20%～13. 43% |
| | 无 | 45（11. 60%） | 210（54. 12%） | 113（29. 12%( | 20（5. 15%） | |

---

① He Xin, *Routinization of Divorce Law Practice in China: Institutional Constraints' Influence on Judicial Behavior*, International Journal of Law, Policy and the Family, Vol. 23:1, p. 83-109(2009).

② 这是一种用来研究定类变量间是否存在某种关联性的统计分析方法，其结果显示比较直观、集中，便于分析。

续表

| 卡方分析变量 | | 直接运用法条说理 | "套路模版化"说理 | 针对事实进行说理,偶尔有情感劝说语句 | 基于个案较多运用情感话语说理 | 基准差区间 |
|---|---|---|---|---|---|---|
| 说理中提及婚龄的情况(* * p=0.000) | 未提及 | 55<br>(16.46%) | 172<br>(51.50%) | 93<br>(27.84%) | 14<br>(4.20%) | 0.60%~15.72% |
| | 0~5年 | 0<br>(0.00%) | 10<br>(58.82%) | 6<br>(35.29%) | 1<br>(5.89%) | |
| | 5~15年 | 3<br>(4.22%) | 34<br>(47.89%) | 28<br>(39.44%) | **6**<br>**(8.45%)** | |
| | 15年以上 | **1**<br>**(1.28%)** | 36<br>(46.15%) | **38**<br>**(48.72%)** | 3<br>(3.85%) | |
| 总样本数及其比例 | | 59<br>(11.80%) | 252<br>(50.40%) | 165<br>(33.00%) | 24<br>(4.80%) | 总样本数:500(份) |

注:1. 显著性分析:* * $p<0.01$; * $p<0.05$。

2. 基准差区间:变量对说理类型比例分布的影响程度大小。

3. 标黑为异常显著差异值。

如表1所示,根据P值结果,这四个变量与说理风格之间的相关性皆为显著,只是显著程度有差异。地域变量的显著度不高,而其他三个变量与说理风格之间的相关性则非常明显。四个变量的表现也不尽相同。第一,在法院层级变量分析中,可得知中级法院套路模版化说理的比例明显低于基层法院与平均水平,而针对个案事实进行说理的比例明显高于平均水平和基层法院,说明二审法院或者高级法院的说理水平明显高于基层法院。这基本符合大家对于司法说理的常识性判断——基层法院由于案件量大、法官水平有限等原因往往疏于裁判文书说理,而较高级别法院审理的案件较为重要,且案件量和法官水平等都不同于基层法院,因而更重视说理。第二,地域变量的划分是按照国家统计局对中国区域的惯常划分标准,将全国各省份(自治区、直辖市)分为“东部”“中部”“西部”三类,①目的是考察经济发展水平与不准离婚判决说理之间是否有相关性。数据分析显示,它仅在P值小于0.05的范围内显著,不属于十分明显变量。差异值仅在中部地区直接适用法条上表现较为突出,其他趋于平均值,可得知地域或者经济发展水平对说理风格影响并不明显。第三,《民法典》第1079条规定的法定离婚情形是具有规范意义的重要变量,我们假定它对于裁判说理具有显著影响。我们发现,当法官在判决书中有提及法定离婚情形时,套路模版说理比例显著下降,而针对个案事实进行说理比例明显上升。这说明法定离婚情形的出现或被提出,会促使法官更认真对待不准离婚判决说理,即便他们没有运用较多的情感话语进行说理。第四,在前述最高人民法院公布的典型案例中,“老年人离婚”是被强调的重点情感说理类案件,因此婚龄变量对于说理风格来说也有规范意义。量化分析结果显示,当事人婚龄超过15年时,法官明显更为重视裁判文书的说理,但是也主要集中于“针对个案事实进行说理,偶尔有情感劝说语句”方面,仍然较少运用大量的情感话语。

---

① 这种地域划分方法最早由1986年全国人大六届四次会议通过的“七五”计划正式公布,在我国延续多年,并被广泛运用,基本上能反映出我国区域经济发展的格局。最初,东部地区包括北京、天津、河北、辽宁、上海、江苏、浙江、福建、山东、广东和海南11个省(市);中部地区包括山西、内蒙古、吉林、黑龙江、安徽、江西、河南、湖北、湖南、广西10个省(自治区);西部地区包括四川、贵州、云南、西藏、陕西、甘肃、青海、宁夏、新疆9个省(自治区)。1997年,重庆设为中央直辖市并被划入西部地区的范围。又由于内蒙古和广西两个自治区多年的人均国内生产总值水平正好相当于西部10个省(直辖市、自治区)的平均状况,与其他中部地区有一定差距,因此2000年国家制定的在西部大开发中享受优惠政策的范围又增加了内蒙古和广西。2011年,为了配合“东北老工业基地振兴”等国家政策,国家统计局将东北地区单列。但是为了方便统计,本文依然采用传统的“东、中、西”部划分。参见《东西中部和东北地区划分方法》,载国家统计局网,http://www. stats. gov. cn/ztjc/zthd/sjtjr/dejtjkfr/tjkp/201106/t20110613_71947. htm。

以上数据分析结果的呈现,说明了我国家事审判的说理风格受到了法院层级、当事人情况、有无法定离婚情形等诸多要素的影响。其中当事人情况(一定程度表现为婚龄)和有无法定离婚情形两种要素都属于具有规范意义的要素,体现了最高人民法院的期待,说明权力在实践中对于法官的说理行为具有较大的影响力。但是我们也发现,对于最高人民法院所倡导的情感话语说理,仍然较少地出现在不准离婚裁判文书中,且分布不具有规律性。这说明情感话语说理在实践中可能受到其他因素的制约,而这些因素则很难在已公开裁判文书所显现出来的信息中被找到。因此,我们将在下一部分以质性研究的方式对这些说理风格背后的要素进行探究。

### [三] 对家事法官的访谈与话语分析

2019年1-10月,我们共访谈了C市、J市、D市与S市四地共21位法官(包括少量没有进入"员额"的法官助理)。他们都有一定的家事审判经验。之所以选择这几个地方法院的法官作为访谈对象,一方面有地缘上的便利性原因,另一方面也因为这些地区和法院具有典型性。S市是本轮司法改革最早的试点地区,很多做法在全国领先;C市与J市都设有家事审判改革的试点法院及专门法庭;而D市法院系统更是家事审判改革全国先进典型,被称为"D市经验",其在"家事裁判文书说理"方面的优秀表现受到最高人民法院及各地法院系统的积极关注。①

---

① 2019年7月19日,中国法学会法律文书学研究会等单位联合举办的"家事裁判文书说理有奖征文"活动暨家事裁判文书说理论坛在D市召开。会议上,最高人民法院大法官胡云腾做了重要讲话。会议也对"D市经验"等家事裁判文书写作经验进行了总结和反思。这些都说明"D市经验"在中国家事审判改革和裁判文书说理方面的重要角色。参见刘强:《胡云腾在家事裁判文书说理论坛发言时强调 加强家事裁判文书说理研究 促进家事审判三个效果统一》,载《人民法院报》2019年7月19日,第1版。

我们的访谈以开放式访谈与半结构化访谈为主,主要询问访谈对象对于在“不准离婚”判决或者其他家事司法判决中使用情感说理的态度及理由,比如,是否支持使用情感说理?支持或者不支持各自出于什么样的原因?自己习惯运用什么样的说理方式?这样做的背后是否有权力因素(比如所在地区法院的政策)的介入?除了判决书中的情感话语以外,家事司法中还有哪些要素与情感有关?等等。

经初步归纳总结,被访者对于不准离婚判决书中情感说理的态度可以大体上分为两类——相对积极的和相对消极的。当然这两种态度之间并不是泾渭分明的。有些被访者的态度没有那么明显,只是有些微小的偏好。在所有受访者中,多数人(13/21)对于在家事裁判文书中运用大量情感话语进行说理持消极态度;少数人(5/21)持积极态度;还有3位受访者态度不明确。为了便于做出分析,我们以他们的态度为标准大体上分为两类分别进行描述,最后再补充说明其他影响情感说理的要素补充说明。

**(一)对在不准离婚判决中使用大量情感话语进行说理持积极态度**

持这种观点的司法职业人员给出的首要理由是:在裁判文书中进行情感说理可以起到引领社会价值的作用。他们通常比较重视案件的社会影响,持明显的司法能动主义立场,即司法要维护社会的和谐稳定。而离婚率过高,则会影响以家庭为基础的整个社会的和谐稳定。① 在这些受访者看来,案件处理结果必须让老百姓情感上能够接受,才能促进社会和谐,这也是司法

① 张智全:《让冷静期为离婚预留选择余地》,载《人民法院报》2019年10月26日,第2版。

的功能之一。例如,一位在基层法院担任领导职务的法官明确说:“法院的职能什么呢,第一点,定分止争……第二点,就是对这种社会价值引领,有一定的作用。”①也有法官将法院的职能与其他政府部门的职能进行比较,说明法院最终还是要像其他政府部门一样去为百姓服务,维护社会和谐,因此还必须进行情感劝说和调解。例如:

> 可能是存在职能(交错)的问题。但我们要考虑当下的实际情况,就是说如果法院不积极做,谁来做?你看我们说妇联……它也解决不了。还有就是居委会。你可以到社区看一下。社区特别忙。它也解决不了……现在就把这个责任推到法院来了……那如果我们前面的那些部门能处理掉,那更好。那如果没有,那就只能进入法院。而且就说如果前面调解的全都不行了,到了法院来我们还得要试试能不能调解。②

持积极态度者的第二种理由是:面对复杂案件(比如第二次起诉仍不判决离婚的案件),需要着重说理。情感说理在此种情况下是尤其必要的。比如一位法官说道:

> 少数第一次不准予离婚,第二次还判决不准离婚的,当事人心理预期不足,这时就需要着重论理。③

对于老年人离婚等特殊案件,支持的法官们也认为最高人民法院的典型案例是非常好的,应该参考:“老年人在一起多不容易啊……可能十年以上这种我们尽可能让他们不离,……我们会考虑到婚龄啊或者其他的。”④

---

① 笔者实地访谈,2019年4月6日,J省C市J大学。
② 笔者实地访谈,2019年4月9日,J省C市J大学。
③ 笔者实地访谈,2019年1月21日,S市G大学。
④ 笔者实地访谈,2019年1月10日,J省L市B法院。

第三类理由是情感说理有助于达成执行效果。“执行难”一直是近年来中国法院着力解决的问题，所以法官在判决说理过程中会考虑到后续执行问题。有受访法官提到：

> 还是（应该）尽可能在审判阶段适当考虑执行效果的问题。比如说我们判离了……执行不了怎么办？或者很难执行。这时候，你在前置过程中，在审判过程中考虑过双方的情感需求，或者说判后答疑的过程中处理过这些方面，那可能以后的执行就好处理了。①

值得注意的是，即便对情感说理持积极态度的法官多次提到最高人民法院的司法政策和典型案例，但是几乎没人提到自己在判决书中进行情感性的说理是因为受到了权力的直接干预（比如上级领导的指示），也没有人提到自己所在的法院有相关的考核与激励机制。因此可以说，他们的这种积极态度是基于自身对司法职能的理解而做出的。

**（二）对在不准离婚判决中大量使用情感话语进行说理持消极态度**

对在不准离婚判决中进行过多情感说理持消极态度的法官，提出的最重要的理由是：司法应该秉持中立立场，不能做过多的道德评价，更不能进行道德说教，即便是在家事审判中也不能有过多的感情色彩。他们认为应该坚持形式法治的一般原则，主张司法判决只能依据法律和事实，并且多次引用同一句俗语——清官难断家务事。例如，

> “你对一方不支持，然后你说太多的，好像是道德上的谴责人家。法官没有那种职能，不要去做那种事

① 笔者实地访谈，2019 年 4 月 6 日，J 省 C 市 C 法院。

情。"①"(家事类案件)容易带入情感,产生倾向性,这些不应该写入(判决书)。法官以中立的角度看,应主要依据法律。"②"我认为民事案件还是靠证据说话,不是靠感觉……人家两个人长期生活在一起的人,他都那么大矛盾。有时候你作为一个外人你去评头论足,有些事情你根本分不清……清官难断家务事。说的过多了,不见得好。"③"不写,这种不写(指情感说理)……法律文书是代表国家,他必须有一定的严肃性,他不可能像大杂烩一样什么都往这锅里面放。"④

第二类导致法官不做过多情感说理的原因是,目前中国司法(尤其是民事司法)"案多人少"的现实。这一现实可以说是目前中国司法实践中最重要的问题之一。⑤ 由于基层法官的工作非常繁忙,也就没有过多的时间针对个案进行详细说理,更没时间针对个案进行情感上的劝说。绝大多数对"情感说理"持消极态度的法官都表达了这种立场,他们一般都主张简化说理。他们的观点也一定程度上解释了上文量化研究中的发现——相当多数判决书的说理都是"模板化"的。例如,有受访法官主张:

如果一年就给我分 50 个案子,我也可以做到那样……一个是量太大,另一个是工作机制的问题,让一个法官天天审这样的案子,很容易疲劳。⑥ 像我一年

① 笔者实地访谈,2019 年 4 月 6 日,J 省 C 市 J 大学。

② 笔者实地访谈,2019 年 4 月 6 日,J 省 C 市 J 大学。

③ 笔者实地访谈,2019 年 9 月 28 日,H 省 D 市 R 法院。

④ 笔者实地访谈,2019 年 9 月 28 日,H 省 D 市 R 法院。

⑤ 参见左卫民:《"诉讼爆炸"的中国应对:基于 W 区法院近三十年审判实践的实证分析》,载《中国法学》2018 年第 4 期。

⑥ 笔者实地访谈,2019 年 4 月 6 日,J 省 C 市 J 大学。

审了四百多件,已经没有任何耐心再审了……就第一个月第二个月我们写,到后来我们也不写了。让我再写我就改改名(指当事人姓名),事儿我都不再改了……量太大了,只能这种,进行类似填充式的……我那个判决书有个文件夹,一打开,第一次不准离婚的、第一次判决离婚的、调解离婚的、第二次离婚的,都有(模板)。①

也有受访法官从说理效果角度出发,认为无须过多说理,或者无须进行情感说理。原因是当事人并不关注裁判文书说理,"他们只关心结果"。也有法官主张情感说理并不一定会带来好的社会效果和执行效果。同时,多数法院也没有关于裁判文书说理的激励或者考评机制。这一点与宏观的政策规范还有一定距离。

"当事人主要还是看结果……你(看的)这些文书中能体现的东西肯定比法官用语言表述的(指跟当事人说的话)少得多。如果我们能用语言解决的东西,那就不用写不准予离婚的判决了……那样他就不离了。"②"现在基于人性化,提倡这种(情感)说理,但其实加了也没用,因当事人经过大量亲人、朋友劝说都没有用,不会因为法官劝说两句就改变……(上级法院)一般不太关注(说理),主要关注程序问题。一般结果差不多,程序没啥问题(就可以了)。"③"裁判文书在我们现在没有一个评价体制……就是你评价了,我们认为某些人写得好,你这个评价也被认为是主观性,没

① 笔者实地访谈,2019 年 4 月 6 日,J 省 C 市 J 大学。
② 笔者实地访谈,2019 年 4 月 6 日,J 省 C 市 J 大学。
③ 笔者实地访谈,2019 年 1 月 10 日,J 省 L 市 B 法院。

> 有权威。第二个是即使我评价说他特别好,大家都公认的好,又能怎么样,我们没有任何激励机制,我们对错的也没有惩罚机制。"①

与如上几点原因相伴随,一些法官也表示,绝大多数法官都会在离婚案件中产生同情、愤怒之类的情绪。这种情绪可能会促使法官去帮助当事人消除纠纷、挽回婚姻。这一般是通过调解、口头劝说等方式,但却很少表达在判决书纸面上。有法官说道:

> 多数人不会那么冷漠。就像我们一个判决书可能三言两语说完了。(但)我们私下也会说这孩子怎么怎么样,这婚姻怎么样。但这些由于时间原因多数不会露到纸面上,还有就是能不能露到纸面上……只要你干了(家事法官),大家都会起这个怜悯之心,都会觉得婚姻不易,都会尽可能地去做。(问:尽可能地去帮助当事人?)对。②

### (三)家事审判中关系到情感说理的其他要素

在田野调查过程中,我们也发现了关系到情感说理的其他要素。虽然这些要素最终并没有被体现在裁判文书中,但它们依然非常值得关注。

首先,有几位受访法官同时提到,自己的裁判文书说理方式主要学习自身边比较资深的法官或者直接领导。虽然没有人强迫他们这样做,但对于法官来说,这是学习司法技术最惯常的一种途径。在法院系统内,并不存在具有全国影响力或者强规范效力的说理、注释指南。所以,不论是情感说理还是模板式的说理,法官的学习对象都扮演了很重要的角色。有法官描述道:

---

① 笔者实地访谈,2019 年 1 月 10 日,J 省 L 市 B 法院。

② 笔者实地访谈,2019 年 4 月 9 日,J 省 C 市 J 大学。

"就是按照正常的,别人之前是怎么说理的。主要就是带我的老书记员(法官助理)……借鉴的模板会有多个,因为案由不同。"①甚至有受访者明示或暗示,依照既有的模板进行判决书说理,是一种省事且安全的选择。他们提到的关键词主要是"(这样)不犯错"。这一发现极大地应和了前述关于中国法官行为的经验研究——多数法官倾向于基于实用主义的行动策略做出裁决。②

其次,多数受访法官表示,即便他们在裁判文书中没有或者很少进行情感说理,但他们在家事调解的过程中会运用大量的情感话语进行劝说,并且这样做的效果还是不错的。因为调解不同于正式的司法,它更主要的功能是化解社会矛盾、促进社会和谐。重视调解是中国司法的重要特征之一。它与党中央在各个领域推广"枫桥经验"的政治号召也相互应和。③ 例如,有受访者说道:

> 一些新型案件我不好归类我就(选择)调解。这也是学习枫桥(经验)的心得……其实调解的好处就是你在这过程中稀释了他们之间的矛盾,同时也稀释了对我们的敌意,我(如果做出)判决,肯定有一个不满意的。(追问:那你们在调解上下的功夫多,还是最后做判决下的功夫多?)答:还是调解。调解你要从社会,从亲情,从子女等各方面,社会危害性,离婚对子女的伤害这些方面来对他劝说。④

① 笔者实地访谈,2019年4月9日,J省C市J大学。

② He Xin & Ng Kawi, *Pragmatic Discourse and Gender Inequality in China*, Law & Society Review, Vol. 47, p. 279-310(2013).

③ 参见徐建新:《创新发扬"枫桥经验" 全面推进法院调解》,载《人民法院报》2018年6月6日,第5版。

④ 笔者实地访谈,2019年1月21日,S市G大学。

再次,与前文量化研究部分的分析结果相关,我们在访谈中发现,当事人因素也会显著影响法官的说理意愿与说理风格。一方面,当事人情感性的陈述不仅大量存在于调解过程中,也存在于庭审之中:“家事审判(庭审过程)就是夫妻双方说之前怎么感情纠葛,怎么认识,谁做了什么对不起谁的事情,这些事情在法庭上能讲半个小时,你不打断都不带(会)停的。”①在部分法官看来,长期听当事人之间互相埋怨,家长里短地长篇论述,不利于案件推进。所以他们往往采取简化手段,主动地选取法官认为的重点进行分析,从而避免了时间和精力浪费。在此情况下,裁判文书或者调解协议中的说理都比较简单,目的是避免陷入当事人之间太过细枝末节的感情纠葛中。

另一方面,如果在审理的过程中遇到特别不理性、非常激动的当事人,法官也可能运用一些温情的话语对当事人进行劝说。这种温情的劝说话语可能会体现在裁判文书之中,也可能会出现在调解、庭审时的口头语言之中。这主要是因为,个别当事人会用自杀、暴力伤害法官或上访等内容威胁法官,此时法官的司法策略就显得尤为重要。有些法官描述到:

> 你像马X云(法官),不就被人杀了吗。但那是极端个案……我们也有类似的。其实家事这种矛盾特别激烈……家事审判这种法官,人身危险性很大,有时候判案也考虑这个。②

最后,但也是十分重要的是近年来中国法院开展了一系列家事审判改革,其目标是促进家庭和社会和谐。我们在调查过程中走访了两家家事审判庭,发现许多改革举措在实践中也体现了家事司法注重情感元素的特点。其中两种具体措施非常具

① 笔者实地访谈,2019年4月6日,J省C市J大学。
② 笔者实地访谈,2019年4月9日,J省C市J大学。

有代表性。其一,各地单独成立的家事法庭都在空间布局和装饰设置上下了一番功夫。如一位受访法官所言:"我们法庭的桌子是心型的。灯光也是特殊的。调解室有握手言和的标志,还有一个多元调解室有三个圆形相互交织。还有心理咨询室、儿童活动室、还有什么临时庇护室,亲子活动室……"①我们在走访中也观察到很多家事专门法庭的布置非常温馨,体现了非形式化司法的特征。例如,原、被告双方改称"丈夫"或"妻子";儿童活动室设有单面镜,让处在调解室的父母可以看到孩子;心理咨询室设置了专供发泄的情绪疏导装置。

其二,一些家事法庭在正式的判决书之外,还要求审理家事案件的法官写一份"法官寄语",与判决书一起送达给当事人。这种形式在我们走访的两家家事审判庭都存在。"法官寄语"被要求在法律之外向当事人温情喊话,从道德、情感、心理等角度去感动当事人,主要内容自然以"情感话语"为主。在我们的调查中,一位法官向我们展示了他写作的"法官寄语"。其中多数词句都超出了形式法律的范畴,而带有浓厚的情感色彩。例如,称当事人为"老张大哥",从子女感受的角度规劝当事人,希望当事人信守承诺,等等。这样做的效果也得到了受访法官们的正面肯定:"基本没有再次起诉的。"

## 评述与总结：家事司法中的权力、法律与情感

本文从多角度对中国家事司法中的情感说理问题进行了分析,其中实证分析是本文的主要贡献。与既有关于司法情感说理的研究相比,本文提供了一个"从规范分析到实证研究"的视

---

① 笔者实地访谈,2019 年 9 月 28 日,H 省 D 市 R 法院。

角,把争议性的规范问题放置于经验视野中,考察其实践样态,进而提出规范性的反思。与既有法官行动策略的相关研究相比,本文的主要贡献在于拓展了经验田野的可能性,将以往很少被关注到的裁判文书说理问题纳入实证研究范畴。这样,对于司法问题的经验研究不再只是在外部寻找各种变量和原因,而有可能深入司法行为的最核心部分(司法说理)进行观察与总结。从这一点来说,本文与对庭审对话的话语分析实际上异曲同工,只是侧重点有别。我们发现,影响司法说理行为的要素,除了既有研究提出的"实用主义策略"(主要基于对权力规制的策略性回应)以外,还包括了法官本身对于"规范性权力""形式法治"和"情感说理"等问题的不同理解。这是本研究对既往法官行为研究的一点补充性贡献。

通过经验分析,我们在中国的家事司法说理中发现了三种互相排斥、互相竞争,但又互相渗透、互相利用的要素——权力、法律和情感。一方面,形式理性说理与情感说理目前在中国的家事司法实践中处于一种彼此交错杂糅的状态。前者代表了形式法治的一面;而后者则代表了司法正义的实质面向。中国传统的法律文化重实质而轻形式,这一点在今天不但被权威机关的司法政策所肯定,且在家事司法实践中也有明显的体现。裁判文书的情感说理以及其他情感要素在今天中国的家事司法中出现就是例证。我们的经验研究(尤其是数据分析)显示,规范性权力对法官的说理意愿和说理行为都产生了深刻影响,使他们能更多地考虑到个案及情感因素而变换自己的说理策略。这虽然与绝对的形式法治原则背道而驰,但却是中国司法的显著特点。并且,从规范分析部分可以看出,按照当前权威机关的主观意愿,随着各种政策和规范性文件的出台,我们可以想象,在不远的将来,偏向于实质化的情感说理也许会越来越多地出现在中国的家事司法当中。这是权威机关的政策影响司法的重要表现。

另一方面,我们也注意到,权力在此仅仅主要表现为权威机关的宏观权力。它通过制定宏观政策、规范等方式来实现,而较少具体的微观干预。我们的研究也因此呈现了另一个向度:权力要素对于司法细节的直接干预还是有限的;习惯运用情感说理的法官主要还是基于内心对政策、法律的理解而采取的此种行为,没有发现来自于权力的直接微观干预;并且,有为数不少的法官认为在家事司法中应该坚持相对形式主义的法治立场,他们认为情感说理只能是次要的、辅助的;情感话语可以在调解等非正式司法中被大量使用,但是不适合过多地出现在判决书中。这一发现也部分应和了对于中国司法的其他相关经验研究:目前,中国的权威机关在微观层面还是倾向于为形式法治留下一个相对的空间,因此较少直接具体的干预。① 当然,结合本文的分析,我们认为,这一形式法治空间的存在,当然有权威机关意愿与策略的因素,法律职业共同体(尤其是从业法官)的主观意志(也就是现代法治意识)也扮演了不可忽视的角色。

---

① Yang Fan, *The Role of CPC Regulations in Chinese Judicial Decisions: An Empirical Study Based on Published Judgments*, The China Review, Vol. 19:2, p. 69–97(2019).

《法律和社会科学》(2020)　第19卷第1辑,第179~211页

# 转向比例原则,还是经济分析

## ——一般条款在视频广告屏蔽案中的适用

王子予*

**摘　要:**一般条款是通过立法技术委托司法考量特定情境的产物,在不同领域都广泛存在。一般条款在竞争法的司法裁判中具有重要地位,二审和再审的改判结果都呈现出巨大的两极分化。原因在于一般条款的具体适用方法不同。以视频广告屏蔽案件为例,早期裁判试图将侵权四要件方法嵌套于一般条款,受到"泛道德化"和抑制市场自由竞争的批评。而在立法修订的影响下,最高人民法院推动了"多角度综合评价"的司法政策。该政策包含了比例原则与经济分析两种方法。但选用比例原则以具体化一般条款仍然存在扩张适用的困境。而经济分析在事实查明阶段完成实质判断,并受到对应环节的监督约束,从而避免恣意适用一般条款,加强复杂问题的处理能力,增强裁判的可接受性,实现问题的实质判断。

**关键词:**一般条款　构成要件　广告屏蔽　比例原则　经济分析

---

* 王子予,中国人民大学法学院博士研究生。感谢岑峨、胡凌、岳林、陈景辉、邱遥堃等师长为本文提出了诸多宝贵的修改意见。当然,文责自负。

## 问题的提出

网络视频领域,视频网站经营者主要的商业模式是“免费视频+插播广告”,这导致消费者观看网站视频时受到广告过多、过长等情况的困扰。为满足消费者不愿被过多广告干扰的用户需求,视频广告屏蔽技术应运而生,用户可以通过屏蔽技术略过冗长的各类广告。该技术获得了广大消费者的认可,但同时对视频网站的商业模式产生挑战。主流视频网站选择向法院提起不正当竞争诉讼,要求浏览器或屏蔽技术开发者停止其行为以维护视频网站的商业利益,形成了一场牵涉众多知名互联网公司的司法对抗。

以“广告屏蔽”为关键词在中国裁判文书网中进行检索,获得60个判决,其中涉及“视频广告屏蔽”的有35个判决。由于该类行为并未由明确的法条加以规制,因此法官只能适用一般条款,即《中华人民共和国反不正当竞争法》(以下简称《反不正当竞争法》)第2条第2款进行裁判。① 法官选择一般条款是不正当竞争案件中的常见现象,这是因为在《反

① 《反不正当竞争法》第2条第2款规定:“本法所称的不正当竞争行为,是指经营者在生产经营活动中,违反本法规定,扰乱市场竞争秩序,损害其他经营者或者消费者的合法权益的行为。”

不正当竞争法》中，有明确条文加以规制的行为只有七种，诸多层出不穷的新型竞争行为只得适用一般条款加以裁判。在北大法宝司法数据库中进行检索，有6323件案例与裁判文书适用该法第2条作出判决。而在这些案件的终审裁判中，二审维持原判有2301件，二审改判有1558件，再审维持原判有76件，再审改判有49件，改判率约为43.56%。一般条款的司法适用存在巨大的分歧，这值得加以重视。最高人民法院就在视频广告屏蔽案中对一般条款的适用方案提出政策意见，使得一般条款适用的研究有了典型案例作为参照，学界也在此类案件中加以讨论。

在视频广告屏蔽案中一般条款有三种适用方法。第一种是侵权构成要件的分析方法，第二种是比例原则的方法，第三种是经济分析，三种方法的出现场合与效果都存在差异，因此，应当如何评价三种一般条款的具体化适用方法？何种方法更为妥当？这些都是学界需要回应的理论问题。

## [一] 如何看待一般条款

### (一) 一般条款的含义

对于制定法中一般条款的认识通常与不确定的法律概念相关。① 一般条款是指在法律中存在的、某些内涵和外延不确定的、具有开放性和指导性的、能概括法律关系共同属性的、具有普遍指导意义的条款。②

---

① 一般条款被视为立法技术的重要体现，是社会共同评价替代法官个人判断的法律依据。参见[德]卡尔·恩吉施：《法律思维导论》，郑永流译，法律出版社2014年版，第149-166页。

② 参见张新宝：《侵权行为法的一般条款》，载《法学研究》2001年第4期。

法律中存在许多规范性构成要件因素,由于它们不具备特别的法律特征,因此其本身则会指向"社会评价"。克莱默认为公法中的"公共利益"等类似概念,都具有一定的模糊性。当这种模糊性构成法条核心内容时,该法条就属于一般条款范畴。① 立法者制定一般条款的意义在于在技术上给予法官裁量空间。也就是赋予一般条款"委托功能",希望借由司法裁判的适用完成接纳社会评价的目的,这也被称为"授权漏洞"。② 例如,"诚实信用原则""善良风俗"等一般条款的开放结构,将法条本身延伸到社会评价之中,从而使一般条款具有了生命力,可以使法典像毛孔一样呼吸和适应,这就是一般条款的"法律续造功能"。

在德国《反不正当竞争法》的变迁中,立法者就逐渐发现原本的列举式规定有其局限性,通过立法设立一般条款,以应对未来可能面临的复杂问题,完成法治国家对确定性的需求。具体而言,立法者期待由法院在未来适用中完成"现实语境"中的判断。而我国《反不正当竞争法》也有这样的功能,在2017年修订中,立法上选用"概括+列举+兜底"的模式,对新型复杂的不正当竞争案件起到法律适用的帮助。正因如此,彰显一般条款能量的核心环节在于司法适用,而这项任务又会面临方法论上的挑战。

一般条款是不正当竞争案件中最常用的法条依据,这是因为《反不正当竞争法》是一部"行为属性"的法律。也就是说,其主要通过禁止某种行为而达成对市场的规制。这也就

① [奥]恩斯特·A.克莱默:《法律方法论》,周万里译,法律出版社2019年版,第37页。

② 参见[德]魏德士:《法理学》,丁晓春、吴越译,法律出版社2005年版,第348页。

带来法律追赶市场变化的难题,诸多新型竞争行为并不能、也不可能全部被列举于法条之中。因此,法官无法依靠《反不正当竞争法》的既有条文来规制新型竞争行为,只能寻找一般条款来应对。互联网纠纷尤其如此,有调查显示,2010—2015年北京一审法院将近有四成判决以一般条款作为依据。① 但一般条款有副作用,或者难使当事人信服,或者"就连法官自己对判决也不自信"②,有意见认为应当限制其过度适用③,以防止过度负面影响④。而2017年新修订的一般条款更注重市场竞争秩序的维护而非权益保护,在立法目的上更加强调正当性判断需要优先关注竞争秩序。这意味着"竞争行为正当性的判断"与"绝对权保护"本质上就有区分。⑤ 因为目标是多元且存在竞争的,不同目标会被法官比较与权衡。相较于省力的规则,涵盖原则的一般条款更需要证成⑥,也就是说一般条款只有经由具体化之后,方能转化成判决的依据和标准。这就需要法官在适用一般条款时,首先需要恪守"评价倾向"的客观性,不能用法官个人的目标代替一般条款的内涵。

---

① 参见陶钧:《涉网络不当竞争纠纷的回顾与展望(一)——近五年北京法院审判的总体概况》,载微信公众号"知产力"2015年5月15日,http://mp.weixin.qq.com/s/5U_z_m3GgjAhTjKAAY1B5g。

② 曲凌刚、杨扬:《互联网行业不正当竞争案件审理研究》,载《现代电信科技》2014年第11期。

③ 参见张璇、曹丽萍:《"互联网专条"存废之争与规范模式的思考》,载《法学杂志》2017年第12期。

④ 参见王艳芳:《〈反不正当竞争法〉在互联网不正当竞争案件中的适用》,载《法律适用》2014年第7期。

⑤ 参见孔祥俊:《论新修订〈反不正当竞争法〉的时代精神》,载《东方法学》2018年第1期。

⑥ 参见[美]迈克尔·D. 贝勒斯:《法律的原则——一个规范的分析》,张文显等译,中国大百科全书出版社1996年版,第13页。

## (二)一般条款的研究现状

在既有的学界研究中,将"一般条款"作为对象的研究可见于法学方法论的专著中。主要对一般条款的性质、一般条款的立法体例以及一般条款的功能作用进行研究,从指涉内容来厘定"概括条款"与"一般条款"的内涵。① 在民法学界,早期侵权法对一般条款的讨论相对集中,探讨了一般条款在侵权法中的体例设置、功能定位与责任分配。② 在行政法学界,则是结合不确定性,讨论如何限制行政裁量的空间。③ 在知识产权领域,一般条款承载着对"合理使用"的具体关注,学者从立法技术与证明方面论述运用一般条款实现抽象规定有助于问题的解决;同时为了避免一般条款的局限性,有必要建立中间层次的一般条款和类型化的例外清单。④

---

① 一般来说,"概括条款"的指涉与"一般条款"是同样的意义,包括具体化的价值判断以及案件比较类型化的方式。参见杨仁寿:《法学方法论》(第二版),中国政法大学出版社2012年版,第189-190页;王泽鉴:《法律思维与民法实例:请求权基础理论体系》,中国政法大学出版社2003年版,第299页;黄茂荣:《法学方法与现代民法》,中国政法大学出版社2001年版,第219-224页。

② 关于民法学界中对侵权法的一般条款的讨论,参见张新宝:《侵权责任法立法:功能定位、利益平衡与制度构建》,载《中国人民大学学报》2009年第3期;朱岩:《危险责任的一般条款立法模式研究》,载《中国法学》2009年第3期;王利明:《论侵权责任法中一般条款和类型化的关系》,载《法学杂志》2009年第3期;王利明:《论高度危险责任一般条款的适用》,载《中国法学》2010年第6期;杨立新:《中国侵权责任法大小搭配的侵权责任一般条款》,载《法学杂志》2010年第3期;梁慧星:《中国侵权责任法解说》,载《北方法学》2011年第1期;杨立新:《医疗损害责任一般条款的理解与适用》,载《法商研究》2012年第5期;张新宝:《侵权责任一般条款的理解与适用》,载《法律适用》2012年第10期。

③ 参见王贵松:《行政法上不确定法律概念的具体化》,载《政治与法律》2016年第1期。

④ 参见卢海君:《论合理使用制度的立法模式》,载《法商研究》2007年第3期;卢海君:《合理使用一般条款的猜想与证明——合理使用制度立法模式探讨》,载《政法论丛》2007年第2期;梁志文:《著作权合理使用的类型化》,载《华东政法大学学报》2012年第3期;易磊:《对我国当前合理使用修改的思考——以德国"合理使用"为视角》,载《电子知识产权》2019年第2期;谢晴川、何天翔:《论著作权合理使用制度的开放化路径——以"中间层次"一般条款的引入为中心》,载《知识产权》2019年第5期。

一般条款在竞争法中的探讨最为热烈，一般条款最初的重要来源之一就是竞争法。由于 1993 年版本的《反不正当竞争法》在很长一段时间内并未修订，其问题不断暴露突出。① 因此，在立法论层面，有通过比较法视角对一般条款完善进行分析。② 但随着司法实践的发展，一般条款的适用问题也开始显现，最高人民法院也在“海带配额案”确立了适用一般条款的三条件。③ 尤其是在面对新型竞争行为，适用一般条款时需要评估涉案竞争行为对竞争所造成的客观损害。④ 在此背景下，一种强烈的呼声是：“设置互联网专条。”⑤这些主张的背后，其实反映出要件式的思维，也就是希望依靠更具操作性的规则来替代法官的具体个案裁判。2017 年法律修订后，一般条款的属性和价值再次被强调。当越来越多地强调抑制政府干预而扩大行为自由时，其侵权法色彩逐渐“隐去”，竞争法属性日益“凸显”。⑥

具体到本文所涉及的视频广告屏蔽视角，除了在网络视

① 竞争法学界早期的代表讨论参见邵建东：《〈反不正当竞争法〉中的一般条款》，载《法学》1995 年第 2 期；杜振汉：《论〈反不正当竞争法〉“一般条款”的完善》，载《当代法学》2000 年第 4 期。

② 参见郑友德、范长军：《反不正当竞争法一般条款具体化研究——兼论〈中华人民共和国反不正当竞争法〉的完善》，载《法商研究》2005 年第 5 期。

③ 参见吴峻：《反不正当竞争法一般条款的司法适用模式》，载《法学研究》2016 年第 2 期。

④ 参见张钦坤：《反不正当竞争法一般条款适用的逻辑分析——以新型互联网不正当竞争案件为例》，载《知识产权》2015 年第 3 期；谢晓尧：《未阐明的规则与权利的证成——不正当竞争案件中法律原则的适用》，载《知识产权》2014 年第 10 期。

⑤ 王艳芳：《〈反不正当竞争法〉在互联网不正当竞争案件中的适用》，载《法律适用》2014 年第 7 期。“互联网专条”，也存在问题，参见刘维：《论网络不正当竞争一般条款的价值取向》，载《交大法学》2021 年第 3 期。

⑥ 参见孔祥俊：《论新修订〈反不正当竞争法〉的时代精神》，载《东方法学》2018 年第 1 期；张占江：《反不正当竞争法属性的新定位：一个结构性的视角》，载《中外法学》2020 年第 1 期。

频广告屏蔽行为的性质、法律规范的适用选择等方面存在诸多探讨①，也有学者从谦抑性的角度和谨慎干预原则研究法官适用一般条款是否具备合法性。② 在此基础上，又产生了以利益衡量为基础的理论推进，主张判断此类新型行为时，应当考虑"多元法益"，来应对不正当竞争纠纷③。由于不仅仅是双方当事人，相关受众也受到竞争影响，所以综合考量利益是必要的。④ 也有学者进行一般条款与规范命题排序的理论尝试。⑤ 但忽略了外部证成说理，会使得认定标准受到质疑，因而出现了"后果取向型"思维的主张。⑥ 由此可见，一般条款在不同的学术领域都有讨论，但仍存在进一步思考与对话的空间，即将传统方法论视角对一般条款概念的

---

① 以版权侵权规制的规范解释角度进行研究，如有认为版权法规制"接触控制措施"的正当性理论能够作为判断方法。屏蔽行为在著作权方面可能构成引诱侵权，也可能构成第三人侵害债权。但基于比较法视角，在我国的知识产权法律体系下，网站的页面并不能轻易地被认定为享有著作权。参见胡海容、黄光辉：《天使与魔鬼之辩：第三方开发广告过滤软件引发的法学思考》，载《知识产权》2014 年第 10 期；黄武双、刘建臣：《中美屏蔽网页广告行为法律规制比较》，载《竞争政策研究》2015 年第 1 期；王迁：《论规制视频广告屏蔽行为的正当性——与"接触控制措施"的版权法保护相类比》，载《华东政法大学学报》2020 年第 3 期。

② 参见郭壬癸：《互联网视频广告屏蔽行为的竞争法规制研究》，载《电子知识产权》2018 年第 8 期；张占江：《论反不正当竞争法的谦抑性》，载《法学》2019 年第 3 期。

③ 参见史欣媛：《利益衡量方法在屏蔽视频广告行为正当性判定中的适用》，载《中南大学学报（社会科学版）》2017 年第 1 期；孔祥俊：《论新修订〈反不正当竞争法〉的时代精神》，载《东方法学》2018 年第 1 期；王磊：《法律未列举的竞争行为的正当性如何评定———一种利益衡量的新进路》，载《法学论坛》2018 年第 5 期；陈兵：《互联网屏蔽行为的反不正当竞争法规制》，载《法学》2021 年第 6 期。

④ 参见周樨平：《竞争法视野中互联网不当干扰行为的判断标准——兼评非公益必要不干扰原则》，载《法学》2015 年第 5 期。

⑤ 参见谢晓尧：《一般条款的裁判思维与方法——以广告过滤行为的正当性判断为例》，载《知识产权》2018 年第 4 期。

⑥ 参见龙俊：《视频广告屏蔽类案件中不正当竞争行为认定的再思考》，载《法律科学（西北政法大学学报）》2021 年第 4 期。

讨论与部门法对一般条款适用的讨论结合起来。

## [二] 侵权构成要件分析的形式适用

在前述涉及“视频广告屏蔽”的35个主要判决中,原告方主要包括腾讯、百度、阿里、湖南卫视等重要视频网站经营者,被告方多为360、金山等技术开发公司。双方当事人对广告屏蔽技术是否影响到以“免费视频+插播广告”为商业模式的视频网站利益、是否由此构成违反诚实信用原则和商业道德的不正当竞争行为产生争议。通过选择较为典型且有影响力的裁判案例,笔者发现,在司法实践领域,该类案件都适用《反不正当竞争法》一般条款进行裁判。

### (一)“四要件”式的侵权构成要件分析

在适用《反不正当竞争法》审理该类案件时,侵权裁判方法会以私主体之间的竞争利益是否受到侵害为裁判基础,关注二者之间是否构成“竞争关系”、一方的商业模式或商业利益是否受到另一方行为的影响。如果该行为具有主观的故意,则更能确定行为的“不正当性”。

因此,法官运用该种思路审理案件时,首先会关注原被告双方之间的关系。二者商业形态产生的影响被视为双方当事人产生法律关系的基础。

> 案例1:聚力公司、大摩公司经营的业务具有利用和被利用关系……如果没有如聚力公司的视频分享网站,则大摩公司运营的涉诉软件“看视频不等待”功能成为无本之木、无源之水,不存在运营的基础和价值意义。因此,聚力公司、大摩公司虽然向用户提供的服务不相同,但两者相关联,大摩公

司运营的涉诉软件势必影响聚力公司网站的经营,且聚力公司、大摩公司对此未提出异议,故原审法院认定聚力公司、大摩公司之间的竞争关系。①

在聚力传媒诉大摩网络案中,二审法院考量了二者是否存在"竞争关系",并为之后的侵权认定提供法律关系基础。法院认定,视频网站经营者与广告屏蔽方存在"利用和被利用"的关系,广告屏蔽方是依附于视频网站而存在的商业主体,并以"无本之木""无源之水"来描述二者的关联。

其次,法官需要确定广告屏蔽方"侵害"了视频网站经营者何种"权利"。而在这一逻辑的驱动下,法官会注意到视频网站"免费视频+插播广告"的商业模式,这一模式也是视频网站经营者通常会主张的核心利益。

案例2:这种商业模式也为市场普遍接受,当前视频网站业广为采用的经营模式,属于正当的商业模式。此种经营模式下的广告不同于被行业惯常认定的恶意广告。目前虽然尚没有明确权威的法律法规规定恶意公告的内涵和外延,但这类广告往往具有破坏网站信息完整性、不恰当地干扰用户正常浏览网页等特点……合一公司在向用户提供免费视频的同时附之以相应视频广告,既未违反现有相关法律规定,亦未违反商业道德以及诚实信用原则,属于合法经营活动,应受到《反不正当竞争法》的保护。②

在合一公司(优酷网)诉金山猎豹浏览器一案中,一审、二审法官都围绕视频网站"商业模式"是否受法律保护进行

① 上海知识产权法院民事判决书,(2016)沪73民终34号。

② 北京市第一中级人民法院民事判决书,(2014)一中民终字第3283号。

讨论，并且以类似“法无禁止即自由”的潜在口吻认可“商业模式”可以作为法律保护的权益，不允许其他经营者侵犯。至此，侵权构成要件分析构建起一种“绝对权”来处理此种行为。

最后，法官通常继续考察广告屏蔽方的主观过错。是否存在“故意”竞争，成为了重要的是非判断因素，并且将该主观心态视为对《反不正当竞争法》一般条款下的“诚实信用原则”“商业道德”的违反。

案例 3：换言之，极科极客公司应对其放任结果发生的行为承担后果责任……①

案例 4：原告爱奇艺公司通过让用户观看视频前广告为对价向用户提供免费视频，通过广告播放获取利益或者通过让会员免看广告，收取会员费的商业模式获取利益。爱奇艺公司的上述商业模式既未违反现有法律又未违反商业道德，应受法律保护……作为技术实施方的聚网视公司明知该技术会出现自己得利他人受损的后果，仍实施该技术，具有主观故意，违背了诚实信用原则和公认的商业道德，侵害了爱奇艺公司合法的经营活动，其行为不具有正当性。②

在爱奇艺公司诉极科极客公司案、爱奇艺公司诉聚网视公司案中，“主观故意”是认定违反“诚实信用原则”“商业道德”的重要因素。由此直接进一步得出其行为不具有正当性。至此通过要件式的列举判断，完成了对该行为的最终评价。

① 北京知识产权法院民事判决书，(2014)京知民终字第 79 号。

② 上海知识产权法院民事判决书，(2015)沪知民终字第 728 号。

概括而言,这是一种“四要件”式的侵权构成要件分析的思维。法官先确定存在广告屏蔽行为(“行为”),视频网站经营者商业模式的利益受到损害(“损害事实”),认定屏蔽方的主观状态(“过错”),同时通过构建二者之间的关联,判断是由屏蔽方的技术行为引起视频网站经营者的利益受损(“因果关系”)。由此得出对屏蔽行为的否定评价。

**(二)侵权构成要件分析的实效**

基于前文的梳理,不难发现,侵权构成要件分析本质上也是在运用一般条款进行司法裁判,这种裁判方法较为直接地将侵权“四要件”的形式嵌套于一般条款之中。它将视频网站经营者的利益作为独立的请求权基础进行判断,经营者的利益受到如同对所有权人“对物的使用权”的保护,可以排除第三人妨害。① 这样的思路经常将商业模式、商业利益和一般条款中的商业道德笼统地结合,例如,在爱奇艺与深圳聚网视科技有限公司其他不正当竞争案中,法官将事实行为与道德评价作为一个整体进行处理:

> 原告广告收入的多少取决于收看其视频节目的用户数量及视频被点击的次数。视频观看用户越多,原告网站、客户端的点击率越高,广告主投放的广告相应增加,原告盈利也随之增加。原告的经营模式既未违反现有法律规定,亦未违反商业道德,因此,原告的合法经营活动应当受到《反不正当竞争法》的保护。②

由此可以发现,这一构成要件分析思路先考虑视频网站

① 参见张占江:《不正当竞争行为认定范式的嬗变:从“保护竞争者”到“保护竞争”》,载《中外法学》2019年第1期。

② 上海知识产权法院民事判决书,(2015)沪知民终字第728号。

经营者与广告屏蔽方是否存在“竞争关系”，考量终局形态的最后商业利益指征①、挤占市场份额②等因素，进而通过“实质性影响”进行分析。③ 可见，在传统裁判方法中，“竞争关系”既是双方当事人法律关系的一大核心，也是适用法条时不敢绕开的前提。此后，法官进行行为违法性判断时，通过将“商业模式”作为一项法定权利，运用司法的力量，使之成为市场必须认可的绝对权、对世权，从而实行商业利益的静态强制保护。法官意识到没有直接适用规范的空间，因此寻求《反不正当竞争法》中一般条款的帮助，借助“诚实信用原则与商业道德”的扩张适用，以应对此类新型的不正当竞争纠纷。直接将侵权要件嵌入一般条款之中，也即只要存在侵权行为，就不符合诚实信用原则，也不符合商业道德。

但这样对接适配并不成功。主要原因在于，它并不能完全清晰地界定请求权基础、商业道德的内涵等各类细节要素，没有回应“商业模式”为何构成了竞争法所要保护的绝对权，也没有回应为何主观上有市场竞争的心态可以被评价为不具有合法性的“故意”；还无法回应市场竞争中常见的利益损失为何可以被视为对诚实信用与商业道德的违反。虽然形式上此种审理已经完成了对该行为的评价，但相应解释缺失使得此种思路受到质疑。例如，有观点认为这种裁判方法是将竞争利益进行特定权利化。④ 这同时也会引起对市场竞争理解的困惑与不安。

---

① 参见北京知识产权法院民事判决书，(2014)京知民终字第79号。

② 参见上海市杨浦区人民法院民事判决书，(2015)杨民三(知)初字第1号。

③ 参见北京市海淀区人民法院民事判决书，(2017)京0108民初31800号。

④ 参见陈兵：《互联网新型不正当竞争行为审裁理路实证研究》，载《学术论坛》2019年第5期。

之所以要批评此类方法,究其原因,首先是因为侵权的构成要件分析中,四个要件是平行的,在判断是否具有违法性时,无法体现判断问题的层次关系或主次逻辑。其核心弊病在于,虽然能够快速区分视屏广告屏蔽行为在事实上是不是有违法的可能,但不利于准确判断一个行为究竟应不应该为《反不正当竞争法》所禁止或限制,无法综合评价市场利益与行为。其次,学理和实践上逐渐达成"竞争损害中性"的共识,而将竞争产生的损害直接视为不可接受的侵权后果显然违反了竞争的客观特征。由于法律上并未就商业模式是否可以作为权利进行保护做出明确规定,绝对权利或权益也存在一定的垄断性,所以给予经营者利益以绝对权利或权益的司法保护时应当秉持审慎的态度。基于以上两点,部分法官开始更多考量《反不正当竞争法》的功能、目的与价值导向,摒弃"有损害行为即非法"的思维。

## [三]一般条款适用的转向

### (一)司法政策推动的多角度综合评价

学界一直强调,《反不正当竞争法》不是只保护个别经营者的"私法",而是经济法的重要组成部分,它以社会为本位,考量竞争行为对社会整体和多元利益的影响。① 以往常用的侵权认定逻辑出现了新的变化,为了能有效填补法律漏洞,有学者提出运用利益衡量的方法进行案件分析的方

---

① 参见孔祥俊:《论反不正当竞争法的新定位》,载《中外法学》2017年第3期;张占江:《不正当竞争行为认定范式的嬗变:从"保护竞争者"到"保护竞争"》,载《中外法学》2019年第1期。

案。① 所以就屏蔽案件而言，理论与实务均试图对此种判断模式和论证说理进行增强与突破，法院给予司法保护时也更为谨慎。其中两起较为典型的案件分别是湖南快乐阳光公司（芒果TV）诉广州唯思公司案、腾讯诉世界星辉案。②

竞争法学界对司法审判实践的关注，也使司法政策制定者听到外界对其运用这一重要利器的各类警告声音。而此类声音在2017年《反不正当竞争法》首次重要修订之际，的确被立法者吸收到新法中，法院系统也对法官们提出了更高的理论适用要求，在第四次全国法院知识产权审判工作会议暨知识产权审判工作先进集体和先进个人表彰大会上，最高人民法院提出：

> 维护公平健康的市场竞争秩序。要深入理解新修订的反不正当竞争法的内在理念和精神实质，正确把握不正当竞争行为的界定，以扰乱市场竞争秩序、损害经营者或者消费者合法权益为本质要件，以违反法律和商业道德为核心标准。根据新法关于公共利益、经营者利益和消费者利益一体保护的精神，正确认识竞争关系的法律定位，竞争关系并非认定不正当竞争或者提起不正当竞争之诉的条件从严把握一般条款的适用条件，对于法律没有明确规定的竞争行为，要综合运用道德评价、效能竞争、比例原则、竞争效果评估等方法，从多个角度对竞争行为的正当性进行评估，避免因“泛道德化”

① 常怡、黄娟：《司法裁判供给中的利益衡量：一种诉的利益观》，载《中国法学》2003年第4期。

② 参见广州知识产权法院民事判决书，（2018）粤73民终1022号；北京知识产权法院民事判决书，（2018）京73民终558号。

> 而过度限制竞争自由。对于网络环境下竞争行为正当性的判断,既要注意审查被诉竞争行为是否符合法律明文列举的行为类型,又要注意综合评估该行为对竞争的积极和消极效果,妥善处理好技术创新与竞争秩序维护、竞争者利益保护与消费者福利改善的关系……善于运用经济分析方法,倡导竞争效果思维,将被诉行为对市场竞争机制造成实际或者潜在损害作为垄断行为的检验标尺。对于标准必要专利许可等领域,要兼顾市场充分有效竞争和知识产权保护,正确划定合法竞争与违法垄断之间的边界。对于网络和信息经济领域,要注意将创新和动态竞争纳入垄断行为分析过程,避免机械适用传统垄断行为分析方法。①

由此,多角度综合评价裁判方法在原有的侵权裁判方法基础之上逐渐形成,这也是司法裁判者对以往适用一般条款的方案进行自我修正,试图运用更多方法来解决一般条款具体化适用问题,也即运用比例原则和经济分析。例如,在湖南快乐阳光公司(芒果TV)诉广州唯思公司案中,法官直接将上述司法政策体现于裁判文书中,将政策落实于实践:

> 最高人民法院的相关司法政策指出,应从多个角度对竞争行为的正当性进行评估,避免因"泛道德化"而过度限制竞争自由,注意综合评估网络环

① 2018年7月9-10日,第四次全国法院知识产权审判工作会议暨知识产权审判工作先进集体和先进个人表彰大会在青岛举办,最高人民法院副院长陶凯元发表公开讲话。参见陶凯元:《以习近平新时代中国特色社会主义思想为指引 全面开启新时代知识产权司法保护新征程》,载微信公众号"中国知识产权杂志"2018年7月10日,https://mp.weixin.qq.com/s/MerKGZVg_lC_gH-6EbuB_w。

境下竞争行为对竞争的积极和消极效果,妥善处理好技术创新与竞争秩序维护、竞争者利益保护与消费者福利改善的关系。①

所以,该类思路体现的是更希望法官能够运用较为完善的理论方法来应对一般条款的具体化适用问题。

**(二)多角度综合评价的具体适用**

在多角度综合评价中,基于二分法的技术框架,商业模式保护也好、商业道德也罢,本质上都是一般条款在竞争法领域内衍生出自有的、特定的附属原则。多角度综合评价的裁判方法并不是彻底摒弃了既有的侵权式论证,而是在认定客观事实的基础上,将二分法应用到了竞争法层面:首先判断系争行为是否在事实上构成竞争行为,其次再判断涉案竞争行为的违法性。因此,多角度综合评价的裁判方法是在过去"侵权四要件"的基础上,将之整理成清晰的先后审查顺序和逻辑结构。需要指出的是,"多角度综合评价"只是一件"外衣",仍然需要分析它的内核具体是什么方法。因为在判断违法性时,只有具体的方法才能完成评价任务,从而与一般条款相匹配。"多角度"的核心方法就在于比例原则与经济分析,分别体现在湖南快乐阳光公司(芒果 TV)诉广州唯思公司案和腾讯诉世界星辉案。

首先,湖南快乐阳光公司(芒果 TV)诉广州唯思公司案中法官明确地提出适用比例原则来综合判断违法性问题:

案例 5:浏览器既是用户登录互联网的入口,也是用户在浏览网页时可以发挥重要功能的基础软件,因此根据比例原则,浏览器的经营者在设定浏

① 广州知识产权法院民事判决书,(2018)粤 73 民终 1022 号。

览器的功能时,应当审慎运用这种"特权",履行应尽的注意义务,特别是当浏览器的功能可能对他人经营的互联网商品或服务造成干预和不利影响时,这种不利影响应被限制在尽可能小的恰当范围和限度之内,从而实现法益的均衡。①

在湖南快乐阳光公司(芒果TV)诉广州唯思公司案中,法官在分析原被告双方当事人之间的利益时,除了以往的要件分析方法外,还试图对屏蔽方的行为进行比例原则的判断,讨论其行为是否在限度内影响视频网站经营者。

其次,除了适用比例原则来匹配一般条款,多角度综合评价中也开始尝试运用经济学分析作为利益权衡时的助力工具。从而让裁判的结论更契合竞争法的经济原理,增强裁判的说服力与合理性。

例如,在腾讯诉世界星辉案中,二审法官主动要求腾讯公司及世界星辉公司提交相关经济分析报告。在审理中,腾讯公司提交了《中国网络视频行业中广告拦截行为的经济学分析》报告和其他相关域外专业数据。世界星辉公司对上述作者的专业能力不持异议,并认可该分析报告中的数据。法官由此通过经济学专家意见报告,进行深入的经济学专业判断,提出既包括消费者的利益也包括经济活动中其他参与者的利益的"社会总福利"权衡标准。

案例6:首先,依据报告就10年时间范围的视频平台、消费者以及整体利益的变化趋势分析,提出对消费者的长远利益则存在以下两方面不利影响:

① 广州知识产权法院民事判决书,(2018)粤73民终1022号。

> 其一，就短期来看，视频网站的主要商业模式可能因此而产生变化，从而对消费者利益产生影响……这一变化将使得用户观看视频所支付的对价由原来的可选择性地支付时间成本或经济成本变为只能支付经济成本，这一变化很难说对用户有利……之后呈逐年下降态势，在第七年会降至最低点20%，直至第十年……其二，就长期来看，这一情形可能导致视频网站丧失生存空间，相应地，其必然会最终影响到消费者利益……如果视频网站无法使用免费视频加广告这一模式，而网络用户较难接受收费模式，则在未来一段时间内，将很可能出现整个视频网站行业难以维系的局面。虽然用户在互联网上获得视频的渠道不仅仅来源于视频网站，但这一情形的出现，必然会使得用户在互联网上获得视频内容的机会大大减少，从而客观上导致用户的利益受到损害。①

随后，法官基于专家对于总福利、实体产业的影响以及对消费者的间接影响分析，进行更为全面地利益权衡：

> 视频广告过滤功能不仅对于消费者利益及视频平台利益均具有明显损害，其亦不会必然导致广告投放者及浏览器经营者利益的增加。
>
> 对于广告投放者而言，如果其在视频平台的广告无法被用户观看，其必然会寻求其他渠道投放广告，这一情形很可能会增加成本，但却并不会增加收益……广告主对于广告机会的争夺更加激烈，投

① 北京知识产权法院民事判决书，(2018)京73民终558号。

放的成本更高,对消费者来说这些成本最终会被包含在商品价格中,由消费者埋单……即便对于最可能获益的浏览器经营者,就长期而言,亦并非必然对其有利。因浏览器的利益来源于用户量,如果允许广告过滤功能的存在,则不仅被上诉人的浏览器会采用这一功能,其他经营者同样会采用这一功能。这一情形使得该功能几乎不会对于各浏览器的用户量有所影响……但其却会增加开发该功能的成本……基于上述分析可知,无论是从消费者、视频平台、广告投放者,还是浏览器经营者角度进行分析,广告过滤功能的放开只可能会损害社会总福利……此类行为如长期存在亦会对社会总福利具有明显损害。

也就是说,通过引入经济分析进行裁判,例如,运用“财务分析”工具来判断相关经营者之间的成本收益,提出“社会总福利”的经济学判断方案来论证消费者、市场发展与社会公共利益等抽象标准。

至此,在这类纠纷中,判断屏蔽行为是否违法已经存在更多新的操作经验。传统方法关注的竞争关系等问题被置于事实层面;而违法性判断,更多运用比例原则、经济学知识等工具进行综合判断,试图实现对一般条款的“精细”适用。

例如,在湖南快乐阳光公司(芒果TV)诉广州唯思公司案中,法官在呼应最高人民法院司法政策的同时,作出了如下框定:

因此,即使从道德评价的角度而言被诉行为属于违反诚实信用原则和公认的商业道德的行为,仍然有必要进一步评估被诉行为对于市场竞争乃至

> 社会经济秩序产生积极还是消极的效果,从技术创新与竞争秩序维护、竞争者利益保护与消费者福利改善等方面审查其是否属于扰乱社会经济秩序的行为。①

另外,竞争法作为经济法的组成部分,其一般条款的二分判断,体现出不同于民法的态度,对于法律政策的摇摆和解释一直是贯穿于事实与规范判断之间。这种动态的监管作用,具备了经济公法的特征,也是“社会本位”的法律属性体现。这也就是为何要强调竞争法中社会多角度综合评价的公法面向。②

值得注意的是,以湖南快乐阳光公司(芒果TV)诉广州唯思公司案、腾讯诉世界星辉公司案为代表,多角度综合评价方法已经得到官方认可。例如,湖南快乐阳光公司(芒果TV)诉广州唯思公司案就被列为2019年中国法院50件典型知识产权案件。③ 广州知识产权法院提出其“典型意义”在于:

> 在“大众创业,万众创新”的创新潮流中,技术创新与商业模式创新交织在一起。显然,技术创新的成果运用必须符合法律规定,符合公认的商业道德。本案涉及对“技术中立”争议问题的多维度判断。广州知识产权法院从“关于互联网广告的部门规章、互联网的行业公约、互联网的行业惯例以及分析被诉行为的法律性质”等角度论证被诉行为违

---

① 广州知识产权法院民事判决书,(2018)粤73民终1022号。

② 参见[德]罗尔夫·施托贝尔:《经济宪法与经济行政法》,谢立斌译,商务印书馆2008年版,第3-7页。

③ 参见《最高人民法院办公厅关于印发2019年中国法院10大知识产权案件和50件典型知识产权案例的通知》(法办〔2020〕99号,2020年4月27日发布)。

> 反了互联网领域公认的商业道德,根据比例原则分析行为者的主观过错,评述技术创新的合规性和对消费者长远利益的影响,通过"多角度综合评价范式"彰显最高人民法院知识产权司法保护政策。在适用法律上,本案判决将案件中具有可操作性、可为证据证明的构成要件或要素等适用细节进一步予以拓展,既为综合评价范式的理论研究和司法适用提供了深入的素材,也对同类案件审理起到良好示范作用。同时,裁判结果树立了良好的价值引领,将技术创新和商业模式创新引导到符合诚实信用原则、符合经济的可持续发展正轨上来。①

由此可见,该类案件的司法裁判可能逐渐形成特定的局面:在评价其违法性时,将运用比例原则或经济分析进行一般条款的具体化适用。比例原则和经济学分析的方法是两种新的尝试,但它们的实效仍需要进一步分析。

### [四]比例原则与经济分析的方法实效

上述三种方法产生的差异,源自对一般条款的把握程度和切入路径不同。它们都试图运用一般条款来应对各类层出不穷的新型竞争行为。而正是由于"四要件"式的侵权思路无法完美匹配竞争市场的需求,多角度综合评价思路才试图在其他方法中寻求出路,试图给出更合理的裁判。但其实际效果仍需要进一步分析检验。

---

① 参见《广州知识产权法院发布知识产权民事十大典型案例》,载北大法宝网2020年4月22日,https://pkulaw.cn/case/pal_a3ecfd5d734f711de2344ca4ca8545b474c5711 114c29107bdfb.html? match=Exact。

## （一）比例原则的方法局限

就视频广告屏蔽而言，如何检验法官适用一般条款的合理性，这存在巨大的复杂性，“通常难以可靠地证明”。① 为避免“泛道德化”的后果，一种策略是按照拉伦茨提出的方案，进行个案的法益考量。也就是考察所涉及的法利益中是否有明显的价值优越。在面对判断位阶相同时，则要取决于何者受保护法律的影响程度更小，同时取决于假使某种利益须让步时，其受害程度如何。再者，通过比例原则、最轻微损害原则或者尽可能微小限制的原则来加以检视。为保护某种较为优越的法价值须侵及一种法益时，不得逾越达此目的所必要的程度。

显然，这样的前提在于，需要将竞争法中的目标价值视为同一位阶，并在此基础上进行衡量。从法体系上分析，我国《反不正当竞争法》第 1 条②明确规定了几种目标或价值（导向性观点），分别是“促进社会主义市场经济健康发展”的市场秩序、“鼓励和保护公平竞争”的市场效率（自由竞争与公平竞争）、“经营者”利益与“消费者”利益。因此法官能够较为轻易地发现几种目标，而不需要在“法外”进行过多的探寻。同时对于我国法官，上述最高人民法院的司法政策已经提到“妥善处理好技术创新与竞争秩序维护、竞争者利益保护与消费者福利改善的关系”的衡量范围，发现或识别目标价值并不是一件难事。因此更具有挑战的是如何“妥善处理”，这是裁判方法需要进一步考虑的。

---

① 谢晓尧：《一般条款的裁判思维与方法——以广告过滤行为的正当性判断为例》，载《知识产权》2018 年第 4 期。

② 《反不正当竞争法》第 1 条规定：“为了促进社会主义市场经济健康发展，鼓励和保护公平竞争，制止不正当竞争行为，保护经营者和消费者的合法权益，制定本法。”

比例原则诞生于德国公法,在我国宪法领域,也被视为符合人权保障价值的宪法原则。[①] 而在行政法学中,比例原则除了限制行政权力的作用,同时也适用于对紧急状态下权利克减的检视。[②] 除了公法领域的应用,比例原则在我国部门法研究中也成为一大热点,甚至被誉为"帝王原则"。[③] 例如,在民法学界,比例原则被认为在私法利益的判断上也有用武之地。[④] 同样地,在竞争法中,该原则也成为利益衡量的工具并被加以研究。[⑤] 如此普遍化的扩张适用必然需要审视其合理性与实效。

首先,可以发现,比例原则涵盖适当性、必要性、狭义比例性这三个子原则,三者的共同任务是应对国家权力行使的合理性问题。以目的为导向的适当性要求国家公权力对当事人采取的手段必须在相当的限度内。其次,再进一步审视此手段是否是多种手段中对当事人利益侵害最小的选择。最后,在手段已满足前两项要求的前提下,手段的后果还必须与目的保持均衡。值得注意的是,比例原则在中文语境下,通常被误解为是对"基本权利"的限制工具,因而产生了

---

① 参见门中敬:《比例原则的宪法地位与规范依据——以宪法意义上的宽容理念为分析视角》,载《法学论坛》2014年第5期。

② 参见陈聪:《紧急状态下人权克减的法律规制》,载《北方法学》2009年第6期。

③ 参见刘权:《论必要性原则的客观化》,载《中国法学》2016年第5期。

④ 参见纪海龙:《比例原则在私法中的普适性及其例证》,载《政法论坛》2016年第3期;郑晓剑:《比例原则在民法上的适用及展开》,载《中国法学》2016年第2期。

⑤ 参见兰磊:《比例原则视角下的〈反不正当竞争法〉一般条款解释——以视频网站上广告拦截和快进是否构成不正当竞争为例》,载《东方法学》2015年第3期;史欣媛:《利益衡量方法在屏蔽视频广告行为正当性判定中的适用》,载《中南大学学报(社会科学版)》2017年第1期。

诸多扩张适用的逻辑。[①] 但因为基本权利同时拥有积极与消极两个面向，因此只能在基本权利之间的冲突与紧急情况这两种限制基本权利的情形下适用比例原则，而此时其并未具备超越其他审查工具的明显优势。[②] 比例原则的最重要的目的在于对公权力的约束，而不是对其他私权进行限缩甚至是侵蚀。这项脱胎于警察法的原则逐渐成为宪法性原则[③]，其适用必须聚焦于限制公权力的逻辑起点。包括视频广告屏蔽在内的不正当竞争案件，如果法官以比例原则去判断一方经营者对另一方经营者的权利侵害，实质上是将市场一方经营者置于具备公权力的地位，这显然与大多数竞争案件的权利状态不相符。在绝大多数的不正当竞争案件中，双方主体都是市场中的平等主体，二者虽然产生竞争损害，但并不意味是一方基于公权力地位和力量的绝对优势去影响他人的生产经营活动。因此，只有当公权力干预市场竞争行为时，才应当考量比例原则的适用，也就是公权力对市场的干涉是否违反比例原则，而非在判断双方经营者之间的私人利益时适用。

比例原则扩张适用在理论上的缺陷，也导致了实践中的困顿。在上述湖南芒果 TV 案中，比例原则的出场仅停留在文字形式上呼应司法政策，究竟如何适用，仍然存疑。或许有观点认为在现实情形下，裁判理由并不需要呈现完整的论证。但在开放的一般条款结构中，理应注重个案规范以及一

---

① 参见蔡宏伟：《作为限制公权力滥用的比例原则》，载《法制与社会发展》2019 年第 6 期。

② 陈景辉：《比例原则的普遍化与基本权利的性质》，载《中国法学》2017 年第 5 期。

③ See Eric Engle, *The History of the General Principle of Proportionality: An Overview*, Dartmouth Law Journal, Vol. 10:1, p. 1–11(2012).

般化的裁判理由。这是因为,由于法官在此类典型难办案件中适用一般条款时,必然意识到该规范可能影响其他同案或类案的裁判,所以公开的论证必须体现如同立法者的方法忠诚,才是完成了立法者的“委托”。另一方面,观察腾讯诉世界星辉案,法官运用其他方法时提供了详细的裁判理由论证,这表明法官并非不愿意展开详细论证,而是受制于比例原则的方法局限,其层次结构本身还不具备科学性。

因为,比例原则的三种审查形式存在一定的不合理性,无法精确地进行实质性判断,即便在特定制度语境中或可发挥形式审查功能,却无法像成本—收益法可以作为实质合理性分析方法。① 比例原则仍然是权衡的一种体现,主张比例原则普遍化观点的阿列克西也认为“权衡能够被看作为比例原则所要求的一个组成部分,比例原则是一个更加综合性的原则”。② 但这种原则在操作上容易出现含混,在逻辑上又不应当成为限制私权的帮手。因此,要求法官适用比例原则只会给法官裁判增加障碍而无助于案件的实质判断,更会导致适用前提的逻辑混乱。

### (二)经济分析的实质性进入

面对比例原则无法匹配一般条款的具体化适用过程,仍然还需要通过法律的功能视角做进一步尝试③。当我们将目光从比例原则转向其他方法,可以发现经济学视角的论证

---

① 包括阿列克西版本在内的比例原则的弊端和部分谬误分析,参见戴昕、张永健:《比例原则还是成本收益分析法学方法的批判性重构》,载《中外法学》2018年第6期。

② Robert Alexy, *On Balancing and Subsumption: A Structural Comparison*, Ratio Juris, Vol. 16:4, p. 433-449(2003).

③ 参见熊丙万:《法律的形式与功能:以“知假买假”案为分析范例》,载《中外法学》2017年第2期;[奥]恩斯特·A. 克莱默:《法律方法论》,周万里译,法律出版社2019年版,第144页。

同样受到了我国司法政策与司法实践的关注。竞争法作为经济法中的特定领域，与经济法中的“功能方法”具有关联性。前文所述一般条款作为立法者对法官的委托，其在逻辑上也必然需要法官接续立法者进行政策考量。竞争法必然兼具私法与公法的双重属性，这也就意味着运用一般条款考量双方当事人利益仅是其中一环，对市场等方面的判断自然会被指引到经济分析中。经济学工具除了可以作为法学理论，对于司法具体适用而言，它的意义更彰显在为法律实践服务提供实质性帮助。①

以视频广告屏蔽案例而言，乙屏蔽甲的行为若是对甲造成影响，则传统裁判方法会提出阻止其行为的出现。这是囿于专业限制的法官无法理解的经济理论。其本质就是科斯根据效益提出的损害相互性思想。真正的判断标尺是何者“更会产生”损失。面对广告屏蔽行为，这就需要对“效率性干扰”有一定的理解，设计和选择社会安排时，应当考虑“总的效果”。② 经合组织（OECD）也认为相关法律的核心是旨在维护市场效率，用户也可因此从中受益，竞争行为同时也能提高经营者的效率。③ 规范层面，《反垄断法》有类似的规定，《反不正当竞争法》也有类似的功能视角。在具体案件裁判方面，最为重要的是如何处理一般条款下双方经营者等主体对于权利冲突的优化配置需求。根据科斯理论，当产权规则不确定时，权利配置应当根据交易成本而定。科斯认

① 参见［波兰］耶日·施特尔马赫、［波兰］巴尔托什·布罗泽克：《法律推理方法》，陈伟功译，中国政法大学出版社2015年版，第114页。

② R. H. Coase, *The Problem of Social Cost*, The Journal of Law and Economics, Vol. 3:1, p. 1-44(1960).

③ 参见谢晓尧：《一般条款的裁判思维与方法——以广告过滤行为的正当性判断为例》，载《知识产权》2018年第4期。

为,交易成本存在于世界各处,而只有得大于失才是应当追求的。① 对于市场竞争而言,动态竞争过程比静态竞争更能增加社会福利。② 而无论是事故侵权的样态,还是竞争样态,“加害者”与“受害者”之间并没有必然的金钱成本联系,由谁承担最终的成本问题应当根据法律想要实现的目标而决定。③ 正是因为竞争损害的相互性,双方经营者之间才不需要考虑如“商业模式”等利益的权利归属状态。

在上述腾讯诉世界星辉案中,二审法院法官通过上诉方,也即腾讯公司所提供的经济学论文来帮助其判断屏蔽行为是否会影响消费者利益,并因此提出“社会总福利”的判断标准。由法官要求,通过双方提交并质证的经济学报告,以经济学分析逐一对相关争议焦点的实质内容进行“事实判断”,就其裁判方法而言,这一做法值得肯定。法官积极寻求运用经济学等社会科学知识进行判断,结合经济学论证,是适用一般条款的一个重要出路与突破口。法官依据经济分析对视频经营者的利益进行了事实认定:

> 经济学家将用户价格与广告拦截覆盖率设置了不同参数值并绘制了相应变化曲线,虽然曲线形状有所不同,但其基本趋势并无不同,也就是广告拦截覆盖率下降将帮助平台提前达到盈亏平衡,而覆盖率上升将推迟甚至使得平台永远不能达到盈

---

① 高永周:《回到科斯:法律经济学理论探源》,法律出版社2016年版,第211页。

② [美]理查德·波斯纳:《法律的经济分析》,蒋兆康译,法律出版社2012年版,第404页。

③ 卡拉布雷西同样指出检验的方法必须牢记成本与收益的比较,参见[美]盖多·卡拉布雷西:《事故的成本——法律与经济的分析》,毕竞悦、陈敏、宋小维译,北京大学出版社2008年版,第19-21页。

亏平衡。①

也就是说，在判断视频网站经营者是否受到了损害时，法官依据经济分析的结论，结合腾讯视频的市场盈利亏损状态，认定在十年期间内，屏蔽行为使视频网站经营者一直处于成本大于收益的亏损状态。

而在更难判断的社会整体公共利益方面，经济分析依旧发挥了实用功能，法官认定十年内视频平台的生产者福利与消费者福利的整体变化趋势是依据对相关数据的分析及计算而得出：

> 就曲线图而言，该变化趋势与消费者福利的变化趋势基本保持一致。原因在于由于平台不能将会员价格定的过高，生产者福利的大小将会远小于消费者福利，因而总福利的变化趋势完全由消费者福利的变化趋势所决定。亦即，广告拦截软件覆盖率下降越快（上升越慢），总福利的上升趋势越显著。②

囿于篇幅，在此并不再做具体的经济学论证的展开，因为这项任务应当经由完整的质证等诉讼程序，以及当事人、律师、专家辅助人等各种角色共同辅助法官在审理"个案"中完成。但法律说理和社会科学理由同时存在，会增强裁判的说服力。在司法中进行社会科学判断，有助于减少法律与社会之间的隔阂，实现法律效果和社会效果的统一。③ 需要进一步指出的是，在一般条款的具体化适用中，经济学论证本质上是将语言形式无法分析的内容，转换为经济化概念，

---

① 北京知识产权法院民事判决书，(2018)京73民终558号。

② 北京知识产权法院民事判决书，(2018)京73民终558号。

③ 参见侯猛：《司法中的社会科学判断》，载《中国法学》2015年第6期。

以实现对事实的认定以及理由的论证。进一步而言,经济分析分为案件的经济化、合适的经济学模型与导出结论。① 因此,在探讨一般条款的经济分析适用时,也需注重置于哪一环节,即哪一入口进行。由于难办案件不断涌现,法官也开始主动引入社会科学知识,其中作为证据的引入则存在可建构的空间。② 这是因为法律上的事实问题归根结底就是证据问题。③

腾讯诉世界星辉案中,法官本质上是将经济分析放置在"事实查明"的环节加以质证吸收,并在双方质证后结合对市场、消费者利益、经营者利益是否受损进行综合判断,例如,二审补充查明事实中提到"与广告过滤功能相关的经济学分析报告",并言明:

> 二审程序中,本院要求腾讯公司及世界星辉公司提交相关经济学分析报告,但仅腾讯公司提交了《中国网络视频行业中广告拦截行为的经济学分析》报告……该报告的作者为……世界星辉公司对上述作者的专业能力不持异议,并认可该分析报告中的数据主要来源于……④

法官特意注重表述为"上述分析结论与上诉人提交的……报告可相互印证"的样态,这也体现在一般条款中的一些模糊区间往往运用经济分析实现"事实"的认定,在竞

---

① 参见[波兰]耶日·施特尔马赫、[波兰]巴尔托什·布罗泽克:《法律推理方法》,陈伟功译,中国政法大学出版社2015年版,第115-117页。

② 关于社会科学作为证据的准入及边界等规范建构,参见张剑源:《发现看不见的事实:社会科学知识在司法实践中的运用》,载《法学家》2020年第4期。

③ 侯猛:《司法过程中的社会科学思维:以人类学为中心》,载《思想战线》2020年第6期。

④ 参见北京知识产权法院民事判决书,(2018)京73民终558号。

争法中就体现为如何实质认定市场、消费者的利益受到损害。

其实，法教义学也认识到了形式推理的不足，解释方法中特意留出了经济学方法的空间，并将其视为一种具体的目的解释方法，也即是“社会学解释”。这要求法官在解释时应当注意立法规范所涉及的“现实环境”与“真实语境”。①赫尔曼·坎托罗维奇曾指出，“没有社会学的教义学是空洞的，没有教义学的社会学是盲目的”②。以视频广告屏蔽案为样本，如果只依据法学或法律知识，又或者是普通一般人的惯常认识，显然无法解决因屏蔽行为而产生的社会现实问题，也无法应对复杂多变的市场反应。由此在一般条款具体化适用过程中，也需要注意其社会经济后果。

无论经济学（或社会科学）是以什么样的方式介入，在难办案件中，一般条款的具体化适用离不开专业经济学知识作为分析的根据。但如果经济分析以法教义学路径进入，则显然会面对更大范围的自由心证弊端的挑战，并且法官的判断也无法受到公开的检视与评价。但在双方当事人及社会公众都看得见的事实查明环节进行经济分析，无论是在庭审过程中，还是在裁判文书中，显然可以更为清晰地约束与监督。虽然这种“事实”会被认为是一种规范性评价，但相较于模糊不定的法官内心判断，这种公开性更能实现包括法教义学在内限制法官恣意的法学共识。因此，经济分析的进入与约束机制，可以以法官在裁判文书当中必然需要写明的“事实

① 参见［奥］恩斯特·A. 克莱默：《法律方法论》，周万里译，法律出版社2019年版，第142页。

② 参见［德］托马斯·莱赛尔：《法社会学基本问题》，王亚飞译，法律出版社2014年版，第98页。

查明”作为入口,同时要求法官在裁判理由部分明确论证,使法官运用经济分析成为庭审质证与判决文书中的要素,可以接受“正当性”与“一致性”控制检验。

## 结语

如何具体化适用一般条款,已然成为司法裁判者“夜不能寐”的一大判决难题。这是因为法官无法直接找到相对应的具体规则,大多依靠直觉或者基于“现状偏见”和“损失规避”的理由而遵循先前类似裁决的路径,通过传统要件的方案形成裁判方法。但此种裁判方法也随着法理论与方法论的不断发展和介入,产生了新的实践方案,并在曲折的尝试中进一步触及“一般条款如何完成具体化适用工作?”和“法官应该在其中有何种作为?”这两个理论与实践的共同议题。而这些议题的落脚之处,就在于对法的功能目的与一般条款的把握,就在于司法判决的合理性与可接受性。所以,向市场主体与社会大众进行阐释,是司法必须作出的回应,这其中有两点需要注意。

首先是一般条款的要义在于非单向度适用。必须意识到接洽何种具体化的方法,法官可以适用一般条款做出裁量,但构成要件的形式推理,并不必然得到妥当的结论,甚至将使一般条款空心化,对社会产生负面影响。其次是经济学分析运用。作为社会科学理由的一环,经济学知识在司法裁判中,有不可忽视的解释作用。司法要得出能够令人信服的结论,就需要规范分析之外的帮手。经济分析知识进入司法,并不是“离经叛道”的选择,相反是一种使裁判论证和结论更科学妥当的方案与进路。在不正当竞争案件等难办案件中，如果产生文字纠缠却厘定不清的情形，经济分析必然能在一定程度上帮助法官完成“事实判断”并解释其中缘由，大众也可以多方位的理解司法为何如此行为，这比单纯的运用演绎推理更具有直观性，也会增强司法判决的合理性与权威性。

《法律和社会科学》(2020)　第19卷第1辑,第213~241页

# 为什么中国民事上诉率偏低

张孝晨*

**摘　要**:运用一审和二审的相关数据可以观察上诉率的总体水平与变化趋势,从而研究中国民事审级制度的衔接效果。数据分析表明,中国民事上诉率较低,将允许上诉的案件数量引入上诉率计算方式中,可以从两个新角度观察上诉率,即"形式上诉率"与"实质上诉率"。在形式层面,中国禁止上诉的案件比例过大,主要是调解的适用率过高;在实质层面,主要受发改率的影响,被允许上诉的当事人上诉欲望也不高。

**关键词**:民事上诉率　调解率　发改率

* 张孝晨,甘肃政法大学民商经济法学院硕士研究生。本研究受2021年度甘肃省高等学校青年博士基金项目"'社会—法律'视角下的大国司法研究"(项目批准号:2021QB-100)资助。本文写作得到了韩宝老师的指导。文章曾提交2020年8月21-30日第四届社科法学研习营和2020年11月7日第五届中国法社会学年会讨论,笔者特别感谢彭小龙、尤陈俊、唐应茂等老师的指导,但文责自负。

## [一]引言

1991年《中华人民共和国民事诉讼法》(以下简称《民诉法》)颁布以来,已经有近30年的时间,但是关于民事诉讼的实证研究却并不多。本文从实证的角度研究我国民事上诉率,观察其水平与走势并分析影响上诉率的因素,通过上诉率思考如何完善我国的民事上诉制度。之所以选择研究上诉率,是因为上诉率是体现一审与二审衔接的重要指标。通过观察上诉率,可以得知二审对一审裁判的监督比例和对当事人权利的救济比例。

目前,学者就民事上诉率的计算方式还没有达成共识,主要是因为统计的精确度以及制度设计上的差异。不同学者对此有不同的价值倾向,"如何取值、如何计算"众说纷纭,主要有如下几种。

苏力对上诉率的研究是从基层法官的素质角度切入的,认为影响上诉率的因素有基层法官的素质,而上诉率计算较为粗疏,即用年二审收案数除以年一审判决数。① 朱景文在其系列著作中提及了上诉率的计算,首先用二审收案数除以

① 参见苏力:《基层法官的司法素质——从民事一审判决上诉率透视》,载《法学》2000年第3期。

该年一审结案数，此外将一审调解与撤诉的案件数量从一审结案数中减去，得出第二种上诉率的结果，但是他对于上诉率的变化情况以及变化的原因则分析较少。① 娄必县和张仁虎的论文所用上诉率来自《人民司法（应用）》，是用上诉案件数除以一审结案数，分析主要围绕着司法公信力，也提及了一些上诉率高的原因，如当事人权利意识苏醒、法律素养提高等，但是从当事人主观角度的研究还是较少。② 艾佳慧教授对上诉率的研究是在苏力教授的文章基础上展开的，对当事人的主观心理关注较多，并提出了两种理论模型；上诉率采用了《中国法律年鉴》中的数据，但其统计精度有进一步探讨的空间。③

一方面，以上学者的上诉率计算方式不完全相同，虽然都提及了调解的影响，朱景文还采取了两种上诉率的计算方式以减小不可诉案件对上诉率的遮蔽，但却并没有将不可诉的案件类型穷尽，因此本文也将继续这一研究思路，具体地分析可诉案件的上诉率。

另一方面，学者都将问题指向了一审的裁判质量，但只有苏力和艾佳慧兼顾了当事人的主观感受，提出了客观标准与主观标准，即"满意度"。尤其是艾佳慧在假定当事人理性的基础上构建了预期上诉利益这一模型，将影响上诉率的具体原因从客观领域拓展到了主观领域。

本文在前人研究的基础上将上诉率的取值更加细化。

---

① 参见朱景文：《中国法律发展报告（2011）——走向多元化的法律实施》，中国人民大学出版社 2011 年版，第 140-141 页。

② 参见娄必县、张仁虎：《司法公信力的检讨与重塑——基于二审改发率、上诉率和信访变迁的三维考察》，载《法律适用》2013 年第 1 期。

③ 参见艾佳慧：《制度环境、诉讼策略与民事上诉率变迁——理论模型与初步检验》，载《法制与社会发展》2017 年第 5 期。

首先是沿用通说所取的上诉率进行分析,然后是从形式与实质两个角度具体讨论上诉率的情况与变化原因,并从制约上诉率的因素出发,思考如何完善我国民事诉讼中与上诉相关的制度。

## [二] 1991—2018年民事上诉率分析

既往的上诉率计算,是上诉案件数在初审案件数中所占的比率,一般以年为一个度量单位。因此,本文准备先遵循既往的研究思路,细化具体计算方式,然后研究上诉率的变迁。

### (一)上诉率取值的解释

本文以一审结案数为分母、二审收案数为分子计算上诉率。此种计算方式符合上诉率的研究方向,体现出有大比例的案件在经过一审后进入了二审程序。但是有几点问题仍需要作出一些解释。

1. 关于同年不同案

年尾所收的一审案件是不可能体现在当年的二审收案中的、年初所收的二审案件也包括了上一年的一审所收案件。对此,我们可以有三种思路。

第一,汇集式的横向分析,即趋势分析。① 这些通过在不同时间抽不同的样本来反映总体的变化,虽然牺牲了部分的论证说服力,但也能看出上诉率的很多变化,因此同年不同案的统计方式也具有可行性。

第二,当年的案件占大多数,上期旧存档案比例小、影响

① 参见谢宇:《社会学方法与定量研究》,社会科学文献出版社2012年版,第77-78页。

小；并且，要求法院严格按照年度区分案件也是不可能完成的。① 因此区分当年和往期的档案在统计学上没有意义。

第三，因为每年都存在上期的旧存档案，每年又都会有积压到下一年的档案，使这种误差对数据的影响会更低。在此基础上，考虑到审限的要求与延长审限的难度，跨度达到三个年头的案件占比极少。因此只需要在观察最后一个年份的数据时更加谨慎与保守，即可尽量减小这一影响。

2. 关于未结案

理论上，我们应当将一审收案数作为分母、二审收案数作为分子，因为这样计算出来的比值所代表的意义即为对当事人诉权的救济覆盖率。采用一审收案数与采用一审结案数的主要区别在于是否包含未结案。排除未结案是基于以下两方面的原因：

第一，既然讨论的是救济，就应当是对一审裁判的救济，首先就是要经过一审法院的实质性审查，未结案还没有形成具体的裁判结论。因此如果将未结案算入分母，会使得上诉率比实际情况偏低，削弱研究结论的真实性。

第二，因为审限制度的存在，一审未结案在后续的年份中总会审结。这样计算主要从案件追踪的角度讨论上诉率的问题，即使是趋势分析研究，在能运用追踪分析的情形下也应尽可能采用，以保证研究结论逼近事实。

3. 关于知识产权案件

最高人民法院的司法统计是否将知识产权案件纳入民事案件也需要进一步讨论。历年全国法院司法统计公报使

① 参见苏力：《基层法官的司法素质——从民事一审判决上诉率透视》，载《法学》2000 年第 3 期。

用的统计方式不一样,在 1991—2018 年的 28 年间,只有 2005—2016 年这 12 年里知产案件是单列出来的,①但其他年份则将知产案件归入民事案件总数之中。② 但笔者认为,2005—2016 年适用民事诉讼程序的知产案件也是归入民事案件的,只是单列出来更方便研究知产案件的变化发展,理由有两点。

第一,知产案件的总数并不小。虽然 2005 年和 2017 年知产案件占结案总数的比值仅为 0.31%和 1.66%,但 2005 年和 2017 年的结案数的涨幅比值也不高,分别为 1.31%和 8.24%,即知产案件的比值为涨幅比值的 23%和 20%。因此,如果知产案件划出或归入民事一审数,其必然会结案数变动的趋势。但从历年结案数趋势线来看,知产案件的"划出或归入"并没有影响其正常变动。

如图 1 所示,对 2001—2006 年的一审结案数量进行多项式回归分析可以得出图中所标的趋势线。2005 年的结案数在知产案件"划出"的情形下依然比趋势线高,可见 2005 年的案件涨幅畸高,如果知产案件划出断然不会出现这种情形。同理,如图 2 所示,如果 2017 年又把知产案件突然"归入"民事一审案件中,则当年应该会出现明显涨幅,但在趋势线下并没有明显的增长。

① 2002—2018 年的每年全国司法统计数据,参见《全国法院司法统计公报》,载《最高人民法院公报》。1949—1998 年民事司法统计数据,参见最高人民法院研究室:《全国人民法院司法统计历史资料汇编 1949—1998(民事部分)》,人民法院出版社 2000 年版。1999—2001 年三年设有类似的统计、分类数据。

② 参见最高人民法院研究室:《全国人民法院司法统计历史资料汇编 1949—1998(民事部分)》,人民法院出版社 2000 年版,第 122-326 页。

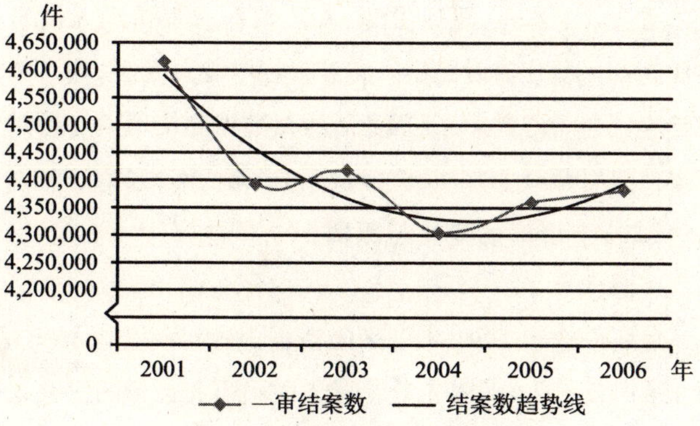


**图 1　2001—2006 年一审结案数**

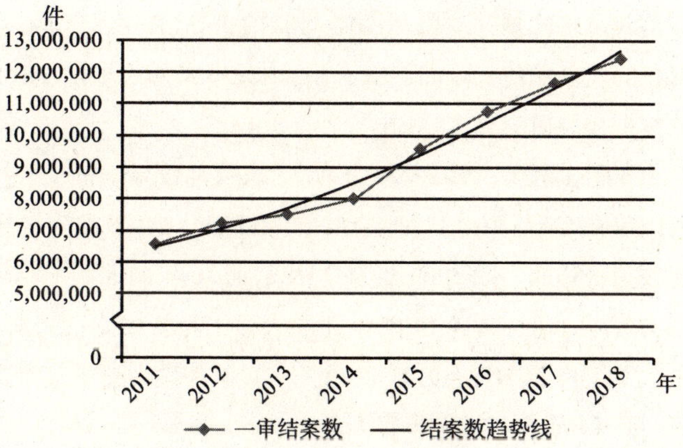


**图 2　2011—2018 年一审结案数**

由此可得，1991—2018 年的统计方式是一样的，只是统计结论的表述有所差异，尤其是在 2005—2016 年将知产案件单独列明。

第二，在 2005—2016 年知产案件自成一表的状态下，刑事、民事、行政案件都有涉及，如果知产案件只在此表中统计而不再在三大诉讼中统计，那么此处明明已经显示了案件可归入却并没有归入，不免使得三大诉讼的统计有不全面的缺陷。

结合以上两点,可以推断,知产案件历来都纳入民事类案件统计。即使有时民事一审结案栏中没有列明,知产案件实际也已包含在其中了,因此后续对数据的使用不必再对知产案件进行额外的加减,直接使用“民事一审结案数”即可。

### (二)上诉率的变化与原因

1. 总体水平

之所以选取 1991 年以来的数据,是因为我国《民诉法》是 1991 年 4 月 9 日第七届全国人民代表大会第四次会议通过的,通过以后一共修改过三次。在此之前也有民事一审、二审及再审的相关数据,但缺乏理论的指导、且年代久远,对现在的民事司法实践的影响有限,因此本文只选取近 28 年的数据作为研究样本。

如图 3 所示,1991—2018 年,二审收案数与一审结案数的比值在 5%与 10%之间波动,增减幅度较小,总得来说还是较为平稳的。以 2000 年为分界线,前 10 年的上诉率较后 18 年明显偏低,但从 1995 年开始大体上呈持续走高态势。进入 21 世纪以来,大约有 1/10 的一审案件进入到了二审程序,这一上诉率其实并不算太高。

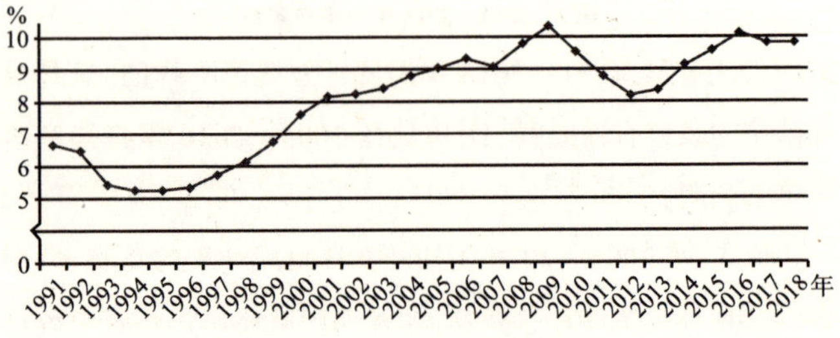


**图 3　1991—2018 年民事上诉率**

2. 拐点分析

图 3 的主要低谷有两处,一处是 1995 年,另一处是 2012

年,那么是什么原因导致这两处的上诉率骤然降低?为便于研究,可以在一审结案数与二审收案数的变化折线图①上研究变化趋势及原因。

由图4可见,一审结案随时间变化而缓慢增长,影响上诉率的其实是二审收案的变化:当二审收案显著增多时,则上诉率提高;当一年中的二审收案数与一审结案数的增长持平时,则上诉率不变;当一年中的二审收案数没有增长甚至是减少时,则上诉率下降。那么为什么这些年份的二审收案数没有随社会的发展而增长呢?

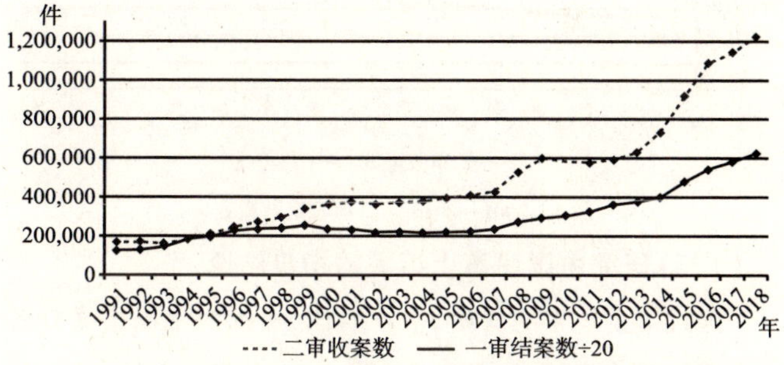


**图4 民事一审结案和二审收案数量变化**

首先,要考虑到统计数据的迟滞性和一审审限的时间差。例如,图3中1995年的低谷和2001年的高峰:1991—1993年的一审案件数量少,等案件进入二审程序时,必然要在一两年后,那么1993—1995年的二审法院在既往的收案标准、司法环境下,所收的二审案件必然会少;同样地,1996—1999年一审结案数处于高位,这个高峰推进到二审程序时即在1999—2001年。

其次,2012年的低谷,主要是修法导致的上诉率变化。

---

① 因为将一审二审收案数放在一张折线图,数量差别巨大不便观察,此处将一审收案数缩小了20倍。

图 5 发现,其实不是 2012 年收案降低,而是 2007 年开始收案激增。那么是什么导致 2008—2010 年的二审收案数量激增?笔者认为,主要是 2007 年的《民诉法》修订畅通了民事案件的再审途径,再审制度的修改使民事诉讼进入准三审制。① 法院为了防止再审启动率和再审发改率激增,转而通过加大二审程序的救济与监督力度以提高终审质量。

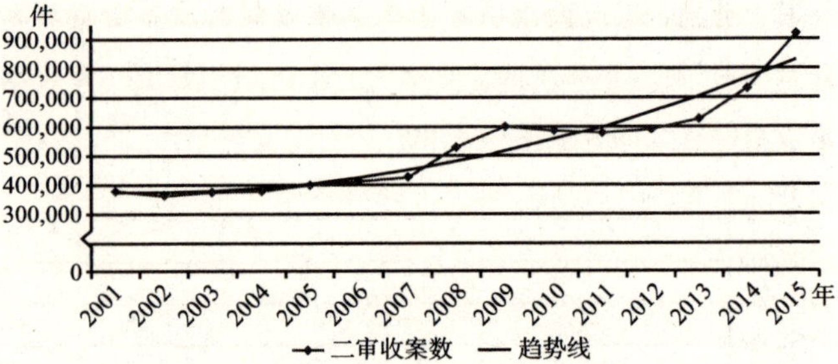


**图 5　2001—2015 年二审收案数量变化**

## (三)研究中国民事上诉率的初步结论

通过对上诉率的分析,可以看出,中国对于民事案件的二审救济覆盖率,在近几年有明显的增长,即大约有 1/10 的一审案件可以进入二审中。

分析制约上诉率的因素。其直接影响因素是法院是否允许上诉与上诉实际效果以及当事人的观念和感受,具体包括当事人对一审裁判公正性的主观感受、当事人的权利意识、当事人对二审实现公正审判的预期等。当然,当事人的主观感受和认识也不是凭空产生的,它受到法律规定的确定性、审判工作实际发生错误的比例等客观因素的影响,②因

---

① 参见骆电、兴成鹏、蔡文蕾:《最高人民法院第二巡回法庭 2017 年度民商事审判数据分析与通报》,载《法律适用》2018 年第 19 期。

② 参见朱景文:《中国法律发展报告(2011)——走向多元化的法律实施》,中国人民大学出版社 2011 年版,第 141 页。

此，我们可以从法律是否赋予当事人上诉权的角度，即结合允许上诉的案件数量，将既往的上诉率分为“形式上诉率”与“实质上诉率”，并从这个角度来进一步研究上诉率问题。

## ［三］“禁止上诉”规定影响下的形式上诉率

形式上诉率问题所研究的主要是立法时赋予了哪些范围的案件当事人以上诉权？禁止上诉的原因是什么？随着社会的变迁，司法实践同当时是否有了质的变化？能否从立法上减小禁止上诉的范围，从而使更多想上诉却无法上诉的案件进入二审程序等。

对于形式上诉率的计算，本文以一审结案数为分母、以允许上诉的一审结案数为分子，即允许上诉的案件在总的案件中所占的比例。现行《民诉法》对此的规定为：地方各级人民法院适用普通程序和简易程序审理民事案件作出的第一审判决、被第二审人民法院发回重审后作出的判决；一审法院作出的不予受理的裁定、驳回管辖权异议的裁定和驳回起诉的裁定。① 除了上述提及的案件类型，其他都是禁止上诉的范围。但是，因为一审裁判作出后，可以进入二审程序的案件和禁止进入二审程序的案件之和为所有的案件，因此可以得出如下公式“形式上诉率+禁止上诉率=100%”。

### （一）形式上诉率的计算标准

现行《民诉法》中，禁止提起上诉的裁判包括：所有的调解、所有的撤诉、除前述三类裁定外的其他裁定、人民法院依小额诉讼程序作出的判决、人民法院依特别程序作出的判

① 参见吴英姿：《民事诉讼法：原理与实训》，南京大学出版社2014年版，第253页。

决、最高人民法院的裁判。适用这几种处理方式的案件数量,下面将具体地讨论。

1. 关于决定

法院在民事诉讼中对案件的最终处理有两种,即裁定和判决。因为决定并不能终结诉讼,只是对部分问题的处理,不配备二审程序也不影响当事人的诉权救济。

但需要讨论的是回避问题。关于回避的处理方式是决定。那么这就会涉及一个管辖权的问题,当回避涉及的是整个法院或者法院内部的关键人员,则这个法院是没有管辖权的,此时就会涉及两个问题:一个是当事人的管辖权异议,另一个是案件移送。

对于前者,如果当事人将回避问题转化为了管辖权异议问题,就会使案件的处理从回避决定变为对管辖权异议的裁定,此时就会在裁定的统计中体现出来。对于后者,其他年份都列明了"移送"一栏,笔者在第3点"移送"中进行详细的分析。

2. 关于"裁定"与"其他"

1991年的司法统计分类里列了"裁定"一栏、1998—2018年的司法统计分类里列了"其他"一栏、①1992—1997年的司法统计分类里既没有列"裁定"也没有列"其他",但是没有出现既列"裁定"又列"其他"的统计分类。再结合前述的决定不归入统计、判决则直接归入"判决"一栏可知,"裁定"和"其他"可以理解为"其他裁定",即除明确列明的裁定类型外,其他所有的裁定都归入这一类。

因此,"其他"是裁定。裁定里的驳回起诉、不予受理和管辖权异议是可以上诉的。如果将"其他"一栏的数量贸然

① 1999—2001年三年的具体数据缺失,此处暂且不予讨论。

算入禁止上诉的范围内，则会导致形式上诉率的计算结果比实际情况低，此处为了保证研究结论的真实，应当选取使形式上诉率结果较高的计算方式。

3. 关于移送

“移送”一栏在 1991—2016 年都有列明，但是 2017 年和 2018 年却不再单列，那么这一变化在计算时如何取值还需要再讨论，历年的移送案件占比不高，历年平均值约为 0.5%，此处忽略不计影响不大。为了保证数据前后的一致性，既然 2017—2018 年不扣除移送的案件数量，那么前面的年份也同样不扣除。

4. 关于小额诉讼

根据法律规定，小额诉讼实行一审终审，这也应当算入禁止上诉的范围内。但其数量太少，占善刚认为，近几年小额诉讼的结案数占一审案件结案数的比值大约为 1.5%①，因此本文不对小额诉讼进行单独计算，即暂且将其计算入形式上诉率中。

5. 关于特别程序

特别程序也是一审终审的，如果其体现在一审案件数量之中，则应当归入禁止上诉的范围内。1991—1998 年是明确将特别程序归入到一审案件之中的；2002—2016 年没有提及特别程序的数量，只是按照三大诉讼的分类方式统计了一审数据；2017—2018 年将特别程序和一审程序并列。

但特别程序的数量无论是否计算入一审之中，因为其本身的数量较少，即使形式上诉率比实际情况偏低，也是理论层面的，实际的影响几乎可以忽略不计，因此本文也不再单

---

① 参见占善刚、王甜：《小额诉讼程序的运行效果之实证分析——以“中国裁判文书网”数据为基础》，载《河南财经政法大学学报》2018 年第 6 期。

独计算。

**(二)形式上诉率情况分析**

通过上述禁止上诉的范围框定,本文最终所用来计算的禁止上诉类型为调解、撤诉、终结、移送。用一审结案数减去禁止上诉数即可得到允许上诉的一审案件数,从而得出我国在立法时为多少民事一审案件配备了二审程序,此即本文所称的形式上诉率。

通过图6① 可以看出,中国的形式上诉率还是较低的,仅有一半的案件可以由当事人提起上诉。而另一半的案件无论当事人是否满意裁判、是否想要上诉,都无法提起上诉。因此,以往的学者们如果直接将二审收案数除以一审结案数,从而观察一审的裁判质量和当事人的主观感受,则可能存在疏漏,即没有考虑无法上诉的案件。因此,本文特地将此类案件单独列明,并用形式上诉率与实质上诉率的方式命名。换言之,将无法上诉的案件去除后,从而减小禁止上诉案件对上诉率的稀释与遮蔽,再观察到的实质上诉率才是真正能反映当事人上诉欲望的上诉率。

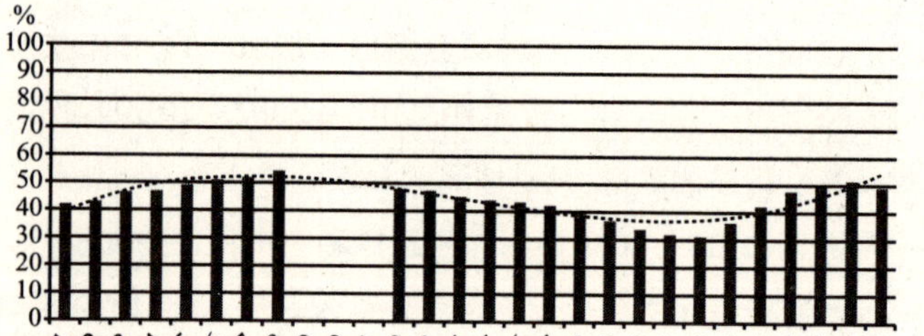


**图6 1991—2018年形式上诉率**

① 因为1999—2001年三年的数据缺失,此处用多项式回归的趋势线补全以供参考,下同。

那么,对于这些案件,当初立法不配备二审救济的原因是什么?当初的考虑与现在的实际是否依然契合?对此应当分类讨论,即上述采用的调解、终结、撤诉、移送四类:

1. 关于调解

通过图 7 可以看出,调解数量在所有禁止上诉案件的数量中占了大部分。所以研究禁止上诉,主要就是研究调解的适用以及是否为调解案件配备上诉程序。

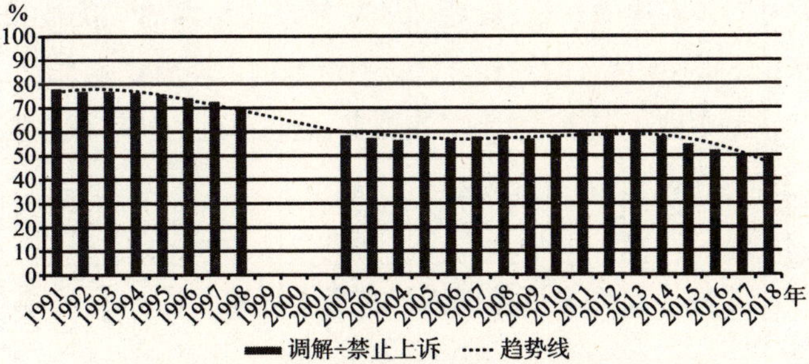


**图 7　1991—2018 年调解案件在禁止上诉案件中的比例**

将调解与判决比较会发现,其实有部分调解是变相的判决,但却因程序性质不同而规避了二审。那么其仅依靠"调解的自愿性"这一法理依据就将当事人拒之门外,存在规避二审监督的可能。

2. 关于终结

《民诉法》第 151 条规定诉讼终结适用的情形是一方当事人死亡,原本的争议没有继续审理的意义,因为审判的三角结构已经不存在了。诉讼终结案件确实没有办法再进入二审,因为一审就没有走完、二审没有审理对象,那么可以尝试减少终结的适用类型,提高一审的审结率和二审的形式上诉率。

3. 关于撤诉

撤诉与调解不同,撤诉后当事人以同一诉讼请求再次起诉,人民法院应予受理。当事人如果认为一审法院不专业或不公平,完全可以撤诉后去其他有管辖权的法院另行起诉;如果认为一审法院的层级不够也可以等案件一审审结后再上诉到二审法院。

4. 关于移送

对于前述的移送,最后仍以裁判方式结案的可能性极大,这种一案两计的统计方式是有问题的。即就这点来说,当前的形式上诉率比实际情况略低,这和前述的特别程序是一样的道理,此处不再赘述。

## [四] 允许上诉范围内的实质上诉率

二审程序启动的第一步即为当事人上诉,上诉是当事人不服人民法院的第一审裁判,请求上一级人民法院对案件进行审理的诉讼行为。① 通过上诉,当事人可以获得多一次的权利救济机会。以允许上诉的一审结案数为分母,以当事人实际上诉的案件数为分子,即为此处所称的"实质上诉率"。

之所以称为"实质上诉率",是相较于既往的"形式上诉率"而言的:形式上诉率体现的是允许上诉的案件在一审案件中的比例,而实质上诉率体现的则是实际上诉案件在允许上诉案件中的比例。

### (一) 实质上诉率计算标准

对于实质上诉率的取值,本文以二审收案数为分子、以

① 参见吴英姿:《民事诉讼法:原理与实训》,南京大学出版社 2014 年版,第 253 页。

一审结案数减去调解、撤诉、终结、移送后的数量为分母,得出的比值即为实质上诉率。这一比值体现的是在所有可供上诉的案件里,当事人选择上诉的比例是多少。排除无法上诉的情形,对于允许提起上诉的初审案件,当事人上诉的难度可以说是极低的,尤其是法律并不要求上诉的理由。因此,二审收案数量即可约等于一审上诉数量,这一数据可以体现当事人对于一审裁判寻求救济的案件数量。之所以不使用二审的结案数,是因为到二审收案为止当事人正处于二审的救济程序中,对于审判结果仍抱有期待。无论在二审裁判中当事人的权利保护如何,都不能否认他们在程序上所获得的一次救济机会。至此,可以推算实质上诉率。

**(二)实质上诉率情况分析**

1. 总体水平

如图 8 所示,我国民事诉讼二审制度的实质上诉率水平总体波动较大,走势和形式上诉率很接近,都以 2000 年为分水岭。2000 年之前大约以 15%为中轴线,之后大约以 25%为中轴线:除了 2009 年至 2012 年四年处于高位,超过了 25%,其他的年份大多都在 20%左右。

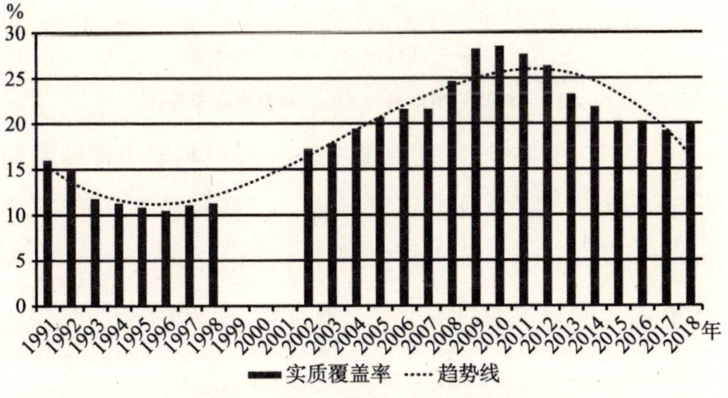


图 8　1991—2018 年实质上诉率

2. 拐点分析

图 8 中有 2 个主要的拐点,分别在 1996 年和 2010 年。本文着重分析的是第二处拐点。这次的实质上诉率激增是从 2007 年开始的,虽然《民诉法》在 2007 年修订,但并没有涉及上诉的条款,最多就是细化再审制度从而影响了人们对权利保护的重视程度。数据波动的最主要的原因有两点。

一是 2007 年 4 月生效的《诉讼费用交纳办法》,使诉讼费总体上降低了约 60%。① 由图 9 可以看出,一审二审收案数都从 2007 年开始大幅度提升。二审诉讼成本的降低对当事人的影响更大,因为当事人对一审还可能有足够的精力和信心,但当案件进入二审,则会更加谨慎,更加重视程序的性价比。

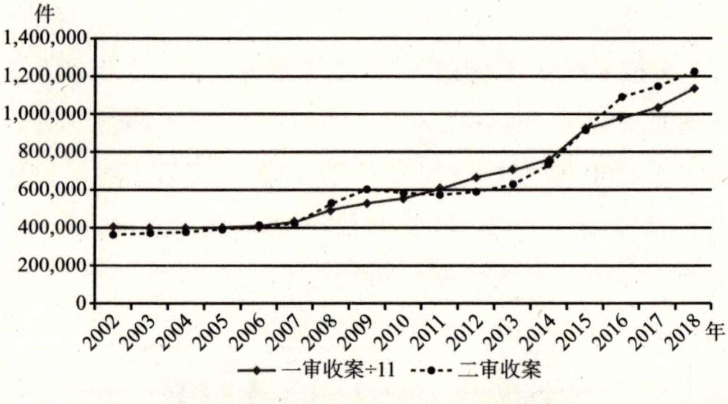


**图 9　2002—2018 年一审、二审收案数量变化**

二是 2007 年修订的《律师法》,使民事诉讼中律师参与度提高,案件上诉数量也出现增长。《律师法》是 2008 年 6 月正式施行的,但律所的改革和律师的增多也需要时间,因此 2008 年的数据涨幅还没有达到高峰,在 2009 年的时候才

① 参见左卫民:《实证研究——中国法学的范式转型》,法律出版社 2019 年版,第 420 页。

实现了高位的实质上诉率。

当事人在便捷的律师求助制度与相对较低的诉讼成本下，选择上诉的比例增加，而允许上诉的初审案件数量却并没有大幅度增加，因此导致了实质上诉率在2007年出现拐点。同2007年的拐点相比，2013年反映的是实质上诉率的下降。考虑到诉讼审理的迟滞性，原因应当往前追溯一段时间，即2012年影响了后面几年的上诉率波动。主要原因是民事诉讼案件的激增。更深层的原因，笔者认为是央行当年的两次降准调息，使得后续几年的合同类纠纷增多，如图10所示。①

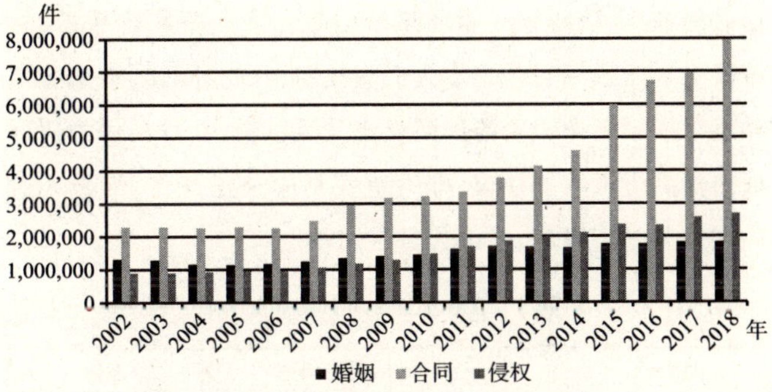


**图10　2002—2018年民事一审三大类案件数量变化**

理论上，随着律师执业环境改善与参与度的提高，在当事人的司法期待保持不变的情况下，上诉率应该保持2009年至2012年四年的高态势。但因为2012年经济政策的影响，原本平衡的三大类案件数量增长不再齐头并进，合同类纠纷的数量大量增长。而三大类案件的当事人上诉欲望必然是不一样的。合同类案件是与诉讼经济原则联系相对紧

---

① 因为2017—2018年的统计数据分类标准和往年不同，本文将除婚姻案件与合同案件以外的小类都归入了往年所称的“权属、侵权及其他纠纷”一类中。

密的,大多数当事人考虑到上诉的收益与上诉投入的精力,权衡之下息讼的可能性是最大的;而家庭纠纷与权属争议中的当事人更多的是考虑得到明确的案件结果,即更注重公平而非效率。因此,在合同类案件激增的情形下,实质上诉率必然是大幅度降低,并最终稳定在了20%左右。

### (三)制约实质上诉率的因素

既往的上诉率研究通过这一数据观察我国的一审质量与当事人的司法期待。图8表面上也确实体现了我国的一审裁判质量较高,以至于当事人明明有一次上诉的机会却依然不使用。但处于一审质量与当事人司法期待之间的是诉讼经济原则,有时候一审质量低但是当事人不愿再缠讼,有时候一审质量高但是当事人仍想权利用尽。因此,本文按照如表1所示三个因素的排列组合分类讨论,针对具体的情况提出提高上诉率的建议,即一审裁判的公正与否、当事人对一审裁判是否满意、当事人是否选择上诉。

表1　允许上诉案件的分类讨论

| 情况 | 公正 | 满意 | 上诉 |
| --- | --- | --- | --- |
| ① | √ | √ | × |
| ② | × | × | √ |
| ③ | √ | × | √ |
| ④ | √ | × | × |
| ⑤ | √ | √ | √ |
| ⑥ | × | √ | √ |
| ⑦ | × | √ | × |
| ⑧ | × | × | × |

1.分类讨论

上述三个指标是按时间顺序排列的:在诉讼程序中,处于逻辑起点的是对一审裁判的客观评价，然后是从当事人角度对一审裁判的主观感受，最后是当事人是否选择上诉。

表格中的第①种和第②种情况，是两种符合立法预设的最正常情况，即一审公正、当事人也满意、从而没有选择上诉；一审不公、当事人对此不满意、从而选择上诉。这两种情况下，当事人的主观标准与大众对一审裁判质量的客观标准是一致的，是否选择上诉也符合理性经济人原则。对此，既没有必要追求100%的上诉率而苛求第①种当事人上诉、也没有理由阻止第②种当事人不再上诉。因此，对这两种正常的情况，本文不再赘述。

表格中的第③种和第④种情况，也是一组对应的关系：都是一审裁判公正但当事人的司法期待过高、其法律意识与当下的司法实践还有一些差距，当事人的主观标准是略高于客观标准的。如果当事人怒而上诉就体现为表格中的第③种情况，如果他们选择息讼就体现为表格中的第④种情况。

表格中的第⑤种和第⑥种情况，都是主观层面已经对一审裁判满意但是依然选择上诉。具体而言，一审结束后不乏有缠讼渎讼的当事人，其实是认可一审裁判公正性的、裁判结果也符合了自身的司法期待，但是既然上诉门槛低、诉讼成本也在自身可接受范围内，甚至是为了其他原因恶意利用程序，于是选择上诉。因此即使是在一审客观公正的情况下，当事人在利益最大化的心理诱因下，大多也愿意提起上诉以期望二审法院可以增加倾斜保护自己的幅度。第⑤种情形是一审裁判确实公正，因此二审法院会维持原判；第⑥种情形是一审裁判本就不公，但是按照当事人的主观标准来说已经可以称为公正了，恰好在其追求诉讼权利用尽的途中救济到了意料之外的实体权利。

表格中的第⑦种情况，是一审裁判并不公正但是当事人却觉得公正,从而没有选择上诉的情形。

表格中的第⑧种情况是一审裁判既不公、当事人对此也不满意,但却没有选择上诉,这是最异常、最值得关注的一类情况。但司法实践中也确实存在既不服裁判又没有上诉的当事人,那么是什么因素导致的?

第一,可能是当事人的法律技能不够。我国的二审制度虽然没有规定上诉理由,但是提出了形式层面的要求,如上诉的期限、上诉的方式等。因此,有可能是上诉的形式审查无法通过,即使当事人有上诉的打算,但因为自身能力不足而没有使案件进入二审,降低了实质上诉率。

第二,可能是当事人受传统观念的影响。这类当事人可能认为法院的一审裁判结果有违公平,案件也确实属于可以上诉的范围,但是却选择了息事宁人。

第三,可能是当事人权衡利弊不愿上诉。的确有可能存在一些对一审裁判不满但不愿再缠讼的当事人,他们觉得继续参与诉讼所带来的收益可能无法折抵自己投入的时间与精力,于是选择及时止损或者见好就收。

2. 发改率问题研究

发改率可以分为二审发改率和再审发改率,二审发改率是指发回重审与改判或部分改判的案件在上诉案件中的占比。当然,在最高人民法院公布的统计公报中,分类不仅仅有发回重审和改判,还有撤诉、调解和其他,这其中不乏也有应当改判或发回重审的。

(1)发改率计算

计算发改率首先要解决的是原始数据的来源。1991—1998 年的数据来源于历史资料汇编、2002—2018 年的数据源于司法统计公报。这两份资料前面已经介绍过,唯有 1999—2001 年的发改率与其他两处无法保持同一。因为这三年的数据源于《人民司法》①,其统计精度只到所有二审案件的改判数量、发回重审数量等,没有具体到民事二审,这三年的数据只能用所有二审案件的情况来代替民事二审的情况。因此,难免存在统计口径不一而有误差,但是也可以当作一种参考。

其次是具体的取值问题。撤诉在二审里一般是撤回上诉,撤回起诉的可能性很小。为什么上诉人要撤回上诉?主要的原因还是发改的可能性小、及时结束诉讼程序及时止损。笔者认为,撤诉是当事人对自己实体权利和诉讼权利的处分,救济制度主要是制约法院的审判权的,这和当事人的处分权是两个方向的问题。因此撤诉不应归于发改率计算的分子之中。

对于调解,朱景文的观点是将调解结案视为对一审裁判的否定和更正,这是因为,调解结案意味着在一审裁判的基础上,被上诉人作出了一定的让步,而被上诉人之所以作出让步,在很大程度上是基于对二审可能改判的预测。② 因此,本文也将调解归于发改率计算的分子之中。

对于"其他",如果是确有错误的裁判二审法院必然会以改判或者发回重审的方式表达明确,既然没有归入这两类,则有可能是其他技术性的处理,但至少可以保证这些案件一审裁判的正确性。因此,"其他"一栏的案件数量,本文也不归入发改率计算的分子之中。

(2)发改率分析

在上述的说明后,最后对二审发改率采用的计算方式为:

---

① 参见法统:《1999年全国法院审理案件情况》,载《人民司法》2000年第4期;参见法统:《2000年全国法院审理案件情况》,载《人民司法》2001年第3期;参见佟季:《2001年全国法院审理案件情况》,载《人民司法》2002年第3期。

② 参见朱景文:《中国法律发展报告(2011)——走向多元化的法律实施》,中国人民大学出版社2011年版,第150页。

(发回重审+改判+部分改判+调解)÷二审结案数×100%=二审发改率,如图 11 所示,其整体的变动幅度很大,在这 28 年中达到了 20%的差值,因此难以用平均数或众数总结这十多年间的发改情况。总体呈下降趋势,具体而言则以 2015 年为拐点:之前一路下降,在 2016—2017 年小幅度上升后又有所下降。对于 2015 年发改率的突然降低,一方面可以从互斥事件的角度,观察与发改率相对应的数据;另一方面可以用比值还原的方法,分别观察分子与分母的数量变化。

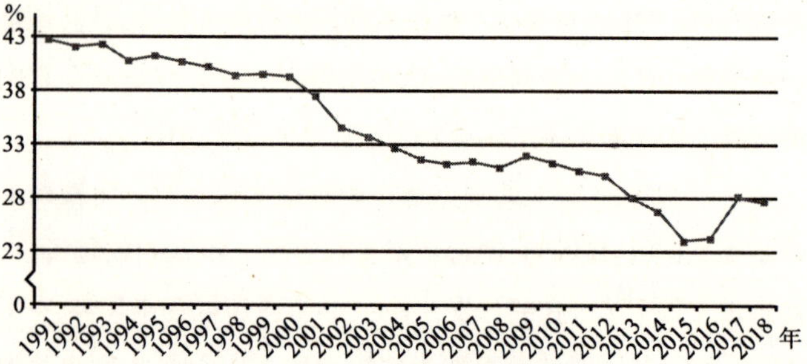


**图 11　1991—2018 年民事二审发改率变化**

第一,从互斥事件的角度看:发回重审与改判可以说是对一审裁判的不认可,与之对应的就是驳回上诉和维持原判,这两项数据占比很大。当然,前述的"撤诉"与"其他"理论上也应归入认可一审裁判的范围中,但因为"撤诉"是当事人自主选择的、"其他"占比不大且数据粗疏。因此暂且先不考虑,在取值上只选取驳回和维持原判来观察二审法院的主观能动性。

图 12 和图 13 是一组对比图,分别为 2010—2016 年的刑事诉讼二审收案情况、民事二审中驳回上诉与维持原判数量之和与二审结案的比例。毫无疑问,维持原判与驳回上诉是所有结案方式中所花精力最小的,二审法院如果追求效率,那么极有可能倾向于选择这种方式结案。但是什么因素导致了二审法院有这种潜在的倾向性呢?这期间的刑事收案可能是原因之一。由

图12可见,从2014年开始刑事二审收案数激增。刑事案件被告人的法治素养和诉讼策略不会剧烈变化,二审制度与刑事实体法也没有大的变动,因此笔者认为主要的原因是党的十八大以后的刑事司法导向以及2013年7月中央政法委出台的《关于切实防止冤假错案的规定》。这些政策影响了二审法院的办案,使更多精力投入到了刑事审判中,再加上我国的重刑轻民思想传统,民事二审很容易被轻视。两者结合发现,民事二审的维持和驳回率与刑事二审的收案数,两者在2010—2016年的走势相似。这可能是一种巧合,但也的确存在一种可能性,即二审法院为了响应政策的号召使民庭办案受到了影响,在司法资源配置中着力解决刑事案件。

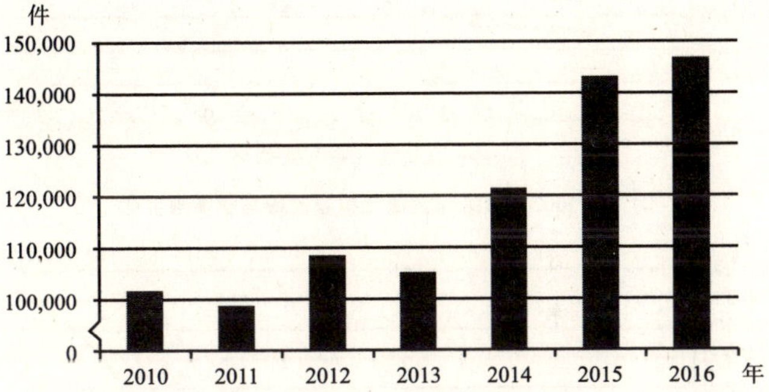


**图12　2010—2016年刑事二审收案量**

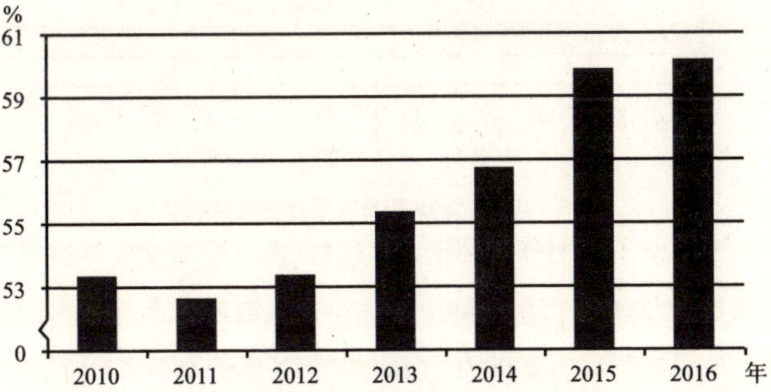


**图13　2010—2016年民事二审驳回维持率**

第二,从比值还原的角度看,为了分析发改率的变化趋势,尤其是 2015 年作为最低值的原因,我们还可以分别观察分子分母,看看是二审发改数量骤减还是二审结案数量激增。

通过图 14 可以看出,2009—2013 年每年的二审结案数量大致相同,但是这其中的发回重审、改判、调解的总数呈现略微的减少。这一变动的原因还要具体来看,如图 15 所示,主要是受二审调解数量变化的影响。

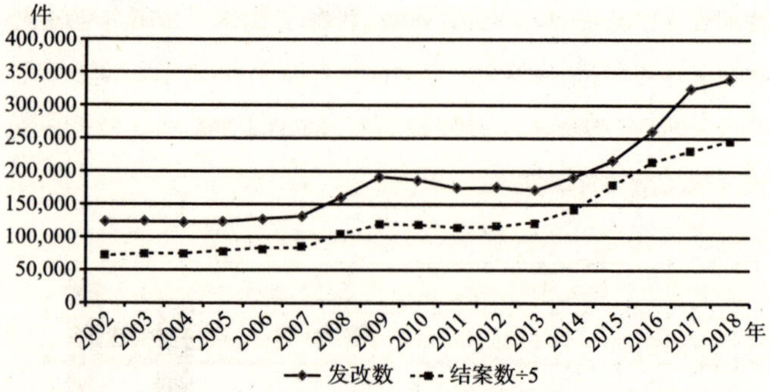


**图 14　2002—2018 年民事二审发改数与收案数变化**

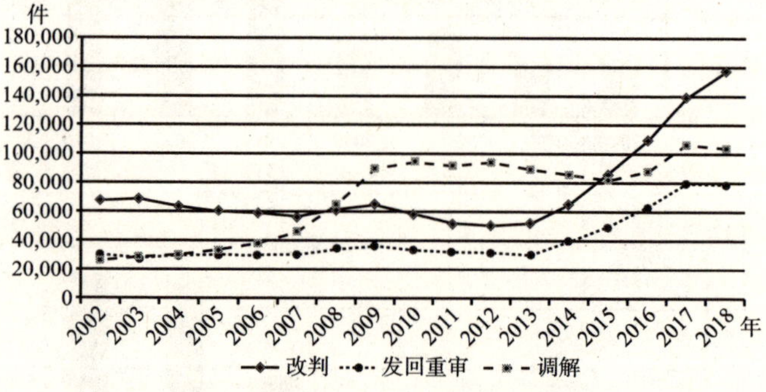


**图 15　2002—2018 年发改案件各类型统计**

2007 年开始就有调解增多的趋势,但是因为横坐标的年份是整数,即整个折线图实际上是一个个离散的点,因此,真正到达高位点的年份为 2009 年,而 2008 年年底公布的关于调解的司法解释《最高人民法院关于人民法院民事调解工作若干问题的规定》(以下简称《调解法解释》)即为导致调解增多的原因。二审法院调解案件的数量当然也是居高不下。

对此,2010年又颁布了《中华人民共和国人民调解法》(以下简称《调解法》)。为了响应调解的号召、提高调解比例,法院势必贯彻能调则调的原则:一方面对应当发回重审或者改判的案件,即一审确有错误的案件,在二审时积极促成当事人调解;另一方面,因为调解会占据大量的司法资源,使得二审法院不得不通过提高维持原判与驳回的比例,来平衡原来的司法资源配置。

当然,也不能否认一审裁判质量在2002—2015年确实存在稳步提升。经过法院的组织建设与技能培训,一审质量提升从而导致了二审发改率降低。但随着法官技能的专业化和市场经济的发展,尤其是员额制改革的影响,一线办案法官也在流失。这也确实有可能导致从2015年开始,二审发改率又有回升。

(3)发改率过低的后果

通过之前的研究,可以发现制约实质上诉率的原因不止一个,但是最主要的还是发改率过低这一问题。"发改"衔接着一审和二审,所以不仅仅有监督与救济的司法功能。还有一定的政治功能,例如,司法公信力、司法政策、审判机关内部的权力划分等都与发改率的具体数值有关,因此发改率已经不仅是简单的比值,其中还有部分人为控制的因素:发改率过低会使二审制度流于形式、发改率过高会降低一审裁判的司法公信力。

发改率过低会使当事人不愿上诉,即使认为一审裁判不公正也会选择息事宁人。这会使司法也无法有效化解社会矛盾,慢慢积压的矛盾成为影响社会稳定的因素:要么是越过二审直接启动再审,要么是越过司法程序直接选择上访闹访,要么是放弃公力救济而改采私力救济。这些思路都使当事人的上诉利益受损,最直接的措施还是减少对发改率的人为调控,让当事人可以对案件一审裁判是否能得到纠正有一个合理有据的预期,从而提高实质上诉率,最终将问题止于二审程序。

### [五]结语

1991年《民诉法》颁布以来,近28年的司法数据统计与历年间的变动规律给民事诉讼制度提供了完善思路,这些数据所揭示的原因也应当予以重视。

为了更进一步地分析制约上诉率的因素,从而有效提高上诉率,本文从主客观两个角度对一审案件进行区分:一个是客观层面当事人无法上诉的案件,将其剔除后才是二审制度实际可能覆盖的案件数量,这是形式上诉率;另一个是主观层面的当事人不愿上诉,将当事人实际上诉的案件数量除以允许上诉的案件即本文所称的实质上诉率。

通过形式上诉率,可以发现理论上每一个案件当事人都应享有的救济权,却在效率价值与司法政策的影响下得不到保障。现行的法律规定排除了部分裁判的上诉。虽然配置了其他种类的救济程序,但过低的形式上诉率不利于二审制度的施行。尤其是现行的调解制度,使可调可判的案件较大比例得以调解结案而规避了二审监督。通过实质上诉率,得以更进一步分析当事人本可以上诉却没有上诉的原因,并发现救济实效的重要性。尤其是同司法资源配置与司法公信力紧密相联的发改率,影响案件实际进入二审的情况。

此外,将形式上诉率与实质上诉率相乘,即为之前学者们研究的“上诉率”。因为形式上诉率(允许上诉的案件÷一审结案数)与实质上诉率(二审收案数÷允许上诉的案件)相乘时通过约分即为二审收案在一审结案中的比例。只是一个不同的观察角度,民事上诉率仍有很多问题需要进一步研究,当事人上诉权保障与救济制度的改革任重道远。

《法律和社会科学》(2020)　第19卷第1辑,第243~284页

# 司法界人际网络与近代法院运作

## ——基于《沈锡庆日记》的考察

姜　增*

**摘　要**:《沈锡庆日记》完整记录了绍兴人沈锡庆1932年1月到1935年4月担任上海地方法院院长的内容。沈锡庆所在的司法界,正处于关系本位文化与新式人际资源交融之时。他的此段任期,也正好处在"梁启超立宪派司法"向"居正辛亥派司法"的过渡时段。任职上海地方法院期间,沈氏司法界的人际网络呈现交游广泛、新旧夹杂、差序格局、女性角色缺失等特质。沈氏个人人际网络的这些特质,实涵盖了其时司法界人际网络的共通要素,反映司法界社会交游的基本样态。以人事与经费为例,沈氏司法界的人际网络,隐现于上海地方法院的运作之中。近代司法建设中所产生的问题及其缘由,或可从人际网络对于司法的异化视角去审思。

**关键词**:《沈锡庆日记》　人际网络　派系　关系本位

* 姜增,绍兴文理学院法律系讲师。本文系国家社会科学基金青年项目"民国北京政府时期地方司法行政'双轨制'研究(1912—1927)"(18CZS044)的阶段性成果。

## [一] 问题的提出

法院,作为独立行使审判权以实现公平正义的国家司法机关,在近代中国属舶来品。近代中国法院①的建设,总体上以西方(包括日本)为效仿的对象,并与收回领事裁判权的目标息息相关,在三千年未有之大变局中激起波澜,引来了中外人士孜孜不倦的评断。② 势转时移,这样的评断一直持续到现在。特别是近几年,随着对档案史料的开发利用,

---

① 近代中国的审判机构,在不同时期有不同的称呼。北洋政府时期,在地方名为审判厅,最高审判机构名为大理院。南京国民政府时期,有司法处、法院等名称。因审判厅、大理院作为审判机构,与法院只是名称互异,实质其同。所以,为行文的方便,后文将以法院统一名之。

② 1949年之前对法院的研究与关注,并未有专书出现,而只是一些零散的文章之类。与本文所涉上海地区的法院的研究相关者,当以对上海特殊之法院的研究为首。如梁鋆立:《美国驻华法庭之组织及将来》,载《法学季刊(上海)》1924年第1卷第9期;陆鼎揆:《上海临时法院》,载《太平导报》1927年第2卷第1期;严绂葳:《上海之会审公廨与临时法院》,载《新纪元周报》1929年第1卷第10期;Hawkling Yen, *The Shanghai Provisional Court: Past and Present*, Pacific Affairs, Vol. 3:3, p. 294-298(1930);钱泰:《上海特区法院成立之回顾》,载《中华法学杂志》1930年第1卷第3期;纪刚:《上海特区法院之解剖》,载《中央导报》1940年第1卷第13期;金雄白:《上海特区法院的形成和接收的必要》,载《中央周报》1940年第7期;等等。

关于近代法院的研究,出现了诸多优秀的学术作品。① 这些学术著作所涉法院,涵盖了从最高法院到基层法院的层级;写作内容上,包括了司法审判与司法行政的诸多方面。得益于学界诸贤的努力,近代法院的研究被推向了更加细致与精致的层面。

但在当下的研究面向上,似仍存有一定的缺憾。其中的缺憾之一,便是缺乏对法院活动之中的"人"的因素和司法界人与人之间的交往,即人际网络的关注。即便有关注,也存在一定的问题。当下对于近代法院的研究,虽也会在形式上对于对院内的"人"有所论述,如根据档案史料,将某一时期法院职工等人事状况描绘出来,并对其中的部分职员进行生平履历式的介绍。但这显得静态与平面化,对于司法官群体以及司法官群体之间的人际网络等动态与立体面向,却鲜有涉及。② 李在全对于近代司法中的"人"的因素——司法官,进行了集中的研究与关注,并有诸多单篇论文成果问世,

---

① 相关的研究著作,可见李启成:《晚清各级审判厅研究》,北京大学出版社 2004 年版;Xu Xiaoqun, *Trial of Modernity: Judicial Reform in Early Twentieth-Century China*, 1901-1937, Stanford University Press, 2008[徐小群:《现代性的磨难:20 世纪初期中国的司法改革(1901—1937)》,杨明、冯申译,中国大百科全书出版社 2018 年版];汪世荣等:《新中国司法制度的基石:陕甘宁边区高等法院(1937-1949)》,商务印书馆 2011 年版;姚远:《上海公共租界特区法院研究》,上海人民出版社 2011 年版;韩涛:《晚清大理院:中国最早的最高法院》,法律出版社 2012 年版;唐华彭:《镇江地方法院研究(1928—1949)》,中国法制出版社 2014 年版;李洋:《美国驻华法院研究(1906—1943)》,上海人民出版社 2016 年版;陈翠玉:《江北县地方法院司法审判研究(1927—1949)》,中国书籍出版社 2016 年版;侯欣一:《创制、运行与变异:民国时期西安地方法院研究》,商务印书馆 2017 年版;洪佳期:《上海公共租界会审公廨审判研究》,上海人民出版社 2018 年版;谢志民:《民国时期江西县司法处研究》,商务印书馆 2018 年版;国吉亮太「東省特別区域法院について:中華民国北洋政府期司法制度改革の一断面」九大法学 116 号(2018 年);等等。

② 参见唐华彭:《镇江地方法院研究(1928—1949)》,中国法制出版社 2014 年版,第 81-102 页;侯欣一:《创制、运行与变异:民国时期西安地方法院研究》,商务印书馆 2017 年版。

这些论文近来已汇集成书。① 并且李在全 2017 年度所申请得到国家课题,仍以司法官为研究对象,可以期待的是,对于近代司法官的探索将被进一步深化。②

就司法官人际网络的研究,李著也有涉及,其主要是围绕《余绍宋日记》来展开论述,他的基本观点是近代司法界的人际网络多半是负面与晦暗的。③ 然而,在李著的关注视域当中,人际网络只是其中很小的一部分,并非是其论述中的主角。再加上可能是学科的不同,李在全对于司法官人际网络的研究大都是就人论人,即使对时代背景给予了充分关注,但却没有顾及承载这些人的司法机构,换言之,没有能将人际网络与法院活动进行有机结合。张仁善虽然依托司法中枢、法院等司法机构,为我们详细描摹了司法界的不良社会关系图景,但就主题内容的集中与深化以及资料的利用方面,似仍有进一步拓展的空间。④ 相应的也有外文作品涉及

---

① 参见李在全:《变动时代的法律职业者:中国现代司法官个体与群体(1906-1928)》,社会科学文献出版社 2018 年版。

② 20 世纪中国的政权鼎革与司法人员变动研究(1906—1956)(项目号:18AZS014)。

③ 李在全:《"断不可使法界亦卷入政治风潮"——1920 年代前期中国的司法生态》,载《福建论坛(人文社会科学版)》2017 年第 9 期;李在全:《民国北京政府时期法律界的交游网络与职业意识——以余绍宋为中心》,载《史林》2017 年第 6 期。基于《余绍宋日记》与《沈锡庆日记》记主身份、内容侧重、所涉年代与地区以及研究论题等方面的不同,预示了下文研究《沈锡庆日记》自有其价值所在,这已在笔者另外一篇将要刊出的文章中提及,在此不再赘述。

④ 如张仁善在相关著作中,几乎将司法界各个角度的不良社会关系都有描绘,但没有做更加深入与精细化的探讨。而且在资料利用方面,较多运用 1949 年后各级政协所征集和发表的文史资料,章开沅曾在 20 世纪 60 年代与此类资料的作者打过交道,他认为当时由于外在的压力和主观意识变化,每有可能导致回忆时不同程度的失真,无论溢恶或溢美之辞都会误导读者。参见张仁善:《一种法律社会史视角的考察——国民政府时期司法界不良社会关系剖析》,载《南京大学法律评论》第 19 卷,南京大学出版社 2003 年版;张仁善:《司法腐败与社会失控(1928~1949)》,社会科学文献出版社 2005 年版,第 288-365 页;王奇生:《党员、党权与党争:1924—1949 年中国国民党的组织形态》(修订增补本),华文出版社 2010 年版,"序一"第 4 页。

中国近代司法官群体，但并未谈及人际网络这一面向。① 不过外文著作在厘清近代中国法律人的代际以及司法官的发展路向等方面，给予了笔者有益的启发。

为什么要在近代司法史的研究中关注人际网络？受西风东渐与固有文化的影响，近代以来的中国社会一方面努力进行以学缘（学校出身）、业缘（所从事的职业）、阶级（意识形态）等新式资源去构建“去传统”的人际关系的尝试，另一方面传统的如学缘（科举场上的同年同科或书院中的同门弟子）、血缘（或拟血缘）、地缘（乡缘）等旧有资源并未退居历史舞台的幕后。后者往往深深嵌入在新式人际关系当中，发挥其潜在的影响，与前者一起，交织成一个巨大复杂、相互缠绕的关系网络。② 具体到司法领域，因近世中国并未形成稳定有效的政治和法制的形态，加上社会的频繁变动，法院常常失却其独立个性，而变成一个司法界内部之间、司法界内外之间竞斗的利益场。此语境之下，以新旧混合为表征的人际网络往往乘机混入司法界，在司法官的任用、法院的经费获求、讼案的处理等方面产生重要影响。即使到现在，法官在他的关系网络中展开工作，人际关系对法院运作仍有有极大的影响。③

可见，廓清与制度性资本相对的社会资本（social capital）（人际网络为其重要构成之一④）在法院的运作实态，

---

① Robert Culp，U. Eddy & Wen-hsinYeh，*Knowledge Acts in Modern China：Ideas，Institutions，and Identities*，Institute of East Asian Studies，2016，p. 89-148.

② 参见许纪霖：《社会文化史视野中的知识分子交往网络》，载李长莉、左玉河主编：《近代中国社会与民间文化》，社会科学文献出版社 2007 年版。

③ 参见徐清：《三重场域下中国基层司法官离职类型探讨》，载《法学》2018 年第 4 期。

④ 参见曹荣湘：《社会资本术语》，载曹荣湘选编：《走出囚徒困境——社会资本与制度分析》，上海三联书店 2003 年版。

应是近代司法史内容的组成部分,有其历史与现实意义。当下这样的一种研究缺憾,可能与缺乏特定的资料有关。相较于制度性构建的可见性,人际网络的挖掘则显得相对困难。因为人际网络往往是非常隐秘和复杂的。对于当下的学者,囿于年代隔离、资料缺少,特别是日记、书信等较为私密性的资料的缺少,而难以对当时的人际状况有所洞察,导致无法对司法界人际网络作深入的研究。

笔者有幸收集到20世纪30年代曾任职上海地方法院院长沈锡庆的日记,①可能会对资料的限制瓶颈有所突破。②下文笔者将在学界以往的研究基础上,以《沈锡庆日记》为根据,在写作中更加突显"人"的因素,从人际网络的视角,追索沈氏任职上海地方法院期间,左右前后之层级之间的互动,从系统与动态的角度去审视近代法院的活动。本文的基本问题是,在当时的社会语境与网络的联结之下,以法院为活动场域的司法官,他们相互之间如何交往?交往又如何影响法院活动?如何影响司法界人际网络和生存空间的建构?

---

① 《沈锡庆日记》,现藏于绍兴图书馆,稿本,九册,十一行字不等,红格稿纸,四周单边,白口,版框18.5cm×13.5cm。日记起自1931年1月1日,迄于1935年12月20日,完全覆盖了其从调任上海地方法院院长到最后离任的时间段(1932年1月到1935年4月)。在任职上海地方法院院长之前,部分涉及了其担任司法行政部参事以及短暂离开司法界的内容,以及在卸任上海地方法院院长之后的内容。目前《沈锡庆日记》已由绍兴文理学院高利华教授整理出版,收录于凤凰出版社"中国近现代稀见史料丛刊"系列。(沈锡庆:《沈锡庆日记》,高利华整理,凤凰出版社2019年版。)但鉴于整理版本有所错漏,本文仍在参照整理版本的基础上,直接引用绍兴图书馆馆藏的原版日记。

② 当下历史学界对于利用日记等材料对历史人物的人际网络等问题进行探究,已经有较为成熟的路径。但就一个法律人物展开的研究,除上述所言李在全对于余绍宋的研究之外,则似缺少其他有代表性的作品。史学界的相关的论著,见汪朝光编:《蒋介石的人际网络》,社会科学文献出版社2011年版;[美]沈艾娣:《梦醒子:一位华北乡居者的人生》,赵妍杰译,北京大学出版社2013年版;郑会欣:《日记中的历史:民国名人的公务与私情》,香港商务印书馆2020年版;等等。

最终对近代法院运行以及近代司法乃至中国的现代化之路产生了怎样的影响？

### ［二］沈锡庆与上海司法界

沈锡庆（1884—1936），字庆生，绍兴东浦人。其表叔为辛亥先烈、安庆起义带头人徐锡麟（1873—1907），沈锡庆对其革命事业有所襄助，辛亥革命成功后，他在绍兴的临时军政分府当中短暂担任过治安科科员一职。① 甲午战争后，留日渐成风尚，在此风潮之下，沈锡庆于光绪三十一年（1905年）五月由浙江自费赴日，先是入经纬学校普通科就读，未毕业，次年（1906年）八月正式入读早稻田大学法科，于宣统二年（1910年）五月二十八日获结业证（号1549）。② 毕业归国后，在20世纪30年代"重长上海地方法院"之前，其执教过法校，担任私立浙江法政专门学校第三班别班课民法总则讲师一职，之后便侧身司法界，辗转多地，历任浙江省、江苏省、湖南省等省高等审判厅推事及永嘉、吴县等处地方法院院长。③ 1936年6月29日，也即其卸任上海地方法院院长一年后，因病逝世于绍兴东浦。④

---

① 参见陈天成：《绍兴的临时军政分府》，载中国人民政治协商会议浙江省绍兴县委员会文史资料工作委员会：《绍兴文史资料选辑》第11辑，中国文史出版社1991年版，第82页。

② 参见佚名编：《清末各省官费自费留日学生姓名表》，载沈云龙主编：《近代中国史料丛刊续编》第50辑，台湾文海出版社有限公司1978年版，第125页；亦可参见高木理久夫，森美由紀「早稲田の清国留学——『早稲田大学中国留学生同窓録』の記録から」早稲田大学図書館紀要62号（2015年）55頁以下。

③ 参见民国绍兴县修志委员会辑：《浙江省绍兴县志资料第一辑》，民国二十六年（1938年）铅印本，《中国方志丛书》华中地方·第538号，台湾成文出版社有限公司1983年版，第3234-3235页。

④ 参见《沈锡庆先生讣告》，载《新闻报》1936年7月5日，第6版。

### (一)沈锡庆的二进宫

沈锡庆的法律生涯相对纯粹,民国纪元以后的活动轨迹基本在司法界,直至1935年(去世前一年)才脱离。他的司法履历中,与上海司法界颇有缘分,曾先后两次履职上海地方审判机构长官。虽然两次都未善终,但从当时报纸的风向来看,对这位长官的人格与功绩还是颇多正面评价。

1923年,沈氏第一次调沪任上海地方审判厅厅长。① 此次调任,沈像是一名救火队员。在时任江苏高等审判厅厅长朱献文的令委之下,沈锡庆由原本的江苏吴县地方审判厅厅长任上调于此地,以应付原上海审判厅长梅诒谷弃职携眷潜逃所造成的沪厅群龙无首之状。② 1927年,因北伐军进入上海,在时局的混乱之中,沈氏差点丧生。③ 这次的离任,实有被迫无奈的情形。沈氏也将这一年的经历视为是"大危难"。④ 但也正是此次在上海的任职,使其感同身受近代上海司法界在列强环伺下的诸多特殊复杂的境况,⑤他一些整顿厅务的做法也频频为报刊所载,这也是其在20世纪30年代能再一次任职上海地方法院院长的重要履历资本之一。

---

① 参见《沈锡庆调任沪审判厅长》,载《新闻报》1923年2月8日,第10版。

② 参见《审厅长梅诒谷弃职携眷潜逃》,载《申报》1923年1月18日,第13版;《地方审判厅长继任有人》,载《申报》1923年2月7日,第13版。

③ 孙绍康时任上海地方检察厅厅长,对此事有记载,参见孙绍康:《五五回忆录》,出版社不详1941年版,第59页;《各机关消息》,载《申报》1927年3月23日,第9版。

④ 《沈锡庆日记》第一册,1931年6月15日,星期一。

⑤ 沈锡庆关于此点的感受可在外国官员参观上海地方审判厅的经历以及对于法权问题的探讨中获得,参见《日员参观司法机关纪》,载《申报》1923年2月28日,第13版;《美领事访问审检厅长》,载《申报》1923年3月29日,第15版;《沈厅长与姚公鹤论法权书》,载《申报》1926年2月18日,第13版;《外委来沪声中之地审厅近况》,载《申报》1926年4月6日,第13版。

1932年,当有重长上海地方法院①的机会时,沈氏虽有过第一次"大危难"的惨痛回忆,但他并未对重长之机表现出抗拒之意。而是在接连拒绝任职江西高等法院、徐锡麟小学的校董职位的情况下,选择接受新的任命,重新回归上海司法界,直到1935年去职。前后两个任期加起来有七年之久,沈锡庆与上海司法界的情缘可谓不浅。

近代上海司法界的特殊与复杂,自不待言。因为租界的存在,上海在管辖空间、行政管理领域等方面被人为进行了复杂的切割。具体到法权领域的表现是,作为近代中国法权遭受侵蚀的载体,上海的司法机关类型复杂,法权归属不一。② 国人为此展开了艰辛地收复工作,希冀能早日实现法权的独立完整。江苏上海第一/第二特区地方法院,江苏高等法院第二/第三分院的设立,便是时人奋斗所取得的阶段性成果。而这些法院,全都是20世纪30年代初才相继成立的。加上上海地方法院,当时上海地区共有五所法院。

在上海这四方杂处之地,各个地区之人群聚于此,江苏、浙江、广东、安徽等地都有上万人分散在上海的华界和租界。③ 官员,包括司法官地域回避虽仍在实行,④但其效果如何,显有存疑之处,也即上海的地方官员是旅居同乡之人的

---

① 上海地方法院的具体沿革情形,可参见《沈锡庆日记》第八册,1935年2月2日,星期六;徐知林等:《上海地方法院概况调查》,出版社不详1932年版。

② 近代上海司法机构的演变情形,可参见滕一龙主编:《上海审判志》,上海社会科学院出版社2003年版。亦可参见汪楫宝:《民国司法志》,商务印书馆2013年版。

③ 关于民国时期上海人口的籍贯构成,可参见邹依仁:《旧上海人口变迁的研究》,上海人民出版社1980年版,第114-117页。

④ 《推事照例回避》,载《申报》1915年4月29日,第1版。

机会大大增加了。① 而且由北向南而来之原为法官,现在选择从事律师的法律人,加诸上海本地的“法官化律师”②的现象,使上海司法界的关系网络变得错综复杂。

到上海法院任职,为当时司法界所向往。因为此地法院待遇优厚,被人视为肥缺,司法官都千方百计地想调到上海来。③ 1925年孙绍康调任为上海地方检察厅厅长,便评价“这个缺在司法界总算是一个优缺了”。④ 沈锡庆上任后,在分析自己司法生涯时,也认为自己“所任皆紧要,为一般善于营缘之人所运动不得者”,⑤其中的“紧要”之地,显然也包括彼时沈氏正任职的上海地方法院。更直观的体现是上海各法院司法官的频繁调动(见表1)。没有一定的社会关系与运作,即使考试成绩再好也不一定能分发到此。⑥

**表1　上海各法院职员在职年限(1931年7月—1932年6月)**

单位:个

| 年限 | 高二分院 | 特一地院 | 高三分院 | 特二地院 | 上海地院 |
|---|---|---|---|---|---|
| 一年未满 | 4 | 3 | 15 | 1 | 15 |
| 一年以上 |  | 10 | 2 | 7 | 8 |
| 二年以上 | 8 | 21 | 1 | 8 | 20 |

① [美]顾德曼:《家乡、城市和国家——上海的地缘网络与认同,1853-1937》,宋钻友译,周育民校,上海古籍出版社2004年版,第40页。

② 法官化律师是指法官在退职后选择执行律师业务。参见伏羲:《法官化律师》,载《社会日报》1932年5月31日,第1版。

③ 参见蔡晋:《国民党统治时期的上海司法界》,上海市政协文史资料委员会编:《上海文史资料存稿汇编社会法制》(第12册),上海古籍出版社2001年版,第2页。

④ 孙绍康:《五五回忆录》,出版社不详1941年版,第55页。

⑤ 《沈锡庆日记》第二册,1932年4月16日,星期六。

⑥ 参见林厚祺:《我的一些经历》,福建省政协文史资料委员会编:《文史资料选编第4卷政治军事编》(第5册),福建人民出版社2006年版,第375页。

续表

| 年限 | 高二分院 | 特一地院 | 高三分院 | 特二地院 | 上海地院 |
|---|---|---|---|---|---|
| 三年以上 | 3 | 10 | 2 | 4 | 12 |
| 四年以上 | | 3 | 2 | 4 | 3 |
| 五年以上 | 1 | | 1 | | 7 |
| 六年以上 | | 2 | | 5 | 4 |
| 七年以上 | | 1 | | | 2 |
| 八年以上 | 1 | 1 | 1 | 2 | |
| 九年以上 | 1 | 4 | | 1 | |
| 十年以上 | 14 | 21 | 1 | 11 | 7 |
| 总计 | 32 | 76 | 25 | 43 | 78 |

资料来源:《上海各法院职员在职年限表》,上海市档案馆藏,Y2-1-89-81。

沈锡庆的家庭成员,对沈的第二次重长,也甚是期待,一场潜在的冲突也因此消弭。此事缘起于沈锡庆曾在1929年连夭两子,怕影响祖母身体,家人并未告诉祖母此事。① 而在1932年1月22日,沈氏告知祖母夭亡两子的消息,并将前日报纸登载其有望重长上海地方法院的消息一并告诉祖母,祖母则"稍抑悲怀","一场危险终算经过"。② 可知当时其祖母所代表的一般民众对于任职上海法院的满意之态。

不仅如此,上海地方法院"地当通商巨埠,诉讼繁多,系瞻中外,职责异常重要"。③ 上海法院的人事问题,常牵涉诸多中外各派势力的博弈。沈能两次调任上海司法界,且都担任长官之职,这本身就意味着沈的资本(社会资本、声誉等)的优厚。

但要长期稳固地立足上海司法界,称心如意地使法院有效

① 参见《沈锡庆日记》第二册,1932年1月21日,星期四。
② 参见《沈锡庆日记》第二册,1932年1月22日,星期五。
③ 《沈锡庆日记》第三册,1932年4月21日,星期四。

运作并非易事。沈锡庆就曾鉴于“人才缺乏，经费困难”而发出“试观全国各地方法院，孰能整理完善”的感叹。① 当然，上海司法界总体上并不缺乏司法人才，一因官方重视此地的司法；二来作为司法人才向往之地，其储备人才也不会少。不过据沈氏观察，在上海司法界，资格较深的司法人员均为两特区地方法院调去，而留在沈氏所任上海地方法院的各员均系新近毕业毫无经验之人。② 如何集中人才，是沈在任职期间所要关注的重要事务之一。由此引申出来的是面对调动频繁的上海司法界，以其所担任的上海地方法院院长一职来说，如何获取以及保住这个“肥缺”，也是他有意无意中需要考虑的事项之一。人事稳定才能保持政策实行的稳定，否则在政制建设并未稳固的时代，便极有可能出现“予前任上海地审厅长时经五年之整理，各部事务已有一定成规，离职五年，全部废弛”之现象。③ 而经费短缺，始终是近代司法改革中的老大难问题，彼时更是“因国难期内经费奇绌，财厅通知书已打折扣，而同人生活艰难”。④ 加上沈锡庆任内改建看守所的需要，经费的获取也是其视域范围之要务。

### （二）沈锡庆日记时段的特殊性

《沈锡庆日记》所记录的沈氏在上海地院院长任上自1932年上任到1935年离任的完整时段，在民国司法界的历史上有其特殊性所在。因为这个时段，正好是“梁启超立宪派司法”向“居正辛亥派司法”过渡的时期。⑤ 1932年1月居正入主司法

① 《沈锡庆日记》第五册，1933年9月15日，星期五。
② 参见《沈锡庆日记》第八册，1935年3月15日，星期五。
③ 参见《沈锡庆日记》第八册，1935年3月15日，星期五。
④ 参见《沈锡庆日记》第三册，1932年3月30日，星期三。
⑤ 江照信将中国近代法律转型中司法进程划分为三个阶段：清末修律（沈家本派），民初变法（梁启超立宪派），法律民族化运动（居正辛亥派）。三个阶段显见的不同之处，便是司法中枢不同的人事组合。参见江照信：《民国没有反沈派——立宪派司法与辛亥派司法》，载《法制史研究》2013年第24期。

院，随着司法行政部在1934年10月归入司法院，①司法中枢逐渐变成了国民党老革命或长期从事国民党党务工作者，即辛亥派司法的天下。代表人物除居正外，还有覃振、王用宾、洪陆东等人。而属于立宪派司法的北洋旧人，大多被排挤出司法中枢，如罗文干等。② 但从居正入主司法院到1934年10月期间，司法行政部仍属于行政院，即使作为司法院长，居正对司法行政部的权限，包括司法行政部内部的人事构造及对各级法院的用人权等都不能直接干涉。沈锡庆任职上海地方法院院长的期间，正好处在这样一个过渡时段。

在制度并未稳固的过渡时代，制度资本之外的社会资本（人际网络为其重要构成）对一个法院的运行起很大作用，特别是中国这样一个讲求关系的社会，法院人才的获求与经费的获取，无不与一院之长的人际网络情形相关联。沈锡庆第二次任职上海地方法院院长期间，在此之前形成的人际网络，将在其生活与工作中展现，或隐或明地主宰其交往的范围与重心。沈锡庆作为基层法院院长，不仅上联高层（江苏高等法院及其分院、司法行政部），下系基层（院内）司法官，还与上海地院平级的其他法院（一特地院与二特地院）左右连横。因此，沈锡庆勾连左右上下的职位，为我们以人际网络视角来探索地方法院运作进而明晰影响近代司法运行的因素，提供了支点与视窗。

---

① 南京国民政府时期，司法行政部的隶属在司法院与行政院之间有多次摇摆，具体为：1928年10月到1931年12月隶属于司法院，1931年12月到1934年10月隶属于行政院，1934年10月到1942年12月隶属于司法院，1942年12月直到国民党退居台湾隶属于行政院。参见张仁善：《司法行政权的无限扩大与司法权的相对缩小——论南京国民政府时期的司法行政部》，载《民国档案》2002年第4期。

② 参见李在全：《法治与党治：国民党政权的司法党化（1923～1948）》，社会科学文献出版社2012年版，第178页。

直至现在,由地缘、血缘、学缘等构造而成的人际网络,仍深刻地影响司法界以至国家的方方面面。人际网络中所体现的人情和面子被视作是理解中国社会结构的关键所在。① 本文所利用的《沈锡庆日记》,完整记载了其从上任到离任的时段,他的院长工作因完整的三年而得以比较稳定地展开,该时段也足以让各种社会关系在其日记中得到展现。因而以《沈锡庆日记》为对象来考察,或许能超越个人以及时空的局限性而具有代表性,所得结论将具有一定的普遍性。

## [三] 沈锡庆司法界人际网络素描

作为院长,制度性权力本是附随于职位而来的资本。但近代中国,处于由人治向法治演变的阶段,各项制度并未形成稳定的体系。也就是说,在这个时期,在制度性的权力之外,非制度操作的空间也可资利用。在强烈"关系本位"倾向的中国社会中,人际网络便是一种重要的非制度性的社会资本。人际网络的构建,就其基本原料而言,都大同小异,但具体到每一个人来说,又因其特殊的经历与性格而有不同的组合与效果。沈锡庆的日记为展现其在任职期间的司法界的人际网络,提供了样本。

### (一)日记时段的截取与表格内容的说明

笔者以日记中1931年7月31日到1935年11月30日的记录为样本,制作表2和表3,借以展现沈锡庆在上海地方法院任职时在司法界所交往对象的数量、类别分布、周期频率等状况,并总结沈氏司法界人际网络的若干特征。笔者所考察的时

---

① 参见金耀基:《关系和网络的建构:一个社会学的诠释》,载《金耀基自选集》,上海教育出版社2002年版,第93-116页。

段之所以比沈氏任职上海地方法院的时段有所延展，出于以下考虑。

**表2　沈锡庆与新旧司法长官的见面次数**

单位：次

| 姓名 | 籍贯 | 学习经历 | 职位 | 共事时间 | 沈主动拜访与邀请 | 沈被拜访、被邀请 | 集体活动 | 合计 |
|---|---|---|---|---|---|---|---|---|
| 刘懋初（德余） | 广东南海 | 法国里昂大学 | 地院首席检察官 | 1932.1—1932.11 | 2 | 1 | 1 | 4 |
| 楼英（玉书） | 浙江义乌 | 国立北京法政专门学校 | 同上 | 1932.11—1934.11 | 13 | 19 | 44 | 76 |
| 钟尚斌（爱棠） | 安徽巢县 | | 同上 | 1934.11—1935.4 | 1 | 3 | 4 | 8 |
| 罗文干（钧任） | 广东番禺 | 牛津大学法律硕士 | 司法行政部部长 | 1932.1.15—1934.10.20 | 1 | 2 | 1 | 4 |
| 居正（觉生） | 湖北广济 | 日本东京法政大学 | 同上 | 1934.10.20—1934.12.22 | 0 | 0 | 0 | 0 |
| 王用宾（太蕤） | 山西猗氏（今临猗县） | 日本法政大学 | 同上 | 1934.12.22—1935.4 | 0 | 0 | 0 | 0 |
| 何世桢（思毅） | 安徽望江 | 东吴大学法学院 | 司法行政部政务次长 | 1932.1.6—1932.7.12 | 1 | 0 | 0 | 1 |
| 郑天锡（茀庭） | 广东中山 | 伦敦大学法律博士 | 司法行政部政务次长 | 1932.7.12—1934.10.20 | 17 | 2 | 6 | 25 |
| 谢冠生（寿昌） | 浙江嵊县 | 巴黎大学法学博士 | 同上 | 1934.10.20—1934.12.22 | 0 | 0 | 0 | 0 |
| 洪陆东 | 浙江黄岩 | 山西大学法科毕业 | 同上 | 1934.12.22—1935.4 | 0 | 0 | 0 | 0 |
| 石志泉（友儒） | 湖北孝感 | 东京帝国大学法科 | 司法行政部常务次长 | 1932.7.12—1934.11.24 | 7 | 1 | 6 | 14 |
| 潘恩培（植生） | 河北涿县 | 京师法律学堂 | 同上 | 1934.11.24—1934.12.31 | 0 | 0 | 0 | 0 |
| 谢健（铸陈） | 四川荣昌 | 日本东京法政大学 | 同上 | 1935.2.21—1935.4 | 0 | 0 | 0 | 0 |
| 林彪（礼源） | 广东中山 | 美国巴维利亚大学 | 江苏高院院长 | 1932.1—1934.9.11 | 8 | 5 | 1 | 14 |
| 朱树声（韵笙） | 湖北竹山 | 奉天法政学堂 | 同上 | 1934.9.11—1935.4 | 5 | 1 | 2 | 8 |

续表

| 姓名 | 籍贯 | 学习经历 | 职位 | 共事时间 | 沈主动拜访与邀请 | 沈被拜访、被邀请 | 集体活动 | 合计 |
|---|---|---|---|---|---|---|---|---|
| 沈家彝(季让) | 江苏江宁 | 东京帝国大学法学部毕业 | 高二分院院长 | 1932.3—1935.4 | 36 | 7 | 24 | 67 |
| 王振南(北溟) | 浙江绍兴 | 浙江公立法政专门学校 | 高二分院首席检察官 | 1932.1—1935.1 | 23 | 22 | 20 | 65 |
| 郑钺(英伯) | 浙江兰溪 | 日本法政大学 | 同上 | 1935.1—1935.4 | 3 | 2 | 2 | 7 |
| 梁仁杰(云山) | 江西临川 | 巴黎大学法学博士 | 高三分院院长 | 1932.1—1935.4 | 3 | 2 | 19 | 24 |
| 赵士北(于朔) | 广东新会 | 美国哥伦比亚大学 | 高三分院首席检察官 | 1932.1—1935.4 | 1 | 2 | 3 | 6 |
| 周先觉 | 广东南海 | 英国剑桥大学法学院 | 一特地院院长 | 1932.1—1932.11 | 3 | 3 | 3 | 9 |
| 郭云观(闵畴) | 浙江玉环 | 北洋大学法学士 | 同上 | 1932.11—1935.4 | 24 | 14 | 18 | 55 |
| 汪祖泽(通甫) | 广东番禺 | 日本明治大学法科毕业 | 一特地院首席检察官 | 1932.3—1932.9 | 1 | 2 | 4 | 7 |
| 向哲浚(明思) | 湖南宁乡 | 华盛顿大学法学院 | 一特地院首席检察官 | 1932.9—1935.4 | 6 | 6 | 12 | 24 |
| 应时(溥泉) | 浙江吴兴 | 巴黎大学法学博士 | 二特地院院长 | 1932.1—1934.4 | 19 | 10 | 18 | 45 |
| 王思默(正轩) | 浙江绍兴 | 法国里昂大学 | 二特地院院长 | 1934.4—1935.4 | 5 | 5 | 6 | 16 |
| 陈陶丞(备三) | | | 二特地院首席检察官 | 1932.1—1935.4 | 7 | 7 | 6 | 20 |
| 田立勋(修之) | 湖南沅陵 | 京师法律学堂监狱专修科 | 江苏第二监狱(漕河泾监狱)典狱长 | 1932.6—1932.10 | 2 | 7 | 2 | 11 |
| 田荆华(种夫) | 湖南桃源 | 日本东京警监学校 | 同上 | 1932.11—1933.9 | 1 | 6 | 2 | 9 |
| 任峄(叔泰) | 四川华阳 | 日本明治大学 | 同上 | 1933.12—1935.3 | 2 | 3 | 2 | 7 |

续表

| 姓名 | 籍贯 | 学习经历 | 职位 | 共事时间 | 沈主动拜访与邀请 | 沈被拜访、被邀请 | 集体活动 | 合计 |
|---|---|---|---|---|---|---|---|---|
| 朱献文（郁堂） | 浙江义乌 | 日本帝国大学法科毕业 | 历任大理院推事、江苏高等审判厅厅长等职位，时任司法院参事 | | 21 | 4 | 5 | 30 |
| 董康（授经） | 江苏武进 | 光绪庚寅恩科进士 | 历任大理院推事、大理院院长、司法总长等职，时任上海律师职务，并任东吴大学法学院教授 | | 8 | 1 | 6 | 15 |
| 张耀曾（镕西） | 云南大理 | 东京帝国大学法科 | 曾任司法总长，时业律师 | | 6 | 1 | 7 | 14 |
| 薛笃弼（子良） | 山西运城 | 山西法政学校 | 曾任司法次长，时业律师 | | 2 | 3 | 4 | 9 |
| 许世英（静仁） | 安徽秋浦（今东至） | 丁酉科拔贡生 | 历任大理院院长、司法总长等职，时任国民政府赈务委员会会员兼主席 | | 3 | 0 | 0 | 3 |
| 江庸（翊云） | 福建长汀 | 日本早稻田大学政治经济科毕业 | 历任京师高等审判厅厅长、司法次长、司法总长等职，时业律师 | | 2 | 0 | 1 | 3 |
| 章宗祥（仲和） | 浙江吴兴 | 日本帝国大学法学士 | 历任大理院院长、司法总长等职，时业银行界 | | 1 | 0 | 1 | 2 |

资料来源:《沈锡庆日记》(第二册到第九册);滕一龙主编:《上海审判志》,上海社会科学院出版社 2003 年版,第 72-73 页。张朋园、沈怀玉合编:《国民政府职官年表(1925—1949)》(第一分册),台北"中研院"近代史研究所 1988 年版,第 259-260 页;刘寿林等编:《民国职官年表》(下编),中华书局 1995 年版,第 688-690 页;台北"中研院"近代史研究所近现代人物资讯整合系统。

**表3　沈锡庆与其他部分司法官的见面次数(5次及以上)**

单位:次

| 姓名 | 籍贯 | 学习经历 | 职位 | 沈主动拜访与邀请 | 沈被拜访、被邀请 | 集体活动 | 合计 |
|---|---|---|---|---|---|---|---|
| 王介亭(道周) | 浙江嵊县 | 浙江共和法政专门学校法律科 | 本院书记官长 | 1 | 33 | 13 | 47 |
| 朱维新 | 浙江义乌 | | 本院推事 | 5 | 19 | 8 | 32 |
| 钟秋人 | | | 上海地院推事 | 2 | 25 | 5 | 32 |
| 殷汝熊(书祥) | 浙江平阳 | 留学日本 | 上海律师 | 16 | 11 | 1 | 28 |
| 莫寿笙 | 浙江绍兴 | | 一特地院推事 | 8 | 16 | 2 | 26 |
| 庞镜新 | | | 本院推事 | 0 | 21 | 4 | 25 |
| 胡诒谷(文甫) | 浙江宁波 | 美国伊利诺伊大学法学士 | 高二分院庭长/江苏高院首检 | 10 | 2 | 2 | 14 |
| 汪秀夫 | 浙江绍兴 | | 上海地院检察官 | 0 | 9 | 4 | 13 |
| 周翰(研香) | 浙江东阳 | 浙江法政专门学校法律 | 一特地院庭长 | 4 | 1 | 6 | 11 |
| 马赞明(述义) | 浙江崇德 | | 浙江高等法院/二特院推事 | 4 | 3 | 4 | 11 |
| 赵晓秋 | | | 上海地院庭长/福建恩明地院院长 | 4 | 5 | 2 | 11 |
| 郁华(曼陀) | 浙江富阳 | 日本法政大学法学士 | 高二分院庭长 | 2 | 2 | 5 | 9 |
| 陈福民(哲侯) | 江苏吴县 | 日本法政大学 | 安徽高等法院院长 | 3 | 4 | 1 | 8 |
| 周玉圃 | | | 高三分院庭长 | 1 | 4 | 4 | 9 |

续表

| 姓名 | 籍贯 | 学习经历 | 职位 | 沈主动拜访与邀请 | 沈被拜访、被邀请 | 集体活动 | 合计 |
|---|---|---|---|---|---|---|---|
| 沈秋墅 | | | 司法行政部科员 | 3 | 5 | 0 | 8 |
| 郑啸泉 | | | 前绍兴地方法院院长 | 0 | 8 | 0 | 8 |
| 宋延华(孟年) | 浙江嵊县 | | 浙江高等法院首席检察官/最高法院推事 | 3 | 2 | 2 | 7 |
| 刘甲一 | | | 本院推事 | 4 | 0 | 2 | 6 |
| 庞树蓉 | 江苏常熟 | 日本大学专门部政治科 | 本院推事 | | | | |
| 陈仰军 | | | 本院推事 | 0 | 5 | 1 | 6 |
| 王元增(新之) | 江苏嘉定(今属上海市) | 日本警监学校 | 司法行政部监狱司司长 | 1 | 4 | 0 | 5 |
| 苏希洵(子美) | 广西武鸣 | 巴黎大学法学博士 | 司法行政部总务司司长 | 3 | 2 | 0 | 5 |
| 王厚斋 | | | 司法行政部刑事司司长/察哈尔高等法院 | 5 | | | 5 |
| 钟之翰(静庄) | 浙江诸暨 | | 金华/汉口/镇江地院院长 | 2 | 2 | 1 | 5 |

资料来源:《沈锡庆日记》(第二册到第九册);余绍宋:《余绍宋日记》(第五册),中华书局2014年版,人物索引(宋延华、陈福民、殷叔祥);台北"中研院"近代史研究所近现代人物资讯整合系统;《江苏上海地方法院职员简明履历表(1934)》,上海市档案馆藏,Q178-1-2。

注:由于篇幅的限制,表格只列了见面次数合计5次及以上的司法界人物。若把沈氏所交往的司法官都列进表格,会造成喧宾夺主,并影响论文形式上的美观。行文中涉及的人物,基本囊括在表格之中。

沈氏在1932年1月21日阅报获知自己将能重长上海地方法院,1月23日接到司法行政部任命训令,1935年4月11日收到免职训令,4月23日完全交接完毕,彻底离职。从其实际任职时间来看,似应以1932年1月23日到1935年4月23日作为样本。但是为考察他的人际网络对其自身上任与离职产生的影响,以及在某种程度上考察他在任职期间所接触的不同人的亲密程度,即何人只是工作关系、何人在工作关系之外还有着私人联系,有必要将此期间适当延展。笔者以其离任司法行政部刑事司科员(1931年7月31日)为起点,在这之后到他接到调任上海地方法院院长的训令之间有近6个月,因此可以看到他对各种职位的取舍态度以及他在司法界的交游实况。以其1935年11月30日离开上海为终点,一方面可以考察其在任职期间所形成的新的人际关系的展现,另一方面可以总结其在上海的旧有关系。总之,将其任职前与卸职后一定时段纳入考察范围,可以更加充分地展现沈锡庆在司法界人际网络的稳定核心圈层,可以对司法界人际网络中情感性关系、工具性关系、混合型关系等不同类别有所明晰。①

沈氏与司法界同仁的交际往来搭建了上海地方法院运作的主要脉络。表2主要统计沈氏与当时上海法院各院(包括本院)、监狱、江苏高等法院、司法行政部以及在北洋政府司法部担任长官的人的交往情形,表中的共事时间主要为其他长官与

① 中国社会中个人可能拥有三大类人际关系,即情感性关系,工具性关系和混合型关系。情感性关系通常都是一种长久而稳定的关系。这种关系可以满足个人在关爱、温情、安全感、归属感等方面的需要。像家庭、密友等主要社会团体中的人际关系,都是情感关系之例。当然,除了满足情感方面的需要之外,个人也可以用这种关系来获取他所需要的资源。不过在这类关系中,情感性成分仍然大于工具性的成分。工具性关系,与情感性关系相对,个人和他人建立工具性关系时,不过是以这种关系作为获得其他目标的一种手段或一种工具,因此,这种关系基本上是短暂而不稳定的。混合型关系,交往双方彼此认识而且有一定程度的情感色彩,但其情感关系又不像主要社会团体那样,深厚到可以随意表现出真诚的行为。一般而言,这类关系可能包含亲戚、邻居、师生、同学、同事、同乡等不同的角色关系。参见黄光国:《人情和面子:中国人的权力游戏》,黄光国主编:《面子——中国人的权力游戏》,中国人民大学出版社2004年版,第7-10页。

1932 年 1 月—1935 年 4 月(沈锡庆任职上海地院时间段)的交集。表 3 为沈锡庆任职期间内,他与除司法长官之外的司法人员的交往情况。表中的交往类型,按照见面的指向性分为三项。沈主动拜访与邀请的次数越多,也即此人在地位上可能会高于沈;而沈被拜访的次数、被邀请的次数多,则反之。交往总计次数的不同,代表着不同的人与沈氏不同的亲密程度。

**(二)沈氏人际网络的特质**

根据表 2、表 3 所示并结合日记的具体内容,可得出沈锡庆任职上海地方法院时,他在司法界人际网络的特质:

一,交游广泛。沈锡庆作为中国近代第一代法律人①,经过多年耕耘,在司法界有广泛的交游。他在上海各法院、江苏高等法院、司法行政部都有广泛的旧属、熟人与旧识。1932 年 3 月 10 日赴任途中,"上午九时,赴江苏高等法院先拜各熟人,因高院推检、书记官中尚有旧识十余人须见"②。1932 年 3 月 14 日到职后,他便分别到上海各个法院拜会,"院长、首席检察官、推检各官,该四院中均多旧识"。③ 后去往南京司法行政部时,"至部院各熟人处拜访"。④ 去往镇江财政厅时,访镇江地方法院,"胡义甫院长及该院庭长推检内有半数系予旧属"。⑤

二,新旧夹杂。在其司法圈子中,既有时任其职的司法官,也有或已退出司法界或在司法界的其他领域(如律师行业)服

---

① 关于中国近代第一代法律人的表述可以参见 Huei-min Sun, *From Literati to Legal Professionals: The First-Generation Chinese Law School Graduates and Their Career Patterns*, in Robert Culp, U Eddy & Wen-hsinYeh, Knowledge Acts in Modern China: Ideas, Institutions, and Identities, Institute of East Asian Studies, 2016, p. 89-114.

② 《沈锡庆日记》第三册,1932 年 3 月 10 日,星期四。

③ 《沈锡庆日记》第三册,1932 年 3 月 14 日,星期一。

④ 《沈锡庆日记》第四册,1933 年 1 月 12 日,星期四。

⑤ 《沈锡庆日记》第四册,1933 年 1 月 13 日,星期五。

务的法律人。如沈氏与北洋政府时期的司法部高层如董康、张耀曾①等有较多的交往。很多北洋政府时期任职于司法界的人士,在南京国民政府时期南下到上海等地。这些北洋旧人往往选择执行律师职务,同时在上海各校兼授法律课程。立足上海、面向南京的选择,没有阻断他们进入司法权力中枢的可能性,可谓是"攻守兼备"。② 这些人虽然大多不再位居司法高层,但沈氏在日记中仍以他们的旧职如司法总长等来称呼他们。

从沈锡庆的日记可以看出,他与大致同代的法律人在20世纪30年代还有不少的交往,其中就包括沈氏的老长官们。包括沈氏在内的这群人大致都有留学日本攻读法政学科的经历,在他们进入南京国民政府之前,在司法界本就有较高的名望与地位,这让他们在司法界拥有重要的人脉关系和号召力。③ 表2显示的是,沈锡庆与董康和张耀曾等前司法高层的交往,存在单向的特征,即以沈氏主动拜访为主。

三,差序格局。沈氏与不同人的交往次数是不同的。结合日记的实际内容,沈氏与其见面越多,表明二者的联系越紧密。以下原因塑造了沈氏人际网络的差序格局。

其一,共事的时间。沈氏人际网络中的这个人,在沈氏任职的三年当中,在上海法院或者司法高层工作的时间越长,则两人

---

① 与张耀曾日记进行对读可知,虽然沈氏日记中有多次与张的交往记录,但在张氏的日记中,却只记载有一次与沈氏的会面,并对沈氏有"干练,但不免挟有侠气"的评价。这样一种日记对读的方式,也即通过以日记群来研读某一时期某一业界的交往,将会是一种有趣的研究方式。参见张耀曾:《求不得斋日记》(1927—1938),载杨琥编:《宪政救国梦张耀曾先生文存》,法律出版社2004年版,第345页。

② 参见陈颐:《〈法律大辞典〉编纂所见1930年代前期法律界的交往》,载《法制史研究》2015年第28期。

③ 在北京政府时期曾经担任过司法次长的余绍宋,在南京国民政府时期已在形式上脱离司法界,但仍有许多司法界人士来找他,托他向司法行政部写荐函,以谋求司法界相应的职位。具体的事例见下文。

接触的机会则可能会越多;反之,则越少。他与几任上海地方法院的首席检察官的交往可以为证。

其二,工作关系。工作关系要求沈氏必须与本院书记官长、首席检察官以及上海各院司法长官以及江苏高院的长官有往来。如按照当时的制度规定,上海地方法院的一些司法行政事项需要向江苏高二分院长官汇报,①因此在高二分院院长沈家彝比高三分院院长梁仁杰与沈锡庆共事时间少两个月的情况下,沈氏与沈家彝的接触次数却明显高于与梁仁杰的接触次数。

其三,私人关系。在公务表象之下,也暗含着他的选择倾向。在与本院司法官的交往过程中,他与朱维新、楼玉书等人的交往格外密切。从日记中可看出,不止是由于工作关系,更有私人方面的特殊关系的原因。据阮毅成回忆,沈在上海担任地方审判厅长时,朱任江苏高等审判厅长,系属上下级关系。② 沈对朱极为尊重,朱献文的女公子朱荷英在上海念书,也托付给沈氏一家代为照顾。朱维新正是朱献文的弟弟。朱献文的义乌同乡楼玉书,与沈不仅在工作上交往密切,在工作之外,也有相较于其前任(刘懋初)与后任(钟尚斌)更具私密性的交流。③ 与上海其他法院司法官的交流,则可以明显地看到他与同乡王振南与周翰交往密切。④ 当然,对司法界的绍兴同乡,沈氏并非一概毫无原则的温情脉脉。如对王思默这位先后任职江苏高等法院

① 这可以从日记当中看出。另外,通过其他一些资料也可旁证之,参见《江苏高等法院第二分院院长为1930年10月9日密令事所给上海地方法院院长之训令》,载费唐:《费唐法官研究上海公共租界情形报告书》第1卷,工部局华文处译述,上海书店2012年版,第422页。

② 参见阮毅成:《彼岸》,传记文学出版社1972年版,第11页。

③ 兹举一例,当得知朱献文的女儿在学校发生与男生冲突之事时,作为家长代表,沈锡庆即邀楼玉书随同前往学校交涉。参见《沈锡庆日记》第六册,1933年12月11日,星期一。

④ 王振南、朱维新与周研香同租住一寓。参见《沈锡庆日记》第八册,1935年1月19日,星期六。

首席检察官、吴县地院、上海第二特区地方法院院长的绍兴同乡,沈氏的印象并不好:“上午十一时,新任上海第二特区地院院长王思默偕书记官长厉平来访。王系绍兴县人,由吴县地院调任来此,在司法界资格甚浅,虽曾任江苏高院首检察官有年,颇著成绩。今日晤谈之下语多外行,显非励精图治之人,厉书记官长亦属外行。”①沈氏记载的与王的十几次会面,都是基于工作或往来回拜而不得不为的应酬,殊少基于私人关系的往来。

四,女性角色的缺失。沈氏的人际网络中,除了其女性家庭成员之外,几乎没有女性的身影。即使有女性出现,亦只限于与工作有别的生活场合,大多是沈锡庆男性友人的妻子,表述往往为“男性友人姓名”加“夫妇”的形式,如“陈朵如夫妇”等。这是日记反映的一目了然的客观情形。在法律人的社会关系的叙述中,女性角色的缺失并不只是限于沈锡庆一人。在张耀曾日记②、余绍宋日记③、蒋慰祖日记、④居正日记⑤和杜保祺书信⑥等法律人的私密记载中,也几乎见不到女性法律人的身影。目前笔者唯一看到的与女性法律人有较多接触的为朱仁律师,他所交往的是女律师李彩霞。⑦ 当时女性法律人数量极少可能是

---

① 《沈锡庆日记》第七册,1934年5月11日,星期五。

② 张耀曾:《求不得斋日记》(1927—1938),载杨琥编:《宪政救国梦:张耀曾先生文存》,法律出版社2004年版。

③ 余绍宋:《余绍宋日记》,中华书局2012年版。

④ 此份日记只有三个月的记录,且混在其他文档里面。参见《三青团五分团系统表及行政院专用电台团体照片,法院处令簿、日记本》,上海市档案馆藏,Q459-1-4。

⑤ 居正:《居正日记书信未刊稿》,谢幼田整理,广西师范大学出版社2004年版。

⑥ 杜保祺书信,混杂在一个与标题不符的文档中。参见《上海高等法院检察处检察官杜保祺有关施政方针工作计划执行情况报告》,上海市档案馆藏,Q188-1-402。

⑦ 《朱仁律师日记》,上海市档案馆藏,Q459-1-146。史良被董康称为“沈锡庆弟子”,但这位沈氏的女弟子在日记中并未有出过场。参见董康:《东游日记》,河北教育出版社2000年版,第211页。

导致此种结果的重要原因之一。①

一个人的人际网络因其经历、性格等因素,常呈现不同的具体样态。但与此同时,因为身处同一文化氛围当中,这一具体样态常会粘带某个领域的人际网络的普遍特征。沈锡庆个人特殊样态的人际网络,实际涵盖了当时若干司法界人际网络的共通要素,反映当时司法界的社会交游的基本样态。就沈氏任职期间的活动而言,除制度赋予的可见资本之外,人际网络所蕴含的隐性社会资本,也是他顺利办成一些事情的重要支撑。当然,司法高层调动而导致的沈氏的司法界人际网络等资本的衰退,也是其遇事不顺直至他被免职的原因之一。

### [四]人际网络视野下的法院运作:以人事与经费为例②

人事与经费,对于法院的运行来说,实为命门所在。一院之长对二者的掌控,关系到其所管理的法院是否能够顺利运行以及他自身任职的期限。本部分旨在分别以人事与经费为例来描摹地方法院的运作,以审视司法长官的人际网络在这两个问题中的展现。

近代中国司法界,在人事任用上并未形成稳定的制度,这是近代中国"缺乏全国有效性的政治法制"的一个缩影。近代以来与政治有关的现象,包括法律现象,"常常交织着个人的影响

① 民国时期上海女性法律人数量的情况,参见孙慧敏:《民国时期上海的女律师》,载《近代中国妇女史研究》2006年第14期。

② 本文所探讨与关注的为司法界内部的人际网络,大致以司法行政为关注对象,且由于篇幅的限制,因此更能反映司法界与其他社会群体之间的人际交往的司法审判,不在本文的讨论范围。笔者将另做专文讨论。

和相互关系”。① 因此,考察近代以来的社会现象与变迁,应同时兼顾制度与非制度两个层面。②

司法界的人事任用,虽有一些不成系统的制度规范,③但并未完全抹杀非制度操作的可能空间。录事、执达员的选任,虽辅有考试制度,然而最终的录用之权乃在院长。对此,沈氏在日记中反驳对他“任用私人”的控诉时提到,“在□□(引者注:代指锡庆,原文如此)有权录用之录事执达员两项,均由考试合格按名递补,有卷可查”,可资印证。④ “司法机构家族化”⑤之论断大致以此为背景。虽然院长对于推事、检察官、书记官之类并无直接决定任用的权力,而是有专门的《司法官考试任用考试暂行标准》《司法官任用暂行标准》等规章制度来进行规制,且形式上必须由司法行政部下达人事任令来确定。但从制度上观之,地方法院院长在其中又具有“呈请委派职员事项”⑥之建议之权;在非制度层面,司法界复杂的社会关系,往往会成为推荐司法官与书记官背后的主因。具备司法官或者书记官资格的候选人,最终是否获得一个比较满意的职缺,具有很大的可操作空间。沈氏自己能再度担任上海地方法院法院院长一职,也脱离

---

① [美]包华德主编:《民国名人传记辞典》第一分册,沈自敏译,林东民校,中华书局1979年版,第3页。

② 目前同时兼顾制度层面与非制度层面(社会关系)来考察民国时期人事问题的著作,当以鲁卫东对民国时期中央官僚的研究为代表。参见鲁卫东:《民国中央官僚的群体结构和社会关系(1912—1949)》,中国社会科学出版社2017年版。

③ 关于这方面的内容,可以参见毕连芳:《中国近代法官制度研究》,中国政法大学出版社2016年版,第110-129页。

④ 《沈锡庆日记》第六册,1934年3月9日,星期五。

⑤ “司法机构家族化”是指由于司法长官常将自己的亲私安置到司法机构里来,司法机构常被人戏谑为某人的家族机构的一种现象。参见龚汝富:《民国时期地方司法机构家族化之危害及整治困境》,载《第三届近代法律史论坛会议论文集》,2017年4月。

⑥ 《地方法院院长办事权限暂行条例》,载《司法公报》1928年第3期。

不了他与当时司法行政中枢长官良好的人际网络,下文将展开论述。在法院经费的获取上,也有类似的情况。这在沈锡庆任职期间申请改造扩建监狱经费的过程中有集中的体现。

**(一)瓜葛相连的人事**

关于近代上海官方机构人事问题的探究,已有多种论著涉及。早期的研究者,如安克强把研究集中在 1927—1937 年的上海市政府职员,尤其是主要领导官员方面,以"人物传记学"方法去理解正式结构之外更琐细的运作及市政府官员内部存在的非正式关系。① 他认为在一定程度上招聘市政府官员没有严格的规定,依照基本的"关系"概念形成的各种非正式做法,无奇不有。② 蒋宝麟则在前人的基础之上,利用新近发现的资料,引入专业与政治的视角,论述了南京国民政府时期受专业化倾向、派系政治、党治及人治等多重因素影响的上海市政府的人事构成。③ 也有若干对上海司法机构的人事问题的研究,如姚远关于上海公共租界特区法院的研究。④ 不过其中的研究都以制度梳理为主,缺乏对非正式关系的关注。在进入正论之前,需要强调的是,笔者并不否认正式制度对于人事问题的重要性,对于非正式因素的探究需要对正式制度的熟识为基础。

沈锡庆重长上海地院院长与最后被免职,与司法行政中枢"熟人"数量的消长相关联。沈氏曾自述与司法行政部政务次长郑天锡为"熟人",在其任上,司法行政部常务次长石志泉的

① 参见[法]安克强:《1927—1937 年的上海——市政权、地方性和现代化》,张德培等译,上海古籍出版社 2004 年版,第 4 页。

② 参见[法]安克强:《1927—1937 年的上海——市政权、地方性和现代化》,张德培等译,上海古籍出版社 2004 年版,第 86 页。

③ 参见蒋宝麟:《南京国民政府时期上海市政府的人事构成与权力格局》,载《近代史研究》2018 年第 6 期。

④ 参见姚远:《上海公共租界特区法院研究》,上海人民出版社 2011 年版,第 87-92 页。

弟弟则在上海地院担任推事一职。根据表2可知,沈氏任职上海地院的时段大致与郑、石二人任职司法行政部次长的时段相当。在郑上任后不久,沈得到了重新启用;在郑、石二人离任不久,沈也被免职。① 院内人事,也可以看到有多位与沈有同乡、僚属等特殊社会关系的职员,这是他运用正式制度与社会资本的结果。

沈锡庆1931年7月底辞去司法行政部刑事科科员一职后,1932年1月接到司法行政部任命其为上海地院院长的调令之前,一直赋闲在绍兴东浦老家,形式上似与当时司法界有所区隔。但实际上,在此段时间内,他所交往之人,多数仍是司法界的同仁,他也关注并经常参与司法界的情事。1931年12月31日,他阅报得知罗文干被任命为司法行政部部长,司法行政部改隶行政院,司法院长应兼最高法院长管辖最高法院、行政法院与高等官吏惩戒会等三机关。② 1932年1月4日,沈氏阅报又得知何世桢已经成为司法行政部政务次长,郑天锡为司法行政部常务次长,他便驰书向这些"熟人"道贺。③

郑天锡与余绍宋有密切的关系,在得知郑任职司法行政中枢后,当时已经退出司法界的余绍宋发出了"苐庭作官,余将不胜累矣"的慨叹。④ 余绍宋与沈锡庆同为浙江人,在此前也有过

① 三人的任职时段:沈1932年1月—1935年4月,郑1932年1月—1934年10月,石1932年7月—1934年11月。

② 参见《沈锡庆日记》第二册,1931年12月31日,星期四。

③ 《沈锡庆日记》第二册,1932年1月4日,星期一。

④ 余绍宋:《余绍宋日记》第四册,中华书局2014年版,第990页。

交往,余绍宋对沈锡庆有所赏识。① 在这之后不久(1932 年 1 月 21 日),报纸上出现了他被任命为上海地方法院院长之消息,只是他自己还不确定消息是否属实。次日(1 月 22 日),司法部友人刘谨菴向他证实了重长上海地方法院的消息。不久,罗文干也写信给沈锡庆,表明让沈氏整顿上海地院的厚望:“接司法行政部罗钧任部长来信,内有沪院不理人口久矣,故特借重长才以资整理,涤瑕荡垢有厚望等语。”②

虽然司法行政部的训令于 1932 年 1 月 23 日下发,并多次催促其赶快上任。③ 但或许有了 1927 年“大危难”的教训,且此时上海面临日本军队的威胁,沈氏显得非常谨慎。他并不急于赴任,而是利用其彼时在上海的熟人,打听消息。任令发布当天,他便函招上海地方检察院汪秀夫去往绍兴,当面询问法院内部情形。④ 两天以后,又把汪秀夫叫到绍兴了解“沪院现状及一切情形”。⑤

与此同时,沈开始“呼朋唤友”,进行人事谋划。他首先叫来内弟陈荫生,“拟偕往沪院办事予先予嘱为预备”。⑥ 他又邀

---

① 在 1921 年 8 月,时任司法部次长的余绍宋曾将沈锡庆调到位于哈尔滨的东省特区法院,“柴映波在哈为人攻击甚烈,因令回张家口本任,而以沈庆生调哈,谅能胜任愉快也。”能将沈调任到那样一个多事之地,也反映了同为浙人的余绍宋对沈的赏识。从《余绍宋日记》可以看出余绍宋与浙江司法官之间的联系,以及他对浙江司法官的熟识与了解。沈锡庆即为其一。二人的交往也可在余氏的日记当中窥见一二,“沈庆生自济南来,谈山东司法事,坐良久始去。”参见余绍宋:《余绍宋日记》第一册,中华书局 2014 年版,第 195 页;余绍宋:《余绍宋日记》第三册,中华书局 2014 年版,第 872 页。《沈锡庆日记》第五册,1933 年 5 月 19 日,星期五。

② 《沈锡庆日记》第二册,1932 年 2 月 19 日,星期五。

③ 参见《法部令催沈院长赴任》,载《法律评论(北京)》1932 年第 9 卷第 21/22 期。

④ 参见《沈锡庆日记》第二册,1932 年 1 月 23 日,星期六。

⑤ 参见《沈锡庆日记》第二册,1932 年 1 月 26 日,星期二。

⑥ 《沈锡庆日记》第二册,1932 年 1 月 29 日,星期五。

请另外两位熟人赴沪就事,但两人均不愿就,后邀钟秋人暂任上海地院书记官长。① 王介亭本为绍兴地方法院的书记官长,北洋时期曾与沈氏同去湖南、浙江永嘉等地担任书记官长之职。② 沈氏此次也将这位同乡兼旧属下带到了上海地院,充任本院的书记官长。③ 他安排具有"关系"的用人行为,也为他遭人控诉"任用私人"埋下了伏笔。(见表4)

**表4　与沈锡庆有特殊社会关系的司法官**

| 姓名 | 职位 | 社会关系 | 资料来源* |
|---|---|---|---|
| 郑天锡(茀庭) | 司法行政部政务次长 | "熟人" | 1932年1月4日星期一 |
| 何世桢(思毅) | 司法行政部政务次长 | "熟人" | 1932年1月4日星期一 |
| 朱献文(郁堂) | 司法院参事 | 旧长官 | 阮毅成:《彼岸》,台北,台湾传记文学出版社,1972年,第11页 |
| 沈秋墅 | 司法行政部科员 | 同乡兼部友 | 1932年8月18日星期二,1932年1月23日星期六 |
| 刘子昂(谨菴) | 司法行政部科员 | "司法部友人" | 1932年1月22日星期五 |
| 石志祥 | 本院推事 | 石志泉的弟弟 | 1932年8月27日星期六 |
| 王介亭(道周) | 本院书记官长 | 同乡兼旧属 | 1932年4月23日星期六;倪征燠:《淡泊从容莅海牙》,北京,法律出版社,1994年,第128页 |
| 汪秀夫 | 本院检察官 | 同乡 | 1931年8月3日星期一 |
| 王善祥 | 本院学习推事 | 许世英的外甥 | 1932年9月12日星期一 |
| 朱维新 | 本院推事 | 朱献文的弟弟 | 1933年12月11日星期一 |

① 《沈锡庆日记》第二册,1932年1月28日,星期四。
② 参见《江苏上海地方法院职员简明履历表》,上海市档案馆藏,Q178-1-2。
③ 《沈锡庆日记》第三册,1932年4月23日,星期六。

续表

| 姓名 | 职位 | 社会关系 | 资料来源 |
|---|---|---|---|
| 楼英（玉书） | 本院首席检察官 | 朱献文的同乡 | 1932年11月17日星期四 |

* 如果是来自《沈锡庆日记》，则只记日期。

在离任前两年，他分别遭到两次控诉，其中都有一条指其“任用私人”。基于当时司法行政部出台的回避法令，控诉人认为钟超、姚福祥推事以及王介亭与沈氏有姻亲关系，有违回避法令，在法律上有可追责的原因。① 沈氏对控诉均有答复，他驳论到三个人均是“在司法机关服务十余年，均有相当资格，且均系成绩卓著之员”，②而且与他并没有姻亲关系，他们的调动均是遵奉部令的结果。但从其自述来看，这些人的确与其有特殊的社会关系，当然就目前证据来看，并不能确定是否为姻亲关系。姚福祥、钟超、王介亭皆在沈氏上任后不久即被调来，分别为1932年12月、1932年8月、1932年5月。③ 王介亭是沈锡庆的同乡兼旧属。姚福祥与钟超也均是沈氏同乡。④ 前者曾在沈锡庆任职浙江永嘉地审厅长时，与其搭档，任职该厅书记官一职。⑤ 后者从山东福山地方法院调来，而山东曾是是沈氏曾任职过的地方，其所邀的钟秋人也在山东烟台。

与沈氏大致同时期招致控诉的还有沈锡庆的顶头上司罗文

① 1932年出台的《司法官任用回避办法》规定，所有各级法院司法官书记官，无论与本院或该管上级法院院长、首席检察官，暨监所职员与本管或上级长官，如有四亲等内血族或三亲等内姻族关系者，应即自行声请回避，否则，如果被发现，那么将会对院长或首席检察官进行惩戒。参见《江苏高等法院第二分院关于官规、任用、法官任用及回避事项（1932）》，上海市档案馆藏，Q181-1-85。

② 《沈锡庆日记》第六册，1934年3月9日，星期五。

③ 参见《沈锡庆日记》第六册，1934年3月9日，星期五。

④ 参见《江苏上海地方法院职员简明履历表》，上海市档案馆藏，Q178-1-2。

⑤ 参见《高等审判厅长经家龄委任姚福祥为永嘉地审厅书记官》，载《时报》1918年12月6日，第3版。

干和石志泉。其中对石志泉的控诉也涉及他在人事任用上的私情:

……

(三)乘机张大其权威

查司法行政部罗部长前兼外交部长,适中日战争,从事于外交之日常多,而处理司法之事常少。司法行政内部虽设次长二人,郑次长每因视察司法事宜分驰各省,所有部务一委诸石志泉次长单独主办。石志泉次长前充北京大理院推事,尚知法。乃幸膺次长之职,大变从前面目,并乘罗部长分身外交、郑次长驰驱四出之机会,大放其所教授之学生及其湖北同乡人,尽攫司法权位,并为故宫舞弊案内之易姓多方运动。堂堂司法部次长,对于司法人员故为高下其手,谓非伸张势力,自固其位谁能信之。应澈究者三。

……

(五)任用胞弟之不当

查上海为华洋杂处之区,从前仅设一地方法院,嗣因华洋诉讼日益增多,乃增设上海特区法院以维持中外之安宁。是以上海特区法院之员薪较他法院为优,上海特区法院之法官资格自较他法院更当注意。石志泉次长对于普通法院之法官,平日极讲资格,乃对其胞弟石某,未经毕业任意派充上海特区法院推事。岂司法次长之弟可以不言资格乎?上海特区所有案件何等口(门字框)重,可以无资格之法官处理之乎?其是否违法应请澈究者五。①

---

① 《上海法学报社呈控司法行政部次长石志泉案》,台北中国国民党党史馆藏,政11/37.9。

官方当时即以无法查找到控诉人“上海法学报社”而认为系为捏控。撇开违法与否，司法长官任用与自己有特殊关系的人的现象，其实并不少见。在对罗文干的控诉中，则也直指其“新用法官之标准除少数亲信外以曾在伪政府时代助罗文干出狱者为上选”，“专事引用反革命腐劣份子以排斥革命司法人才”。[①] 不止是他们，他们的前任魏道明以及后任王用宾都受到过任用私人的控诉。

……

任用私人魏道明、朱履龢因重视法收，恐外人得窥内幕，具所以大用私人之不容已也，故特委朱履之表弟彭清鹏为简任秘书兼会计科长，彭之姪为收支员，又委朱履之婿李某为会计员，故其浮支出均可伪造簿籍而无恐。此外更委郑毓秀之胞兄郑燎为监狱司长，朱履龢之胞兄朱履诚为科长。魏道明之妹倩钮传椿为收发员，一跃而为司法院秘书。于是钮传椿之胞兄本非司法界人，亦得江苏第一监狱长。乃更有魏道明之内亲胡元椿仅学铁道一年，朱履龢之表弟彭望业毫无法律知识，一则为吴县地方法院院长，一则为江宁地方法院院长，尤为可怪。其余各地法官任意更调，无非为之私人排斥异己，贿赂公行，无耻已极。司法本为人权保障，似此爪牙密布，蠹视无厌，司法部几成魏朱郑氏之宗祠。各地法院莫不豺狼当道，民众号呼无门，何以对总理在天灵？何以对国家厚禄之遇？

① 《请撤惩司法行政部长罗文干案》，台北中国国民党党史馆藏，政11/37.4。

此其大罪四也。[1]

(二)蔽贤任私,应否长法部

该王用宾任事两年,专以蔽塞贤路,任用私人为能事。首都法院推检书记官十之八九为王乡亲,可查山西不合格之法官亦由该部临时考试取得法官资格。更举近例陈大器为其恩人,除此即补特二区推事,七日又升上海高三分院推事。其余终身候补不得补缺者比比皆是。该部长似此营私舞弊,窃为蔽贤,人人皆恨之刺骨,应否久充部长应请明令释疑。[2]

无论任用私人是否必然导致违法,但这些可以说明的是,人际网络在司法机关的丛集之态。

1934年10月,司法行政部由行政院复归于司法院管辖,随之而来的是与沈氏大致同一时担任司法行政部中枢长官的罗文干、石志泉和郑天锡,也即大体属于立宪派司法中枢成员纷纷被调离,而辛亥派正式入主,掌控司法行政大权。司法院长居正暂时兼任司法行政部长(不久后王用宾任此职),谢冠生担任政务次长(后洪陆东任此职),潘恩培为常务次长(后谢健任此职)。沈氏与新任司法行政中枢长官的人际关系状况,可由以下这件事窥探一二。他视自己为"无势无力又恶钻营","自入世以来非特不肯求人,即人之求予也无不审慎考量"。[3] 在1934年江苏各地院长官纷纷晋谒新任司法行政部长官居正之时,沈氏则显得特立独行。对当时的奔竞之风,即建构并利用社会关系来为自己求得职位或晋升之机,他表现出不屑的态度:

① 《请查办司法行政部长魏道明案》,台北中国国民党党史馆藏,政11/37.2。

② 《请撤惩司法部长王用宾案》,台北中国国民党党史馆藏,政11/37.13。

③ 《沈锡庆日记》第三册,1932年4月16日,星期六。

> 江苏四地院，彼三院长均已往谒新任居兼部长，唯予尚未往谒，嘱速晋京一行云。事承关者，极为可感，唯予意地院管辖于高院，正当公事均应由高院核转，无晋谒部长之必要。现在钻营风盛，颇多逾分要求，直接干谒成风气，予向不以为然。故此次部次长更动，他人皆往，予独不然。殊不知又以此而被人目为奇异。①

他自己并没有像其他地院院长那样，前往南京拜谒新任司法行政部部长居正，个中缘由，沈氏自述为不愿与钻营之风同流合污。但沈氏似有着类似的“钻营”行为，有言行不符之嫌。如上文提及的在1932年1月，在得知何世桢被任命为司法行政部政务次长，郑天锡被任命为司法行政部常务次长后，便以驰书的方式向这些“熟人”道贺。② 这似是一种变相的拜谒。

1934年的第一次控诉行为并未给沈氏带来什么后果，1935年的第二次控诉，伴随着司法行政中枢人事格局的变动，在被控诉后两个月之后，他便被免去上海地方法院院长之职。③ 与法院院长休戚与共的书记官长同乡王介亭，在沈氏离职后一个月左右，也调离了上海地方法院，而去了与沈锡庆“彼此意见甚相融洽”④的同为浙江人的郭云观所执掌的上海第一特区地方法院当书记官。⑤

从其上任到离任的这段时间，对本院职员的任用，沈氏倾向于与自己有特殊社会关系的人。他能顺利任职上海地方法院以及最后黯然离职，也不能排除人际网络在其中的功效。正因为如此，在近代司法人事任用领域，虽制定有相应的规章制度，但

① 《沈锡庆日记》第八册，1934年12月7日，星期五。
② 《沈锡庆日记》第二册，1932年1月4日，星期一。
③ 《沈锡庆日记》第八册，1935年4月10日，星期三。
④ 《沈锡庆日记》第四册，1933年2月7日，星期二。
⑤ 参见《沈锡庆日记》第九册，1935年6月2日，星期天。

在制度之外,基于人际网络等社会资本的运作也大昌其道。就笔者阅读《余绍宋日记》所得,余氏作为北洋政府时期司法部次长,在南京国民政府时期已经脱离司法界,但仍有许多人上门向他请托,让他向当时司法行政部长官(罗文干等)写推荐信,以谋求特定地区的法院的某个职位。兹举其中一例,如1932年1月27日,时人知道余绍宋与新上任的司法行政部次长郑天锡交谊甚笃,便请其代为向郑作书求调。"姜渭贤自苏州来为其子树滋求调上海法院,告以非宜,不听,必欲余为作书,只得应之。弗庭作官,余将不胜其累矣。"①此点也印证了司法长官即使从原有职位上退下来,形式上与司法界相脱离,但实质上在司法界仍有一定的号召力和人脉。

## (二)短绌经费与无限需求

1933年司法行政部下发了一道训令,从其内容来看,反映了地方司法经费百弊丛生之现状,常常面临"省款拨不足额或留院法收入不敷出"的窘境,这也导致了"任意挪用印状工本,甚至擅动诉讼存款,日积月累亏垫甚钜"的乱象,且各地法院常存在司法经费分配不均之处。② 法院司法经费短缺,从当时司法经费总量的缺少而导致下发到某地院的经费也较少,可以得到解释;法院司法经费分配不均,则有很多影响因素,在制度之外,往往受制于一院之长在司法界的人际网络的状况。

1941年前,法院的经费仍由各省库负责,省库一般会制定每年的预算,其中有部分是司法预算,然后将钱拨付给高等法院,由其在省内各级法院间进行分配。吴燕以南京国民政府时期的四川地方司法建设中的经费问题为视角,根据详实的档案等史料,认为"地方是否拨款,拨款多少取决于掌握一方实权的

① 余绍宋:《余绍宋日记》第四册,中华书局2014年版,第990页。

② 《各省司法经费应量入为出统筹支配》,载《法令周刊》1933年第160期。

行政或军阀的意志,而非依照司法独立的原则和最高司法当局的指令"。① 侯欣一教授在考察西安地方法院的经费制度后得出结论,"最终比例,则完全取决于西安地方法院院长与省高等法院的关系和协调能力",②且"经费上的这种变相依赖,使西安地方法院在某些时候必须顾及与省高等法院院长的关系"。③这其中都在强调"人"的因素在法院获取司法经费方面的地位。但人的因素到底在其中怎样发挥影响,兹就以沈锡庆任职上海地院院长期间,对扩建改造看守所的费用申请为例来考察。

看守所的扩建费用,一部分可以向高等法院申请,另外司法行政部在管理各省、市法院和监所扩建以及修建少量新式监狱方面具有一定的经费,因此也可向司法行政部进行申请。④ 但面对下级的申请,并没有制度规定上级的因应结果。换言之,上级可以完全拒绝,也可完全赞同,或者部分认可。在制度并不完善的情形下,人际网络的状况将对资源的争夺起到至关重要的作用。沈锡庆便是在起初被江苏高院拒绝的情况下,利用自己与司法行政中枢长官良好的人际网络,为上海地院扩建改造看守所争取到了经费。

当时的地院看守所,在沈氏看来,的确有扩建改造的必要性。因为其环境恶劣,景况堪忧。面对看守所不堪的状况,沈氏重长上海地院伊始,便开始谋划扩充看守所,"拟有扩充详细计

---

① 吴燕:《理想与现实:南京国民政府地方司法建设中的经费问题》,载《近代史研究》2008 年第 4 期。

② 侯欣一:《创制、运行与变异:民国时期西安地方法院研究》,商务印书馆 2017 年版,第 243 页。

③ 侯欣一:《创制、运行与变异:民国时期西安地方法院研究》,商务印书馆 2017 年版,第 244 页。

④ 这与地方法院上交司法收入的路径有关。司法经费未由南京国民政府中央财政统一支付之前,各省司法收入,一部分解送司法行政部。一部分由高等法院留用,以补本省司法经费之不足。参见汪楫宝:《民国司法志》,商务印书馆 2013 年版,第 105 页。

划,绘具图籍,呈院转部核示,需费约三万余元”,[①]而怎么去获得改建扩充看守所的经费,则成为沈氏任职期间一件重要之事。

1932 年 8 月 25 日,申请首先得到了江苏高院的回应,结果并不理想。沈锡庆在与高院林彪院长的面洽之下得知,江苏财政厅还未下拨司法经费,即便下拨,经费也会首先用于旧监狱的整理。[②] 总之,此次经费申请无果而终。次日,沈氏来到了司法行政部,企盼能得到司法行政部的资助。到南京后,他先是去司法行政部见了诸位旧友,后又见了总务司司长苏希洵、监狱司司长王新之、常务次长石志泉、政务次长郑天锡,与他们商讨扩建上海地院看守所问题。具体的谈话内容无从得知,但最后的结果颇为理想:沈锡庆所见过的这些人都认可扩建上海地院看守所的重要性,最后决定“由江苏高院筹措半数,部中补助半数,即由中央地方各半负担以成之”。[③] 这样的预算安排也得到了国民政府的准许,“拟予如数核定本案概算为四万九千九百九十九元,以重狱政等语,复经提出本会议第三七八次会议决议,照审查意见通过”,[④]其中司法行政部拨付一万二千元。[⑤] 江苏高院在上峰的压力下,最后也同意了司法行政部的计划。

为何会出现江苏高院拒绝,而司法行政部认可的情况? 人际关系是其中的重要原因。由表 2 可知,沈氏与高院院长林彪有 14 次见面,结合实际内容看,都以例行公事为主,按照沈氏的

---

① 《沈锡庆日记》第四册,1932 年 8 月 25 日,星期四。

② 《沈锡庆日记》第四册,1932 年 8 月 25 日,星期四。

③ 《沈锡庆日记》第四册,1932 年 8 月 26 日,星期五。

④ 《国民政府训令第六一九号》,载《国民政府公报(南京 1927)》1933 年第 1315 期。

⑤ 《沈锡庆日记》第四册,1933 年 1 月 12,星期四。

话来说,“再须见林礼源(彪)院长循例数语”,①只是循例而已。林院长作为高院院长,循例需每年对包括上海地院在内的所属各院视察两次,沈氏与他的接触,也基本限于林院长的巡视,没有涉及私人关系的应酬往来。而沈与林院长的后任朱树声院长之间的交往,则与林院长有很大的不同。首先,从次数上来看,沈与林彪的上下级关系共维持了两年零八个月,而见面往来总共 14 次,沈与朱树声的上下级关系共维持了 7 个月,但迎还往来有 8 次,从频度上来看,高于前者;其次,从具体应酬的内容上,则沈氏与朱院长两人早就认识,②关系更加密切。

沈锡庆在履职上海地院院长之前,便任职于司法行政部,内有颇多熟人。而且司法行政部常务次长石志泉的弟弟便在上海地院当推事,二者因此有了进一步的联系。因此,不仅申请经费的事被石志泉批准,和经费一并提出的“添正缺推事四员,检察官一员,书记官五员”也均蒙照准。而司法行政部为上海地院的司法官加薪,也是在沈锡庆上任后由他申请而来的结果。③

不可否认的是,沈氏能拿到高院以及司法行政部的经费,顺利对上海地院看守所进行改造扩建,这可能与上海地院本身地理位置的重要性以及看守所的确存在问题也有关联。但是何以在司法经费紧张且并没有制度约束的情况下,对于下级的经费申请作出快速有效率和符合下级申请数额的反应,人际网络则在其间充当了重要的助推器。

法院的人事与经费活动,在制度之外,存有较为弹性的操作空间。而从以司法行政部为代表的官方发布的训令、制定的政策来看,无一不都是对于这个弹性的操作空间,即人际网络进行

① 《沈锡庆日记》第三册,1932 年 3 月 10 日,星期四。
② 参见《沈锡庆日记》第五册,1933 年 5 月 19 日,星期五。
③ 参见《地方法院法官加薪》,载《申报》1932 年 11 月 3 日,第 16 版。

义正言辞的抑制,①这也从反面印证了司法界人际网络存在的真实性与广泛性。

## [五]结语

法院的建制和运行,为近代司法建设的荦荦大端,明晰法院的历史,便能明晰近代司法的发展脉络。以具有中国特质的人际网络作为视角来考察近代新式法院的运作,可以发现新式法院的运作实际汇合了中西方在语言、知识、文化等各个层面的交融、冲突与争斗。新式法院的建造与运行的理念、制度架构等,皆属舶来之物;而活动于其中的人,则并未彻底走出家天下的旧体制,濡染于关系本位的文化氛围当中。沈锡庆的司法界人际网络,以及该人际网络在上海地方法院活动的隐现,为我们思考中国近代司法界外来思潮和固有文化的互动情状,提供了一个良好契机。

沈锡庆,作为法律人个体,终其一生,始终与司法有着不解之缘,并与整个国家的命运耦合于一起。近代中国危急存亡之秋,他与很多中国其他的学子一样,负笈东瀛或西洋,学习近代新式法政知识,以沾染法律新知的头脑,投身到中国近代的司法建设中来。他有司法救国的理想,对20世纪30年代司法界的种种恶习嗤之以鼻,期以上海地方法院为自己奋斗的立足点,从其所能努力之处,荡涤司法界的污垢。沈氏学习新式知识,借西方法律新知,建立起司法衡器的时代理想,统一于近代中国建设

① 参见《禁止奔竞请托案》,载《南京市政府公报》1932年第107期;《江苏高等法院第二分院关于整顿官常有关审判作风等问题训令》,上海市档案馆藏,Q181-1-1109;《江苏高等法院第二分院关于官规、任用、法官任用及回避事项(1932)》,上海市档案馆藏,Q181-1-85;等等。

现代民族国家的目标。但在历史的惯性中,中国传统的旧式资源,并未自然流逝消亡,而是仍附着在时代的脉络中,浸润在沈锡庆在内的过渡时代的法律人的身心理路上。他们有意无意的将中国所特有的关系本位式文化,渲染于司法界,便是其中一种重要的表现。这样一种外来思潮与固有文化的并存,贯穿于近代司法界的始终,一直持续到当下。

清末民国时期,中国在建设民族国家的进程中,对其中重要环节之司法制度的构建,一直是马不停蹄,即使在抗日战乱时期,也没有停下建制的脚步。所呈现的制度成果不可谓不丰盛。但为何,这样的法制成果并未带来显见的法治文明?人际网络视野下的法治,为何呈现以人治方式追求法治效果的吊轨局面?司法权威为何长期没能树立?李启成曾以“制度器物化”①的概念来指称近代以来中国司法建设的逻辑,即是他对上述问题原因的回应:

> 从条文上照搬、具体制度上模仿列强(尤其是日本),根本没有深入考察固有治道之得失,将传统官府归入行政范畴,在对传统官府略作变革之后,新建各级审判衙门,以经考试合格并略加培训的法官来行使司法权。这种完全没能借助固有资源来进行的制度建设,是近代中国司法权威难以有效确立的重要原因。②

李启成的观点,实点出了原因“无”的一面、“制度”的一面,即未能充分借用固有治道之资源。笔者认为,原因还有“有”的

---

① 制度器物化,即继受主体在继受制度时,长期沿袭了前一阶段学习器物的思维模式,即将制度当成一孤立的、静止的器物来看待,从而将制度物化。参见李启成:《法律继受中的“制度器物化”批判——以近代中国司法制度设计思路为中心》,载《法学研究》2016年第2期。

② 李启成:《法律继受中的“制度器物化”批判——以近代中国司法制度设计思路为中心》,载《法学研究》2016年第2期。

一面、“人”的一面,即夹杂着中国传统关系本位文化的余绪,与近代新式的关系资源相结合,所形成的人际网络,有意无意地被裹挟进了时代的洪流中,充当了一种中国司法建设的无形壁垒。不仅司法界如此,整个法律界也如此。这种人际网络,犹如一个被赋予了魔力的磁场,当一些固态或固定的物质进入这个磁场后,都会被它异化与软化。当然这个结果是否全然是负面的,并不能妄断。

《法律和社会科学》(2020)　第19卷第1辑,第285~310页

# 法官时间研究

程金华*

**摘　要**:结合当前中国法院系统工作的实际情况和已有研究,本文编制了法官时间支出的五个层次"阶梯",即首先区分为"工作时间"和"非工作时间",工作时间进一步区分为"法院业务时间"和"非法院业务时间",法院业务时间再区分为"审判业务时间"和"非审判业务时间",审判业务时间再区分为"常规审判流程时间"和"非常规审判流程时间",常规审判流程时间最后区分为"系统自动记录时间"和"非系统自动记录时间"。它们分别衡量法院的系统稳定性、审判工作独立性、管理有效性、流程规范性和系统智能性。虽然理论和实务界已经有了对法官时间进行科学研究的初步尝试,但是还不够,本文呼吁更多同仁关注这个领域的知识探索。

**关键词**:法官时间　时间管理　审判管理　时间社会学

---

* 程金华,上海交通大学凯原法学院教授、中国法与社会研究院研究员。本研究为2018年度国家重点研发计划司法专题项目"智慧法院综合示范及效能评价"之课题2"文书智能纠错技术"(课题编号2018YFC0831602)以及亚洲开发银行和最高人民法院研究联合课题"司法改革:通过大数据来提升司法公正"(Judicial Reform:Using Big Data to Improve Delivery of Justice)的阶段性成果。

包括法官在内的所有人,每年的时间“收入”是一样的,也就是一年有365天,一周有7天,一天有24小时。但是,每个人的时间“支出”并不一样。法官如何分配工作时间和非工作时间,工作时间花在哪里,一周5天、一天8小时法定工作时间够不够花,如果不够花,怎么填补法官工作时间的“赤字”?甚至,人们也很关心,法官是怎么支配自己私人时间的?诸如此类的问题,都是法官时间的“支出”问题。

在中国,法官时间虽然因为“案多人少”而得到了法官群体和法院媒体的较多关注,①但很遗憾并没有得到理论界的应有重视。② 理论界对法官时间没有给予应有的重视,或许是可以理解的。相对于司法是否公正以及如何提升司法公正这样的根本性问题,法官时间问题看起来更像是“奇技淫巧”的技术性问题。同时,法官时间问题似乎也没有得到国

① 参见吴仕春:《法官时间去哪了》,载《人民法院报》2014年2月23日,第2版;林娜:《案多人少:法官的时间去哪儿了》,载《人民法院报》2014年3月16日,第2版;李永超:《法官的时间去哪儿了》,载《人民法院报》2016年1月20日,第2版。

② 只有少数学者关注到这个问题。比如,参见左卫民:《时间都去哪儿了——基层法院刑事法官工作时间实证研究》,载《现代法学》2017年第5期。

际同行的很大重视。① 然而,当包括中国在内的很多国家的法官整体上面临时间不够用,整个司法体系面临着重大的时间赤字的时候,这个问题就不再是法官个人的问题,而是影响整个司法系统运作的大问题。在本文中,笔者从如下几个方面对法官时间的研究——或许也将是一门新兴的司法学问②——进行初步探讨:为什么要对法官时间进行研究,如何进行研究,以及如何将研究成果科学地应用到法院治理体系现代化建设中去,并提炼其中的理论含义?

## [一] 法官时间支出与“案多人少”困境

乍一看,法官的时间分配并不是一个复杂的理论问题,不值得大动干戈去做学术研究。几乎每位法官及其家人,都可以贡献他们的答案。但是,全中国(或者某个地区)的员额法官平均每天(或者每周)花了多少时间在工作上?其中有多少百分比用于案件办理?不同的法官群体在相同的案件办理上是否花费了一样的时间?诸如此类关于法官时间的事实性问题,至今没有明确的答案。正如左卫民所言,“作

① 孙笑侠教授认为,西方发达国家客观上也存在“案多人少”、法官时间不够用的问题。但是,由于西方发达国家的司法观念影响和审判制度安排比较合理,才没有成为急剧冲突的基本矛盾。相反,在中国,存在社会法治化需求和司法职业化水平之间的矛盾,也就是“民众对司法有平民化、亲民化和多元化的要求”和“司法的职业化、正规化、专业化”之间的矛盾,这是导致“案多人少”的根本原因。孙笑侠:《“案多人少”矛盾与司法有限主义》,载《北京日报》2016年11月7日,第14版。

② 虽然本文无意在理论讨论上走得太远,但我仍然想指出,关于法官工作时间的研究在很大程度上和近年来兴起的“时间社会学”(Sociology of Time)是相关的。参见 John Hassard ed. ,*The Sociology of Time*,Palgrave Macmillan,1990;Werner Bergmann,*The Problem of Time in Sociology:An Overview of the Literature on the State of Theory and Research on the "Sociology of Time"*, 1900–82,Time & Society,Vol. 1:1,p. 81-134(1992)。

为一个公共话题与学术命题,法官的工作时间与工作状态到底如何尚未得到扎实的实证资料尤其是实证数据的验证与支撑,一些判断更多停留在个体经验层甚或想象之上"。① 对法官时间进行研究——尤其是科学的事实研究——至少是澄清法院"案多人少"问题的认识基础,是有效解决(部分)法官工作负荷过重、身心不堪重负的知识前提。

掌握法官时间支出能够提升法院"案多人少"问题表述的精准性和科学性,并为获得法院外部资源去解决这个问题提供知识支撑。当前,在法院系统内部,甚至在更大的法律共同体内部,大部分人都知道全国法院(在一定程度上也包括检察院)面临着"案多人少"的普遍性问题。"案多人少"问题的严重性可以从历年最高人民法院院长向全国人大所作的工作报告中得到说明(附表1列举了从1999年肖扬担任最高人民法院院长以来历年《最高人民法院工作报告》中对"案多人少"和法官工作负荷问题的相关表述方式和内容)。

从附表1可以明显地看到,中国法院系统在最近二十年所面临"案多人少"问题的发展态势:普遍化、严重化和持续化。在肖扬担任院长的早期(1999—2005年),按照惯例,最高人民法院工作报告每年都会提到法院工作面临的困难和不足,但基本上没有涉及法院工作量太多的问题,只在2001年的报告中提到"审判任务越来越重、案件大幅度上升与人力不足"这个"情况"。到了2006年,最高人民法院工作报告首次明确提出"案多人少"这个说法,但也仅指"一些东部沿海地区和大中城市基层法院"存在这个矛盾。王胜俊担任

① 左卫民:《时间都去哪儿了——基层法院刑事法官工作时间实证研究》,载《现代法学》2017年第5期。

最高人民法院院长以后，他在 2009 年工作报告中，用全国性数据说明了“案多人少”问题的普遍性：2008 年全国各级法院审结案件数是 1978 年的 19.5 倍，但人员数量仅增加了 1.68 倍。此后在所有年度工作报告中，法院面临普遍性的“案多人少”问题、法官工作负荷过大，基本上成了法院系统工作困难的“标配”表述。

毫无疑问，造成法院“案多人少”、法官工作超负荷的原因是多方面的，对策也应该是多元化的。张海燕归纳了五种潜在的解决方案：进一步增加法院人员编制和法官职数，提高诉讼门槛以加大当事人接近诉讼的难度，建立多元化的诉外纠纷解决机制，强化法院内部挖潜提高审判效率，以及进行案件审理的繁简分流。她同时提到第一种增加法院人员编制和法官职数“不具现实性”。①

通过增加编制和职数来解决“案多人少”的“人少”问题，是一种非常直接的解决方案。不过，在中国当前的治理体系中，法院自己解决不了这个问题，得靠外部的力量来推动，并依赖执政党高层决策。但是，高层决策一定存在“不患寡患不均”的顾虑。换句话说，当法院试图把“案多人少”这个问题诉诸社会公众、高层决策者时，就面临着这个问题是否具有独特性的质疑。人们经常会质疑：中国法官或许很苦，但是法官一定比其他职业人群更辛苦吗——谁能说教师、社区工作人员、警察、解放军、纪检监察人员不辛苦？！甚至，谁能说律师不辛苦？！

如此，法院就势必面临一个非常尴尬的境地：一方面，法院系统内部（包括更加宽泛的法律共同体内部）的很多人能

---

① 张海燕：《法院“案多人少”的应对困境及其出路——以民事案件为中心的分析》，载《山东大学学报（哲学社会科学版）》2018 年第 2 期。

够体会到法官的辛劳;另一方面,法官的辛劳又仿佛无法向外界有效诉说。无法向外界有效诉说,也就势必无法游说外界和高层来解决问题,无法达成解决问题的共识。这也是张海燕认为增加编制和职数"不具有现实性"的原因。

其中的关键问题之一在于,当向外界表达"案多人少"这个困境时,法院及其同情者用了两种相互无法直接转换的计量单位:"案"和"人"。究竟每个法官一年办理100件案件是多,还是500件案件是多,还是1000件案件是多?不仅法院外部人群无法获得共识,甚至法院内部也没有定论。在世界范围内,如果只提及法官人均审理案件数,甚至很难证明中国法院真的存在"案多人少"问题。比如,英国《金融时报》2016年报道了当时印度法院领导层的抱怨:印度全国每位法官年均要审理2600件案件,印度最高法院的31名法官有60,000件案件(人均约1900件)等待审理,所以印度法官们"利用假期时间加班写判决书"并且"身心状况堪忧"。①

事实上,如何优化法院的管理以给法官减负,是个世界性的长久难题。通常被视为全球模范的美国联邦法院,自19世纪80年代开始,就面临着案件量剧增所带来的调整。作为应对,从1887—1888年的《美国联邦司法法案》(Judiciary Act of 1887—1888)至今,美国国会就先后采取诸如缩减联邦法院的管辖权、增加法院预算、建设更多的上诉法院、增加法官职数、优化诉讼程序、进行法院管理架构改革

① Victor Mallet, *India's Top Judge Reduced to Tears over Caseload: Justice Backlog*, Financial Times, April 26, 2016, p. 3.

等举措来解决这个问题。① 另外，在英美法系国家的法院里，法官传统上是“通才式”(generalist)法律精英，是“什么都可以干”的法官，可以处理各种类型的案件。但是，随着“案多人少”问题的突出，这些国家也开始采取措施来进行“分类遴选”，选择“专才式”(specialist)法官，推行“什么样的人干什么样的活”，以提升审判效率，这和中国法院的“繁简分流”有异曲同工之妙。② 比如，澳大利亚就采取了此类举措去缓解法院工作量过多的问题。③

所以，仅仅说“案多人少”，并不能有效说明中国法官所面临的真正工作负荷。反过来，当听到诸如“法官周末都在加班，而且工资还不高”这样的表达时，外界和高层更容易获得法官职业“性价比低”的认识——能否准点下班、薪酬几何，是我们对一个职业的“性价比”最容易形成判断的标准。毕竟，“工作时间”和“薪酬”是人们更加普遍使用的职业“度量衡”。因此，当论者能够把“案多人少”这样一个问题表述转化为法官平均每周工作多少小时、加班多长的时候，对当前(不同地区、不同层级)法院的工作负荷便会形成更加普遍接受的认知，而不再是“行业黑话”。所以，对法官时间支出的事实研究——尤其是如果能够同时对法官、检察官、律师、公司法务人员、警察等群体做工作时间支出的比较研究时，是人们能够精准描述当前中国法院工作负荷的前提，也

---

① Edward A. Purcell, Jr., *Caseload Burdens and Jurisdictional Limitations: Some Observations from the History of the Federal Courts*, New York Law School Review, Vol. 46 : 1, p. 7-28(2002—2003).

② Lawrence Baum, *Specializing the Courts*, University of Chicago Press, 2010.

③ Kathy Mack, Sharyn Roach Anleu & Anne Wallace, *Caseload Allocation and Special Judicial Skills: Finding the "Right Judge"?*, International Journal for Court Administration, December 2012, p. 1-14.

是能够游说外部公众和高层决策者同情法官并对法院进行资源支持的前提。简言之,"时间/法官"是比"案件/法官"更加有效的计量单位。在大部分时候,简单易懂往往意味着更强的说服力。

在当前关于中国法院"案多人少"问题的讨论中,存在一个吊诡的现象。一方面,我们不能断言"案多人少"是个"伪命题"。① 关于年轻法官"过劳死"的报道,以及关于法官"辞职潮"的研究,②都在很大程度上说明了法院工作负荷重、法官工作压力大的真实性。但是,另一方面,法院外部的绝大部分人也无法确信"案多人少"是个真问题。无论证明"案多人少"是伪命题,还是证实其为真问题,都需要确切证据。在现有的论述中,通常采用的论证逻辑是:统计数据表明,近年来法院收案和结案量大幅增加、法官人数并没有同步显著增加,所以出现了"案多人少"问题。2009年的最高人民法院工作报告就采用了这样的论证逻辑。为了向社会各界更加有效诉说法院的工作难度,或许采用时间这个更加普遍使用的度量衡是更好的方式。这是要对法官时间做科学的事实研究的第一个理由。

不仅如此,系统掌握法官时间的支出现状,也是在法院系统内部找到工作分配是否失衡从而"对症下药"的前提。这也是本文主张对法官时间进行科学研究的第二个理由。就"案多人少"这个问题,很多人都认识到,除了法院收案和

---

① 前些年,有不少人提到,既然法官有时间去扫大街,就应该有时间办理案件,另外全国法院人均办案量不高,所以"案多人少"是个"伪命题"。对此,法院的专家们做出了解释和反驳。参见林娜:《案多人少:法官的时间去哪儿了》,载《人民法院报》2014年3月16日,第2版;何帆:《"案多人少"是伪命题吗》,载《北京日报》2015年12月14日,第18版。

② 参见李浩:《法官离职问题研究》,载《法治现代化研究》2018年第3期。

结案逐年增加过多以外,还有法院内部工作量分布不平衡的问题。胡夏冰法官(当时任职于最高人民法院司改办)曾指出"不能仅仅从案件数量与法官人数比例的角度来看待法院'案多人少'现象",并且"案件数量并不是导致我国法院'案多人少'的关键元素",相反"法院审判资源配置失衡"是导致"案多人少"现象的深层次原因之一——具体体现在具有法官职称的法官工作人员并不都在从事审判和执行工作,从事审判和执行工作的法官也没有把全部精力放在案件审理和执行事务上。①

的确,法院系统内部工作量分配的失衡,也是造成最高人民法院工作报告中提到的"人案矛盾突出、办案压力大"和"有的法官常年超负荷工作,身心状况堪忧"等问题的根本原因之一。但是,何为工作分配"失衡"?也是仁者见仁、智者见智的问题。办理1件离婚案件比办理1件盗窃案件更轻松吗?办理1件信访案件比办理1件金融案件更轻松吗?答案是未必。还有,从事扶贫帮困、征地拆迁、环境保护等非审判业务工作,一定比从事审判业务更加轻松吗?答案也是未必。在实践中,法院内部不同条线、不同工种的法官和其他司法人员都讲自己的岗位非常重要、工作压力很大、案件数量或许少但是难度很大,诸如此类。这固然有部门本位、屁股决定脑袋的因素,但是如何找到法院内部不同工作分配的"平衡点",的确是个大难题。解决问题的思路之一也还是采用相同的度量衡去比较不同性质的工作和任务。所以,通过把不同性质、不同类型的工作转化成"干了多少时间的活"来表述,也应当是重要的知识创新。我们当然不能

① 胡夏冰:《法院"案多人少"现象的根源》,载《人民法院报》2014年5月30日,第5版。

期待用时间可以百分百精算出不同性质、不同类型、不同压力工作的量,但它是一个相对有效的计算器。

即便能够使用时间来测算出法院系统内部的工作配置是否失衡以及如何失衡,问题仍不能够自动解决。紧接着的问题自然是,用来解决失衡问题的改革举措是否有效?时间测算也是评估改革举措是否有效的重要知识工具。这是研究法官时间的第三个重要理由。

极端地说,任何行业、任何单位、任何部门,即便多设编制、增加职数,人手还感觉不够。除了外部的有效支持外,解决当前中国法院系统工作负荷还得靠"内功"——也就是通过提升法院治理体系和治理能力的现代化,尤其是通过人力资源的优化配置来提升法院系统运作的有效性。邹碧华法官生前曾经主张重视法院内部潜力的挖掘,从优化内部管理的角度来缓解"案多人少"困境。① 也有不少其他学者和法院内部的专家认识到这个问题,力主通过审判管理和诉讼流程改革来优化法院的人力资源配置。② 近年来,法院系统相当一部分改革举措也是奔着这个目标去的。

其中,一个紧密相关的工作是在全国法院如火如荼地推进的繁简分流工作。问题在于,在微观的事实层面,如何得知采取繁简分流之后提升了工作效率?一些报道和研究说,法院进行繁简分流之后,提升了效率,部分因为简案团队大幅提升了人均案件办理数——这种论证逻辑可以说是"耍流氓的",因为是在同义反复。繁简分流之后,简案团队提升案

① 邹碧华:《"案多人少"的管理学解读》,载《中国审判》2014年第2期。

② 比如参见程金华:《人工、智能与法院大转型》,载《上海交通大学学报(哲学社会科学版)》2019年第6期;汪澜、邱素芳:《法官工作量测量——计量模型与四川经验》,载《上海交通大学学报(哲学社会科学版)》2019年第6期。

件办理效率是应该的,否则改革是失败的。由于缺乏精准的量化测算,部分改革者在描述改革成效时,偷换了概念。改革结果事实上有三种情况,一是改革整体上是成功的,二是改革整体上是失败的,三是改了等于没改(俗称“换汤不换药”)。社会的期待是第一种情况,也就是改革整体上是成功的,而不希望出现第二种和第三种情形。但由于缺乏精准测算,一些改革者经常把第三种情形“论证”为改革成功的情形。同样因为没有精准的事实研究,外界也无法辩驳。在这个意义上讲,对同一个法官、同一部门法官、同一个法院法官在改革前后的时间“开支”的精准测算,是繁简分流改革是否“换汤不换药”的“照妖镜”。只有精准测算,我们才有论证改革是否成功的底气。当然,至于改革者是否愿意去做认真论证则是另外一个问题。①

换句话说,对法官时间的研究,也是法院进行人力资源有效配置的前提。其核心是明确法官群体在工作效率上的差异性。在一些单位中,人们很容易了解身边的某位同事工作是否高效,法院里也是如此。但是,仅仅了解身边个别法官的工作是否高效往往只会对其个人产生影响,如获得更多好评,甚至有机会升迁。而对于整个单位而言,对于整个法院司法系统而言,我们更需要知道:哪些法官群体有更高的工作效率,以及原先工作效率一般甚至低下的法官群体经过怎样的重新安排之后获得了更高的工作效率?对具有不同群体属性的法官群体、对不同组织的法官群体进行工作效率的比较,也需要有法官时间支出的精准数据。有了精准的工作时间分布数据之后,改革者就可以对症下药。举个简单的

① 程金华:《检察人员对分类管理改革的立场——以问卷调查为基础》,载《法学研究》2015年第4期。

例子,中国古话说,"男女搭配,干活不累"。我们的日常生活经验也好像证实了这个道理——全是男性或者女性构成的工作团队,通常会存在这样或者那样的沟通与激励问题。那么,进一步问,在一个团队里,怎样的法官性别比例可能是更加有效的?甚至,怎样的性别—年龄比例配备是更加有效的?这都是对法院的人力资源进行精细化测算并在这个基础上实现精细化管理的科学知识基础。①

概括起来,从提升法院系统工作效率、有效解决"案多人少"这个视角看,我们至少有三大理由对法官时间进行精准的科学研究。它们分别是:其一,向外界有效说明法院系统工作负荷的真实现状,并尽量有效说服社会各界和高层决策者给法院更多外部支持;其二,精准测量法院系统内部工作量是否失衡、怎样失衡;其三,对已经开展的改革是否成功进行精准评价,并为建构更加科学、精细化的法院管理体系提供基础知识。当然,在对法官工作时间进行科学研究之外,也要适度考虑法官工作之外的时间分配。理论上讲,法官工作之外的时间分配是个人私事,不应有太多的外部干涉。不过,也有评论者提到,考虑到当代法官职业的独特性,对法官工作之外时间分配的研究,也构成了法官形象研究和优化的

---

① 比如,美国学者塔哈(Ahmed E. Taha)曾经对影响美国法官如何分配他们时间(主要是是否发表他们的裁判意见)的因素进行了量化实证研究,并发现给定其他条件相当,平均每年多出100个权重化案件(weighted cases)需要审理的法官有10%更低的可能性去发表他们的裁判意见。*Ahmed E. Taha*, *Publish or Paris? Evidence of How Judges Allocate Their Time*, American Law and Economics Review, Vol. 6 : 1, p. 1-27(2004).

重要组成部分，所以也有研究必要性。①

### [二] 法官时间支出阶梯

既然关于法官时间的研究重要，那么，应当如何开展法官时间的研究？毫无疑问，对法官时间的经验研究是所有相关研究的基础。在理论上讲，我们既要研究法官时间的收入，也要研究支出。不过，法官时间的收入无须太多研究，因为每位法官的时间来源是固定的、平等的。更重要的是，我们要对法官时间的支出开展系统研究：哪些应该是法官的私人时间，哪些是工作时间；工作时间事实上是如何分配的，又应该如何分配；工作时间是否有记录，如何记录和计算？为了对法官时间的支出有更系统的了解，笔者用图 1 对当前中国法官时间的支出情况做了一个“阶梯图”，以便梳理法官时间支出的构成及其研究内容。

如图 1 所示，法官时间支出的最基本构成是工作时间和非工作时间（第一层次）。这种区分看上去是显而易见的。不过，在当前中国的现实中，如何区分工作时间和非工作时间并非易事，而且越来越难：在晚饭后或者周末，领导、同事、某位合作院校的教授，甚至案件当事人委托的律师，通过微

① 比如，吴仕春认为：“法官司法作风的高低，在时间利用上也能瞧出个‘端倪’。司法作风好的法官，在为群众沟通交流时从不吝啬时间长短，在工作之外也绝对不会把宝贵的时间浪费到‘觥筹交错’‘灯红酒绿’中去，而是会充分利用休息时间迈开脚步锻炼身体、翻开书本及时‘充电’，为不断提升司法能力和审判工作水平做着充分准备。改进司法作风的思路很多，但如果首先从法官自身对于‘八小时内外’的时间利用态度着手，也许会收到事半功倍的效果。法官一旦做到了善待时间，其实也就是做到了珍视自己的职业生涯和职业声誉，大大减少了司法腐败的可能。”吴仕春：《法官时间去哪了》，载《人民法院报》2014 年 2 月 23 日，第 2 版。

信或者其他电子通信手段联系一位中国法官,商讨工作事宜,并不罕见。工作通过新科技侵入所有人(包括法官)的休息时间,日益成为一种新的常态。且不论许多中国法官抱怨,在周末陪伴家人的时候,脑袋里还在思考某个判决书的写作。以前,8 小时法定工作时间以外的时间默认为私人休息时间,而现在,尤其是在节奏较快的大中城市,很难保障法定工作时间以外就是非工作时间。相反,在一天法定 8 小时工作时间和睡觉必需的大致 8 小时以外,第三个 8 小时是介于工作和非工作之间的灰色地带。如何对这些灰色地带时间做工作和非工作时间的定性和计算,是一个很大的难题。

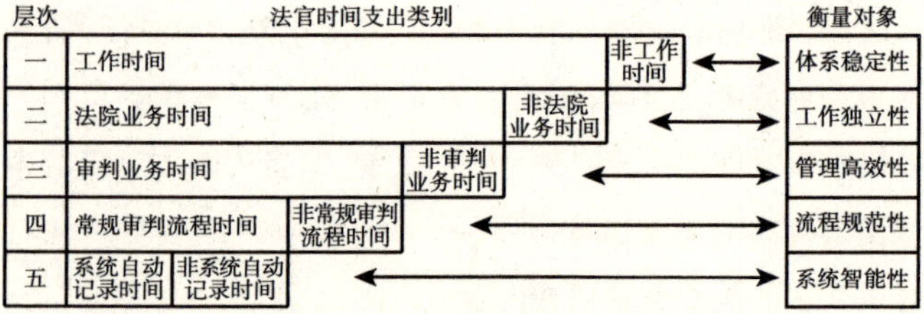


**图 1　中国法官时间支出阶梯**

无论能否划分以及如何划分法官的工作时间与非工作时间,前文提到,我们更关心法官的工作时间。法官工作时间其由法院业务时间和非法院业务时间构成(第二层次)。与其他国家的法官相比,中国法官的工作时间支出有一个非常独特的现象,就是大部分法官虽然在勤奋工作,但却不一定在办理法院业务(法律法规或者编办所确定的法院工作职责)。当前,中国法官所必须支出的非法院业务工作时间有扩大的趋势,既挤压了法官的法院业务时间,也大量侵占了法官的非工作时间。

进一步看,中国法官即便在从事法院业务工作,也未必从事审判业务。比如,员额法官参加专业学习、参加课题与调研工作、参加各种性质的法院工作会议，虽然也算得上是从事法院业务，但并不是审判业务。所以，“阶梯图”的第三层次进一步把法院业务时间分为审判业务时间和非审判业务时间。毫无疑问，任何国家的法官在工作中都有或多或少的非审判业务，中国也不例外。但是，非审判业务所花费时间占所有法院业务时间的比重，是衡量一个国家法院管理效率高低的最重要指标之一。如果对大部分法官的审判业务时间和非审判业务时间的比重做不到心中有数，那么我们对整个法院系统管理是否高效也是心中无数的。对于法官来说，如果说非法院业务时间支出主要是外部因素造成的，那么非审判业务时间对审判业务时间的挤压则主要是由于法院内部管理机制不顺造成的。

再往下看，作为法官核心工作的审判业务事实上也是由案件的常规审判流程工作和非常规审判流程工作构成的，因此审判业务所需时间也是由这两部分工作的时间构成的（第四层次）。所谓的常规审判流程，是诉讼法或者法院审判规则所确立的制度化程序，并在诉讼过程中实际经常出现并由法官本人处理的流程环节。比如，以民事案件的审理为例，通常会出现阅卷、送达、调解、诉讼保全、庭前调查、开庭审理、案件合议定案、裁判文书制作、结案归档等环节。① 但是，其中诸如送达、保全②这样的环节通常由法官助理实施，

① 王静、李学尧、夏志阳：《如何编制法官员额——基于民事案件工作量的分类与测量》，载《法制与社会发展》2015 年第 2 期。

② 曾经在西部某中级法院担任民庭法官的解杰详细记录了自己在 2017 年度所有实际工作的用时，其中全年花费的外出保全时间为 275.32 小时，占他全年实际工作耗时 1885.55 小时的 14.6%左右。其中，在所有 275.32 个小时的外出保全工作中，有大约 46%的保全工作是由他人主办的。解杰：《法官为何难以专心审案》，载新浪网 2018 年 3 月 13 日，http://k.sina.com.cn/article_5507903695_1484bf0cf019005i7f.html。

合议定案则要视案件性质而定。如此,在确定常规审判流程的时候,不仅要看诉讼制度的设计,还要看法官本人是否经常性参与。虽然有诉讼制度设计,但法官本人不经常参与的流程,都不算法官工作时间计算中所谓的常规审判流程。把审判业务时间分成常规和非常规审判流程所需时间,可以观察法院审判程序的规范化和理性化程度。通常而言,法官花在常规审判流程的时间比重越高,那么司法过程的规范化和理性化程度越高。

最后,随着司法自动化、智能化程度的提升,在常规审判流程中,越来越多的工作可以在办案系统上直接操作,可以实现由系统自动记录工作时间。由此,我进一步把常规审判流程所花费的时间区分为办案系统自动记录的工作时间和办案系统没有自动记录的时间(第五层次)。以系统自动记录为标准来区分常规审判流程所需要的时间可以测量法院司法自动化和智能化的水准。如果法官的大部分工作时间花费在常规审判流程中,并且大部分可以由办案系统自动记录,那么法官的时间研究就可以事半功倍,并有效应用于审判管理工作。

虽然对上述五个层次的时间类型进行定性划分和定量测算本质上是个技术问题,但是时间测算的结果可以反映更深层次的问题,并且因此会依赖不同的研究路径和方法。对于第一个层次的“工作时间”vs.“非工作时间”研究而言,其主要目的是获得法官整体的工作负荷,以及超出法定工作时间之外的工作时间分布。对于该层次法官时间的研究结果可以很好地测量整个法院司法系统的稳定性:如果大部分法官的实际工作时间和法定工作时间基本吻合,说明司法系统的人力资源配置相对合适,既不会“太撑”,也不会“太饿”,

从人力资源配置角度看，这是一个相对稳定的司法体系；反之，如果整个系统的法官实际工作时间太多或者太少，都可能引发系统的危机。进一步看，法院司法系统里面的子系统（比如民事审判、刑事审判、执行等条线系统）也适用类似的道理。

对于第二个层次的“法院业务时间”和“非法院业务时间”而言，主要是厘清边界，做工作时间上的定性。其研究目的主要是要给法官超负荷工作设定“防火墙”。

接下来，对于第三、第四和第五个层次的“审判业务时间”和“非审判业务时间”、“常规审判流程时间”和“非常规审判流程时间”、“系统自动记录时间”和“非系统自动记录时间”的研究而言，主要是要对法院内部的工作安排进行测量和评估。正如前文所述，对第三个层次的时间研究可以衡量法官内部管理的有效性。对第四层次的研究则聚焦审判流程的规范性和分类管理的有效性。对于规范理性的案件办理流程来说，无论是简单案件还是复杂案件，大部分的流程是常规审判流程，有既定的程序和流程安排。法官从事审判业务的大部分时间应该是在常规审判流程上。对于非常规流程，要么通过优化流程设置来理顺，要么通过繁简分流来分类处置，要么固化为法官助理的工作职责。最后针对工作时间能否被系统自动记录而言，其研究结果可以反映工作系统的自动化和智能化程度。目前，全中国法院系统在大力推广无纸化办公、在线庭审等自动化办案系统。对法官工作时间能否在办案系统中自动记录的研究，在很大程度上可以衡量“智慧法院”建设的时效。

总的看来，上述“阶梯图”虽然主要是观察法官的时间支出，但同时可以通过时间这个大家都能接受的要素去审视

(中国)法院的工作和治理体系。从第一到第五层次,我们可以从宏观到微观、从定性到定量、从外部到内部来系统地、科学地审视法院工作与“案多人少”的真实复杂的关联性。

### [三] 法官时间的研究路径与方法

在分析了法官时间研究的意义和内容之后,现在来探讨研究法官时间的路径和方法。就上文提到的五个层次法官工作时间,大体上有两种大的研究路径。一种路径是计算法官工作支出的绝对时间,描述法官群体时间支出的现状,然后做群体之间的比较(不妨称其为“绝对时间研究”)。另一种路径是计算法官工作支出的相对时间,描述法官群体时间支出的现状,然后作不同法官群体的比较(不妨称其为“相对时间研究”)。下文结合研究实例,分别予以介绍说明。

所谓的“绝对时间研究”,就是抽取一定样本的法官,对其每天工作时间的实际分配,以时、分、秒等时间单位做精准记录,然后做统计分析。这里举两个研究例子。第一个例子是左卫民教授团队在2015年5月初至6月中旬,对一个西部城市区法院的三名刑庭法官的工作进行了实证研究,观察统计这些法官的工作时间分布。该研究的具体方法是,在研究期间的连续26个工作日里,在每个工作日的法定工作时间里——也就是从9时到17时(除去12时到13时的午饭及休息时间)的7个小时里,观察和记录这三名法官的所有工作内容,并对各项内容的用时加以分类统计。该研究发现,与前文提到的法院“案多人少”和法官工作负荷大的印象不同,这三名法官的工作时间分布表明,一线刑庭法官还是有一定的自由活动时间，并且基层人民法院普通刑事法官日常工作主要是以司法性活动为主，非司法性的活动在其工作时间中占据的比例其实非常小。①

第二个例子是解杰法官对自己工作时间的记录和研究。2017年，当时在西部某中级人民法院担任民庭法官的解杰详细记录了自己在当年度所有实际工作的用时。据记录和统计，他当年共工作1585.55小时，其中包括开庭审理430.74小时、审理报告390.71小时、外出保全275.32小时、撰写法律文书129.26小时、合议案件106.37小时、庭外质证46.40小时，以及其他事项支出194.08小时（其中包含内勤工作47.08小时、各类开会42.27小时、搬家事务12.74小时、鉴定事宜10.24小时、来电来访8.81小时、东西区往返7.90小时、文书上网5.04小时、处理信息化系统中的审限问题4.59小时）。② 这个研究非常有意思、有意义，把一位西部中院民庭法官的一年工作时间做了相当精细化的记录，让我们对其时间的分配一目了然。

上述两个实例是针对中国法官工作时间的开创性研究，在方法论上有很强的启发性。其中的一个突出优点是，研究者不仅对被观察法官在法定工作时间内的所有工作时间进行了统计，还对前文提到的"法院业务时间"和"非法院业务时间"、"审判业务时间"和"非审判业务时间"的区分进行了统计分析，有很大的信息量。虽然两个研究的样本都较少，并都是针对西部法官的研究，在代表性上存在一定的缺陷，

---

① 左卫民：《时间都去哪儿了——基层法院刑事法官工作时间实证研究》，载《现代法学》2017年第5期。

② 解杰：《法官为何难以专心审案》，载新浪网2018年3月13日，http://k.sina.com.cn/article_5507903695_1484bf0cf019005i7f.html。

但其研究方法和阶段性的事实发现值得认真对待。

除了上述例子之外,笔者在2020年组织过两个计算法官工作绝对时间的问卷调查。一个对全国若干省份将近千名法院司法人员(其中大约一半是员额法官)在2019年度的全年平均每周工作时长进行了问卷调查。另一个和上海某个中级人民法院的研究室合作,对该院一百多名员额法官在2018—2019年用于一审和二审民事、刑事和行政案件各个审判流程的平均时间进行问卷调查。目前还在整理其中的事实发现。总体上,问卷调查的结论和"案多人少"以及法官工作负荷大的社会认知是一致的。

应该说,上述不同方法的"绝对时间研究"各有利弊。左卫民教授团队和解杰法官的研究,大致上用的是对个案进行深度观察的研究方法,其好处是能够实现对被研究法官工作用时相对精准的测算,但弊端是需要花费极其高昂的研究成本,因此难以进行大规模研究。解杰法官的测量方法并不复杂,但是要找到一批法官来做同样的研究,在法官们自身工作量已经非常繁重的背景下,操作起来有难度。左卫民教授团队的研究,其利弊也是大同小异。笔者的研究,用的是调查问卷法,虽然能够对数量相对多的法官进行工作时间测算,但是结果无法做到与前者一样精准——法官们在填写问卷时,只是事后对上一个或者两个年度工作时间的"毛估估",肯定不如对其工作时间进行当天即时观察、即时记录精准。

就对法官工作绝对耗时的研究而言,一种潜在的优化方法是像大型律师事务所一样,由法官通过工作平台上的计时系统对本人当天的工作进行报时、计时。这种方法的好处是能够普遍推广,并且能够即时计算。但是,由于法官和律师工作性质不一样,把律师工作的计时方法直接套用到法官身上,也会产生新的问题。例如,加剧法官自认为"司法民工"的不良感受,可能产生乱报、多报工作时间的道德风险。简言之,对法官工作绝对时间的计算,虽然方法上并不复杂,但是要获得具有代表性的数据,操作成本较高。

与计算法官工作绝对耗时的研究路径相对应,还可以研究他们支出的"相对时间",也就是以某一种工作活动所花费的时间为参照(通常设定权重为"1"),研究其他工作所花费的相对时间支出(比如为"0.5"或者"1.5")。这种研究路径也通常和案件工作量的权重测算联系在一起。

在之前的研究中,笔者曾经归纳了当前中国司法理论界和实务界测量案件工作量的六种方法,其中有四种最后都会测算出案件审理所需要的平均绝对耗时或者平均相对耗时。这四种方法分别是"计时化自然案件"、"计时化权重案件"、"计时化案件要素组合"和"计时化权重要素组合"。① 其中第一种的"计时化自然案件"和第三种的"计时化案件要素组合"是以案件为单位,计算某个地区、某个时期、某类法官花费在某种类型案件的上平均办理时间,属于前文的绝对时间研究路径。这两者的差异是,"计时化自然案件"是对案件的办理耗时做整体上的计算,而"计时化案件要素组合"则是把案件分解成若干流程要素之后,计算每个流程的平均耗时之后再加总。相反,第二种"计时化权重案件"和第四种"计时化权重要素组合"则是相对时间研究路径。这两种方法的共通点是,以某种类型案件为参照,计算该类案件审理所需要花费的平均绝对耗时,然后再计算其他类型案件的

① 程金华:《法院案件工作量测算的"中国方案"——司法大数据时代的探索方向》,载《法律适用》2020年第3期。

相对权重,并乘以参照案件的平均绝对耗时,便得到后者的相对用时。同理,“计时化权重案件”和“计时化权重要素组合”的差别在于,前者是做案件整体的权重测算,而后者是对案件流程分别做权重测算再汇总。

对于“相对时间研究”而言,上述案件工作量测算的诸多方法是非常重要的,因为案件工作量测算的结果与上述法官时间支出“阶梯图”的第四和第五层次的时间研究高度相关。同时,案件工作量测算的权重法也可以被借用并加以改造应用于更大范围的法官工作时间测算。理论上,可以以某类法官工作的绝对时间支出为参照,并通过权重法来计算其他类型法官工作的相对时间支出。比如,在上述解杰法官研究结果的基础上(假设中级人民法院民庭法官年度平均工作时间约等于1550小时),我们以中级人民法院民庭法官的年度平均工作用时为参照(也就是权重设定为“1”),计算其他类型法官的年度平均工作用时的权重(假设中级人民法院刑庭法官年度平均工作用时权重为“0.8”、执行法官年度平均工作用时权重为“0.7”),就可以得到更大范围法官群体的工作时间分布情况(也就是中级人民法院民庭法官年度平均工作时间约等于1550小时、刑庭法官年度平均工作时间约等于1240小时、执行法官年度平均用时为1085小时)。权重法之所以值得参考应用,很大原因在于直接测算的方法难以确定或者操作成本较高。

当然,在实际的研究中,通常会结合绝对时间研究和相对时间研究,进行综合应用。正如前文所述,如果只采用绝对时间研究的方法,虽然理论上的路径非常清晰,但是操作起来非常有难度。同时,由于中国法官每年的工作量都在发生变化(近年来呈现逐年递增的趋势),所以绝对时间测算的结果很容易过时——甚至研究结果一出来,就已经过时。反之,如果只有相对时间测算,最多只能发现并纠正法院内部工作量分配的不均衡问题,而无法向外界有效说明法院"案多人少"和法官工作负荷大的真实情况。所以,现阶段最优的方法是绝对时间研究和相对时间研究进行有机结合,把因为时间和空间导致的工作量差异转化为权重系数,适度克服绝对时间研究容易过失的困境。当然,考虑"智慧法院"和司法大数据建设的动态发展,更理想的情况是由法院的办案工作平台自动记录并统计所有法官的部分工作用时,然后通过权重法来测算其余未能被系统自动记录的工作时间,实现对法官工作时间计算的全覆盖,又能够动态调整。

### [四] 法官时间知识的实践与理论应用

获得法官时间的知识之后,如何有效应用我们获得的科学知识？按照我们常规的理解,存在实践和理论两个方面的应用空间。在司法实践方面,前文对法官时间研究的原因和内容分析中已经有所论及。归纳起来,司法实践的应用大约有三个层次。第一个层次是技术地提升现有法院管理工作的科学性,尤其是提升法院内部工作量分配、绩效考核和人员奖惩的科学性。第二个层次是把法官时间的知识应用于法院管理机制的改革,尤其是通过精准的时间测算来提升法院系统人力资源的配置,提升法院管理的能级。第三个层次则是把法官时间的科学分配和"智慧法院"建设等工作结合在一起,探索符合中国国情和信息化时代的现代化法院治理体系。

在理论方面,法官时间的研究通过以小见大的方式,把多种学科的知识整合在一起,可能为新时期的司法研究探索一条新的跨学科之路。法官时间的研究至少涉及法学、管理学和社会学等学科知识。在法学研究中,研究法官时间和诉讼法、法院组织法等密切相关。① 同时,正如邹碧华法官极力主张,要用管理学来解读"案多人少"问题,在法院日常管理中,"一定要把减少无谓的人力资源消耗作为一项重要管理原则",具体举措可以包括合理测定一线法官办案的工作量,花大力气解决忙闲不均的问题,使工作量的分布更加科学合理,并通过流程管理机制改革来提高人力资源集约化水平。② 另外,在社会学研究中,法官时间研究不可避免与"时间社会学"有紧密联系。③ 所以,法官时间问题虽然看起来是个技术性问题,但无论是从司法实践还是理论研究看,对其进行科学的研究都有很大的探索空间。期待理论界和实务界同仁能够在这个领域投入更多的精力,收获一批有影响力的知识成果。

**附表1　历年《最高人民法院工作报告》对"案多人少"问题的表述**

| 年份 | 院长 | 关于"案多人少"问题的表述 |
| --- | --- | --- |
| 2020 | 周强 | 一些法院人案矛盾突出、办案压力大,一些边远地区基层法院招人难、留人难问题突出 |
| 2019 | 周强 | 一些法院办案压力巨大,有的法官常年超负荷工作,有的法院人才流失现象比较严重,履职保障有待加强 |

① 比如,于兵认为,在诉讼程序中,时间问题至少有如下几个方面的重要意义:时间是衡量民事诉讼公正的重要标准、时间是衡量民事诉讼效率的重要维度、时间是世界各国民事诉讼制度改革所关注的主要内容、时间性制度改进是诉讼程序现代化的主要特征。参见于兵:《法官时间观对民事诉讼程序的影响》,载《法律适用》2002年第12期。

② 邹碧华:《"案多人少"的管理学解读》,载《中国审判》2014年第2期。

③ 左卫民:《时间都去哪儿了——基层法院刑事法官工作时间实证研究》,载《现代法学》2017年第5期。

续表

| 年份 | 院长 | 关于“案多人少”问题的表述 |
|---|---|---|
| 2018 | 周强 | 人民法院受理案件数量呈逐年攀升态势,一些法院办案压力巨大,有的法官常年超负荷工作,身心状况堪忧 |
| 2017 | 周强 | 人民法院受理案件数量持续增长,一些法院办案压力巨大,有的法官常年超负荷工作,身心状况堪忧 |
| 2016 | 周强 | 人民法院受理案件数量持续增长,新类型案件大量增加,办案压力和难度越来越大,一些法官长期超负荷工作,有的法官审判能力不适应形势需求 |
| 2015 | 周强 | 随着人民法院办案数量持续快速增长,新类型案件大量增加,办案压力越来越大,一些经济发达地区一线法官人均办案高达300多件,案多人少、人才流失问题突出 |
| 2014 | 周强 | 随着案数量持续增长,人民法院办案压力越来越大,部分法院案多人少、人员流失、法官断层等问题仍然比较严重 |
| 2013 | 王胜俊 | 基层基础工作仍然存在不少困难,一些法院人才流失、法官断层问题严重,司法环境有待进一步改善 |
| 2012 | 王胜俊 | 人民法院受理案件数量持续增长,基层法官超负荷办案的现象比较普遍,法官断层、人才流失问题严重,一些地方司法环境有待进一步改善 |
| 2011 | 王胜俊 | 一些法院仍然存在案多人少、法官断层、人才流失、经费不足等苦难 |
| 2010 | 王胜俊 | 案件数量持续增长,案多人少矛盾日益突出 |
| 2009 | 王胜俊 | 2008年全国各级法院审结案件数是1978年的19.5倍,在数量大幅度增长的同时,案件类型更加多样,处理难度越来越大,但人员数量仅增加了1.68倍,案多人少的矛盾日趋突出 |
| 2008 | 肖扬 | 法官人才短缺、一些法院经费保障不足的困难依然存在 |
| 2007 | 肖扬 | 大部分东部沿海地区和大中城市基层法院案多人少的矛盾比较突出,中西部基层法院办案经费短缺问题依然较为严重 |
| 2006 | 肖扬 | 一些东部沿海地区和大中城市基层法院存在案多人少的矛盾,不少基层法院超负荷工作的状态亟待改善 |
| 2005 | 肖扬 | 【没有直接或者相关表述】 |
| 2004 | 肖扬 | 【没有直接或者相关表述】 |
| 2003 | 肖扬 | 【没有直接或者相关表述】 |

续表

| 年份 | 院长 | 关于"案多人少"问题的表述 |
|---|---|---|
| 2002 | 肖扬 | 【没有直接或者相关表述】 |
| 2001 | 肖扬 | 在审判任务越来越重、案件大幅度上升与人力不足、法官素质不适应的矛盾日益突出的情况下,一些法院没有下大力气抓好法官队伍的教育培训,法官素质提高不快,难以保证审判质量和提高审判效率 |
| 2000 | 肖扬 | 【没有直接或者相关表述】 |
| 1999 | 肖扬 | 【没有直接或者相关表述】 |

《法律和社会科学》(2020)　第19卷第1辑,第311~343页

# 法院的空间治理术

## ——以批判理论为视角

代　伟*

**摘　要**:空间是现代治理不能忽视的一个维度。考察司法权力的现实运行,必须重视法院空间的功能和作用。有特定形态和内容的法院空间,不仅使抽象的司法理念得以具体化,其更重要的功能在于保障司法场域的再生产。一方面,法院空间塑造的司法形象与特定价值的连接是一种符号权力,发挥着生成司法权威的功能;另一方面,法院空间也通过空间对个体进行"规训",直接影响着进入其中的法官和当事人的行为与法律意识,从而在个体层面保障司法场域的再生产。

**关键词**:法院空间　空间治理术　司法形象　法律意识

* 代伟,中国人民大学法学院博士研究生。

## [一]问题的提出

所有人类活动必定依托一定物理空间进行,但在相当长的时间内,空间对人类活动的影响没有受到学术界足够的重视。直到20世纪60年代,列斐伏尔与福柯研究现代资本主义社会的城市和治理问题时,才发现现代资本主义社会在一定程度上依靠物理空间的生产和治理以维持自身。在此之后,物理空间才受到学术界的关注,并引发了社会科学的“空间转向”。这一思潮也启发了对法律议题中地理、空间因素的关注。例如,批判法学运动内部兴起了法律地理学,专注于研究种族、性别等问题在地理空间上的表现①;以安赫斯特学派为代表的法律人类学研究也将对法律时空维度的考察纳入研究范围中②;甚至有学者专门考察社会变迁和司法程序的变化如何改变法院建筑及其内部构造③。

目前中国法学界对法律与空间的关注集中在执法领域,

---

① See David Delaney, *Legal geography* Ⅰ: *Constitutivities, complexities, and contingencies*, Progress in Human Geography Vol. 39:1, p. 96-102(2015).

② 参见[美]帕特里夏·尤伊克、[美]苏珊·S. 西尔贝:《日常生活与法律》,陆益龙译,商务印书馆2015年版。

③ See Linda Mulcahy, *Legal Architecture*: *Justice, Due process and the Place of Law*, Routledge, 2010.

例如,陈柏峰对空间因素如何制约基层执法的研究①。其原因在于,执法活动与法律的现实运作更加相关,司法活动则更强调其规范性的一面。因此,司法研究更多在理想和规范层面讨论空间因素。例如,舒国滢运用符号学和类型学方法将司法程序划分为司法广场和司法剧场两种类型②,以及对庭审布局的研究和对司法仪式的研究③。

但无法否认的是,司法活动同样具备空间维度。从共时性角度来看,法院空间显著不同于其他国家机关。首先,由于法院是进行司法审判活动的场所,法院空间需要提供审判庭这一其他国家机关不需要的仪式化空间。其次,司法活动对正当性和规范性的强调,也要求法院空间与特定价值和司法理念形成隐喻或象征的关系。这就使得法院不仅在建筑风格上显著不同于其他行政机关,其内部装饰乃至日常运作也充满了对所谓"法院文化"的强调,最高人民法院甚至发布《关于规范法院文化标识和文化环境布设工作的通知》对法院的"文化工作"进行规范。从历时性角度来看,改革开放四十多年来,随着司法活动的程序化和规范化,司法空间也经历了相当程度的改变。随着"两庭建设"为代表的对法院建筑和设备的升级换代,法院空间成为司法活动依托的主

---

① 参见陈柏峰:《乡村基层执法的空间制约与机制再造》,载《法学研究》2020年第2期。

② 参见舒国滢:《从司法的广场化到司法的剧场化——一个符号学的视角》,载《政法论坛》1999年第3期。

③ 参见姚建宗:《法治:符号、仪式及其意义》,载《河南省政法管理干部学院学报》2000年第2期;李拥军、易玉:《司法仪式与法律信仰主义文化的建构》,载《江苏行政学院学报》2004年第6期;江帆:《法庭空间与司法公正——从一个基层法院法庭设施的改善说起》,载《比较法研究》2000年第1期;叶林达:《庭审改革后法庭布局重构之设想》,载《河北法学》2001年第2期;佟金玲:《司法仪式研究》,吉林大学2011年博士学位论文。

要空间,而“巡回法庭”“马背上的法庭”只在特殊情况下才成为司法活动所依托的空间。近些年随着信息技术的发展以及疫情的影响,线上诉讼被加速推广,改变了原本的司法活动空间。解释和应对这些现象,必然需要对空间与司法活动的内在关联进行深层次的理论分析。

对此,法社会学研究和法律社会史研究已经有了一些积累。例如,苏力、强世功在对一起农村借贷案件的分析中,从两个层次的空间维度对个案中的权力/知识关系做出分析。苏力讨论了在乡村这样的国家权力边缘地带,权力运作的位置——包括自然空间和人文空间——的不同使得国家与借贷者之间的权力关系发生了转变。① 强世功则更具体地讨论了“炕上开庭”这一基层调解场景中,各个人员占据的位置所蕴含的权力关系以及其隐含的司法运作逻辑的变化。② 此外,还存在一些跨学科的讨论,例如,何露露讨论了法律价值观念和法律意识如何通过法院空间传播。③ 法律史学者则分别讨论了古代衙门、晚清大理院和晚清地方法院的建筑等不同时代的法院空间如何反映当时的官方司法理念。④

在这个意义上来说,法律与空间具有一种相互关系:一方面,所有的法律活动都在一定的空间中的进行,考察法律

① 参见苏力:《送法下乡——中国基层司法制度研究》,北京大学出版社 2011 年版,第 27-30 页。

② 参见强世功:《一项法律实践事件的评论——“法律”是如何实践的》,载王铭铭、王思福编:《乡土社会的秩序、公正与权威》,中国政法大学出版社 1997 年版,第 488-562 页。

③ 何露露:《法律传播的空间之维——以法院为对象的观察与诠释》,2010 年西南政法大学硕士学位论文。

④ 参见黄晓平:《古代衙门建筑与司法之价值追求——考察中国传统司法的一个特别视角》,载《北方法学》2009 年第 6 期;韩涛:《司法变奏的历史空间——从晚清大理院办公场所的建筑谈起》,载《北大法律评论》第 9 卷第 2 辑,法律出版社 2008 年版;李启成:《从衙门到法庭——清末民初法庭建筑的一般观念和现状》,载《中外法学》2009 年第 4 期。

的现实运作不能忽视空间维度;另一方面,现代社会的空间无不处于一定的法律管辖权范围之内,空间也具有法律性。法律组织时间、占据空间的方式是具体化的法律最为突出的特征,但对空间的重视也必须以法律的规范性为前提。① 因此,法院空间构成了理解司法过程的重要维度,值得对此进行专门的学术讨论。而物理法院空间的产生和形成、物理法院空间对于司法活动的功能以及如何在线上诉讼的语境中重新理解法院空间的性质这三个问题,是法院空间研究首先应当解决的。局限于篇幅,本文主要讨论第二个问题,即物理法院空间的功能。这主要包括当前物理空间的法院空间具有哪些特殊的建筑风格和内部构造,这种特定的物理空间对司法活动又发挥什么样的功能?需要提请读者注意的是,本文的理论渊源更多来自社会批判理论,在内容上也更加接近西方马克思主义所进行的文化批判,因而不是社会科学意义上对空间如何影响司法活动的考察。

### [二] 法院空间对司法权威的塑造

本文所研究的法院空间主要指为人们感知到的、物理的法院空间,而不包括所谓社会空间。在这个意义上,法院空间包括构建物理空间的法院建筑,以及法院建筑内各个空间单元的分布和布局,还包括对空间内的各种装饰物即其中的人工制品及其位置。下文将基于笔者在 Y 县人民法院②的

① [美]帕特里夏·尤伊克、[美]苏珊·S. 西尔贝:《日常生活与法律》,陆益龙译,商务印书馆 2015 年版,第 138 页。

② Y 县人民法院于 2002 年整体搬迁至 Y 县新审判办公综合楼办公,综合楼由一座九层办公楼和一座单独的三层审判楼构成。

实地调查和通过其他方式搜集的资料来描述人民法院空间的特征,并在此基础上分析其功能。

虽然法院空间包含的要素都是物质,但法院空间首要的功能却是其非物质的表征功能。即它们同时都承载着一定的能指—所指关系,都处于一定的"意义之网"中,从而表征着司法活动对不同理念和价值的追求。

## (一)法院空间营造的视觉景观

这种表征功能首先通过各种物质营造一定的视觉景观来实现。这些景观主要包括整体的法院建筑以及审判场景,它们激发了社会公众对司法活动的直观印象和想象。

### 1. 法院建筑风格

在法院空间的所有要素中,法院的内部空间设计受到了其所承担的司法功能和必需的行政功能的限制,而法院外观则更多反映司法活动所遵循的价值理念。但官方话语显然并不重视法院外观与价值理念的关联,如《人民法院法庭建设标准》(以下简称《建设标准》)第28条对法院外观的规定仅为"建筑外观应简朴、庄重,体现现代建筑风格,并与周边环境相适应",并未限制法院外观的具体风格。但在实践中,法院的建筑外观却呈现对古典主义和新古典主义建筑风格的偏好。

以重庆市为例,重庆市的45座法院建筑的外观风格可以分为以下四类:第一类是类似美国最高法院的古典主义或者新古典主义建筑风格;第二类是类似最高人民法院的传统官式建筑风格;第三类是现代主义或者后现代主义建筑风格的法院建筑;第四类则是谈不上建筑风格的办公楼。四种类型的典型法院建筑如图1所示。简单统计可知,45个法院中有18个法院采用了古典主义或新古典主义建筑风格,15

个法院采用现代主义或后现代主义建筑风格,6个法院采用了传统官式建筑风格,6个法院采取了普通办公楼形式的建筑风格。古典主义或新古典主义建筑风格在法院建筑中被大规模采用。与此相呼应的另一个现象是,在其他非古典或古典主义风格的法院建筑中,大理石材质、高立柱和高台阶等新古典主义法院建筑的要素也被大规模使用,其典型形式是使用大理石材质,并在法院建筑外部添加立柱和台阶,甚至有的法院会在建筑顶部添加新古典主义风格的圆顶。

(a)古典主义风格:
重庆市高级人民法院

(b)传统官式风格:
重庆市合川区人民法院

(c)现代主义风格:
重庆市万州区人民法院

(d)办公楼:
重庆市云阳县人民法院

**图1 法院建筑的四类典型风格**

资料来源:笔者通过网络搜集。

2. 审判空间的仪式化

除了表现于法院外部的建筑风格有诸多符号性元素外,诉讼仪式所在的审判庭也有相应的空间和符号设计以营造一个“诉讼空间”。诉讼仪式和其他仪式一样,具有“反结构”①的特点:虽然仪式的目的是对社会关系的再生产,但在仪式中的关系却不同于日常的社会关系,诉讼参与人在日常生活中社会地位、经济状况上的种种差异在仪式过程中要被打破。因此,司法仪式不仅需要一个封闭的空间,更需要一个与日常生活不同的空间,只有当事人从日常生活的角色脱离,当事人才能进入诉讼活动所需的角色中。正是在这种仪式化的空间中,法官、诉讼参与者才能够建立起三方的空间结构②,使得法律面前人人平等、司法公正等理念成为某种意义上的现实而非虚构。因此,诉讼仪式是“在法庭封闭的场域内,依照既定的一系列规则和程序,将司法权型构出来的符号体系和行为状态展演的过程”③。

为了承载诉讼仪式,审判庭就不仅是一个物理空间,同时也是一个符号空间。法庭空间的特殊性首先在其布局上体现出来。图 2 是根据 Y 县人民法院第四审判庭绘制的典型的法庭布局。法庭空间一般呈长方形,在整体上法庭空间被栅栏分为旁听区域和审判区域,不同的区域设置有不同的入口。审判区域中的法官及书记员、辅助人员、检察官、当事人等不同角色都被限定在进一步划分的不同区域里:法官位于审判席,处于审判空间的中轴线上;原告、被告及他们的诉讼代理人则相对而坐;在刑事诉讼中被告人还被置于法官、公诉人和辩护人三方的中心,法警也会在其身后;而家属和公众则被置于旁听席上。其次,法庭空间中还充斥着各种

① 参见[英]维克多·特纳:《象征之林——恩布登人仪式散论》,赵玉燕等译,商务印书馆 2006 年版,第 99 页。

② 参见[美]马丁·夏皮罗:《法院:比较法上和政治上的分析》,张生、李彤译,中国政法大学出版社 2005 年版,第 2-4 页。

③ 佟金玲:《司法仪式研究》,吉林大学 2011 年博士学位论文,第 25 页。

“物”,包括国徽、法袍、法槌等物,以及原告、被告等称呼。它们都是显著不同于日常生活的、具有象征意义的符号。而这种特殊的布局和布置不仅仅是在有条件的法院建筑中被遵循,即使在没有相应条件的、各式各样的巡回法庭中实际上也被遵循。丰富的空间设置使得审判空间不能被简单视为寻常的物理空间,通过这些法律圣化的力量渗透后,审判庭变成了一个神圣空间,才有资格成为诉讼仪式的载体和场所。

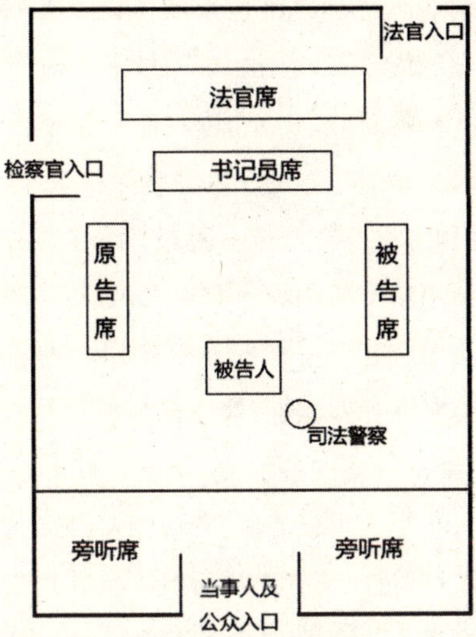


图 2　典型的法庭布局

### (二)视觉景观塑造的司法形象

景观是文化体系中最核心的要素之一,因为景观承担了某种意指系统的功能,社会系统通过这一系统实现交流和再生产。① 而建筑的象征意义主要通过建筑风格的相似性建

① 参见[英]提姆·克雷斯韦尔:《景观、实践的湮灭》,载[英]凯·安德森等编:《文化地理学手册》,李蕾蕾、张景秋译,商务印书馆 2009 年版,第 395 页。

立符号与所指之间的关系。① 换言之,建筑景观往往塑造一定的形象以表达其价值诉求。这一点可以在美国政府建筑的新古典主义风格上找到例证。美国在独立战争后开始寻找一种新的建筑风格,以区别于其宗主国英国,并表达美国资产阶级在革命中对民主、自由和独立等价值的追求。② 美国最终选择以新古典主义风格建造其政府办公建筑,白宫、国会等一系列政府建筑都在这一影响下被建立起来。1935年建成的美国最高法院建筑也是新古典主义和神庙式法院建筑的代表。随着法治/司法共识的全球推广③,这一建筑所展现的司法机构超然、中立、稳定的形象成为全球司法机构的普遍追求。这对中国的法院建筑风格也产生了影响。

首先,这种形象旨在塑造一种超然于世俗权力的司法形象。西方社会语境下使用新古典主义风格,与其深厚的宗教传统和自然法传统相关。法院建筑使用大理石材质是为了表达法律的稳定性和永恒性;高立柱根植于西方社会的宗教文化,它抬高了法院空间的高度,象征法院和法官在适用法律的过程中对高于人类世界的自然法和上帝的遵从,从而赋予司法活动以神圣性;高台阶同样具有抬升法院空间高度的功能和象征意义。这要求在诉讼过程中,法官和诉讼参与人在诉诸物质利益的同时也要超越利益,视法律如同真理和正

① 参见[美]卡斯腾·哈里斯:《建筑的伦理功能》,申嘉、陈朝晖译,华夏出版社2001年版,第97页。

② See J. D. Rosenbloom, *Social Ideology as Seen through Courtroom and Courthouse Architecture*, The Columbia Journal of Law and the Arts, Vol. 22, p. 503 (1998).

③ 参见[英]桑托斯:《迈向法律新常识:法律、全球化和解放》(第二版),刘坤轮、叶传星译,中国人民大学出版社2009年版,第391–392页。

义一般来信仰。① 西方社会的宗教和自然法传统支撑了资产阶级革命时期资产阶级对天赋人权、理性等至高无上且不容置疑的法律性的追求，也使得法院建筑与神圣的、超然的法律正义形象关联起来。这表明，“有一种空间的意识形态存在着”②，空间也是意识形态的物化形式。

如果说在西方社会的语境下，新古典主义元素的运用可以被视为“通过形而上的物化来体现对其话语的普遍性和永恒性的信仰”③来实现法院空间的意识形态功能，那么中国法院则是意图通过模仿美国法院建筑风格以象征和表达不同于传统和人民司法理念的另外一种司法理念：法院空间是不同于日常生活的空间，是独立于行政权力的，这里只应该是法律的领地。重庆市高级人民法院的建筑工程师就认为，这样的法院建筑风格“能更方便、明确地表达现代法制的性格，体现庄严、公正、民主的内涵”④。因此，在缺乏宗教传统的中国社会，模仿现代的西方法院建筑的目的在于，在缺乏相应传统的中国社会具象化的表达法律规范及其价值诉求，并通过建筑的视觉形象使之日常化和合法化，最后实现对工具主义法律观的超越和形式主义法律理念的建立。

也因此，实践中法院的新古典主义风格多数时候仅仅表现为某几个元素的借用。如高立柱这一元素在各级法院的建筑中并没有被普遍采用，可能是受限于财政资金，但更重

① 参见[美]伯尔曼：《法律与宗教》，梁治平译，中国政法大学出版社 2002 年版，第 12-13 页。

② [法]列斐伏尔：《空间政治学的反思》，载包亚明主编：《现代性与空间的生产》，上海教育出版社 2003 年版，第 62 页。

③ See Ben Wardle, *Legal Facades*, Griffith Law Review, Vol. 25：4, p. 534 (2016).

④ 刘川：《重庆市高级人民法院审判办公大楼设计浅谈》，载《建筑设计》2003 年第 6 期。

要的原因或许是缺乏特定的宗教信念。在极端情况下,由于缺乏相应的文化传统,在中国语境下新古典主义风格的象征意义可能很难与形式主义的法律观联系起来,其所指甚至发生转变。对于使用高立柱这一符号语言的机构如人民代表大会堂和最高人民法院来说,高立柱的符号意义在中国语境下被理解为作为整体的人民以及代表人民利益的国家权力至高无上的地位。因此,高立柱符号的能指—所指关系发生了变化,高立柱指称的不是一种宗教式的虔诚和信仰,而是对现实政治和国家权力的服从。

相比于立柱,台阶是一个被更加广泛采用的要素,乃至成为法院建筑的必备要素。如图1中的重庆市云阳县人民法院就没有任何新古典主义的元素,但它仍然采用了台阶。第一个原因在于其建造不需要过多的成本,台阶作为符号也并不与特定文化背景相关联,但它也和立柱有相似的所指—能指关系,即将法院空间升高,使得法院空间脱离日常生活,因此它也被一种关于法院形象的知识普遍化和正当化。第二个原因则在于台阶的实际功能。台阶位于区分法院内部空间和外部空间的边界上,它是由日常生活进入法院这一神圣空间的必经之地。但台阶又不同于法院的围墙和大门,其功能不止于区分日常生活和法院空间,也在促成主体从日常生活秩序向法院秩序的转变,在这一过程中访客的角色、意识和行为都将被影响。由于台阶它本身也构成了相当距离的空间,台阶"将区隔本身戏剧化地扩展了。它不是一个可供跨越的界线,而是一个深邃的领域。它所形成的不是空间转换的骤然到来,而是一个渐进的、令主体有所准备和能够仔细加以体会的缓慢过程”①，这一空间要求访客用自己的身体和运动拾级而上，最终到达法院空间。在这个意义上，台阶有类似于《规训与惩罚》中设想的全景敞视监狱实现的自我规范化的效果，它在制造距离的同时使得主体进行自我规范化，法院的内部空间秩序得以成为身体的自我秩序，法院的访客在日常生活的角色、地位、关系乃至感性的情感都将被搁置，而代之以法律面前的平等、权利与义务关系、理性的司法逻辑。

其次，法院整体的超然形象必然进一步要求法院和法官的中立形象。审判空间的布局就着力塑造法官的中立形象。第一，居中且“高高在上”的法官席位需要特别讨论。福柯认为，对法官的位置安排本身就意味着一种意识形态。② 法官席与双方当事人距离的拉开，昭示着其在三方结构中“第三人”的位置，其在中轴线上的位置指出他们对于每一方当事人都是中立的。第二，这意味着法官的判决不是预先作出的，而是基于法律的真理观和公平正义的观念、在对双方当事人进行法庭调查和听取辩论意见之后作出的。③ 升高的法官席位可以从两个方面看待，一方面与其席位在法庭的中轴线上结合起来，这种位置意味着法官独立于法庭中的对抗的双方。另一方面，表明他的地位高于检察官、律师和其他

---

① 何露露：《法律传播的空间之维》，西南政法大学 2010 年硕士学位论文，第 23 页。

② Micheal Foucault, *On Popular Justice: A Discussion with the Maoists*, in Colin Gordon ed, Power/Knowledge: Selected Interviews and Other Writings, 1972-1977, Pantheon Books, 1980, p. 8. 中文翻译参见强世功：《法制的兴起与国家治理的转型——中国刑事实践的法社会学分析（1976—1981）》，载强世功：《法制与治理——国家转型中的法律》，中国政法大学出版社 2003 年版，第 184 页。

③ 参见方乐：《司法的“场域”分析？——以 1997 年的一次学术论战为背景的展开》，载《法律科学》2006 年第 1 期。

诉讼参与人的同时,他被要求以一种超然的态度看待发生在“下面”的诉讼。这也意味着法官的权力,法官有权力作出以及执行判决。而其他诉讼参与人的两张桌子分别在法官席的左前方和右前方,面对面摆放,颜色、大小和形状相同,面对面的摆放和外表的同质性创造了一种平等基础上的竞争感。这一安排与中国司法改革过程相呼应,对抗式诉讼的内容逐渐被引入诉讼仪式中来。

再次,从视觉效果上来说,法袍也是传达法官的司法价值和意义的一个重要符号,正是通过法袍对个人特点的遮蔽和隐藏,一个可见的、无差别的“法官”角色才出现在法庭上,只有这个角色才是区别于其他人、在法庭上地位最高的人。法袍排除了诉讼参与人对法官身体的个人特点的感知,使得国家权力和司法权力以法官的面貌出现在法庭上,表现出统一的、公正的裁判者形象。因此与其说是法官有权力,不如说是国家通过法官的身体实现司法权力。①

最后,法院中其他符号物的存在也展现了司法权力的其他侧面,最为重要是国徽所展现的国家权力与司法权力的联系。国徽进入人民法院经历了一个漫长的过程。1950 年中央人民政府公布的《中华人民共和国国徽使用办法》中,仅仅对立法机关和行政机关悬挂国徽进行了规定,司法机关是否悬挂国徽并未明确规定。这也导致相当长一段时间内,法院和审判庭都不悬挂国徽,而是以毛泽东画像代替。② 改革

① 参见李猛:《日常生活中的权力技术:迈向一种关系/事件的社会学分析》,北京大学 1996 年硕士学位论文。

② 参见《司法部关于法庭上悬挂国徽、国旗及领袖像的问题的复函》,1955 年 5 月 27 日,(55)司普字第 1183 号,以及《司法部关于各级人民法院法庭上是否悬挂国徽问题的批复》,1955 年 6 月 17 日,(55)司普字第 1327 号,载中华人民共和国司法部编:《中华人民共和国司法行政历史文件汇编(1950—1955)》,法律出版社 1987 年版,第 587、593 页。

开放后，虽然法庭可以悬挂国徽，但由于国徽规范的缺失，法院正门仍不得悬挂国徽。① 直到1991年《中华人民共和国国徽法》对人民法院悬挂国徽做了明确规定后，最高人民法院才在《关于法庭的名称、审判活动区布置和国徽悬挂问题的通知》中，要求国徽悬挂在人民法院、人民法庭的法庭内法台后上方正中、与法院其他建筑相对独立的、审判法庭正门上方正中和人民法院的审判委员会会议室内适当处，调解室、接待室内则不悬挂国徽。与作为司法权象征符号的法徽不同，国徽隐喻着作为终极政治权力的国家的在场，它是一个政治意味浓厚的符号。② 一方面，国家权力通过国徽、法袍等法律器物构成的符号体系以及庭审程序的文本化手段对法官进行规训，使事实上缺场的国家通过种种程序技术同样在场，此时毋宁说不在场的是法官那个人。另一方面，正是因为通过这些方式的国家在场，法庭空间才构成了稳定的以法官为中心的诉讼关系，法官才得以独立地行使司法判断权以至达成正义。在偏远地区所进行的巡回审判始终携带国徽，可能是因为在对司法活动缺乏足够认知的民众中，国家始终是比法院和法官更值得信赖的对象，国徽保障了审判成为一个公正的程序。这是法徽所不具备的功能。因此，象征着法院的法徽在法院建筑和审判庭反而是更少见的符号物。

正是通过上述法庭布局的特殊设置和对各种司法符号

---

① 参见《司法部关于下发〈各级人民法院法庭悬挂国徽的规定〉的通知》[1981年2月23日，(81)司发普字第44号]，以及《司法部关于人民法院大门上能否悬挂国徽的批复》[1982年5月12日，(82)司发普字第140号]，载中华人民共和国司法部编：《中华人民共和国司法行政历史文件汇编(1950—1955)》，法律出版社1987年版，第729、736页。

② 同时也体现在到偏远地区审判的时候，总是需要携带国徽，实际上象征着国家对偏远地区的管辖权。

物的集中,以法庭为中心展开的司法活动成为彻底的符号展演,①法院和法庭才成为司法理念和司法价值最为集中之地。也正是由于空间布局以及仪式符号似乎都指向和反映公平正义这一理念,法庭才得以成为一个“合法的”生产公平正义的场所。

**(三)司法形象与司法权威的生成**

如上所述,司法活动的过程是空间及其中的符号物将自身所蕴含的法律意义、法律信仰表达于外部的过程。它的重要意义在于,即使对于没有诉讼经验的社会公众而言,法院空间依旧能成为他们熟悉的空间。即通过法院空间营造的景观和形象,使人们对司法活动形成一种“想象”:司法判断是仅仅依照正义和法律作出的,而没有其他因素的干扰。这正是司法活动的合法性来源之一。因此,司法权威的生成仰赖于一种司法形象的构建,而这种构建是由特定形态的法院空间的普及和推广来完成的。

法律地理学学者菲利普波波勒斯-米哈罗波勒斯提出“法律景观”(Lawscape)一词,用以描述法律与空间之间的关系。② 无论是政府机构所占据的空间,还是由边界构成的社区空间或者私人所有的商场空间,法律都内在地构成了它们生产过程和不可缺少的一部分。这一概念的提出旨在强调日常生活中各类景观所具有的法律性,但这一概念同样也说明了法律需要通过营造景观以显现自身。在景观的原始

---

① 牛玉兵:《符号与司法——基于符号学视角的分析》,载《法学》2017年第4期。

② See Andreas Philippopoulos-Mihalopoulos, *Introduction: In the Lawscape*, in Andreas Philippopoulos-Mihalopoulos ed., Law and City, Routledge-Cavendish, 2007, p. 7-12.

意义上，它意味着空间所具有的物质的、视觉的属性，它能够成为一定观念和意识形态的载体和传播媒介。因此，景观也不仅仅是“图像的集合，而是人与人之间的一种社会关系，通过图像的中介而建立的关系”①。景观能够对公众产生视觉冲击，从而将一定的价值理念和文化意义灌输给社会公众，在这个过程中个体与组织、社会、国家的认同关系才建立起来。

更近一步而言，所有的符号都需要指向一定的价值和意义才能通过视觉和观看进行意义、意识形态、合法性的再生产。法院空间作为一种法律景观，其最终意义指向正义，“正义不仅要实现，而且要以人们看得见的方式被实现”这一法谚本身就意味着正义的空间性要求：正义理念是抽象并且难以识别的，如果不以物质形式表现，它将难以被人看到。法院工作的功能是维护既有的社会秩序和政治权威，而这种功能的实现在相当程度上取决于意识形态的创造、发展和维持。具体而言，在外观上通过模仿新古典主义的、神庙式的法院建筑，中国的法院空间意图将自身与西方的现代法院关联起来以彰显自身的正当性。而在内部，则通过司法剧场展现出对程序正义、法官职业化等价值理念的观念。因此法院空间就成功将自己表现为正义的形象，试图通过景观的同一性来追求司法实践中权力结构的同一性和法律意识的同一性。

法院空间及景观在中国已经实现了大规模复制。一方面，如《建设标准》所规定的，法院应当在城市中交通便利的位置，这样就使得法院成为城市中重要的地理景观。法院外观作为这种景观的重要一类，也在不同地区以一种相当统一

① 参见[法]居伊·德波：《景观社会》，张新木译，南京大学出版社 2017 年版，第 4 页。

的形态被建立起来,并且与其他国家机关的办公场所显著不同,从而塑造了特定的司法形象。这种司法形象成功地将自身与日常生活区分开来,将司法活动与正义、超然、中立等理念相关联。另一方面,各种庭审仪式的图像也通过各种报纸、微博、直播等传播媒介向公众传播。而审判空间的司法剧场的空间形式,集中了大量的符号,同样将自己与公平正义理念关联起来。通过审判庭这一仪式空间的布局和符号,通过更加具体的司法过程,正义理念才向公众得到充分展示。这种形式也深入人心,被公众普遍接受。因此,在今天,国徽、三方席位实际上也就成为诉讼仪式必须的物品,即使是在“送法下乡”的过程中,都有越来越多的技术手段实现和保障审判庭这一景观的复制。在这个意义上,今天的“送法下乡”不再具有“炕上法庭”的那种意味。“炕上法庭”是一种国家权力与地方知识在国家权力的边缘进行互动和博弈而呈现出来的司法空间,其空间布局并不同于正常的法庭布局,而今天的“送法下乡”只是将审判庭从法院搬到了田间地头之中,它仍然具备诉讼仪式的各项要素。正因如此,如今的“送法下乡”不仅是一个便民服务,它本身是一个法律景观的复制过程,正是通过对法律景观的大规模复制,司法剧场似的法院空间形态和它所代表的现代法治理念才得以深入人心。

上文对法院空间的描述表明,中国的法院空间中存在诸多具有视觉意义的景观和图像,如法院外观、司法仪式中的布局、法律标志、国徽等,它们都形成了具有法律意蕴的视觉景观,从而使得社会公众无须通过具体的诉讼仪式就能感知司法活动的价值取向。正是由于法院空间所塑造的景观和司法形象,当人们想象法院空间时,人们才会想到具有建筑风格和配置的、具有权力感和严肃感的建筑和景观。法院才成为公众认知和社会制度中正义的或者说生产正义的场所，维续司法场域所需要的司法权威才得到了巩固。

### [三] 法院空间对个体的塑造

作为一个整体，司法场域的存续和再生产可以通过司法权威的生成得到一定保障。但无法否认的是，这还需要通过一个个具体的司法过程来实现。个别司法过程的顺利完成，则需要参与到具体诉讼活动中的个体的配合、认同、尊重乃至“敬畏”。换言之，司法活动需要形塑个体的法律意识以规范其行为，法院空间尤其是其内部构造在其中发挥着不可或缺的作用。

#### (一) 法院空间的内部结构与布置

法院建筑不仅在风格和外观上不同于其他国家机关，法院空间的特殊性也体现在其内部空间的组织模式上，即它的内部结构和布置也显著不同于其他国家机关。

第一，《建设标准》中所关注的除了每个空间的建筑面积之外，也包括对审判区域独立性的要求，即如何组织法院内的各空间单元的相互关系，它被视为影响司法权运作的重要因素。但《建设标准》中的规定是概括性的，即要求按照活动性质将所有用房进行集中设置，并分为三个区域：审判区域、办公区域和诉讼服务中心。一般中国的基层法院建筑为独栋办公楼，其内部空间也大致分为诉讼服务中心、审判区、办公区，并分别占据建筑的底部、中间楼层和高楼层。①

① 王申皓：《从中美两国审判方式的不同看法院建筑空间模式的差异》，清华大学2012年硕士学位论文，第26页。

以重庆市Y县人民法院为例,Y县人民法院由一栋办公楼和一栋审判楼构成,其中办公楼一层为第6审判庭、第7审判庭,二层为立案庭、诉讼服务中心、调解室,三层为司法警察大队、档案室、监控室,四层至七层主要为民一庭、民二庭、刑事庭等业务部门的办公室,八层为行政庭及院史陈列室,九层为文化长廊、法官图书室等。审判楼的一层①为6个审判庭和2个调解室,二层为1个大审判庭。总体而言,Y县人民法院和其他人民法院一样可以被划分为三个区域:审判区域、诉讼服务中心和办公区域,这既符合《建设标准》中的划分,也能根据法院门禁的位置得到佐证。进入这三个区域的安全检查不同:进入法院及诉讼服务大厅只需要验证公民身份并进行安全检查即可进入;而进入办公区域则需要法院工作人员的同意;进入审判区域则需要寄存通信设备。这也表明有空间隔离不仅通过建筑实现,也通过其他技术手段和人员实现。Y县人民法院的不同之处在于,它有一座独立的审判楼。Y县人民法院这种不同于一般基层人民法院的空间结构使得法院的"前台区域"和"后台区域"②更清晰地被揭示出来。

作为前台的法院空间,包括了诉讼服务大厅和作为诉讼仪式场所的审判区;作为后台的法院空间,则主要是办公区域。但同为前台区域,但诉讼服务大厅和审判区同样为门禁所隔开。因此,虽然法院的核心是审判活动,但研究法院空间却不能仅仅关注审判庭的构造,因为诉讼空间所需求的封

---

① 由于Y县县城位于山区,建筑一般依山而建,存在地势高差。地势高差,审判楼的一楼与办公楼的二楼即诉讼服务中心连接。

② 参见[美]戈夫曼:《日常生活中的自我呈现》,冯钢译,北京大学出版社2008年版。

闭性,需要通过恰当地组织法院内部各个空间单元来实现。事实上,按照现代法治理念,整个法院空间的法院外观、内部组织都应该服务于诉讼仪式空间的构造。但显然,诉讼服务中心才是Y县人民法院空间的中心:从诉讼服务中心到达所有其他空间单元只需经过较少的其他空间单元,它的可到达性相对较高。

第二,空间的集中设置和隔离也伴随着视线上的特别设计,“纪律的实施必须有一种借助监视而实现强制的机制”①。换言之即空间的可视性问题,其极端表现为全景敞视监狱。它首先要求建筑的设计适于持续监控而非观赏,借助于中心点和“中继站”以提高监视的效率。借助这种空间机制,权力使得自己既可见又不可见,被囚禁者无法得知监视者的在场状态,不得不认为监视者始终在场。正是这些空间机制将权力的外在控制转化成身体的自我约束。② 例如,Y县人民法院的办公楼中办公区四楼以上采用了中空的设计,法院的业务部门、行政部门等设置在这里,空间上的相互可视性使得办公区域呈现为一个整体,这一区域的“居民”大多数是法官、法官助理、书记员以及行政人员,所有的这些人员形成了一个“社区”。而二楼的诉讼大厅和三楼的司法警察大队则采取了中空设计,诉讼服务大厅和司法警察大队成为一个整体,司法警察大队对诉讼服务大厅具有相对较高的可视性和控制度。对于不熟悉Y县人民法院的访客来说,唯一可见的是二楼的诉讼服务大厅,甚至无法知道三楼空间的功能具体是什么。这种楼层和视线设置的隐含含义

① [法]福柯:《规训与惩罚》,刘北成、杨远婴译,生活·读书·新知三联书店2012年版,第94页。

② [英]比尔·希利尔、[英]朱利安妮·汉森:《空间的社会逻辑》,杨滔等译,中国建筑工业出版社2019年版,第226-227页。

是诉讼服务大厅是一个可能发生混乱和破坏法院工作秩序的场所,需要在空间和可视性设置上对其予以特别关注;但同时由于它是公众在场的空间,法院应当以温和的法律适用为其展示形象而不能将暴力形象直接展示在公众面前。只有在纠纷或冲突发生的时候,司法警察才作为一种暴力形象出现在公众视野。

第三,除了通过空间结构对个体的行为进行管理,法院内的不同空间单元还承担着不同的"法院文化建设"任务。对于诉讼服务大厅,最高人民法院在《关于规范法院文化标识和文化环境布设工作的通知》中要求统一布设"努力让人民群众在每一个司法案件中感受到公平正义"和"司法为民、公正司法"的标语标牌。而其他区域可以根据部门承担具体职能(如审判职能或政治职能)进行相应的标语设计。这在Y县人民法院的各个区域中也有所体现,其中值得注意的是,诉讼服务中心更强调亲民性的布置。例如,Y县人民法院的诉讼服务大厅滚动播放以"院长的一封信"为名的文本,通过这种更为亲切的表达方式向公众传播、执行和司法公正的相关事项。

第四,在每一区域的内部组织上,Y县人民法院在各个区域内按照树形结构进行设计,这实际上是上述区域划分之后的必然结构。这种空间模式在最深层次上将会是支离破碎的,各独立空间单元是隔离的。在空间句法理论中,"无邻居"的树形结构的空间分布是获得最大限度的空间隔离的有效组织模式。① 这一定程度上体现了中国语境下司法活动的逻辑,这可以与美国的法院空间设计形成映照。

---

① [英]比尔·希利尔、[英]朱利安妮·汉森:《空间的社会逻辑》,杨滔等译,中国建筑工业出版社2019年版,第146页。

由美国司法会议(Judicial Conference of the United States)组织修订的《美国法院设计指引》更详细地规定了法院空间的组织。它包含了一系列插图和文本,详细规定了如何配置法院和法庭、办公室的内部空间及其内部装饰。该指引还为联邦法院系统中的上诉法院、地区法院和破产法院的空间布局和内部布置提供了标准化模板,图 3 是该指引中上诉法院的空间设计模板。如果说,《建设标准》中仅要求区分审判区域、办公区域、诉讼服务中心等不同的区域,那么《美国法院设计指引》还为各个单元之间应当如何组织起来进行了规定。《美国法院设计指引》中对此的空间设计机制更为明显,其空间设计的核心就是处理法官与诉讼参与人的关系,严格隔离法院内部工作人员和外部访客,使得两方仅仅在法庭这一中间点上相遇。一方面,可以认为这种空间形态促进了美国法官审判行为的职业化、中立化,但从另一方面来看,这种设计也体现了"法律精英对混乱的民众的恐惧"①。

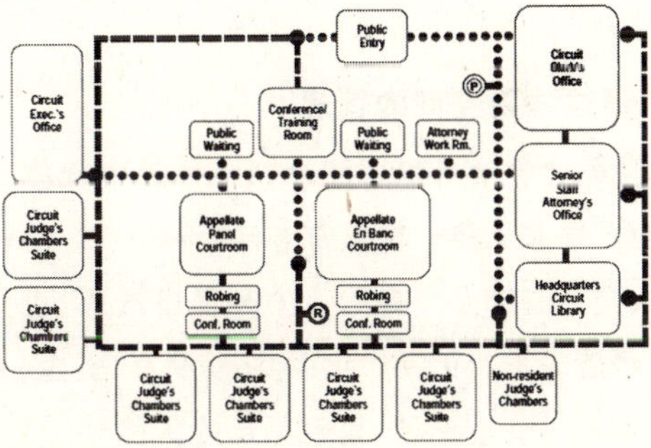


**图 3 《美国法院设计指引》中上诉法院的空间设计**

资料来源:Judicial Conference of the United States, *U. S. Courts Design Guide*, 2007。

---

① See Linda Mulcahy, *Architects of Justice: The Politics of Courtroom Design*, Social & Legal Studies, Vol. 16:3, p. 383-403(2007).

上述对法院空间的描述表明，对诉讼仪式空间的塑造不是法院内部空间组织的唯一目的，内部空间的组织还反映了司法程序的后台运行程序，庭室的布局不仅与技术与制度环境有关，还与法院组织内部权力主体的表达有关。因此，法院空间的分析需要一种整体的视角。对于美国法院的日常运作而言，其“后台工作”在一个属于法官及其团队的独立空间中进行，甚至可以说这是他们的私人领地；而对于中国法院来说，诉讼仪式的“后台工作”仍在属于科层制的空间中进行。办公区域使用的树形结构是一种“格子间”的空间组织方式，它反映了中国司法工作中的行政性管理方式。①这也符合一些法院的办公楼外观，它是科层制组织模式在内部空间的体现。在这样的空间结构下，法院办公区域的空间布局本身就说明了法院的行事逻辑是行政管理主导下的审判管理。办公区域的这种空间布局也阻碍了法院管理模式的创新，“1+N”式的法官团队就很难在这种模式下建立起来。②

### (二)通过法院空间的管理

法院塑造一个绝对封闭的空间以保障司法活动的安全和有序进行，事实上是一种费力不讨好的手段。执行空间上的封闭、安全检查需要更多的人力和设备资源，也提高了这些措施的经济成本。正因如此，对法院而言，资金、人手更充足的法院总是比资金不足、人手不足的人民法庭更为安全，而法官遇袭等事件更容易发生在人民法庭。③ 并且，这往往

---

① 龙宗智:《“法院生态学”四题》，载《社会科学研究》2001年第5期。

② 徐清:《法社会学视野基层法院组织结构的运行逻辑——来自Y省W市人民法院的个案》，云南大学2016年博士学位论文，第46页。

③ 参见《哈尔滨刺死法官者被批捕》，载《人民法院报》2020年11月18日，第1版。

意味着其他治理手段已经失效，人们不再信任司法活动。而通过空间进行规训是一种更为有效的治理或管理手段，因为这形塑了诉讼过程中当事人、法官等个体的法律意识，从而使得“纪律”能够自动实现。现实中法院空间也并非总采取一种严格的空间隔离或者安检措施，这表明法院空间的功能不仅仅局限于安全保障，它具备福柯所说的规训功能，并直接与其中的诉讼活动和社会交往相关联。

1. 法院空间的规训手段：区隔与视线控制

现代社会的规训权力往往以法律体系的形式出现，当代的主流法律理论也都强调国家法作为法律体系的唯一表现或者至少是法律体系的主要表现。但法律不只是静态的法律规则，法律秩序实际上也是日常生活中主体间互动的前提和产物，法律秩序在人们的互动中不断生成、增强和改变。法律也不仅仅包含书本上和概念里的法律，它还指那些为法官使用的行动中的法，这必然涉及各种社会角色体验和理解到的那个更显真实的法律。在这种情况下，不同于“书本上的法律”的另一些法律就浮现出来，它们可以被称为“微观法律体系”①，也可以称为“情景规则”②。也正是在微观的、具体的空间和情境中，对个体的规训才得以发生。

在福柯眼中，空间规训意味着一种隐蔽的、精心设计的、持久的权力和控制模式，这种模式“监督着活动过程而不是其结果，它是根据尽可能严格地划分时间、空间和活动的编

---

① [美]迈克尔·瑞斯曼：《看不见的法律》，高忠义、杨婉苓译，法律出版社2007年版，第3-23页。

② [美]戈夫曼：《日常生活中的自我呈现》，冯钢译，北京大学出版社2008年版，第8-13页。

码来进行的"①。而这就需要"空间分配"的艺术,它包括了封闭、单元定位、类别化,②借此权力将流动和混乱的身体置于确定的位置秩序中,但同时又允许身体及各个位置之间建立联系。法院空间的内部结构一定程度上反映了这种空间艺术。

法院的空间规训机制首先表现其内部空间的划分和区隔。虽然《民事诉讼法》及其司法解释以及《法庭规则》都对扰乱司法活动秩序的行为规定了相应的法律责任,但实际上基层法院往往采取了物理空间上的措施以防止工作和诉讼秩序被破坏。如前所述,中国的基层法院大致被划分为诉讼服务中心、审判区域和办公区域三个区域。这种区域化分表现为物理空间上的隔离和所适用的规则的不同。公众无法进入最深层的办公区域,使得办公区域获得了更为安全和有序的办公环境。

除了在整体上存在区域划分和空间区隔,审判空间中也存在划分和区隔。法庭空间被栅栏分为旁听区域和审判区域。一方面,旁听区域的座位都固定朝向审判区域,将旁听公众的注意力导向审判区域。实际上也表明了法庭的剧场特征,审判区域将会作为核心的舞台,旁听区域的公众应该也只能关注发生在审判区域中的表演。虽然没有其他个体从外部对旁听者行使物理权力,但这种隐蔽的分隔和视线引导形式的机制以极其效率的方式使得旁听公众必须按照空间的规则行事。另一方面,法官扮演着掌握整个诉讼流程的

---

① [法]福柯:《规训与惩罚》,刘北成、杨远婴译,生活·读书·新知三联书店2012年版,第155页。

② [法]福柯:《规训与惩罚》,刘北成、杨远婴译,生活·读书·新知三联书店2012年版,第160-169页。

角色,是审判中最有权力的角色,这种角色和权力不仅是制度赋予的,法官管理法庭上所发生的一切人和事的权力也要通过法官席这一位置来实现。法官位于法庭的深处以及更高的座位高度都保证了他对法庭空间中所有人的视觉控制,其目光能够监控整个审判区域和旁听区域,诉讼表演的当事人、律师和观看诉讼表演的公众都同时在他视野范围内。

因此,法院空间的划分和区隔还能够促进第二个空间机制,即控制可见性。除了上述法庭中的视线设置外,它还能控制权力关系的可见性。例如,法院的空间设置能够将科层制的办公区域隐藏在审判区域和诉讼服大厅的后面。这些空间机制在塑造出一个相对隔离的仪式化场所时,实际上也创造了一个不被公众乃至进入法院的访客所掌控的后台区域。而这个区域实际上可能是司法仪式进行之后乃至之前,司法决定和判决真正被生产出来的场所,但却从不被公众的目光所监督。在此意义上法院空间也扮演着意识形态的作用。又如,法院中的空间机制还包括各种符号、标语以及它们的物质材质、颜色所形成起来的法院“氛围”。这种氛围首先塑造一种文化性的设置①,但它们也存在可见性上的差别。在公众更容易到达的诉讼服务大厅中,则更多采用了宽和的、明快的空间布置以表明一个亲民、平和的司法机关形象;而在法庭空间中表现为以深色为主的、封闭与外部的空间氛围,从而强调了诉讼仪式的严肃性,促使诉讼主体认真对待审判;在公众最不常进入的法院空间中,上述形象则都消失了,反而成为一种平庸的办公空间。

---

① [法]鲍德里亚:《物体系》,林志明译,上海人民出版社 2019 年版,第 32 页。

2. 法院空间对个体及个体间关系的塑造

上文的分析表明,法院空间中的不同规训手段,目的是在不同主体之间形成一种隐蔽的、不易感知的权力关系,以保障具体诉讼过程的完成。

其中,最重要的主体是"不在场"的国家。可以认为,国家权力掌握着如何设置法院空间的权力,空间被建构、放置以限制或促进特定类型的交流。社会关系需要在空间中建立起来,但又并非所有类型的社会关系都是国家权力所欲求的。其主要目的是通过法院空间对法官和当事人进行管理,以此实现对诉讼活动的保障。在法院空间中,作为前台的区域是暴露的并且接受公众监督的区域,后台则是对公众监控封闭的隐藏角落。无论是诉讼制度改革中将庭前会议制度化,还是推动"一站式"诉讼服务中心的建设,将过去作为后台的法官与当事人之间潜规则式的关系放到了受监督的前台,都在相当程度上压缩了发生在后台的法官与当事人之间的关系。2018年11月18日发布的《最高人民法院关于规范法院文化标识和文化环境布设工作的通知》对法院空间的各个单元应当设置的文化标识和文化环境作出了规定,表明了国家通过制度和规范性文件实现法院空间生产的控制。当然,国家实际上也通过更为直接的方式在场,如国徽、案卷制作等要求都使国家在法院空间中更为直接地存在。

正是国家权力的在场作为终极保障,诉讼关系才被建立起来,但同时法官和当事人之间也形成了一种权力关系。这是因为,法院空间对于不同的主体有不同的意义,法官与当事人在经由法院空间建立起来的权力关系中占据不同的位置。首先,法院空间划分了进入其中的不同角色,居民和访客。对于法院空间的居民即法官来说,法院既有他们进行诉讼的前台，也有他们准备诉讼的后台。而对于访客来说，整个法院空间都是其表演的前台，法院空间构成了无法了解和掌握的结构。对法院内部工作人员而言，法院空间的物理划分帮助形成了法官准备和进行诉讼的后台和前台。办公区域既是一个前台区域也是一个后台区域：一方面，法官需要在这里为审判空间的诉讼做准备；另一方面，法院的后台往往是一个科层制组织，法官处于一个政治权力空间中，他需要扮演科层制中的相应角色。在诉讼服务大厅，由于对司法工作的群众路线要求，法官与人民群众互动时，他扮演着党和国家机关工作人员的角色。在审判空间中，法官身体的个人特征被抹去，一个中立的、非人格化的裁判者角色被赋予给法官。

其次，法院空间也限定了不同角色表演的方式和能够利用的资源。吉登斯认为，在日常接触的场景中，前台区域作为按照社会规则能动性地展开例行化行动的场所，后台区域则是可资利用的资源，通过这种区分人们得以实现本体安全感。① 因此不同空间中角色之间形成了不同的权力关系。审判空间中的互动需要遵循法律和诉讼程序的要求，决定个体在审判空间中胜出的决定性因素是对法律知识和技术的掌握；而在诉讼服务大厅则要极大地考虑公众的存在导致权力在不同个体之间的流动；而办公区域则是由法院内部工作人员完全掌握的空间。作为居民，法官对在哪种空间进行何种行为具有更高的掌控程度，也因此使得法官能够通过空间

① ［英］吉登斯：《社会的构成》，李康、李猛译，生活·读书·新知三联书店1998年版，第216页。

组织、仪式、语言、行为等诸多方式进行“印象管理”①,确立法官个人对于其他人的权威。

因此,法院空间也是社会关系和诉讼关系展开和再生产的空间:通过物理空间对社会空间施加影响,不同的制度和话语得以将权力现实化,并将权力分配给进入法院空间中的不同主体,使他们在具体的审判情境中扮演不同的角色,建立起个别的支配关系②,从而对社会关系进行再生产。通过法院空间的种种设置,实际上有数个过程被隐藏、混合在可见的司法过程之下。这些过程既包括司法场域对自身合法性的再生产,也包括将司法场域的活动方式和相应规则的惯习“铭刻”在主体的身体上。

表面的司法过程是,当事人之间的社会关系得到了法律调整,或者说所谓“正义”被生产出来③。但在诉讼过程和角色扮演的过程中,每个参与者都需要把自己的诉求藏匿于他维护社会准则的表述之后。④ 因此,个体角色扮演的过程是对国家法律的引用,也在加强这个一般化的角色的合法性。作为准则的国家法律的合法性和合法地位也得到了所有亲历法院空间的人、并在其中扮演一定角色的所有主体的某种程度的认同,而这种认同对国家权力和司法制度的维持可能是比正义本身更为重要的再生产对象。因此,法律的“形式

---

① [美]戈夫曼:《日常生活中的自我呈现》,冯钢译,北京大学出版社2008年,第179-201页。

② 参见李猛:《日常生活中的权力技术:迈向一种关系/事件的社会学分析》,北京大学1996年硕士学位论文。

③ 参见徐昕:《法庭上的妓女:身体、空间与正义的生产》,载《政法论坛》2009年第4期。

④ [美]戈夫曼:《日常生活中的自我呈现》,冯钢译,北京大学出版社2008年版,第1-7页。

权力"①不仅在语言上起作用，而且在通过法院空间对主体位置的分布和角色的限定发挥作用。而更重要的一个过程是，法院空间通过内部空间与结构的精心设计，实现对个体特定的规训，使个体习得不同的角色规范和行为方式，并在未来自发地运用这一知识。亲历法院空间和诉讼活动的过程，也就成为一个知情去魅的过程，一种将诉讼视为游戏的法律意识②会被生产出来。即使当事人知道它未必会赢，但当事人在未来仍会更加愿意使用司法手段，并积极学习为赢得诉讼所需的司法知识和技术。这对司法场域的再生产是更有意义的。

## ［四］结论

静态地看，场域概念并不必然指向一个物理空间，而是指能动者占据的不同位置所形成的构型和社会空间。中国的司法场域也已经是这样一个相对独立的，有其自身的权力结构、活动范围、作用模式的社会空间。但对于场域的再生产而言，由于符号资本和个体的惯习发挥着重要作用，物理空间就有可能发挥重要作用。前者指每一个场域"各自特定的利益形式和特定的幻象"③，场域需要创造并维持特定的幻象，这些幻象构成了不同主体在场域的游戏中彼此争夺的对象。由于"社会秩序的再生产……只能通过行动者的各种

① ［法］布迪厄：《法律的力量——迈向司法场域的社会学》，强世功译，载《北大法律评论》第2卷第2辑，法律出版社2000年版。

② 参见［美］帕特里夏·尤伊克、［美］苏珊·西尔贝：《日常生活与法律》，陆益龙译，商务印书馆2015年版，第五章。

③ ［法］布迪厄：《实践与反思——反思社会学指引》，李猛、李康译，邓正来校，中央编译出版社1998年版，第159页。

策略和实践来实现"①,因此反映在每个能动者身体上的特定的"性情倾向",即惯习,对于场域的再生产而言也非常重要。

法院空间正是在这两个层面上形成了司法场域再生产的物理基础。一方面,法院空间通过塑造一种独特的法律景观,塑造出特定的司法形象,进而将这种形象上升为符号权力和合法性来源,塑造着司法权威。另一方面,法院空间发挥着意识形态的作用,它既能够再生产出主体对司法活动的认同,也能建立其具体的诉讼关系,保障诉讼活动的有序进行。因此,从某种意义上来说,法院空间不仅是正义生产的车间,同时也是司法场域再生产的场所。正是通过法院空间,"法律在空间位置上显现出一种稳定性和永恒性,但同时又通过其形象的普遍建立,在其权力的扩散和展示中显得前所未有的广阔"②。

恩格斯认为相当长的时间内,马克思和恩格斯的理论工作"为了内容方面而忽略了形式方面,即这些观念等等是由什么样的方式和方法产生的"③。正是在这个意义上,空间作为再生产的手段之一需要被关注,现代社会中"空间的生产"的现象如此普遍的原因就在于空间作为社会再生产的形式,本身就影响乃至决定了社会再生产的内容,空间和空间所属的社会,不仅有一种反映的关系,还有一种构成的关系。就司法领域而言,法院空间的形式同样对司法活动和司法场

① [法]布迪厄:《实践与反思——反思社会学指引》,李猛、李康译,邓正来校,中央编译出版社1998年版,第184页。

② [美]帕特里夏·尤伊克、[美]苏珊·西尔贝:《日常生活与法律》,陆益龙译,商务印书馆2015年版,第139-141页。

③ 《马克思恩格斯选集》(第4卷),人民出版社1997年版,第726页。

域发挥着重要功能。因此,或许不同形态的物理空间对具体的诉讼过程仅仅在形式上存在区别,并不影响诉讼的实质内容。但不可否认的是,如果考察司法场域的再生产,那么这个抽象的社会空间仍然建立在物理空间的基础之上。

需要说明的是,本文仅仅是一个初步研究。正如前文所提及的,对空间的关注来自对法律的现实运作的关切。反过来说,也只有对法律的现实运作进行更深入的经验研究才能进一步发现空间对司法活动的影响,进而讨论空间是否与司法活动存在本质上的关联。

《法律和社会科学》(2020)　第19卷第1辑,第345~376页

# 法院执行机构的组织变迁

孙一桢*

**摘　要**:人民法院的执行机构诞生于改革开放后,以2000年和2019年为关键节点,可以将执行机构的发展历程分为三个阶段。20世纪80年代至90年代,是执行机构的创设时期,此时执行机构发展的主要推动力是执行工作的压力。2000年执行局设立后,是执行机构的发展、完善时期,应对保护主义和"执行乱"的问题影响了执行机构在这一阶段的发展方向。2019年最高人民法院宣布基本解决"执行难"后,执行机构有了新的可能,但并没有改变原有的执行体制。最高人民法院在不同关键节点选择的差异,在于其对解决"执行难"的基本认识从未变化。

**关键词**:执行庭　执行局　执行难　关键节点

* 孙一桢,中国人民大学法学院博士研究生。

长期困扰人民法院的"执行难"似乎正在逐渐得到解决，2016年最高人民法院宣布要"用两到三年的时间基本解决执行难"①，到2019年在基本解决执行难的基础上宣布要"切实解决执行难"。② 应当说，现行执行制度与解决"执行难"之间有紧密的联系，它在解决"执行难"这一长远目标和特定历史阶段所面临的具体执行困难两者共同作用之下生发而成。在这个意义上，我国的执行制度并非单纯是理性建构及改革的产物。当然，人民法院尽管是负责执行工作的国家机关，但执行工作的具体开展仍体现为执行机构的运转。那么，对执行机构本身的观察不仅有助于研究人民法院解决"执行难"的诸多努力，也可丰富对执行程序现实运转的认识。

国内学界以往有关执行机构的研究多是以执行权为研

① 最高人民法院下发的《关于落实"用两到三年时间基本解决执行难问题"的工作纲要》(法发〔2016〕10号，2016年4月29日发布)。

② 《最高人民法院关于深化执行改革健全解决执行难长效机制的意见——人民法院执行工作纲要(2019—2023)》(法发〔2019〕16号，2019年6月3日发布)。

究对象，将执行权的性质与执行机构的设置等同①，将执行权的构造与执行机构的内在组织等同②，作者多是在对执行权问题讨论的基础上来提出理想的执行机构。同时，有关执行制度的研究又多与“执行难”问题相伴而行，解决“执行难”作为问题意识在其中或隐或显。如此，大量有关执行权的讨论将自身与解决“执行难”这一目标相勾连，认为其所提出的观点会有助于解决“执行难”。简言之，过往有关执行机构的研究的主要论证思路是认为良好的执行机构可以（或者有助于）解决“执行难”，而执行机构是否良好则在于其是否符合执行权的内在属性。不难发现，此种进路下对执行机构的评判并不是社会科学意义上的判断，而是在更形而上的层面审视执行机构。但是，就执行权性质所展开的论争并没有形成所谓的“通说”，毋宁说形成了一种僵持局面。更值得注意的是，不同的主张下反而有诸多相似的制度安排，例如各方对执行实施权这一带有行政权性质的权力的安排。

在社会科学意义上对我国执行工作进行的研究，典型的包括唐应茂、贺欣以及郭丹青（Donald C. Clarke）等人的著作。其中唐应茂主要是使用量化分析的方法对“执行难”的现实情况以及形成原因进行论述③，而贺欣则是通过定性研

① 其争论的焦点在于执行权属于司法权还是行政权，抑或司法行政权等。参见童兆洪：《民事执行权若干问题研究》，载《法学家》2002 年第 5 期；汤维建：《执行体制的统一化构建以解决民事“执行难”为出发点》，载《现代法学》2004 年第 5 期；肖建国：《民事审判权与执行权的分离研究》，载《法制与社会发展》2016 年第 2 期。

② 参见童兆洪、唐学兵：《我国民事执行改革实践演进及理性思考》，载《法律适用》2005 年第 6 期。

③ 参见唐应茂：《法院执行为什么难——转型国家中的政府、市场与法院》，北京大学出版社 2009 年版。

究的方法来论述"执行难"的实际情况①;郭丹青亦讨论了"执行难"的话题,但其所关注的焦点更在于用"执行难"去讨论中国法院与经济增长之间的关联。② 不过,前述三人的论述对象主要是"执行难",并没有将执行机构作为其研究的重点。

如果将"执行难"视为改革开放以来人民法院执行工作的大背景,那么执行机构的变迁本身就可以被视为人民法院应对"执行难"所作努力的表现。本文将以此为出发点,借用历史制度主义中的理论成果来考察人民法院执行机构成立、变迁的过程。简言之,本文将借用"关键节点"(critical junctures)这一概念,所谓"关键节点"是指在遥远的过去发生的事件和事态发展,一般集中在一个相对较短的时期内,对以后的结果产生至关重要的影响。③ 通过对关键节点的界定,历史制度主义将制度的发展大致区分为"关键节点"和"路径依赖"(path dependence)两个阶段,而路径依赖阶段其实就是将关键节点阶段发生的制度变化加以复制、扩张并延续。那么,关键节点的确定以及对此一时期的分析就有助于我们理解特定制度的变化和发展。另外,尽管历史制度主义亦是从事后对已经发生的历史阶段和事件进行关注,但并

---

① 参见贺欣:《经济合同案件的执行——来自珠三角某基层法院的经验研究》,载徐昕主编:《司法程序的实证研究》第2辑,中国法制出版社2007年版;贺欣:《合同执行的变化——来自西部某区法院的经验研究》,载《法律和社会科学》第12卷,法律出版社2013年版。

② See Donald C. Clarke, *The Execution of Civil Judgments in China*, The China Quarterly, Vol. 141, p. 65-81(1995). Donald C. Clarke, *Power and Politics in the Chinese Court System: The Enforcement of Civil Judgments*, Columbia Journal of Asian Law, Vol. 10, p. 1-92(1996).

③ Orfeo Fioretos, Tulia G. Falleti & Adam Sheingate eds., *The Oxford Handbook of Historical Institutionalism*, Oxford University Press, 2016, p. 89.

不同于功能主义的主张,即其并不认为特定制度的变化必然能够给予一个功能自洽的解释,反而会强调关键节点前的已有制度、关键节点时的行动者以及某些观念对制度变化的影响。

具体到本文,笔者将使用“关键节点”这一概念把执行机构的发展历程分为三段,并逐一进行分析。历史制度主义关注关键节点下对制度变革起到决定作用行动者,这一角色在执行工作中集中体现于最高人民法院,因此下文将会更多聚焦于执行机构改革方面的全局性举措。当然,行动者即便是在关键节点也并非可以任意行动的,故而笔者还会关注到旧有的制度状况、特定的观念对制度变革的影响。此外,关键节点和路径依赖的区分可能忽视关键节点过后一些累积性制度变化,所以下文并不会将全部篇幅聚焦于关键节点,而是突出关键节点的同时,关注到路径依赖阶段部分制度的发展和调整。在这个意义上,对关键节点的使用是强调其决定了制度变化的方向,并不主张关键节点结束即意味着制度的成熟。后文将对不同阶段下执行机构所面临的主要困难进行概括,将之作为执行机构制度变化的时空背景,然后就每一阶段执行机构的变迁进行分析,文章最后将对执行机构发展的总体历程进行概括,并指出推动这一进程的关键因素。

## [一] 执行工作压力与执行庭

### (一) 设立执行庭成为共识

人民法院执行机构的出现应不晚于 1980 年,设立之初也没有一律采用“执行庭”的称呼,例如天津市和平区人民法院在1980年3月成立了“执行组”①,贵阳市中级人民法院在同年亦设立了“执行科”。② 20世纪80年代是中级人民法院和基层人民法院普遍设立执行机构的时期③,但是设立机构的法律依据始终不明,是否设立执行机构取决于各个人民法院的实际需要,执行机构应当是何种形态更无从谈起。

就法律规定而言,人民法院负责执行事务是自其创立之初即确定的,不过此时在制度设计层面并未安排专门负责执行事务的人员,尽管在实践中已经存在类似做法。1954年《中华人民共和国法院组织法》(以下简称《人民法院组织法》)通过后,该法规定了由执行员专门负责执行工作,但也并没有为执行机构的设立提供法律依据。这一情形到改革开放之初也没有发生变化,1983年新修订的《人民法院组织法》以及1982年颁布的《中华人民共和国民事诉讼法(试行)》[以下简称《民事诉讼法(试行)》]中均未有对执行机构的存在提供法律根据。同时,当时也并没有人民法院应当设立执行机构的观点。20世纪80年代有关设立执行机构的论证,大致有三种思路:其一,以1979年颁布的《人民法院组织法》为根据,该组织法沿用了1954年《人民法院组织法》的执行员条款,认为其规定了“审执分立”的原则,设立

---

① 参见《天津市和平区人民法院成立执行组积极开展民事执行工作》,载《人民司法》1980年第9期。

② 郑州市中级人民法院编:《“执行难”对策谈——全国首届省会城市中级法院执行工作研讨会论文集》,人民法院出版社1992年版,第118页。

③ 截至1988年,各地基层人民法院和中级人民法院设立执行机构已经成为普遍现象。参见《人民法院年鉴1988》(1988年卷),人民法院出版社1992年版,第934页。

执行机构是“审执分立”原则的体现①；其二，以1982年颁布的《民事诉讼法（试行）》为根据②，实际上是在“审执分立”的大前提下，将执行机构作为民诉法实施的配套制度；其三，认为《人民法院组织法》《民事诉讼法（试行）》都不能为执行机构的设立提供法律依据，设立执行机构一方面是法制建设的需要，另一方面是实践证实了的有效做法。③ 尽管所列出的三种应当设立执行机构的论证各有不同，但是三者都以特定的法律规范切入，先得出“审执分立”的原则，并以此证明执行机构设立的正当性。换言之，人民法院设立执行机构的根据亦不是源于一个理想的或者规范意义的对法院形态和结构的一般认识。

从事实来看，诉讼数量迅速增长是改革开放后法院收案情况的基本特点，统计数据表明，在1979年至1996年，全国法院民事诉讼年均增长率为16.98%④，大量的民事案件构成了执行案件增加以及执行积案的前提。有资料提到，1985年全国执行案件是29万件，1986年39万件，1987年49万件，1988年59万件，1989年76万件；同时期未执行案件数也从1985年的3万件增长到1989年的18万件。⑤ 1988年的最高人民法院工作报告也提到，“据不完全统计，经济纠纷

---

① 成城、刘家兴、程延陵：《关于我国民事执行中的几个问题》，载《法学研究》1982年第1期。

② 《民事诉讼法（试行）》施行后要“认真贯彻、实施民事执行程序，相应地建立执行机构、设立专职执行员，实行了审执分立制度”，参见黄双全：《关于民事执行的情况调查》，载《政治与法律》1982年第4期。

③ 此种观点认为应当在立法上规定人民法院设立单独的执行机构，见陈学晏：《试论建立执行庭》，载《政法学刊》1986年第4期。

④ 见朱景文主编：《中国法律发展报告——数据库和指标体系》，中国人民大学出版社2007年版，第6页。

⑤ 俞灵雨：《关于当前执行问题的几点思考》，载《人民司法》1991年第1期。

案件判决后未能执行的,1985 年、1986 年均为 20%左右,1987 年上升到 30%左右,有的省高达 40%以上。”①可见,20 世纪 80 年代的执行案件数量以及积案数量都呈高速增长态势,诉讼案件的增长本身就加大了司法人员的工作压力,而由此带来的执行案件增长则使得原有的“审执合一”的办案模式难以为继,执行工作另外组织人手负责势在必行。

1988 年最高人民法院的工作报告中提道:“当前,经济审判工作中最突出的问题是判决难以执行”②,该表述意味着执行问题演变成了全国性的问题,这为执行机构的普遍设立提供了现实背书。而在此时,人民法院系统内尚没有专门应对此种局面的管理体制,20 世纪 80 年代人民法院系统对执行工作管理呈现为“多头管理”的局面。以最高人民法院为例,因执行案件所涉问题范围广泛,故在 1995 年最高人民法院成立执行工作办公室前,各地方人民法院就执行工作中的问题的请示往往依其所询问问题的性质而由相关的庭室负责答复。执行工作局面的持续恶化使得加强执行工作的领导顺理成章。因此,各高级人民法院在 20 世纪 80 年代末相继设立执行机构。例如,1989 年贵州省全省法院执行工作会议提出“省法院成立执行工作指导小组,指导全省法院执行工作”③;同年,黑龙江省法院执行工作会议也确定省法院的执行指导组是对全省执行工作进行监督指导的办事机构。④ 在 1990 年最高人民法院召开的执行工作座谈会上,

① 《最高人民法院工作报告——1988 年 4 月 1 日在第七届全国人民代表大会第一次会议上》,载《最高人民法院公报》1988 年第 2 期。

② 《最高人民法院工作报告——1988 年 4 月 1 日在第七届全国人民代表大会第一次会议上》,载《最高人民法院公报》1988 年第 2 期。

③ 《人民法院年鉴》(1989 年卷),人民法院出版社 1993 年版,第 776 页。

④ 《人民法院年鉴》(1989 年卷),人民法院出版社 1993 年版,第 751 页。

已经有了“最高人民法院也应设立执行庭,加强对口监督、协调和指导”的呼声。①

1990年最高人民法院执行工作座谈会还标志着另一值得关注的变化,即20世纪80年代末人民法院系统内对执行机构的认识逐渐固定化,执行机构应当以“执行庭”的形式存在。将执行机构定名为“执行庭”并非没有争议,例如1990年全国人大常委会法制工作委员会在对吉林省人大常委会法制委员会的答复中就已经表示“执行机构以不称‘庭’为好”。② 问题在于人民法院系统为何将“执行庭”视为执行机构的应然形态,尤其是认为没有设立“执行庭”的应该尽快设立,只设立一个执行机构是不够的。前述执行压力造成了设立执行机构成为共识,那么接下来的问题是执行机构是否是常设机构?简言之,若认为“执行难”问题或者“当前”所面临的执行压力仅是特定时期的现象,在将来的某个时刻就不会再面临此种局面,那么临时性的执行机构即是足够的。这种观点并不为人民法院系统内所接受,原因倒不在于人民法院系统认为“执行难”问题的长期性,而在于其将执行工作视为人民法院的日常工作,故需要有固定的常设机构专门负责③,毕竟尽管民事执行压力是促成执行机构

① 辛言:《最高法院在营口召开执行工作座谈会》,载《人民司法》1990年第10期。

② 此答复针对的是基层法院能否设立执行庭,答复全文为:“人民法院组织法第四十一条规定,‘地方各级人民法院设执行员’,对是否设立执行机构,可以由最高人民法院规定。但是名称最好不要与法院组织法明确规定的审判庭相混淆,执行机构以不称‘庭’为好。”参见《全国人民代表大会常委会法制工作委员会关于如何理解和执行法律若干问题的解答(四)》(1992年4月)。该答复事实上承认了人民法院设立执行机构的权限,但也隐含了对执行庭模式的否定。

③ “北京刘云峰院长、福建陈新秀院长认为,执行问题要组织化、制度化,建议都成立执行庭,不要搞临时机构,要注意工作方法,采取强制措施时特别要注意效果,并动员地方和有关单位帮助做工作。”参见本刊记者:《来自法官代表的话》,载《人民司法》1990年第3期。

设立的原因,但执行工作并不仅限于单纯的民事执行。① 人民法院所欲的执行机构毋宁说是一个负责所有涉执行工作的机构。在这个意义上,执行机构使用"执行庭"这一特定名称就是要将其与"小组"等此类非常设或可能随意变动的内设机构区分开来,以凸显其作为常设机构的地位。同时,执行工作属于人民法院的法定职权范围,其与国家机关内普遍存在的行政性事务有根本区别,而"庭"是人民法院负责审判工作的特定内设机构的称呼,将"执行庭"确定为执行机构的名称,实际上也是将执行机构与一般行政机构区分开来,以表明其作为常设业务部门的特征。此外,"执行庭"的名称亦带有将执行工作与审判工作平等视之的意味,常设性执行机构以及与审判庭相似的称呼,这对于扭转人民法院内"重审轻执"的观念,凸显执行工作的重要性并提高执行人员的地位都是有助力的。

**(二)执行庭的规模扩张**

1991年《中华人民共和国民事诉讼法》(以下简称《民事诉讼法》)的出台为基层人民法院和中级人民法院设立执行机构的行为提供了合法性根据②,也意味着常设性执行机构在人民法院内的地位得以明确。此时,执行机构的人员补充乃至人民法院系统要求编制增加就有了正当理由。20世纪80年代执行机构初创之时,因人员编制限制,人民法院中执

---

① 《人民法院组织法》在2018年修订前一直将刑事案件的判决和裁定中涉财产部分亦归于执行员负责,后续又添加了行政案件的执行工作,此外执行过程中其自身也会产生新的案件,例如执行过程中可能会有人触犯拒不执行判决、裁定罪。高级人民法院和最高人民法院的执行机构还要肩负对执行工作的领导职能,参见俞灵雨:《关于当前执行问题的几点思考》,载《人民司法》1991年第1期。

② 1991年《民事诉讼法》第209条第3款规定:"基层人民法院、中级人民法院根据需要,可以设立执行机构。执行机构的职责由最高人民法院规定。"

行人员很稀缺，所以执行机构的规模极为有限，例如北京市中级和基层法院的执行机构设立时平均只有4名执行人员①，西安市的市、县（区）两级法院在1987年也只有40名负责执行工作的办案人员。② 从统计数据看，20世纪80年代执行人员的数量一直很少，1981年全国法院共有法官（包括执行员）60,439人，其中执行员只有465人，1986年执行员数量达至有统计的最高点，也不过1302人。③ 20世纪90年代后，随着执行机构的地位确立，执行人员的数量得到了保证，并且逐渐上升。从各省看，广东省全省法院执行人员总数在1988年是408人，到1994年已经有930人④；黑龙江省全省法院在1990年的执行人员数量是635人，到1994年执行员有900多名⑤；河南省全省法院在1992年已经有执行人员882人；安徽省全省法院在1998年有执行人员850多人⑥；江苏省全省法院在1999年有执行人员1200人。⑦ 但是，与执行人员的绝对数量增长迅速相对，执行人员数量在人民法院的占比却仍旧不高。1994年黑龙江省执行员数量占全省法院干警的7.9%，这一比例河南省在1992

① 肖文鼎：《认真贯彻"审执分立"制度》，载《人民司法》1983年第7期；黄双全：《关于民事执行的情况调查》，载《政治与法律》1984年第2期。

② 郑州市中级人民法院编：《"执行难"对策谈——全国首届省会城市中级法院执行工作研讨会论文集》，人民法院出版社1992年版，第114页。

③ 参见朱景文主编：《中国人民大学中国法律发展报告2012——中国法律工作者的职业化》，中国人民大学出版社2013年版，第82页。

④ 参见刘罗彬：《广东省法院狠抓"执行难"》，载《人民司法》1988年第6期；戴建志：《建立健全执行机制是根本——对集中执行现象的思考》，载《人民司法》1994年第2期。

⑤ 参见唐兰亭：《坚持两手抓　解决"执行难"》，载《人民司法》1990年第6期；戴建志：《执行，靠整体协作——黑龙江省高院执行工作思考》，载《人民司法》1994年第6期。

⑥ 参见韩云萍：《内外结合　标本兼治　突破执行难》，载《人民司法》1998年第8期。

⑦ 参见唐文生：《谈集中清理执行案件》，载《人民司法》1999年第2期。

年是5.8%。

法律层面的变动为执行机构的人员扩张提供了依据,但执行机构人员扩张的动力仍来自当时执行工作的压力。20世纪90年代后,全国法院执行案件的数量保持了增长趋势,1992年全国执行收案832,497件,占当时所有案件的19.8%;到1999年,执行收案达到了2,597,258件,占比达到29.4%。① 这都说明法院此时所面对的执行压力颇大。一方面是执行工作压力增大,另一方面是执行机构办案能力不足。20世纪90年代后,执行运动频繁发动,后来成为执行工作中的常规手段,执行机构办案能力不足可见一斑。1993年起最高人民法院开始持续发布每年的执行工作情况,其中数据最为完整的是执行收案数和执行结案数。在此以这两组数据为基础,构建"累计积案数"作为衡量执行机构工作的指标,其测算方法为:用1992年至特定年份的执行收案数之和减去同样时间跨度的执行结案数之和,如此则每年执行结案中旧存案件的数量不必再考虑,而相减的结果则是1992年至特定年份时所剩执行积案的数量。"累计积案数"下降意味着当年执行工作局面向好,反之则是执行工作局面向坏。但因为1992年之前的执行积案未能考虑,所得结果可能会出现负数,考虑到1992年之前的执行积案数近似于常量②,故此缺陷并不影响对执行机构工作情况的判

---

① 朱景文主编:《中国人民大学中国法律发展报告2011——走向多元化的法律实施》,中国人民大学出版社2011年版,第166页。

② 1999年12月全国未结执行案件数量是487,963件,见《中国法律年鉴》(2000年卷),中国法律年鉴出版社2000年版,第133页。按此测算,1992年的未执行案件大致在21万件至22万件。前文提到1989年未执行案件是18万件,也可以佐证该判断是较为合理的。

断。1992 年至 1999 年全国法院执行案件收案与结案数①，可见表 1。

**表 1　1992 年至 1999 年全国法院累计积案数**

单位：件

| 分类 | 1992 年 | 1993 年 | 1994 年 | 1995 年 | 1996 年 | 1997 年 | 1998 年 | 1999 年 |
|---|---|---|---|---|---|---|---|---|
| 收案 | 832,497 | 894,563 | 1,079,937 | 1,362,092 | 1,687,790 | 1,847,020 | 2,201,816 | 2,597,258 |
| 结案 | 825,405 | 912,354 | 1,085,040 | 1,337,168 | 1,626,803 | 1,727,439 | 2,078,038 | 2,645,341 |
| 累计积案 | 7092 | -10,699 | -15,802 | 9122 | 70,109 | 189,690 | 313,468 | 265,385 |

从 1992 年至 1999 年累计积案数的变化可以看到，此时的执行机构是不能够满足执行工作的需求的。1998 年全国高级法院执行庭庭长会议中也提到，自 1995 年以来，案件执结率逐年下降，执行案件未结数猛增。1995 年案件执结率为 75.5%，1996 年案件执结率 74%，1997 年案件执结率 68%，1998 年上半年案件执结率 39.6%；同时期未执行案件分别约为 24 万件、30 万件、42 万件、68 万件。②

执行人员数量的增长对于缓解执行工作压力是有助力的。改革开放后的执行工作采用的是“分包”的形式，将案件交由特定的执行人员执行，整个执行过程一般均由该执行人员负责。在具体工作中有执行人员和书记员组成小组执行案件或者由执行人员独自执行案件两种形式③，执行中小组的人员有时还会

① 参见朱景文主编：《中国人民大学中国法律发展报告 2011——走向多元化的法律实施》，中国人民大学出版社 2011 年版，第 168、170 页。

② 参见《中国法律年鉴》（1999 年卷），中国法律年鉴出版社 1999 年版，第 129 页。

③ 《民事诉讼法（试行）》第 163 条第 1 款规定：“执行工作由执行员、书记员进行；重大执行措施，应当有司法警察参加。”

视情况变化。① 20世纪90年代后,办理执行案件仍然是“一人办案到底”,而这种办案模式下办案人员的增加确实能够提高执行机构的办案能力。以1996年与1998年的数据为例,1996年全国执行人员数量是16,000余人,当年执行案件结案1,626,803件,而1998年这两个数据分别是20,000余人、2,078,038件。可以看到,这两年期间执行工作的绩效有了明显增加,但是执行人员的年均办案量大致不变。尽管这种测算未排除不在执行工作一线的执行人员,但是1996年至1998年全国执行机构内部分工尚不明显,不存在大量人员离开执行工作一线的可能。此外,执行机构是法院内设机构,对执行人员的组织管理是其所在法院的职责,所以执行人员数量的增长不必然会带来执行机构人员管理压力的增加,况且同时期法院人员总数并没有显著增长。

## [二] 保护主义、“执行乱”与执行局

尽管解决“执行难”在20世纪90年代已经成了人民法院工作的焦点,但“执行难”问题却还是愈演愈烈。直到1999年,《最高人民法院党组关于解决人民法院“执行难”问题的报告》(中发〔1999〕11号)文件下发,使得执行机构迎来了第一个关键节点,最高人民法院以此为契机启动了整个执行体制的改革。

### (一) 保护主义与执行局的设立

1988年最高人民法院在工作报告中提道:“各级法院确实做了许多工作,取得了一些成效。但执行难的状况仍在继续发

① 参见沈为国、叶寿鹿:《三次赴默为“执行”——某案执行纪实》,载《人民司法》1991年第9期。

展，这主要是因为，第一，地方保护主义和本位思想严重，使法院判决的执行受到阻挠和干扰；第二，一些依法应予协助执行的单位不予协助；第三，由于管理工作上的一些漏洞，使有些纠纷在法院判决后无法执行。”①1990 年最高人民法院工作报告指明“造成执行难的因素很多，其中主要是地方保护主义和本位主义的干扰”。此后，地方保护主义、部门保护主义与“执行难”几乎都是一同出现，到 2011 年人民法院还在强调“加大对执行案件的监督力度，排除地方保护主义和部门保护主义的干扰”。②可以看到，人民法院并不认为“执行难”仅仅是自身工作不力造成的，而是从一开始就强调法院之外的因素对“执行难”的影响。既然地方保护主义和部门保护主义长期以来被视为造成“执行难”的主要原因，那么执行机构的后续发展就不可避免向着解决这一问题前进。

执行工作中对地方保护主义和部门保护主义的克服，在 90 年代相当程度上体现于执行运动过程中。执行运动在当时被用来作为缓解执行工作压力的手段，但其同时也被用于突破一定的地方保护主义和部门保护主义藩篱。例如山西省高级人民法院在 1991 年开展全省执行“大会战”时，要求各级法院“要向当地党委、人大、政府汇报省法院组织集中会战的情况，并建议召开有关会议时，邀请当地党政领导同志参加，亲自做动员讲话，扩大声势，努力创造社会各方面支持法院执行会战的‘大气候’”③；湖南地区的集中执行运动中，“各地成立了由县市委副

① 《最高人民法院工作报告——1988 年 4 月 1 日在第七届全国人民代表大会第一次会议上》，载《最高人民法院公报》1988 年第 2 期。

② 《中国法律年鉴》(2012 年卷)，中国法律年鉴出版社 2012 年版，第 184 页。

③ 参见《人民法院年鉴》(1991 年卷)，人民法院出版社 1994 年版，第 221 页。

书记、人大副主任、政府副县长挂帅的'三集中'执行领导小组"。① 可见,集中执行运动不是法院的独角戏,而是党委、人大、政府以及相关各方共同参与,这种做法其实是将特定机关的工作目标赋予政治意义,以暂时解决保护主义的难题。②

执行局在一定程度上可以说是人民法院系统试图在自身能力范围内解决保护主义难题的尝试。90年代人民法院系统已经初步建立了执行管理体制,执行机构的普遍设立为执行管理体制提供了组织基础。但是,"执行庭"本身是不可能突破上下级人民法院间的监督与被监督关系的。前述"执行庭"的名称是源自于审判庭,尽管执行工作与审判工作有所差别,但执行机构被称为"庭"则不可避免地使其要受到上下级法院在审判工作中的监督与被监督关系的约束,这使得上下级法院的执行工作实际上处于各自为战的状态,上级法院只能在特定情形下介入下级法院的执行工作。问题在于地方保护主义和部门保护主义对执行工作的影响是特定人民法院自身所不可克服的,必须借助"外力",而人民法院所处的地方党政机关即便是为其提供了助力,但本地复杂的社会关系网络以及利益纠葛也很难说不会影响到特定案件的执行工作。那么,借助其他法院的力量就成为较为可行的选择,而以执行庭为组织基础的执行管理体制并不能承担此项任务。

设立执行局的直接目的即是建立"各省、自治区、直辖市高级人民法院对辖区的人民法院执行工作实行统一管理和协调体制",这是《最高人民法院党组关于解决人民法院"执行难"问题

---

① 詹顺初:《开展"三集中"执行活动 执行工作出现新局面》,载《人民司法》1992年第3期。

② 基层常规工作的泛政治化与运动型治理的关系,可参见欧阳静:《论基层运动型治理——兼与周雪光等商榷》,载《开放时代》2014年第6期。

的报告》(中发〔1999〕11号)文件所确定,后来又为《人民法院五年改革纲要》(法发〔1999〕28号)等文件所确认的,而该目标为整个执行管理体制后续的变化确定了整体基调。① 如此,执行局的成立可以认为是强调执行工作的行政性以及上下级执行机构间的领导关系。为巩固此种领导关系,最高人民法院除赋予高级人民法院领导辖区内执行工作的诸职权外,还规定其可参与中级人民法院、基层人民法院以及专门法院执行机构主要负责人的人事任免工作。② 自此,执行工作进入到"双重领导"(本级人民法院和上级人民法院执行机构)的阶段。可以说,执行局的成立标志着执行管理体制的"向上集权"的趋向。但是,此时执行工作统一管理体制并不涉及最高人民法院与各高级人民法院之间的关系,就当时最高人民法院执行工作办公室的职能而言,多数职能则体现了上下级人民法院间监督与被监督关系。③

2000年执行局设立,尽管为整个执行机构改革选定了方向,但当时没有一次性完成全部的制度改革,后续年份中仍不时对该制度进行调整和修正。2008年最高人民法院执行工作办

① 包括《最高人民法院关于高级人民法院统一管理执行工作若干问题的规定》(法发〔2000〕3号,2000年1月14日发布);《最高人民法院关于改革人民法院执行机构有关问题的通知》(法明传〔2000〕437号,2000年9月30日发布)。

② "中级人民法院、基层人民法院和专门人民法院执行机构的主要负责人在按干部管理制度和法定程序规定办理任免手续前应征得上一级人民法院的同意。上级人民法院认为下级人民法院执行机构的主要负责人不称职的,可以建议有关部门予以调整、调离或者免职。"参见《最高人民法院关于高级人民法院统一管理执行工作若干问题的规定》(法发〔2000〕3号,2000年1月14日发布)。

③ 参见《最高人民法院机关内设机构及新设事业单位职能》(法发〔2000〕30号,2000年12月4日发布)。执行办不会主动干涉实际执行工作,例如对法院间跨省执行工作中发生的争议案件,应当是"对跨高级人民法院辖区的法院与法院之间的执行争议案件,由争议双方所在地的两地高级人民法院协商处理;协商不成的,按有关规定报请最高人民法院协调处理",参见《最高人民法院关于高级人民法院统一管理执行工作若干问题的规定》(法发〔2000〕3号,2000年1月14日发布)。

公室改为执行局,与之前的执行办相比,执行局的权限也有了变化①,其职责较原来的执行工作办公室有所收缩,但在规范层面强化了跨省级辖区执行争议的处理权限。② 2008年后最高人民法院与各高级人民法院在执行工作中监督与被监督的关系被进一步巩固了,其原因应当是2005年司法改革纲要对1999年司法改革纲要的修正。1999年司法改革纲要提出"在全国建立起对各级人民法院执行机构统一领导,监督、配合得力,运转高效的执行工作体制"③,即1999年的目标是最高人民法院与各高级人民法院在执行工作中建立领导关系;然而,2005年的《人民法院第二个五年改革纲要(2004—2008)》(以下简称《"二五"改革纲要》)放弃了对全国统一管理的执行体制的建立④,尽管明确最高人民法院对执行工作的管理与监督,但是与原有意图实现对执行机构的管理存在根本的区别。

2008年后,执行管理体制再无较大变动,但仍有两处改革值得注意。其一,明确了中级人民法院在执行工作中对基层法院的统一管理、统一协调的权限⑤,同时将执行案件的管辖权下

① 参见《最高人民法院关于本院执行工作办公室更名为执行局的通知》(法发〔2008〕31号,2008年10月8日发布)。

② 该权限事实上在2006年就已经被强化。参见《最高人民法院关于进一步规范跨省、自治区、直辖市执行案件协调工作的通知》(法〔2006〕285号,2006年9月30日发布)。

③ 最高人民法院下发的《人民法院五年改革纲要》(法发〔1999〕28号,1999年10月20日发布)。

④ "进一步改革和完善人民法院执行体制。最高人民法院执行机构监督和指导全国法院的执行工作。省、自治区、直辖市高级人民法院执行机构统一管理、统一协调本地区的执行工作","通过公开执行信息,加强对执行工作的管理与监督,确保执行公正",参见《人民法院第二个五年改革纲要(2004—2008)》(法发〔2005〕18号,2005年10月26日发布)。

⑤ 之前只是强调高级人民法院的统一管理、统一协调的权力,中级人民法院与基层人民法院间关系如何并不明了。在实践中,高级人民法院统一行使管理权导致了高级人民法院开始直接管理基层人民法院执行工作的情况,参见郭兵主编:《强制执行论》,人民法院出版社2010年版,第51页。

放,高级人民法院和最高人民法院原则上不执行案件①,整个执行体制的分工以及上下级执行机构的关系更为清晰。其二,“管案、管事、管人”相结合的管理模式在2011年后有所改变。前述,参与对中级人民法院、基层人民法院和专门人民法院执行机构的主要负责人的人事任免是2000年最高人民法院确认的高级人民法院所享有的权力,但是在2011年后不再提及高级人民法院的人事任免权②,最高人民法院对此的解释是因“涉及现行干部管理体制”。③ 从地方实践看,即使是最高人民法院不再提及“管人”一事,高级人民法院也并未完全放弃参与对辖区内执行机构负责人的任命,例如,北京市高级人民法院规定“执行机构负责人任免前未以书面形式征询高级法院执行局意见的,扣3分”。④

尽管最高人民法院与高级人民法院在执行工作中保留为监督与被监督的关系,但执行庭转为执行局仍旧是为上级法院涉足下级法院执行工作提供了制度基础。执行局实现了高级人民法院对执行宏观工作、案件、人员和物质装备四方面的统一管理⑤,提级执行、交叉执行、指定执行的方法开始被大量采用,其目的自然是通过改变案件管辖权来扫除本来阻碍案件执行的条件。⑥ 不过,新的执行管理体制并没有使得人民法院拥有突破

---

① 最高人民法院下发的《关于进一步加强和规范执行工作的若干意见》(法发〔2009〕43号,2009年7月17日发布)。

② 最高人民法院下发的《关于执行权合理配置和科学运行的若干意见》(法发〔2011〕15号,2011年10月19日发布)。

③ 卫彦明、范向阳:《〈关于执行权合理配置和科学运行的若干意见〉的理解与适用》,载《人民司法》2011年第23期。

④ 《北京市法院执行工作专项考核实施细则(试行)》(京高法发〔2013〕260号,2013年7月25日发布)。

⑤ 郭兵主编:《强制执行论》,人民法院出版社2010年版,第508页。

⑥ 提级执行和制定执行的具体事例,可参见董振国编著:《强制执行流程导论》,人民法院出版社2010年版,第82-83页。

地方和部门保护主义樊篱的能力,而是采用了迂回策略,通过强化上级人民法院在执行工作中对下级人民法院的领导,赋予上级人民法院重新调配执行资源的能力,将某一人民法院的执行障碍由其他人民法院或上级人民法院来扫除,其本质上是策略性地回避了障碍。

**(二)"执行乱"与执行局内部分工**

前述,20 世纪八九十年代,执行压力是执行机构发展的主要动因。不过,执行压力一方面推动了执行机构的壮大,另一方面也造成了执行工作的"混乱"局面,即"执行乱"现象。执行工作主要是对当事人的财产状况进行变动,执行行为的对象多为当事人的各类财产。"执行难",或者说法院裁判执行困难的现象,其基本的特点就是债权人所享有的债权无法实现。因此,一种长期存在的对执行工作的认识是执行裁判就是法院在帮当事人"讨债"。

20 世纪 80 年代起,经济纠纷、经济案件开始迅速增长,经济案件中裁判执行困难的现象也逐渐增多。在这一背景下,大量的"讨债公司"成立,而且许多政法机关参与其中。为禁绝此类现象,80 年代末 90 年代初有数份禁绝"讨债公司"的文件下发。① 可见,当时政法机关帮债权人"讨债"并非稀罕事,并且在一定时期难以禁绝。"讨债"的观念对法院的执行工作自然也产生了影响,如用扣押人质的方法来迫使债务人履行债务②,以

---

① 包括《最高人民法院、最高人民检察院、公安部、司法部关于公检法司机关不得成立"讨债公司"的通知》(已失效,法[办]发〔1988〕16 号,1988 年 6 月 25 日发布)。1993 年又有《中共中央政法委员会关于政法部门严肃纪律严格执法的通知》(政法〔1993〕27 号,1993 年 10 月 18 日发布);《最高人民法院办公厅关于转发〈关于停止办理公、检、法、司机关所属"讨债公司"登记注册有关问题的通知〉的通知》(法办发〔1993〕7 号,1993 年 5 月 25 日发布)。

② 参见《最高人民法院关于坚决纠正和制止以扣押人质方式解决经济纠纷的通知》(法〔1994〕130 号,1994 年 10 月 28 日发布)。

及在执行工作中大包大揽等。

“讨债”观念抹杀了公力救济与私力救济的区别,加之当时执行工作的压力,这就助推了执行工作中轻视执行行为合法性的趋势。从执行工作的实践看,1994 年前后,执行工作中执行人员的不当行为乃至违法行为受到关注。① 在 1988 年至 1998 年最高人民法院的工作报告中,1988 年至 1993 年最高人民法院的工作报告从未提及执行工作中的混乱现象,而 1994 年至 1998 年最高人民法院每年的工作报告中均有提到执行工作中的违法行为。为应对此种局面,1995 年河北省出台了《河北省人民法院执行工作条例》(已失效),1998 年最高人民法院颁布了《关于人民法院执行工作若干问题的规定(试行)》,在当年召开的全国高级法院执行庭庭长会议上,针对该规定提出“要把《规定》实施好。要用《规定》指导、规范执行工作”②,这无不说明规范执行行为已经成了当时迫切需要解决的问题。

规范执行行为不仅是在将案件执行程序细化以及可操作化,还在于改变执行人员权力过于集中的状态,通过进一步分权分工的方式来限制执行人员的行为。③ 不过,执行庭的组织形态因其自身条件限制,是难以实现内部再分工的,至多只是在人员调配方面另作安排,而执行局的组织形态则为其内部再分工提供了可能。

① 关于当时执行工作中存在的问题,参见李绍仁:《执行工作要加强规范化建设》,载《人民司法》1994 年第 10 期。

② 参见《中国法律年鉴》(1999 年卷),中国法律年鉴出版社 1999 年版,第 128 页。

③ 最高人民法院在当时亦认为执行权运行的问题并不是执行工作效率低下,而是执行权的集中、缺乏监督和救济途径。“首先,执行权高度集中,缺乏透明度和公开性,缺乏必要的监督和制约。”“其次,缺乏有效的执行救济途径和手段。”参见高执办:《论执行机构内部的分权与制约》,载《人民司法》2001 年第 6 期。

前述,我国有关执行制度的研究中往往将执行权的性质和体系直接对应于执行机构的设置和内在结构。其实,这种做法并不只是学界的理论抱负,在人民法院的规范性文件中,对执行权体系的阐述的确与执行机构的组织结构相对应。执行局在全国范围内开始设立后,最高人民法院推介了黑龙江省高级人民法院的执行局内部机构设置①,但对各地的探索实践亦持支持态度。②

执行局内部的分权安排尽管在一开始就定了调子,但到后来才逐步修正并统一。2009年人民法院系统根据法律制度的变化,对执行局及其内设机构权限进行调整,执行局所行使的执行裁判权与执行实施权,改为了执行审查权与执行实施权。③执行局应否享有裁判职能,是执行裁判权与执行审查权的根本差别。在执行局模式推广之初,最高人民法院明确提出必须强化执行机构的裁判职能,确保执行人员行使裁判权④,此时执行工作的裁判权与审判工作中的裁判权没有本质区别。⑤ 2005年《"二五"改革纲要》发布,其中规定"对执行过程中需要通过审理程序解决的实体争议事项,应当由执行机构以外的审判组织

---

① "黑龙江省高级人民法院成立的执行局内设了三个处级单位,有两个行使裁判权的执行庭",参见《最高人民法院关于改革人民法院执行机构有关问题的通知》(法明传〔2000〕437号,2000年9月30日发布)。

② 参见《最高人民法院关于认真贯彻全国高级法院院长会议和全国地方人民法院机构改革座谈会精神积极推进执行工作改革的通知》(法明传〔2001〕224号,2001年4月28日)。

③ 2009年开始有"科学界定执行审查权和执行实施权,并分别由不同的内设机构或者人员行使"的表述,最高人民法院下发的《关于进一步加强和规范执行工作的若干意见》(法发〔2009〕43号,2009年7月17日发布)。

④ 《最高人民法院关于改革人民法院执行机构有关问题的通知》(法明传〔2000〕437号,2000年9月30日发布)。

⑤ 此时执行裁判权的内在权能包括债务人异议之诉裁决权,案外人异议之诉、第三人异议之诉、代位请求权异议之诉的裁决权,重大事项的裁决权,以及对其他异议的裁决权。参见高执办:《论执行机构内部的分权与制约》,载《人民司法》2001年第6期。

审理,必要时可以设立专门的审判机构”①,这一表述意味着将执行机构的裁判功能弱化为对争议事项的形式审查和执行过程的程序控制。② 2007 年《民事诉讼法》修正,其实就体现了规范执行行为的目标,将执行机构对案外人异议的审查限于形式审查,在法律层面排除了执行机构解决实体权利争议的权力③,执行裁判权转为执行审查权也就顺理成章了。

此外,2009 年当年各级人民法院执行局应设内设机构及其职责被统一规定。规范和明确执行局内设机构及其职责的主张在 2002 年全国部分高级法院执行局局长座谈会上就已经提出④,但后续没有实质性的进展,直到 2009 年最高人民法院规定高级人民法院、中级人民法院和基层人民法院的执行局内设机构和职责⑤,执行局的内设机构开始逐渐统一。⑥ 执行局内设机构的统一也意味着各级人民法院在执行工作中的分工真正得到确定,具体案件的执行将主要由基层人民法院与中级人民法院负责。在这个意义上,执行局内设机构改革与执行管理体制的改革是相互关联的。

① 《人民法院第二个五年改革纲要(2004—2008)》(法发〔2005〕18 号,2005 年 10 月 26 日发布)。

② “执行审查权的范围主要是审查和处理执行异议、复议、申诉以及决定执行管辖权的移转等审查事项”。参见最高人民法院下发的《关于执行权合理配置和科学运行的若干意见》(法发〔2011〕15 号,2011 年 10 月 19 日发布)。

③ 王飞鸿、赵晋山:《民事诉讼法执行编修改的理解与适用》,载《人民司法》2008 年第 1 期。

④ 参见《中国法律年鉴》(2003 年卷),中国法律年鉴出版社 2003 年版,第 154-155 页。

⑤ 参见最高人民法院下发的《关于进一步加强和规范执行工作的若干意见》(法发〔2009〕43 号,2009 年 7 月 17 日发布)。

⑥ 2010 年最高人民法院确定“高、中级人民法院普遍设置四个内设机构,基层人民法院一般设置三个机构”。参见《中国法律年鉴》(2011 年卷),中国法律年鉴出版社 2001 年版,第 182 页。

### [三]随基本解决执行难而来的"新"变化

2019年最高人民法院在宣布基本解决执行难后,出台了《最高人民法院关于深化执行改革健全解决执行难长效机制的意见——人民法院执行工作纲要(2019—2023)》(以下简称《执行工作纲要》),其中对2011年起基本固定下来的执行局体制进行了一定调整,但并未超出已有的执行局体制的基本框架。不过,这并不意味着2019年不是关键节点。就整个司法制度而言,上一个关键节点大致应确定为十八届四中全会召开前后的一段时间,目前的司法制度基本是在当时所确定的改革方向和举措上塑造的。执行制度作为现行司法制度的一部分,并且十八届四中全会中的确提及了执行权和"执行难",后续最高人民法院启动的"基本解决执行难"也是在十八届四中全会的会议精神下开展的。并且,2019年《执行工作纲要》所提及的大量内容是对之前数年实践经验的总结概括,那么将2019年确定为关键节点看似缺乏足够的根据。不过,本文仍坚持将2019年视为执行制度的关键节点,原因在于《执行工作纲要》中所提及的大量内容,即便是此前的执行实践中已经固化为某种非正式制度,但其仍旧是带有地方性的实践,在不同的地方有不同的表现形式,而没有完全转化为全局性的制度。进一步说,中国的制度出台往往经历试点推广、然后上升为正式制度的过程,在试点阶段因制度形态不固定,实践中往往会呈现多种样态,那么决定该制度最终特征的阶段,并非是试点阶段,而是宣告其成为正式制度之时。换言之,本文对关键节点的确定并不以特定实践方式在某地出现为依据,而是以其何时转化为全局性的制度,对整个执行制度的结构产生不可逆的变革而论,如此《执行工作纲要》出台的意义要大于特定实践的出现,那么执行制度的关键节点应当是在2019年。此外,就最高人民法院而言,通过“基本解决执行难”,其在2019年实际上取得了决定执行体制改革方向的行动者地位,而《执行工作纲要》则是该地位的证明,在这个意义上,2019年作为关键节点应当是没有疑问的。

总的来看,《执行工作纲要》并没有改变执行局设立后执行机构发展的基本方向,某种意义上依旧是执行局体制的发展与完善,但其仍然为执行局体制赋予了新的内容,对之进行了全面的再造。就执行管理体制来说,《执行工作纲要》表示要“依托执行指挥中心强化‘三统一’执行管理,探索推进执行管理体制改革”。所谓“三统一”,即“全国四级法院统一管理、统一指挥、统一协调的执行工作管理体制”,这是2016年在宣布要用两到三年时间基本解决执行难后的新提法①。但是,1999年司法改革纲要就说过对全国各级法院执行机构进行统一领导,2000年执行局改革的目标也是建立高级人民法院统一管理、统一协调体制。“统一指挥”看似是新提法,其实上级法院指挥下级法院执行工作的权力属于统一管理、统一协调体制的固有内容。《执行工作纲要》对执行管理体制的改革实际在于两点:一是最高人民法院自身的定位有了变化,二是执行局局长的制度安排。2000年建立的统一管理、统一协调体制不涉及最高人民法院与各高级人法院之间的关系,但“三统一”是对全国四级法院执行管理制度的概括,也即最高人民法院重新确定了自己在全国执行工作中的地位和作用,这是对旧有执行管理体制的最大改变。另外,前文提到,2000年后人民法院系统在一定程度上是放弃参与对下级法院执行局局长的任免。但是,此次《执行工作纲要》重新明确了上级法院对下级法院执行局局长的任免权限,

① 参见最高人民法院下发的《关于落实“用两到三年时间基本解决执行难问题”的工作纲要》(法发〔2016〕10号,2016年4月29日发布)。

而且规定了上级法院考核权限。需要注意,在最初的执行局局长任免制度中,没有规定最高人民法院可以参与各高级人民法院执行局局长的任免过程,而《执行工作纲要》使用的是“上级人民法院”和“下级人民法院”的用语,即最高人民法院其实享有了参与各高级人民法院执行局局长人事任免的权限。应当认为,《执行工作纲要》延续了 2000 年执行局设立后执行管理体制改革集权化的趋势,在一定意义上是回到了执行局成立之初的制度设计,且最高人民法院明确自身在全国执行工作中的领导地位。

执行局的内部分工因执行指挥中心的出现而有了较大的变动。2009 年,最高人民法院提出在中、高级人民法院和有条件的基层人民法院设立执行指挥中心,下设立快速反应小组,开通 24 小时值班电话①,并将之定性为执行快速反应机制。此时的执行指挥中心是负责及时处理执行线索和突发事件,在领导配置上由院长或其授权的副院长担任负责人,执行局长具体负责组织实施,为方便对外联络,符合条件的局长还可被任命为党组成员。②

执行指挥中心设立后迅速从应急机制转入常规执行机制。2010 年的《人民法院法庭建设标准》将执行指挥中心用房定义为“对重大执行事项或统一执行行为,通过音视频信息系统进行现场指挥的用房”③,也即执行主管领导能够在执行指挥中心用房对具体案件的执行全程进行把控。2012 年,最高人民法院

---

① 参见最高人民法院下发的《关于进一步加强和规范执行工作的若干意见》(法发〔2009〕43 号,2009 年 7 月 17 日发布)。

② 最高人民法院下发的《关于进一步加强和规范执行工作的若干意见》(法发〔2009〕43 号,2009 年 7 月 17 日发布)。

③ 参见《住房和城乡建设部、国家发展和改革委员会关于批准发布〈人民法院法庭建设标准〉的通知》(建标〔2010〕143 号,2010 年 11 月 1 日发布)。该标准尽管是住建部和国家发改委下发,但主编单位是最高人民法院。

经中央政法委同意后，选择广西、广东两地高级人民法院作为执行指挥中心建设试点单位①，意图建立上下协调、内外联动、规范高效、反应快捷的执行运行体制。②

执行指挥中心与下设于执行局的内设机构不同，执行指挥中心与执行局并不存在隶属关系。执行局与执行指挥中心是两套领导体系，执行指挥中心不可能下设于执行局，但两者在工作上又有重叠之处，故地方实践中采用了“两块牌子，一套人马”或者挂靠的方法，设立执行指挥中心，具体功能由执行局内的不同机构承担③，或者设立执行指挥中心办公室，挂靠在执行局。④

2012 年至 2019 年，执行案件的收案数和结案数增长了 3 倍有余，执行收案数和结案数从之前年均 200 余万件⑤增长至年收案 1041.4 万件，结案 954.7 万件。⑥ 当前执行机构所面临的压力是前所未有的，并且随执行指挥中心而来的信息化建设的确提高了执行人员的办案效率⑦，强化了上级法院的执行管理能力，但其并没有对执行局成立以来的内部分工格局进行根本变动。

---

① 参见《中国法律年鉴》(2013 年卷)，中国法律年鉴出版社 2013 年版，第 152 页。

② 参见刘嵘：《全国高级法院执行局长座谈会暨执行指挥中心试点推进会在京召开》，载《人民司法》2013 年第 19 期。

③ 参见《广东省高级人民法院关于贯彻〈最高人民法院关于进一步加强和规范执行工作的若干意见〉的实施意见》(粤高法发〔2010〕23 号)。

④ 参见《北京市高级人民法院关于执行指挥中心的暂行规定》(京高法发〔2010〕98 号，2010 年 3 月 19 日发布)；以及《福建省高级人民法院关于解决执行难长效机制建设的意见》(2014 年 1 月 26 日)。

⑤ 2001 年至 2012 年，年均执行收案和结案数量大致在 200 万件至 250 万件间波动。

⑥ 2019 年，全国法院共受理执行案件 1041.4 万件，执结 954.7 万件，参见最高人民法院 2020 年工作报告。

⑦ 以执行人员人均办案数量为例，2019 年执行人员的数量大约是 4 万余人，按照 2018 年全国执行结案数量推算，该年度执行人员人均结案约 200 件。

执行指挥中心设立后,尤其是司法责任制改革启动后推广了团队化办案模式后,执行团队建设也在各法院被推开,原有的“分包”形式的案件办理方式被延续下来。团队化工作将执行办案基本转变为“1+N”模式,即一个执行指挥中心与多个执行团队相配合。执行权向下划分为执行裁判权与执行实施权,就执行裁判权来说,2009 年执行裁判权限缩为执行审查权,但是《执行工作纲要》又恢复了“执行权区分为执行实施权与执行裁判权”的说法。不过,执行裁判权是否配置与执行局内部,以及如何配置,却视情况而定,也即今后人民法院系统对执行局的内部分工持一种更为实用主义的态度,学理论证对制度实践的影响则弱化。① 在执行实施权方面,执行指挥中心、执行局原有执行实施部门与执行团队之间的权限划分并未确定②,但在执行团队办案模式全面推开的情况下,执行实施权的再分配,基本是对执行团队内部的人员进行权责分配。③ 同时,纲要提出“执行机构在编的法官助理、书记员符合条件的,可以按自愿原则转为司法警察,编入警队管理”,即人民法院系统希望提高司法警察在执行人员中所占比例,其目的或为简化执行团队的内部结构,并突显执行过程的强制性。④

执行局的内部分工是以规范执行行为为目标,从这个意义

---

① 执行裁判权限缩为执行审查权背后的理由在于执行机构无权处理实体争议,而只能进行形式审查,实体争议应通过诉讼程序,请求法院进行审判来予以救济,这是学理论证指导制度实践的典型。2007 年《民事诉讼法》修改,案外人异议之诉的制度设计就集中体现了此种理论预设,参见肖建国:《〈民事诉讼法〉执行编修改的若干问题探讨——以民事强制执行救济制度的适用为中心》,载《法律适用》2008 年第 4 期。

② 参见肖建国、庄诗岳:《论民事执行实施权的优化配置——以我国的集约化执行改革为中心》,载《法律适用》2019 年第 11 期。

③ 参见张娇东:《执行团队组建模式探析》,载《人民法院报》2019 年 5 月 16 日,第 8 版。

④ 执行警务化的呼声由来已久,地方上亦早有实践,可参见石时态、屈国华:《司法警察参与民事执行的实证研究》,载《法学评论》2011 年第 1 期。

上说,执行指挥中心亦是在为此目标服务。首先,执行指挥中心在实现执行工作信息化的同时,也使所有执行人员的行为始终处于被监督状态①,这无疑构成了对执行人员的有力约束。其次,从实践来看,以法官为主导的执行团队,实际上是在执行团队内部形成了一个"委托—代理"结构,执行行为以执行法官的名义做出,具体实施者是团队成员。那么,此时对执行实施行为就形成了二重约束,执行法官对团队内的执行人员行为进行约束,而执行指挥中心则对所有执行行为进行约束。此种做法与旧有的对执行实施行为进行监督、救济的方式有根本差别。在执行团队化模式下,相当部分的执行行为需要通过执行指挥中心进行,这本身就可以对行为的合法性进行审查,而执行实施行为又以执行法官的名义进行,那么执行法官本身就应当确保行为的合法性。

执行指挥中心如今已经成为执行工作中的核心机构,《执行工作纲要》中对未来几年执行工作的规划,莫不以执行指挥中心为依托。然而,在执行局与执行指挥中心的关系尚未厘定的情况下,《执行工作纲要》又提出了"加快推进执行指挥中心实体化运行"的说法。在实践中,执行指挥中心实体化已有一段时间,典型如最高人民法院已经将执行指挥中心建成实体机构。② 但是,作为实体机构的执行指挥中心与原有的执行局应

① "进一步升级执行办案系统,以信息化手段约束执行权、规范执行行为。""充分发挥执行指挥中心在团队化办案中的支持、保障作用,做到事务工作办理集约化、工作流程标准化、规范化。"参见《最高人民法院关于深化执行改革健全解决执行难长效机制的意见——人民法院执行工作纲要(2019—2023)》(法发〔2019〕16号,2019年6月3日发布)。

② 最高人民法院设置了执行指挥调度室、执行指挥管理室和执行指挥信息室并核定了编制和领导职数,并要求各地法院也尽快完成转变。参见江必新:《真抓实干 确保基本解决执行难关键之年取得卓越成效》,载《法律适用》2017年第9期。

当为何种关系,这个问题还没有答案。应当说,“1+N”办案模式已经在执行工作的实践中得到确立,那么执行指挥中心的实体化就是极可能是对旧有执行局结构的重建,执行局的未来仍有各种可能。

大致来说,因最高人民法院对执行制度的基本构想与原来相比没有实质性的变化,这使其在2019年这一关键节点尽管处于优势地位,但却没能对整个执行体制进行更系统的调整,最终变成了涉及广泛但调整有限的制度变革,尤其是将如何调和执行指挥中心与原有执行局体制的关系这一关键问题置之一旁。可以说,最高人民法院并没有很好地借用其在关键节点所处的优势地位,其表现不如说是用2019年此一关键节点达成了上一关键节点后长时间没有达成的目的。

## [四]结语

最高人民法院在两个关键节点中对执行制度变革的态度差异明显,但其背后是一以贯之的关于如何应对“执行难”问题的基本认识。1988年最高人民法院工作报告的总结,“执行难”有法院自身的原因,也有外部因素干预,值得追问的是在明知“执行难”并非仅是自身原因造成的条件下,为何人民法院在大部分时间仍以一己之力应对。不可否认,最高人民法院有试图借助“执行难”问题争取利益的动机①,但“执行难”很快就成了人民法院想甩掉的烫手山芋。不过,“执行难”的长期存在又构成

① 不仅包括前面提到的执行管理体制中的“向上集权”倾向,还有可见的物质利益,参见《最高人民法院关于深化执行改革健全解决执行难长效机制的意见——人民法院执行工作纲要(2019—2023)》(法发〔2019〕16号,2019年6月3日发布)。

了执行制度不断改革的外部推动力，而改革本身可推进的余地却越发有限，如果考察2016年后“基本解决执行难”的实践，可以看到执行工作的成果在相当程度上是依赖了最高人民法院与其他单位合作而发展起来的执行联动机制①，如此，2019年纲要所展现的执行制度改革进入琐碎的微观调整阶段也就说得通了。可以说，正是最高人民法院对“执行难”问题的基本认识没有发生变化，使执行局设立时所构想的执行制度被坚持了下来，造成了后续的制度改进空间显得越发有限。

如果说最高人民法院此前解决“执行难”问题的思路是一种法院视角下的进路，即用制度改革所可能带来的执行能力增长去试图解决“执行难”，那么是否可以进行视角变换从而提出新的解决“执行难”的制度设计。这并非不可能，前面提到最高人民法院在一开始就知道“执行难”是内外合力造成的，即便是执行局设立时，最高人民法院也强调“执行难”不单是人民法院的责任②，到“基本解决执行难”过程中，更是用“终本案件”这概念来减轻人民法院的执行工作压力。如此看来，人民法院似乎并非没有新视角，问题在于为什么不用新视角去对制度进行调整乃至重塑。其中原因或许要分情况，就早年而言，执行制度本身就不够完善，人民法院当时的目标是搭建一个基本的制度框架，那就无所谓转换解决“执行难”的视角并提出新制度的问题。不过，在执行局设立后且执行制度逐渐完善的条件下，改革制度所带来的边际效益已经越发有限，人民法院仍未转换解决“执行难”的视角并对制度进行改革就值得注意。2019年最

① 在2019年最高人民法院的工作报告中，当对2016年以来“基本解决执行难”情况进行总结时，最先提到的是“综合治理执行难工作格局基本形成”和“执行模式发生深刻变革”，其中大部分是在介绍相关单位与法院的合作成果。

② 参见高执办：《“执行难”新议》，载《人民司法》2001年第5期。

高人民法院发布《执行工作纲要》不久后,中央全面依法治国委员会也下发了《关于加强综合治理从源头切实解决执行难问题的意见》,一个值得关注的点在于文件对解决“执行难”所采取的观点并非法院视角,而是综合治理的视角。在这个意义上,很容易发现转换解决“执行难”的视角的结果,是解决“执行难”的责任被分配至更多的主体头上,而这就超出了人民法院的权力边界和能力范围。简言之,人民法院所享有的权力以及能力决定了其无法选择一种超出法院视角的解决“执行难”的观点,因为这种视角所关照的并非法院内部的执行制度或是一般意义上的司法制度,而是更大范围的治理体系。

不难发现,执行局制度的完善最终将执行工作的关键节点与执行制度的关键节点区分开来了,对于后来的执行工作而言,执行联动机制的构建与运行更值得关注,但这并没有直接影响人民法院的执行制度,以解决“执行难”为目标的制度变革最终却与其起初的目标渐行渐远。

《法律和社会科学》(2020)　第19卷第1辑,第377~408页

# 从河西走廊看大国司法的难题
## ——一种法律地理学的视角*

韩　宝

**摘　要**:大国司法在我国是一个现实问题,法律地理学开阔的视野提供了一个省思视角。大国司法的未来,不只在于借鉴,还在于对自身地理尺度的把握。由甘肃河西走廊的法院司法这一个案切入,一方面可以对在地的司法实践有一定的感知与理解;另一方面能根据"河西—甘肃—西北—中国"这一从局部到整体的思路对大国司法的内涵有直接的体认与把握。尽管在当下,河西走廊的法院司法并没有直接体现其历史地理价值,但不可否认的是,基于在地社会的地理环境所表现出来的区位特点,无不体现在实际的司法过程中。此即"司法的西北问题"与"西北的司法问题"。对此,还是要回到大国司法的语境下寻求回应的方法。

**关键词**:区域司法　司法的西北问题　西北的司法问题　法律地理学

---

* 韩宝,甘肃政法大学民商经济法学院教授、法治甘肃建设理论研究中心研究人员。本研究受2021年度甘肃省高等学校青年博士基金项目"'社会—法律'视角下的大国司法研究"(项目批准号:2021QB-100)资助。笔者特别感谢梁晨和倪孝刚;本文初稿曾得到西北师范大学王勇教授的批评指点,也感谢审稿人细致中肯的意见,在此一并致谢,但所有文责自负。

大国司法是一个一体与多元、统一与差异的问题。是以当我们在宏观视野上对我国的法律及司法实践有了一定研究之后,亦应不断回望大国之下的区域/地方的法律及司法实践。基于这样的考虑,本文以河西走廊的法律及司法实践为切入点,从法律地理学的视角对大国司法做初步研究。

近几年,自20世纪80年代以来在域外发展起来的法律地理学研究在国内也有了初步的研究。检讨法律地理学的研究现状,经典意义上的法律—空间研究有了不少研究积淀,同时也由于人们对空间认识的不断深化和多元,使这一理路下的研究持续推进。但我们也应看到,法律地理学的更进一步发展,特别是出于中国社会现实的考虑,需要开拓新的议题。事实上,尽管法律地理学已经有了40余年的研究积淀,但其客观上零散而孱弱,甚至其核心议题也还未确定。在这种情况下,开辟新议题,也是研究的题中之意。而法律的区域/地方考察则有可能是这些新的议题之一。对区域/地方的研究,其他学科已经有非常多的经典研究。例如,施坚雅(G. William Skinner)基于四川等地农村集市的调查而做的关于六边形市场结构的研究,王笛对以四川省为中心的长江上游区域的社会、文化、政治、经济等的研究;又如,年鉴学派吕西安·费弗尔(Lucian Febvre)的莱茵河研究;再如,国内历史人类学研究上的华南学派、赵世瑜等的山西研究。① 国内在法律及司法实践层面上采取区域/地方研究还处于初步阶段，比较典型的有葛洪义、公丕祥等比较宏观的体系论证研究。② 在西北，比较典型的如西北师范大学法学院编辑出版的《西北法律文化资源》集刊。客观上，法律的区域研究有比较大的障碍，因为地理/空间因素在通常都由于国家法的统一适用而自然地被消解。③ 由此，也使法律的区域/地方研究虽然不断地被提起，甚至在很早就被讨论，但一如法律地理学研究本身一样，一直都没有根本性的突破。④ 或许法律地理学研究对现行法的更进与改观最终还是要落在法社会学及法人类学的传统路径上去。即从区域/地方这个地理的视角去理解与阐释法律的社会运作，进而对法律及司法的统一适用中产生的地方不适感提出问题，进而在促使法律及司法在可能调节的尺度内做出一些改变。在这个基调下，法律地理学的研究更多是批判性的。

---

① 参见[美]施坚雅：《中国农村的市场和社会结构》，史建云、徐秀丽译，虞和平校，中国社会科学出版社1998年版；王笛：《跨出封闭的世界：长江上游区域社会研究（1644—1911）》（第3版），北京大学出版社2018年版；[法]吕西安·费弗尔：《大地与人类演进：地理学视野下的史学引论》，高福进、任玉雪、侯洪颖译，上海三联书店2012年版；[法]吕西安·费弗尔：《莱茵河：历史、神话和现实》，许明龙译，商务印书馆2010年版；梁庆寅等：《（华南学派）"学术共同体"笔谈》，载《开放时代》2016年第4期；赵世瑜：《历史人类学的旨趣：一种实践的历史学》，北京师范大学出版社2020年版。

② 如葛洪义：《我国地方法制建设理论与实践研究》，经济科学出版社2012年版；公丕祥：《空间关系：区域法治发展的方式变项》，载《法律科学》2019年第2期。

③ 当然，如果换一种思路，特别是从社会规范的视角出发，法律的出现—存在—发达正是为了调和与统一这些基于地理而出现的实际差异，这在大国的复杂社会治理下更是如此，因为只有法律才能提供相对稳定的期待可能性。

④ 在国内，南京师范大学法学院在比较早的时候就开展了区域法治研究。代表性成果如公丕祥：《区域法治发展的概念意义——一种法哲学方法论上的初步分析》，载《南京师大学报（社会科学版）》2014年第1期；公丕祥：《法治发展的区域分析——一种方法论的讨论》，载《法学》2018年第5期；等等。

自中国经济重心南移以及工商业发展起来之后,河西走廊的历史价值减弱了很多,在这样的背景下,对这一区域的司法展开研究的意义在于了解自身与区域对比。法律地理学提供的视野可以统合两者进而考虑大国司法问题。大国司法应是基于地方及区域地理差异上的把握而尽可能让各地司法在水平与质量上趋于一致,在这方面无论是罗尔斯(John Bordley Rawls)关于“社会最不利者”(the least advantaged class)的论述,抑或阿玛蒂亚·森(Amartya Sen)对“可行能力”(capabilities)的强调都有一定的借鉴意义。基于这样的考虑,在大国司法的思路前提下,本文关心的是以河西走廊为代表的西北地区或者更大范围上的西部欠发达地区下囿于经济条件而带来的法律及司法实践上的可能问题。文章首先考察河西司法的实际状况,包括具体的司法投入、司法水平等;进而,考察河西司法在国家司法大盘子中的具体情形。通过这两方面的讨论,可以展现地理对司法的影响以及作用方式。此外,文章的讨论将展现在地司法自身,以及区域与整体、地方与中央的司法关联。

## [一] 当下的河西走廊司法

对河西走廊司法的讨论可以分为两个层面:一是河西走廊—甘肃—西北—中国这样一种局部与整体之间的区域司法;二是基于河西走廊之地理特点而对个案本身的独特性的考察。

通常,河西走廊指的是武威、金昌、张掖、嘉峪关、酒泉五地。这一区域面积占甘肃省的62%,人口占甘肃省的18%,GDP占甘肃省的25%—30%。某种意义上,河西走廊其实是“最甘肃”的:甘肃省之陇东大体上更接近于陕西省,陇南接近四川省、重庆市,甘南则近于西藏自治区、青海省。再从甘肃省外部看,在北面是内蒙古自治区、西面是新疆维吾尔自治区、南面则是青藏,如此,甘肃省更像是一个交错、过渡地带。在此意义上,理解了河西走廊,便理解了甘肃,也理解了这一个地理带上的其他地方,只不过程度上略有差异罢了。河西走廊无疑在地域政治、生态屏障诸方面是有特别意义的。① 但基于单一制国家的法律及司法特点,河西走廊上的法院司法及其法治水平,事实上并没有明显的特别之处,它与甘肃省其他市州的水平基本一样,这是一种常规、通常的司法,②也只能是常规、通常之司法。很多年来它既不是创新之地,也不是承担改革使命的首选之地。③ 所以,河西走廊的司法问题可能更多地在于防止与全国司法水平上的差距进一步拉大,要补上欠课、不掉队。是以,一定意义上是可以透过河西这个个案,进而省思甘肃省以至西北的法院司法。这种没有特点的常规司法,一方面的确是大国司法的一部分;另一方面,这种常规与普通的一定规模的存在,使我们的司法制度设计要切实考虑到这种实际,毕竟它是这个具有很大不均衡性的大国司法的现实。以下就围绕河西司法的现状展开论述。

---

① 例如,徐黎丽:《通道地带理论——边疆治理理论初探》,载《思想战线》2017 年第 2 期。

② 参见甘肃省高级人民法院编:《甘肃法院志》,甘肃人民出版社 2017 年版。

③ 参见最高人民法院办公厅、最高人民法院司法改革领导小组办公室编:《人民法院改革开放 40 周年成就展:司法改革实践经验卷》,人民法院出版社 2019 年版;最高人民法院办公厅编:《人民法院改革开放 40 周年成就展:典型经验卷》,人民法院出版社 2019 年版。

## (一)由本轮司法改革看河西的司法

无论接受与否,以河西五地为代表的甘肃省以至西北的司法都是存在一些明显的短板以及亟待提升的空间的。例如,可以看看当地在自2013年开始的本轮——无论是规模还是力度都是新中国成立以来最大的——司法改革中的表现及成绩。① 在这其中,河西、甘肃省都无法说是排头兵,也不是模范生。②

本轮司法改革的展开,甘肃省直到2016年第三批,也是最后一批才开始(安排)的司法改革。2016年增设的最高巡回法庭,分别设在了重庆市、西安市、南京市、郑州市。2018年新设的最高人民法院第一国际商事法庭、第二国际商事法庭分别于深圳市、西安市揭牌。2017年7月至2020年12月,最高人民法院先后印发了《人民法院司法改革案例选编》(一)至(十),共计167例案例,具体如表1所示。

**表1 最高人民法院人民法院司法改革典型案例分地方一览**

单位:例

| 排名 | 省(自治区、直辖市) | 入选数 | 排名 | 省(自治区、直辖市) | 入选数 | 排名 | 省(自治区、直辖市) | 入选数 |
|---|---|---|---|---|---|---|---|---|
| 1 | 北京 | 23 | 10 | 山东 | 5 | 19 | 云南 | 3 |
| 2 | 广东 | 19 | 11 | 湖南 | 5 | 20 | 黑龙江 | 3 |
| 3 | 浙江 | 16 | 12 | 河南 | 4 | 21 | 陕西 | 3 |
| 4 | 上海 | 13 | 13 | 重庆 | 4 | 22 | 山西 | 2 |
| 5 | 江苏 | 12 | 14 | 湖北 | 4 | 23 | 海南 | 2 |
| 6 | 四川 | 9 | 15 | 江西 | 4 | 24 | 新疆 | 2 |
| 7 | 天津 | 8 | 16 | 安徽 | 4 | 25 | 内蒙古 | 1 |
| 8 | 福建 | 8 | 17 | 甘肃 | 3 | 26 | 宁夏 | 1 |
| 9 | 贵州 | 5 | 18 | 河北 | 3 | 27 | 青海 | 1 |

① 《在公平正义的道路上砥砺前行——甘肃法院改革四十年综述》,载《甘肃日报》2018年12月26日,第3版。

② 参见《在公平正义的道路上砥砺前行——甘肃法院改革四十年综述》,载《甘肃日报》2018年12月26日,第3版。

这其中甘肃省入选3例，涉及河西司法的有2例。分别是第（四）批关于“基本解决执行难”的“甘肃省嘉峪关市城区人民法院：“法院+保险”联动、助力执行攻坚”案例以及第（六）批关于“深入推进司法体制综合配套改革”的“甘肃省张掖市甘州区人民法院：推进多元分流强化系统支撑着力构建分调裁审高效运行新格局”案例。对于这两则改革案例的重要性，读者可以在这167例案例中结合本次司改的四项主要内容作出具体的评价。

又如，2020年启动的“民事诉讼程序繁简分流改革试点”中，同样没有甘肃省的法院：“本办法仅适用于北京、上海市辖区内中级人民法院、基层人民法院，南京、苏州、杭州、宁波、合肥、福州、厦门、济南、郑州、洛阳、武汉、广州、深圳、成都、贵阳、昆明、西安、银川市中级人民法院及其辖区内基层人民法院，北京、上海、广州知识产权法院，上海金融法院，北京、杭州、广州互联网法院。”

同样地，2015年4月24日，十二届全国人大常委会第十四次会议通过《关于授权在部分地区开展人民陪审员制度改革试点工作的决定》（以下简称《授权决定》），授权在10个省（自治区、直辖市）选择50个法院开展为期两年的试点。2017年4月，全国人大常委会决定将试点期限延长一年。本办法仅适用于北京、河北、黑龙江、江苏、福建、山东、河南、广西、重庆、陕西等10个省（自治区、直辖市）的试点法院。同样没有甘肃省。

总体上，河西之司法改革被动性的一面较强。这种被动性很有可能是因为河西地区的发展现状制约了其在更大空间上的发展。在司法投入上,河西五地各中级人民法院的年总支出预算约为3000万元,这不是一个很高的水平。① 河西司法这种对外模糊的形象实际上与当地的社会经济生活等方面是一致的。有所特别的是,2019年11月7日,兰州市环境资源法庭(在甘肃省矿区人民法院揭牌成立)正式挂牌成立,这是最高人民法院批准设立的全国第二家跨地域集中管辖环境资源案件专门法庭,也是目前为止全国仅有的两家最高人民法院批复设立的环境资源专门法庭。② 对此,不能说没有考虑到2017年中共中央办公厅、国务院办公厅就甘肃省祁连山国家级自然保护区生态环境问题的通报,③以及祁连山国家公园的设立。目前,甘肃省已形成了以高级人民法院环境资源保护审判庭为"点"、甘肃省林区中级人民法院及所属林区基层人民法院为"线"、甘肃省矿区人民法院及各市(州)府所在地基层人民法院专门合议庭为"面"的环境资源司法保护的"甘肃模式"。明显地,这是对应于包括河西在内的甘肃省的地理环境的。

---

① 笔者特意选取了所在城市经济水平较高的上海市第一中级人民法院、苏州市中级人民法院、厦门市中级人民法院,以及经济一般的宝鸡、吴忠等地中级人民法院的年度经费预算数作为对比。上海市第一中级人民法院2019年预算支出总额为29,976万元、2020年为30,961万元,载上海市第一中级人民法院网。苏州市中级人民法院2019年收入预算22,989.68万元、2020年收入预算22,113.14万元,载苏州市中级人民法院网。厦门市中级人民法院2019年收入预算为15,993.67万元、2020年收入预算为18,959.26万元,载厦门法院网。宝鸡市中级人民法院2019年预算收入3661.85万元、2020年2646.69万元,载宝鸡法院网。吴忠市中级人民法院2019年财政拨款收入预算为2664.41万元,2020年为2985.4万元,载宁夏回族自治区人民政府网。

② 2020年1月8日,甘肃省高级人民法院发布《甘肃环境资源审判(2019)》白皮书。白皮书显示,2019年甘肃省法院共审理环境资源类案件6778件,其中刑事类293件、民事类5467件、行政类859件、环境公益诉讼类159件。

③ 《中共中央办公厅、国务院办公厅就甘肃祁连山国家级自然保护区生态环境问题发出通报》,载新华网,http://www.xinhuanet.com/2017-07/20/c_1121354050.htm。

下面简单看看河西五地的民商事审判案件类型。

### （二）纠纷类型

某种意义上，一地的社会发展以及其地理环境是能够反映到具体的诉讼类型上的，而透过这些具体的诉讼形态又是能够反映在地社会的法律/司法状态的。① 表2是基于中国裁判文书网所做的一个初步统计②。

**表2 河西五地法院主要民事案件受理类型**

| 法院 | 民事案件录入总数 | 最多的五类民商事案件及数量 | | | | | 知识产权与竞争纠纷 | 与公司、证券、保险、票据等有关的民事纠纷（以下以"a"代表） |
|---|---|---|---|---|---|---|---|---|
| 最高人民法院 | 77,902（32,517） | 合同、无因管理、不当得利（20,790） | a（3243） | 知识产权与竞争纠纷（3082） | 物权纠纷（1011） | 海事海商纠纷（694） | | |
| 甘肃省高级人民法院 | 1,146,810（783,346） | 合同、无因管理、不当得利（491,706） | 婚姻家庭、继承纠纷（153,204） | 侵权责任纠纷（36,118） | 物权纠纷（28,825） | 人格权纠纷（24,276） | 1923 | 7995 |

① 参见［日］滋贺秀三：《中国法文化的考察——以诉讼的形态为素材》，载王亚新、梁治平编：《明清时期的民事审判与民间契约》，法律出版社1998年版，第2页。

② 统计数据截至2020年3月22日。

续表

| 法院 | 民事案件录入总数 | 最多的五类民商事案件及数量 | | | | | 知识产权与竞争纠纷 | 与公司、证券、保险、票据等有关的民事纠纷(以下以“a”代表) |
|---|---|---|---|---|---|---|---|---|
| 酒泉市中级人民法院 | 64,979(40,371) | 合同、无因管理、不当得利(29,541) | 婚姻家庭、继承纠纷(3260) | 侵权责任纠纷(2516) | 劳动争议、人事争议(1935) | 物权纠纷(1368) | 46 | 501 |
| 嘉峪关市中级人民法院 | 17,955(9840) | 合同、无因管理、不当得利(7729) | 侵权责任纠纷(594) | 婚姻家庭、继承纠纷(444) | 劳动争议、人事争议(245) | 人格权纠纷(229)/物权纠纷(222) | 12 | 148 |
| 张掖市中级人民法院 | 107,194(79,478) | 合同、无因管理、不当得利(61,058) | 婚姻家庭、继承纠纷(7373) | 侵权责任纠纷(3119) | 物权纠纷(2146) | 人格权纠纷(1787)/劳动争议、人事争议(1736) | 174 | 913 |
| 金昌市中级人民法院 | 61,852(40,832) | 合同、无因管理、不当得利(31,683) | 婚姻家庭、继承纠纷(3907) | 侵权责任纠纷(1065) | 人格权纠纷(938) | 劳动争议、人事争议(750)/物权纠纷(688) | 61 | 287 |

续表

| 法院 | 民事案件录入总数 | 最多的五类民商事案件及数量 | | | | | 知识产权与竞争纠纷 | 与公司、证券、保险、票据等有关的民事纠纷（以下以“a”代表） |
|---|---|---|---|---|---|---|---|---|
| 武威市中级人民法院 | 69,348（53,705） | 合同、无因管理、不当得利（38,036） | 婚姻家庭、继承纠纷（8458） | 物权纠纷（1945） | 侵权责任纠纷（1713） | 劳动争议、人事争议（1698） | 18 | 229 |

注：1. 上列“民事案由”依据的是《民事案件案由规定》。

2. 表中最高人民法院的案件数量仅包括最高院裁判的案件数；而甘肃省高级人民法院的案件数量，不仅包括甘肃省高级人民法院自己裁判的案件数，还包括其下辖各级人民法院的案件数；河西五地各中级人民法院的案件数，不仅包括其自身裁判的案件数，还包括其下辖的各基层人民法院的案件数。

以上的统计大体上能够反映河西五地法院的实际裁判纠纷类型。这与笔者另外检索的武威市、金昌市、张掖市、嘉峪关市、酒泉市中级人民法院公布在中国裁判文书网上2019年的民商事类案件（可以各显示前600条数据）类型大体是相符的。

透过这些案件，可以将具体的纠纷与当地的生活关联在一起。某种意义上，纠纷的类型可以反映出一定的在地生活样态。① 除嘉峪关这座围绕酒钢集团、城镇化率超过90%的工业城市之外，其他四地的纠纷类型是很相似的。在表2中，笔者特别补充了两类案件的数据，这两列数据表明在“知识产权与竞争”“与公司、证券、保险、票据等有关的民事纠纷”上其数量非

① 对河西五地的基本介绍可参考甘肃省地方史志编纂委员会编纂：《甘肃省志：概述（1986—2007）》，甘肃文化出版社2018年版。

常少,这与这里的经济水平相吻合:就国民生产总值而言,甘肃占比不过1%。总体上,这里还是一个经济类型比较单一且传统的地域,尽管这里有如金川集团、酒钢集团等大型国企,但这些大型国企是自成一个"小社会",并不与当地之社会完全融合。尽管根据公布的《2019年甘肃省国民经济和社会发展统计公报》,全省的城镇化率已接近50%,①但是河西五地都是规模比较小的城市,仅有武威的凉州区人数在100万,剩下的四座城市人数皆是20万—50万的水平。由此,在这种城乡社会下,纠纷的类型自然还是比较传统的经典类型,即合同、侵权、婚姻家庭。②

值得注意的是,在上述的纠纷类型中,有一些是独具在地社会地理环境特征的,比如"种植、养殖回收合同纠纷",这指的是河西的玉米等制种业,而"河西走廊撑起了中国玉米制种的'半壁江山'"。③ 当然,就地理要素而特别需要讨论的是河西的涉水事务与纠纷。

无论怎样强调水资源在这里的重要意义都不为过,河西地区曾经存在比较严峻的用水关系。2001年7月30日,温家宝

---

① 甘肃统计局:《2019年甘肃省国民经济和社会发展统计公报》,载甘肃统计局官网2020年3月20日,http://tjj.gansu.gov.cn/tjj/c/09457/202003/862176.shtml。

② 这在2017年初甘肃省高级人民法院编辑出版的《甘肃法院志》中收录的河西五地法院"案件选录"中就可以看出来。参见甘肃省高级人民法院编:《甘肃法院志》,甘肃人民出版社2017年版。

③ 刘慧、肖明:《河西走廊:撑起了中国玉米制种的"半壁江山"》,载《中国国家地理》2016年第1期。最高人民法院迄至2020年10月16日发布的143个指导性案例中,唯一由甘肃省法院作出的生效裁判也是关于此的,即92号指导案例:莱州市金海种业有限公司诉张掖市富凯农业科技有限责任公司侵犯植物新品种权纠纷案。另见甘肃省高级人民法院编:《甘肃法院志》,甘肃人民出版社2017年版。

就在一次批示中指出“决不能让民勤成为第二个罗布泊”。① 10余年前的一份新闻报道称,“武威市中级人民法院成立了石羊河流域重点治理建设合议庭、节水增收合议庭”②。但是通过检索,笔者发现通过诉讼解决的涉水纠纷并不多,而且主要还是如排除妨害等因用水而涉及的一般侵权纠纷。这似乎是矛盾的,不过推测其中的某些原因:一方面,说明在当地已经建立起了比较完善、科学的用水制度体系,因此杜绝、减少了涉水纠纷的发生;另一方面,则是要考虑在具体的涉水纠纷解决上,法律及司法所能发挥的实际作用。作为当地最为重要的生产、生活资料,具体的水资源的利用、分配及其相关纠纷的解决,更为现实的可能是通过行政方式解决。一如河西祁连山环境资源的修复与保护、甘南的草山草场纠纷解决③,司法与法律所发挥之作用的限度是可以再检讨的,如果这其中缺少了党政力量的支持和助推,其结果是不难想象的。④ 事实上,就以武威民勤的治沙和具体涉水纠纷处理与解决为例,便是法院力所不逮的。因此,法院处理的也大多是排除妨害等类型的纷争。这种行政主导的疑难纠纷处理模式,当然可以批评说是卢曼等所指出的“行政—司法”

---

① 参见王培华:《元明清华北西北水利三论》,商务印书馆2009年版;刘毅:《民勤:水进绿增沙退(绿色焦点·走进风沙源)》,载《人民日报》2016年5月14日,第9版;林治波、曹树林、银燕:《决不让民勤成为第二个罗布泊:甘肃石羊河流域生态综合治理五年成效显著》,载《人民日报》2012年1月4日,第8版;谢登科、朱建军:《民勤治沙:温总理的十一次牵挂》,载《人民日报》2006年3月7日,第4版;曾华锋:《民勤,不能成为“第二个罗布泊”》,载《人民日报》2007年3月26日,第6版。

② 师向东:《服务重点治理大局,弘扬法院审判工作的人民性》,载《武威日报》2009年11月9日,第2版。

③ 参见银燕:《甘南藏族自治州用群众工作方法化解草场纠纷:尼江两村的“结”解了》,载《人民日报》2014年10月23日,第1、11版。

④ 参见张景平、王忠静:《中国干旱区水资源管理中的政府角色演进——以河西走廊为中心的长时段考察》,载《陕西师范大学学报(哲学社会科学版)》2020年第2期。

分化得不彻底,①但是更要看到这是国情使然。这种纠纷解决模式不仅仅存在于笔者这里所举的个案中,肯定还在全国其他地方存在,比如田雷关于“微山湖”的研究。在这个意义上,可以说这类纠纷是河西的,但某种意义上又何尝不是中国的。②

以上是对河西五地民事司法审判的一个简单分析,以下本文要再从实际的司法服务水平,与前述论述做一些对照。

**(三)司法(服务)水平**

至少在民商事领域,纠纷类型及数量的多寡是与社会经济的整体发展质量与水平成正比的。纠纷也只有在大量而频繁的交易中才能产生。社会也会因应这些纠纷而创造出更为恰当、经济的纠纷解决方式。改革开放 40 余年来,我国民商事纠纷数量的变化很好地说明了这一点。③ 据 2019 年《甘肃省高级人民法院工作报告》,2018 年,全省法院共受理案件 504,906 件,审(执)结 455,545 件;省法院受理案件 6302 件,审(执)结 5990 件。而据 2019 年《最高人民法院工作报告》,地方各级人民法院受理案件 2800 万件,审结、执结 2516.8 万件。大体上甘肃法院的受案数占全国的 1.78%左右。与此相对,据称全国最忙的两个基层法院(北京的朝阳区法院、上海的浦东新区法院)年受案数均已超过 10 万,2018 年的浦东新区法院受案数已接近 15 万,④一些新类型案件也多是出现在这些地方。

① 参见[德]尼克拉斯·卢曼:《社会中的法》,李君韬译,台北,五南图书出版股份有限公司 2019 年版。

② 参见田雷:《中央集权的简约治理——微山湖问题与中国的调解式政体》,载《中国法律评论》2014 年第 2 期。

③ 参见张榕:《中国法院能动司法机制研究》,中国政法大学出版社 2015 年版。

④ 参见蔡丽萍:《区六届人大五次会议第二次全体会议听取人大常委会和两院工作报告:为开创新时代浦东开发开放新局面而努力奋斗》,载《浦东时报》2019 年 1 月 14 日,第 2 版。

再对照一下到 2020 年 10 月为止,近十年来最高人民法院发布的 25 批 143 个指导性案例的具体作出法院。(见表 3)

**表 3　最高人民法院指导性案例生效裁判作出法院所属地域分布**

| 排名 | 地方 | 入选数 | 排名 | 地方 | 入选数 | 排名 | 地方 | 入选数 |
|---|---|---|---|---|---|---|---|---|
| 1 | 最高人民法院 | 45 | 9 | 安徽 | 5 | 17 | 甘肃 | 1 |
| 2 | 江苏 | 16 | 10 | 天津 | 4 | 18 | 贵州 | 1 |
| 3 | 上海 | 12 | 11 | 江西 | 3 | 19 | 福建 | 1 |
| 4 | 浙江 | 10 | 12 | 广东 | 3 | 20 | 黑龙江 | 1 |
| 5 | 山东 | 8 | 13 | 河北 | 2 | 21 | 湖北 | 1 |
| 6 | 北京 | 8 | 14 | 内蒙古 | 2 | 22 | 湖南 | 1 |
| 7 | 四川 | 7 | 15 | 陕西 | 2 | 23 | 吉林 | 1 |
| 8 | 重庆 | 6 | 16 | 河南 | 2 | 24 | 云南 | 1 |

注:最高人民法院在本表中单独列出。

如表 3 所示,在全部 143 个案例中甘肃仅有 1 例入选。还可以再对照两组数据,据北大法宝司法案例研究组统计,1985—2019 年《最高人民法院公报》共发布了民商事案例 700 例,但这其中并没有甘肃的法院作出的生效裁判;在北大法律信息网司法案例研究组统计的 1985—2017 年《最高人民法院公报》《最高人民检察院公报》发布的 526 例刑事案例中,分别为 4 例与 6 例。① 尽管这只是我国法院司法裁判数据库中极小的样本,但是就其一时的典型性与代表性来说,还是能够说明一定的问题。这部分表明了包括河西走廊在内的甘肃省于新特类型案件上的"贡献"程度,也反映出当地司法裁判水平。

---

① 《最高法公报历年民商事案例统计分析报告(1985—2019 年)》,载微信公众号"北大法律信息网"2020 年 4 月 25 日,https://mp.weixin.qq.com/s/oHG9nN6Uk6u4PMhFliE6Tw;《两高公报刑事案例分析报告(1985—2017 年)》,载微信公众号"北大法宝"2018 年 1 月 5 日,https://mp.weixin.qq.com/s/o9hS58ZMMZJPfacQagAiUg。

一定意义上,一个地区的律师数量也可以从侧面反映该地的司法发展及服务水平。一般而言,有律师代理的案件在专业性上是胜于无代理案件的。据《甘肃省司法厅 2019 年全省律师事务所和律师年度考核备案公告》,甘肃有社会律师 3907 人(约占同期全国律师数总 46 万的 0.8%),分属于 434 家律师事务。据表 4,河西五地共有 96 家律师事务所、788 人社会律师,约占全省的 20%。

**表 4　2019 年河西五地律师事务所及数量**

| 地域 | 武威 | 金昌 | 张掖 | 嘉峪关 | 酒泉 |
|---|---|---|---|---|---|
| 律师事务所及人数 | 17 所<br>107 人 | 11 所<br>66 人 | 24 所<br>278 人 | 14 所<br>89 人 | 30 所<br>248 人 |

以上,本文已经从三个不同的侧面就河西走廊五地的法院司法作了一个宏观上的简单外部分析,这主要是透过制度在河西社会下的具体安排和实际展开来呈现的。透过这些描述,至少可以得出以下几点:(1)在地社会的地理条件一定程度上是与具体的司法裁判相关联的,确切地说,是当地的地理环境影响了在地社会的具体经济文化等的发展状况,进而作用、传感到了"司法场"中的。总体上河西五地法院所面对的主要还是传统上的纠纷,相对而言,新型纠纷数量还是比较少的。(2)河西法院的司法没有能够成为策动比如司法改革这样的重要司法行动的排头兵,但是还是能够根据当地社会的发展以及国家司法政策上的调整,作出及时地调整并保证应该的制度供应。(3)就全国范围来看,尽管单一制模式下河西各地法院之司法没有呈现出明显的地方性特点,但是还是具有在地社会地理环境特征的。具体的内容,将在文章的下一个部分详细论述。

就以上所归纳的三点,似乎很难让我们发现河西法院司法有何种独特的符码,也比较难以看出地理的直接影响。的确,相对于河西走廊在地缘政治、历史深处留给生于斯长于斯的人们的浓浓心结，这里的法律及司法发展并没有显得很特别。之所以如此，这再次表明了作为一种外在制度设计的司法在供给上相对“脱嵌”于地理环境的一面——一般并不需要考虑地理条件的实际状况，除非在涉及如具体的水土、森林等自然资源的情景；同时，强大的制度框架惯性也几乎将实践上可能的个性化存在与需求大部分消解掉。倒是因为地理环境而致的区位劣势在这里体现得很明显。① 在今天的法律及司法实践上，“地理”要素可能是最不重要的——当然，某些情形下，“空间”本身是被作为一个重要的因素来考量的。无论如何，当下的法律及司法，更为强调一套权威系统、一种法权秩序的作用。② 在其他方面，工商业的繁荣与发达等外部条件以及如宗教精神等的作用才被视为今天流行的法律及法治逻辑的重要促动力量。③ 也许正是由于这个原因，今天法治环境以及各类法治与司法指数越来越被视为一种很重要的文明程度衡量指标。

讨论河西法院的司法，固然有配对其历史地理地位的情节，但更主要的是从社会的层面来呈现其实际的状态。吕西安对莱茵河的研究其实是非常好的启发。当然这里存有逻辑上的矛盾——我们既寄希望于地理特点进而寻求司法上的实际个性特质，又发现现代司法很大程度上是脱嵌于在地的地理环境。尽管如此，通过前文论述，能够发现，在实践层面上，在地社会条件

---

① 作为比对的个案可参见有关粤港澳大湾区法律/司法的研究，如杜承铭主编：《粤港澳大湾区法律论坛》，中国政法大学出版社 2019 年版。

② 参见於兴中：《法治与文明秩序》，中国政法大学出版社 2006 年版；於兴中：《法理学前沿》，中国民主法制出版社 2015 年版；於兴中：《“法治”是否仍然可以作为一个有效的分析概念？》，载《人大法律评论》2014 年卷第 2 辑，法律出版社 2015 年版。

③ 参见［美］哈罗德·伯尔曼：《法律与革命：西方法律传统的形成》（第 1 卷），贺卫方、高鸿钧、张志铭、夏勇译，法律出版社 2018 年版。

对司法是有“隐形”之限制与框定的。对此的回答是,区域司法研究不仅仅只是要平衡历史短视的出现与对现实的妥协,还需要考虑到法律本身的特点。自当下来看,可以经由河西—甘肃—西北—中国这一条思路再来回看河西五地的司法。这不全是抽象的区域与整体之间关系的讨论,而是从河西社会之司法实践本身来省思我国司法之整体,即作为大国的司法。从这一视角出发,一方面,避免了因应地理差异性进而要求适应于在地社会的独有法与国家统一法之间的紧张乃至对立关系,事实上这一担忧似乎也无必要,因为法律解释上“慈善原则”的运用便能兼顾这一矛盾;另一方面,这实际上是揭示了自地理视角思考法律的主要价值。即地理因素的考量并不是要回到地理决定论的思路上去,毋宁说是在一个更大的场景下,诸可比较的地理空间由于自身位置及实际条件而致的各种资源在配置上的不均衡进而使得整体的司法状况呈现出某种形态上的差异,而学者的工作则是去发现这种不均衡并做出一定的解释。这种经由对比而呈现出来的较明显关联于一定的地理空间/行政区域的地方司法面相,实际上反映的就是某种并不完全明显的司法—地理影响关系。现代社会下,自然地理的影响力在制度设计中的确已经大为降低,代之以区位影响力等这些相对间接的地理原因,司法上亦然。

### [二] 基于河西的西北司法

以上就河西五地的司法作了一个非常初步的轮廓式的描述。接下来本文经由河西—甘肃将问题的论域扩展到西北,来尝试阐述司法的西北问题及西北的司法问题这两个多少有点绕口的问题。经由河西走廊—甘肃—西北这样一条思路讨论其中的司法问题,这是假设其间的司法是有独特性,或者更确切地说是要表明在我国这个大国司法的整体图景下这里的司法与他处的司法还是有一定的差异面。但是万千的社会生活纠纷在经过法律关系的抽象与整理之后,再通过标准化的司法流程适用统一的法律,使得这种差异面在一定程度上完全被消解了。在这一背景下,本文所讨论的西北司法之独特性,事实上指的是在西北司法的日常实践中所呈现出来的具体面向。即是说,描述与分析西北这一个案,其主要点已经从独特性的层面偏向了大国司法背景下的局部表现。

**(一)司法的西北问题**

关于西北的界定有一些分歧。比如从行政区划上将陕甘宁新青视为是西北。但在气候上,可能讲的是以400毫米等降水量线划分的西北干旱、半干旱区。另外,以也可以以农牧交错带作为划分西北的一个尺度。但是不管怎样的划分,西北最主要的特点就是集中在农业、矿产资源的开采等这种第一、第二产业上,而且就生产总值来看,在全国相对不高。事实上,上述几种划分方法有很大的地理空间重合的。基于这样的考虑,本文还是以河西—甘肃所呈现问题来讨论西北的问题。

关于西北问题,至少有下面几个层次是可以讲得通的。(1)总体上,西北社会带有很强烈的农业社会底色。即便有个较高的城镇化率数字,但是这种城镇化,远不是高水平的城市化,更非都市化生活,更准确地这里是“喧闹而又平静”的城乡社会。① 这种态势在一段时期内还将继续存在,②就此而言,还

① 参见熊万胜:《城乡社会:理解中国城乡关系的新概念》,载《文化纵横》2019年第2期。

② 《甘肃省城镇体系规划(2013—2030年)》,载甘肃省人民政府网2014年12月21日,http://www.gansu.gov.cn/art/2014/12/22/art_46_219111.html。

难以讲这是典型的工商业文明社会,还是传统农业文明下的(半)熟人社会。(2)尽管西北有着面积非常大的国土,平均人口密度也不大,但是考虑到这里的自然环境,人地之间的生存压力巨大,是以寺田浩明所讲的"拥挤列车"问题在这里更为突出。① 这样的一种状况必然会进一步呈现在司法中,即可能在发达地区看来可以忽略的矛盾在这里则有可能成为严肃的问题。(3)这里社会中的少数民族以及相对延传比较完整的传统习俗,都有可能使现代法律制度在这里不断遭遇挫折。这可能在婚姻家庭继承、民间借贷等领域都会有所体现。同时,这样的一种社会运作机理,也使得以法教义学为中心的现代司法模型需要不断进行修正,以充分考虑到在地社会的实际。在这方面,关于少数民族习惯法的大量研究对此都有深刻的体现。

**(二)西北的司法问题**

就西北的司法问题,至少包括了以下几个方面。

(1)司法资源的配置仍然是短缺的,这使得在发展程度较高的地方可能有办法解决的问题在这里解决起来更为棘手。比如这里可能存在更严重的案多人少问题。

> 张掖市甘州区法院西郊人民法庭是甘肃省最忙的基层人民法庭之一,近三年平均年收案数达1600多件,超过了一些基层法院的收案总数。3名员额法官、3名法官助理、3名书记员,这是法庭的所有干警,他们早上迎着晨曦投入工作,晚上时常披星戴月回家。甘州区法院院长杨学诗介绍,该院是全省案多人少矛盾最为突出的基层法院,收结案数连年位居全省基层法院前列。2018年,甘州区法院受理案件27,150件,员

① 《权利与冤抑:寺田浩明中国法史论集》,王亚新等译,清华大学出版社2012年版,第415-423页。

额法官人均结案数达340件，是全省员额法官人均结案数的2.3倍，法官人均结案数居全省第一。①

“法是善良和公正的艺术、善良的心是最好的法律”。肃州区人民法院民二庭助理审判员周国霞是这样认为，也是这样做的……随着全院民事案件数量大幅度上升，周国霞法官的收案数也逐年上升。2016年，周国霞法官共收民事案件219件，审执结民事案件181件，结案率83%。2017年共收民事案件290件，办结235件，结案率81%。2018年1月至9月，其收案数已经达354件。由于承办案件数量多、很多案件案情复杂，她经常利用中午休息时间书写并修改法律文书。②

(2)法院司法水平参差不齐，有一定的提升空间。对此，这从当地中级法院一些质量并不很高的上诉裁判文书就可以直观体现出来。同时，这里法院的法官培训等再教育经费投入占年度预算比例也相当低。

(3)“韦伯命题”在这里得到了更为明显的呈现。③ 在西北社会这样更在于“土地”的生活场景，实际上与发达于现代西欧国家的法律需求及适用场景不大相同。这种社会整体法律化指数不高的状况，部分可通过其诉讼类型以及诉讼标的额反映出来。在这里，司法更强调纠纷的解决，而不是其他比如提供稳定的预期、程序保障等方面的价值。这样的一种司法意识加之西

① 潘静、虎文心：《探访甘肃最忙基层人民法庭》，载甘肃法院网2019年3月8日，http://www.chinagscourt.gov.cn/Show/32530。

② 《从善良出发做合格法官——记全国法院办案标兵、肃州区“三八红旗手”周国霞法官》，载腾讯网2019年3月7日，https://xw.qq.com/amphtml/20190307A1BK3K00。

③ 参见李猛：《除魔的世界与禁欲者的守护神：韦伯社会理论中的“英国法”问题》，载李猛编：《韦伯：法律与价值》，上海人民出版社2001年版。

北社会的民情/风俗(mores, moeurs)都使得具体的司法过程体现出比较强的实质非理性特征。① 朱晓阳所说的“法律语言的混乱”在这里成为了一个突出的问题。② 这种风俗与法权之间的张力大体还将在较长时期内存在。

(4)2020 年 5 月,《中共中央、国务院关于新时代推进西部大开发形成新格局的指导意见》提出“推动西部地区对外开放由商品和要素流动型逐步向规则制度型转变”,这对于处在“一带一路”向西重要区域上的河西走廊在司法供给观念的转变上是一个较大的挑战。

上述司法的西北问题与西北的司法问题是可以合二为一的,也需要相互观看。我们讨论河西法院的司法,进而甘肃、西北,实际上是想探寻这其中的独特性的。但是一如文章上一部分结尾处所言,地域、地理对法律及司法的意义可能是在他处。问题是,是否还有必要将系统下被统合的个体再次发掘出来?在此意义上,讨论西北的法院司法,更大意义上首先是要描述西北的司法实践,而非改造法律及司法体系本身,在这方面地理因素在诸如政治、文化、经济等方面的“独特性”统统被化约与消解。基于此,区域之司法研究就不是毫无意义。这在我国,一是发现作为区域的具体法院的司法实践,二是何以考虑大国司法的问题。尽管法律及司法可以通过自带的合法性与正当性而呈现某种程度上的统一性,但 A 地与 B 地的司法在表现为相似性的一面之外,还有统一性之下大量的差异性,理想的状态是在这其中寻求最大公约数以及一定程度上的授权。这一点是再明显

① 参见[日]和辻哲郎:《风土》,陈力卫译,商务印书馆 2018 年版;陈涛:《涂尔干的道德科学:基础及其内在展开》,上海三联书店 2019 年版。

② 参见朱晓阳:《“语言混乱”与法律人类学进路》,载朱晓阳、侯猛编:《法律与人类学:中国读本》,北京大学出版社 2008 年版。

不过了，比如最高人民法院针对诉讼法的大量司法解释中，特别针对各地的实际情况而确定出来的不同层次的标的额大小。(见表5)

**表5　高级人民法院和中级人民法院管辖第一审民商案件的管辖标准**

| 地域 | 当事人住所地均在受理法院所处省级行政辖区的 | | 当事人一方住所地不在受理法院所处省级行政辖区的 | |
|---|---|---|---|---|
| | 高级人民法院 | 高级人民法院所辖中级人民法院 | 高级人民法院所辖中级人民法院 | 高级人民法院 |
| 北京、上海、江苏、浙江、广东 | 5亿元以上 | 1亿元以上 | 3亿元以上 | 5000万元以上 |
| 天津、河北、山西、内蒙古、辽宁、安徽、福建、山东、河南、湖北、湖南、广西、海南、四川、重庆、贵州、陕西、新疆和新疆生产建设兵团分院 | 3亿元以上 | 3000万元以上 | 1亿元以上 | 2000万元以上 |
| 吉林、黑龙江、江西、云南、甘肃、青海、宁夏 | 2亿元以上 | 1000万元以上 | 5000万元以上 | 1000万元以上 |
| 西藏 | 1亿元以上 | 500万元以上 | 2000万元以上 | 500万元以上 |

注：根据《最高人民法院关于调整高级人民法院和中级人民法院管辖第一审民商事案件标准的通知》(法发〔2015〕7号)、《最高人民法院关于调整部分高级人民法院和中级人民法院管辖第一审民商事案件标准的通知》(法发〔2018〕13号)整理。《最高人民法院关于调整高级人民法院和中级人民法院管辖第一审民事案件标准的通知》(法发〔2019〕14号)："高级人民法院管辖诉讼标的额50亿元(人民币)以上(包含本数)或者其他在本辖区有重大影响的第一审民事案件。"

除了上述这种差异外，又如下文还要讨论到的各地具体的司法资源配置以及经费保障等方面都有一定之差异。总之，区域司法研究上的意义我们可以从前文已经提到的法国年鉴学派的代表性作品中找到相当多的启发，这不仅是它围绕地理要素的社会史叙述，还在于它长时段时间观的启发，在这个意义下，现时地看,河西走廊乃至西北的司法是平淡的,但是长时段的看它却是形塑今天司法横流的历史涓涓细流。文章以下想进一步讨论的是大国在司法上所应当考虑组成其的各局域,以使整体的司法效果达到一个比较理想的状态。

### [三] 区域之中的大国司法图景

一木不成林。大国司法是在两个层面上讲的,一个层面是宏观上,我国是一个大国,大国的司法有其特别之处;①另一层面则是大国之下的各个组分。大国司法,首先考虑的是到全国的统一性,之前曾经有关"司法权乃中央事权"的讨论。多年来,民间法—国家法的讨论也都涉及地方与国家之间在司法上的可能张力。尽管如此,我国各地司法的不均衡性是很明显的。这种不均衡不是讲大家适用的法律不一样、具体的裁判标准不一样,而是讲由于经济等发展上的差异进而导致司法资源在实际的占有与分配上是不均衡的。而且这种不均衡是很难彻底改变的,但这不是说问题就此完全无解。事实上,顶层设计上的种种考虑都在努力打破这种失衡,地方也在通过自身的改变来减弱这种不均衡性所带来的司法差异的影响。这大体就是本文所称透过区域来省思大国司法的最基本出发点。

在这里,还得回到本文最开始所讲到的罗尔斯与森的理论。② 尽管这只是一种来自域外的社会理论,但是它的确能够

---

① 进一步,这里尚涉及我国在司法发展的外部经验借鉴的具体选择问题,比如如何看待新加坡这样的小国的经验。如汪丁丁:《大国为何无以师小国》,载财新网,http://opinion.caixin.com/2016-02-19/100910562.html。

② 参见[美]约翰·罗尔斯:《正义论》(修订版),何怀宏、何包钢、廖申白译,中国社会科学文献出版社2009年版;[印度]阿马蒂亚·森:《以自由看待发展》,任赜、于真译,刘民权、刘柳校,中国人民大学出版社2012年版;[印度]阿马蒂亚·森:《正义的理念》,王磊、李航译,刘民权校译,中国人民大学出版社2012年版。

里可能更突出一些,疲于应付与轻松上阵是两种不同的样态,尽管他们的资源可能都是仅仅够用。司法上,在法院的法官之外,很大的一方面还在于关于司法的其他各种软硬件等资源的配置上。这主要想讨论一下河西五地基层法院的派出法庭以及各中级人民法院的经费保障水平。

首先简单讨论一下河西五地基层法院的派出法庭问题(表6)。就派出法庭的设立而言,全国的水平是3个/基层法院,甘肃省的平均数也是如此。不过具体地看河西五地基层法院的派出法庭设立,除嘉峪关市中级人民法院下辖的城区法院、武威的民勤县法院无派出法庭外,其他四地的基层法院都设有数量比较多的派出法庭,比如武威凉州区法院设有14个派出法庭、张掖的甘州区法院设有8个派出法庭。而前述最忙的浦东新区法院只设有7个派出法庭、朝阳区法院设有8个派出法庭。当然河西几地大量的派出法庭,考虑到的是这里广阔的地域面积,而且还有若干飞地,比如酒泉市肃北蒙古族自治县法院马鬃山法庭。① 这些星星点点的派出法庭实际上支撑起了当地基层司法的相当大的任务。

河西五地基层法院数、人民法庭数和甘肃省、全国对照情况如表6所示。

**表6　河西五地基层法庭数、人民法庭数与甘肃省、全国对照**

| 地域 | 全国 | 甘肃 | 酒泉 | 嘉峪关 | 张掖 | 金昌 | 武威 |
|---|---|---|---|---|---|---|---|
| 基层法院数 | 3122 | 95 | 7 | 1 | 6 | 2 | 4 |
| 人民法庭数 | 10,842 | 317 | 23 | 0 | 18 | 7 | 25 |

资料来源:全国人民法庭信息网;周强:《最高人民法院关于人民法院加强民事审判工作依法服务保障经济社会持续健康发展情况的报告——2020年10月15日在第十三届全国人民代表大会常务委员会第二十二次会议上》,载最高人民法院网2020年10月17日,http://www.court.gov.cn/zixun-xiangqing-263731.html。

① 《今日我当班:肃北县法院马鬃山法庭法官的一天》,载甘肃法院网2019年4月4日,http://www.chinagscourt.gov.cn/Show/33205。

尽管目前关于派出法庭之定位可能需要重新再认识,①但是无可否认的是基层法院派出法庭的数量是减少了而不是增多了。② 是以,基层法院派出法庭也在一定程度上也反映着当地社会法院司法供给水平。

再比较一下2015—2020年河西五地法院的总预算(决算)支出与在编总人数。(如表7所示)

**表7 河西五地法院2015—2020年总预算(决算)支出与在编总人数对照**

| 年度 | 酒泉 | | 嘉峪关 | | 张掖 | | 金昌 | | 武威 | |
|---|---|---|---|---|---|---|---|---|---|---|
| | a | b | a | b | a | b | a | b | a | b |
| 2015 | | 92 | 1400.23 | 68 | | 85 | 1244.78 | 64 | | 103 |
| 2016 | 1987.76 | | 2857.90 | | | | 926.18 | | | |
| 2017 | 2438.58 | | 3728.01 | | 2304.90 | | | | 3277.37 | |
| 2018 | 1433.25/3643.91 | | 4106.18 | 90 | 3749.90 | 86/36 | 1212.32/3164.18 | | 1748.38/7221.70 | 119 |
| 2019 | 2710.61 | | | | 2976.59 | | 2229.27 | 65/26 | 2999.73 | |
| 2020 | 2837.88 | | 2243.31 | | 2972.71 | | 3267.59 | | 3424.58 | |

资料来源:中国嘉峪关网、金昌法院网、酒泉中级人民法院网站、嘉峪关中级人民法院网站、张掖市人民政府网站、武威法院网、酒泉法院网、嘉峪关法院网,以及甘肃省高级人民法院编:《甘肃法院志》,甘肃人民出版社2017年版。

注:表中"a"代表"总预算(决算)支出",单位为万元;"b"代表"在编总人数(干警数/入额法官+工勤)",单位为人。

---

① 参见顾培东:《人民法庭地位与功能重构》,载《法学研究》2014年第1期。

② 目前的派出法庭数量基本保持了2004年以来的水平(彼时全国基层法院共3111家),而在1992年的时候这一数字大约为18,000。参见朱景文主编:《中国人民大学法律发展报告2011:走向多元化的法律实施》,中国人民大学出版社2011年版,第46、68页。

仅以表7来看,我们很难判断出河西五地法院的司法经费保障水平,而且表7所截取的时间点(2016年),正好处在甘肃作为第三批本轮司法改革省份刚开始的转折点上,人员工资有了比较大调整;同时,从2018年开始,甘肃实现了省以下地方法院财物统管体制改革,按照“3+8+5”模式推进①,这也使得河西五地的司法经费保障等在甘肃省内保持了一致,只是特别需要注意的是新的经费保障模式在某些支出项目上较之前“地方管理时有所降低”。客观地说,至少在纵向上,甘肃本地的司法经费保障水平在最近这几年有了很大改善。但在纵向比较上,特别是就全国的整体水平来看,包括甘肃在内的西北、西部地区的经费水平还有一定的提升空间。也能够看到,在上述法院的年度收入预算中包含了一定比例的中央政法转移支付资金。另外,在公用经费上,甘肃的政法一类仅3万元/(人·年)。②

就河西走廊的历史地理意义而言,其实从张骞的“凿空”③通西域到后来自牧区转为半农半牧区、农区,经济发展模式并没有出现根本性的转变:河西走廊的通道地位的确很突出。只是伴随社会的发展所带来的新的增长极和新的生产方式,陆路交

① “(即)推进经费、资产、非税收入3项主体改革;理顺‘两庭’建设项目管理、政府采购、公车改革、聘用制书记员保障、医保、公积金缴纳渠道、国家赔偿和司法救助经费承担级次、全省法院干警工资统发等8项配套改革以及积极解决中基层法院公用经费保障标准偏低、不平衡,‘两庭’项目建设债务,基层人民法庭无维修和运转经费,智慧法院信息化建设资金来源渠道,统管补助办案业务专项经费渠道等5个重点问题”,参见《全国法院财务工作培训班在兰州举办唐虎梅、陈天雄出席开班仪式》,载中国甘肃网,http://cx.gscn.com.cn/system/2018/08/07/011993859.shtml。

② 具体的情况可参见甘肃省高级人民法院编:《甘肃法院志》,甘肃人民出版社2017年版。另外有关中西部地区法院在经费保障在全国大盘子下的状况可参考唐虎梅、郭丰、李军:《全国法院经费保障体制改革情况调研报告》,载《人民司法(应用)》2011年第17期;唐虎梅等:《人民法院经费保障体制改革情况调研报告》,载《人民司法》2013年第21期;唐虎梅:《省以下法院财物统管改革的现状与展望》,载《法律适用》2018年第21期。

③ 《史记·大宛列传》。

通的重要性不断被海路及航空运输所稀释与代替。事实上,今天再去看古丝绸之路的贸易,这只能是相对轻便而且价值大的"奢侈品",而更大数量、更丰富、更远距离的贸易则是在海路。①而在这之外,包括河西走廊之内的西北司法其最现实的问题则可能在于"胡焕庸线怎么破"。尽管我们在前面讲河西走廊—甘肃—西北的司法如全国大多数地方的司法一样在正常运行,但是宏观地看,胡焕庸线两侧司法的差异还是有的,宏观的统计数据以及细致入微的具体案件裁判水平都能在一定程度上呈现出来。而这对于大国司法的整体而言,是需要重视的,作为木桶上短板需要尽可能地加长上来。

### [四] 地理的法律解释的可能贡献

尽管本文主要是基于"河西—甘肃—西北—中国"这样一种不断扩大的个案对法院司法的某种社会学上的阐释,但其视角其实是自地理—法律角度的,笔者将这一径路视为对传统上的法律地理学研究视野的一种扩展。② 法律地理学并非发自中国的法学理论,其在域外也有比较固定的研究范式,最近几年的国内译介、引进已经比较明显地凸显出了其理论底色。但不容否认的是,法律地理学尽管已经有了 30 多年的集中发展,还是比较羸弱;同时,为一般人所自然想到的孟德斯鸠的那种朴素论

---

① 参见《丝绸之路建设水问题是最大短板——专访北京大学城市与环境学院教授韩茂莉》,载《投资时报》2014 年 6 月 8 日;李伯重:《火枪与账簿:早期经济全球化时代的中国与东亚世界》,生活·读书·新知三联书店 2017 年版。

② 有关域外法律地理学的发展状况以及其在中国未来的发展反思可参见杨静哲:《法律地理学的问题意识与研究定位》、谭俊:《法律地理学研究的方法与困境》、韩宝:《连接法律地理学研究的孤岛》,均载《中国社会科学报》2021 年 1 月 20 日,第 4 版。

述思路也已经被抛弃。某种意义上，目前的法律地理学的研究路径是有些窄的，这就需要有新的思路去不断探索新的关于地理与法律之间的关系。问题还在于，我国的法律地理学是否在当下就要切入到相对较为抽象的"空间—法律"关系讨论中去，"空间"是否就是地理这一概念的全部，法律地理学的研究议题是否就能为"法律—空间"研究所能涵括？这是可以再讨论的。相对而言，法律地理学更为侧重的是人文地理学下的地理学，是过于看重抽象"社会空间"的批判地理学，而缺少了那种原初意义的法律地理学的质感。① 是以，也就不难理解为何是那种无差别的、格式化的、去人化的研究正越来越占据法律地理学研究最突出的位置，而偏重于经验层面且有意义的研究却越来越少。值得深思的是，为什么以段义孚先生为代表的人文主义地理学没有成为一种有持久影响力并不断发展的主流学派。② 难道这真是一个解构人、去人化的时代吗？

自地域的视角来考察实践中的法院司法，这固然有比较强的法社会学、法人类学的方法及旨趣关怀在其中，但是这其中最核心是在地理。在我国，区域司法/法治研究不是没有，但是过往的研究还是比较关注法律的内在规范本身，③而没有将地理因素放在前面。现在似乎可以做一些调整，尝试比较新的关于法律区域研究的思路。年鉴学派的地理环境观是能够借鉴的。基于区域（地方）的法律—司法描述，尽管对于实定法的调整与改变可能并不是那样突出，但却在一定程度上将这个国家的司法实践和盘托出——呈现在光照之下，这是关照与安排大国司

① 参见刘云刚等：《如何回归地理学：我的思考与实践》，载《地理研究》2018 年第 6 期。

② 参见［美］段义孚：《人文主义地理学：对于意义的个体追寻》，宋秀葵、陈金凤、张盼盼译，上海译文出版社 2020 年版。

③ 比如《中国法律评论》2019 年第 3 期的专栏"地方法制的规范性之辩"。

法的一个必要考察步骤。河西走廊上的司法,尽管暂时还难以为这个国家的司法提供具有“样板”意义的经验,但它的确是这个国家日常的司法样态之一。[①] 退一步,如果在其他方面讲“一个都不能少”的话,司法也是一样的,或许到这里才能感觉到最真实的中国司法:统一之下的差异与个殊。在更为宏观的层面上,我国司法上的胡焕庸线同样是存在的。尽管胡焕庸线已经是 1935 年的旧事了,但是时间的经过,并没有改变历史,反而更加真实。在我国,“西部地区发展不平衡不充分问题依然突出,与东部地区发展差距依然较大”是需要一直思考的困难命题。尽管司法是被动的,但也需要考虑到这个因素。特别是在今天,包括司法在内的法律制度体系已经不全是事后的救济与补偿,还需要营造出一种可以预期的稳定制度。

### [五] 余　论

法律与地理之间的关联在什么地方?或许还得回到桑托斯“法律:一张误读的地图——走向后现代法律观”。[②] 是否这样的误读是我们可以承受的?问题是要怎样解读?这样的解读又能做什么?或许这就是法律与地理之间的密码。笼统地说,至少在目前的法律/司法范式下,至少要做到形式上的统一,在制

① 例如,深圳前海合作区人民法院,2014 年 12 月 2 日经最高人民法院批准成立,位于广东省深圳市前海深港现代服务业合作区,是最高人民法院确立的综合性司法改革示范法院。又如,2012 年的珠海横琴法院。再如,根据中央全面深化改革领导小组审议通过,于 2017 年 8 月 18 日成立的杭州互联网法院;以及经原来的铁路运输中院改制而成的北京、上海的跨行政区划法院。对于河西走廊—甘肃,一个亮点就是在前述现已搬迁至兰州的甘肃矿区法院上成立的“兰州环境资源法庭”。

② Boaventura, *Law*:*A Map of Misreading* :*Toward a Postmodern Conception of Law*, 14 Journal of Law and Society 279(1987).

度上消解因地理因素而造成的差异性与个殊化。久而久之，即便是有某种可能的实质上的地理差异，但是在形式理性法的框架下都全部给予了最后的整合。这或许是法律的地理研究最困难的地方。对于大国司法这个问题来说，也有着同样的困惑。整体与局部、中央与地方各自要有多大的权限？又应该在哪些范围内起主要作用？这都需要去探索。

跳脱出大国司法的域内视界，从与域外的比较来看，一定意义上这是一个技术问题，就人类过往的法律史，有一些经验可以供我们借鉴。大国司法，其作用不仅仅只在于司法，还在于维护大国本身的秩序、保持大国的稳定。在这个意义上，大国之司法实质上就是在作为一种制度优势而存在。于此，古罗马法以及英格兰的普通法都很好地证明了这一点。那么对于我们的大国司法，我们能提供什么呢？何家弘先生讲过一段很有意思的话："我们要有制度自信，但不是要相信自己的制度是最好的，而是要相信自己的制度能更好！"①是以，很难说哪一种制度就是最好的，进而陷入制度决定论的陷阱中。完全可以根据我们的经验来进行总结，以提出另外的选择、另外的可能答案。正如费孝通先生所言："各美其美，美人之美，美美与共，天下大同。"

本文的视野是比较窄的，更关心的是河西作为一个中国这个大国下的局部的司法现状，或者说是希望通过对河西走廊这样一个具有深刻历史地理意义的地方的司法现状的挖掘，看看是否可以为我们这个大国的司法找出一个有益的建设线索，甚或是王勇所讲的那样以来打造中国法学的锚地。尽管如此，回到现实，我们可能更关心的是具体的司法资源的配置均衡问题，这是由于具体的国情、历史传统以及社会、国家一定的治理逻辑

① 何家弘：《卖大麻的丹麦"自由城"》，载财新网 2019 年 11 月 20 日，http://hejiahong.blog.caixin.com/archives/216148#more。

所决定的。① 河西司法,经由法律地理学这一视角,其不仅是我国司法的一个个案与缩影,还有其更特别的意义。即可用透过河西司法的情状以来省思更大范围上的西北司法;进而在胡焕庸线之下,以来考虑何以跨越这条线,这也正是《中共中央、国务院关于新时代推进西部大开发形成新格局的指导意见》精神的体现。在今天,司法不仅仅只是一种单纯的制度,也不再只是一种事后的国家强力保障的救济手段,更是一种文化进步的表征。在我国带有差异与不均衡的地理条件下,大国之下司法的各个组成部分不是说就应该"内卷"于其地理条件,而是不仅要能超越地理的限制,还要能考虑到当地的特点。

---

① 参见张世明:《中国大国空间特性的新历史法学透视》,载《中州学刊》2013年第5期。

《法律和社会科学》(2020)　第19卷第1辑,第409~424页

# 中国司法过程的性质

## ——评《千丝万缕的法院》

范　媛*

这是一本有着自己独特风格的著作——它以理解司法过程的性质为旨趣。如同夏皮罗的《法院:比较法上和政治学上的分析》①一样,吴贵亨、贺欣合著作品《千丝万缕的法院》同样旨在揭示被"神话"了的法院与司法,但它不局限于政治范围,将目光投至影响中国法院作出司法决定的行政、政治、社会、经济因素。它突破传统,从法解释学视野转向经验研究方法,从注重"书本上的法律"转到致力于"行动中的法"研究,从"法院自上而下是统一机构"②的纵向固有思维转而"法院与政党、社会之间具有亲密、具体又复杂关系"③的横向新式思维,全方位展示司法过程性质与社会生活之间的高度关联性。

该书是作者基于以往经验研究的学术积淀,对基层调研

* 范媛,西南政法大学硕士研究生。感谢香港大学贺欣教授、西南政法大学曾令健教授提出的宝贵建议,但文责自负。

① [美]马丁·夏皮罗:《法院:比较法上和政治学上的分析》,张生、李彤译,中国政法大学出版社2005年版。

② Kwai Hang Ng & He Xin, *Embedded Courts*: *Judical Decision-Making in China*, Cambridge University Press, 2017, p. 3.

③ Kwai Hang Ng & He Xin, *Embedded Courts*: *Judical Decision-Making in China*, Cambridge University Press, 2017, vii.

数载的经验材料进行总结和凝练的成果。题目使用的“千丝万缕”(embedded)一词十分恰当地反映出中国法律与社会之间相互缠绕、纠结的现实状况。这是经验研究领域的重要代表作之一,作品问世后引起热烈反响和讨论,目前国外已发表数篇该作品的评论,对书中的内容有十分翔实的概述,但本文不拘于此,另与他书比较分析该书独特的学术贡献、研究方法。①

### [一] 两桩离婚案引发的思考

作者开篇从故事性极强的两起离婚案司法处理着手,引领读者走进经验研究世界。一起案件发生于北方内陆,而另一起案件发生于南方沿海较大城市。离婚案件虽发生在不同地域,但同样是原告第二次向当地法院提出离婚请求,最终处理方式却截然不同。内陆四十岁妇女的再一次离婚请求依然没有得到新法官支持;而沿海地区当事人却用“无路可走”触发了法官的恻隐之心,请求最终得到支持。② 透过这两起案件,读者会产生巨大心理落差,“法律面前人人平等”的法律原则现实中并未得到实质落实,“司法是实现社会公平正义最后一道防线”的理想也不攻自破,他们更多感受到的是地域间司法运作过程的差异。

---

① 目前为止,国外已表表了关于该书的数篇书评。如 Zhang Taisu、Li Peifan、Donald C. Clarke、Tong Xin、Wang Juan、Li Ke 等人。大抵都是围绕该书进行了精彩评述。本文独特之处在于不仅就书论书,而是将该书与苏力先生《送法下乡:中国基层司法制度研究》之间异同进行了对比,进而指出该书特有的学术贡献,同时针对经济研究方法进行了评述。

② Kwai Hang Ng & He Xin, *Embedded Courts: Judical Decision-Making in China*, Cambridge University Press, 2017, p. 1-2.

法院是行使国家审判权的机构,是事实认定、法律适用的主要场所。传统认知中,国家法院系统是统一体,法律是理性象征,法官遵循一致司法规则进行裁决。上述离婚案件依法处理相对简单,但为何当事人却迟迟得不到理想判决结果?也许作者不想让读者带着疑惑继续阅读,抑或作者本人性格直接、豪爽,对案件简单陈述后,紧接着便指出中国法院不是统一体,各地法院与它所处周围环境有紧密联系,甚至可以说是地方产物。法院之间由上级法官为自己培养的关系网是一种"地方性知识"差异,"知识边界"为各地上级法官参与本院复杂、疑难案件提供了制度正当化的理由。① 作为社会的有机组成部分,法院从来都不是独立机构,法院裁判从来不在纯粹真空的法律氛围中生成,司法文化受到社会政治、经济影响,因此司法过程中便夹杂着诸多非理性因素考虑。② 复杂社会环境为作者将法院作为研究对象提供了经验素材,法外因素对法院裁判过程的影响构成了该书贯穿始终的讨论主题和核心思想。

### [二] 理想类型的创设:"单位式"(Unit)与"公司式"(Firm)法院

为分析不同地域中国法院内部司法过程差异,作者创造性地提出"单位式"与"公司式"法院两种理想模型。它们的设置之间存在较大差异,"单位式"法院注重"结果"

---

① Kwai Hang Ng & He Xin, *Embedded Courts: Judical Decision-Making in China*, Cambridge University Press, 2017, p. 11.

② Kwai Hang Ng & He Xin, *Embedded Courts: Judical Decision-Making in China*, Cambridge University Press, 2017, p. 14-17.

(Outcome),"公司式"法院注重"产出"(Output)。两者最大的区别是法律运用的多少。① 作者在参观珠江三角洲沿海地区广东和内陆陕西法院后,为什么要别出心裁地提出两种法院理想类型呢?

本文以为,主要基于以下两点理由。其一,司法过程性质的复杂性、混合性。正如书的主线是研究行政、政治、经济、社会对司法的影响那样,理解中国法院的司法过程,就不得不考量中国语境下法外因素对它的作用。该书曾明确指出"中国法院系统是无比巨大且复杂的官僚体系"②,那么"中国法院不是以相同方式运作",因此运用"自上而下单一视角研究框架就难以解释各地区法院之间的不同。"③作者的贡献之一就在于成功提出了"单位式"与"公司式"法院作为两种观察中国法院"异质性"④的不同框架,以"可能性"为中介探讨事务的"现实性"。⑤ 透过上述两种研究框架,读者可以更好地理解中国法院的类型归属。

其二,受韦伯"理念型"思想启发,作者提出两种类型的实质是为了更好地对比、理解中国司法系统内部的不同。⑥印证了关于韦伯"理想类型"概念提出的初衷"正是由于它的实际进程与理想类型进程的差距,更易于认识它的真正的

① Kwai Hang Ng & He Xin, *Embedded Courts: Judical Decision-Making in China*, Cambridge University Press, 2017, p. 7.

② Kwai Hang Ng & He Xin, *Embedded Courts: Judical Decision-Making in China*, Cambridge University Press, 2017, p. 4.

③ Kwai Hang Ng & He Xin, *Embedded Courts: Judical Decision-Making in China*, Cambridge University Press, 2017, p. 4.

④ Kwai Hang Ng & He Xin, *Embedded Courts: Judical Decision-Making in China*, Cambridge University Press, 2017, p. 6.

⑤ 苏国勋:《理性化及其限制:韦伯思想引论》,商务印书馆2016年版,第274页。

⑥ Kwai Hang Ng & He Xin, *Embedded Courts: Judical Decision-Making in China*, Cambridge University Press, 2017, p. 7.

动机”。[①] 也符合韦伯视社会学为“建立类型概念,并追求经验事实普遍规律的一门学科”[②]。因此,作者提出的理想类型不仅能够使读者更容易地观察到法律运用多少对法院类型划分的决定作用,而且可以体验“单位式”与“公司式”法院在有关组织、控制、逻辑、沟通方面不同的机构特性,感受法院内部对“产出”和“结果”重视程度不同而导致司法决定过程性质的差异。[③] 作者基于同样性质案件在不同法院得到不同对待现象,进一步具体将中国法院划分为“裁决型”导向和“调解型”导向,而与上述两种理想类型的主要划分标准相同,其依据都是法律在司法实践中运用的比例。两种法院有着不同司法目的观:“裁决型”法院更倾向于依法裁决,效率是重要的考量因素;而“调解型”法院更关注案件处理结果,“案结事了”成为其终极目标。

随后,作者在书中具体就“单位式”法院和“公司式”法院特征做了详细的区分、解构。[④] 本文试将二者的主要区别整理如下[⑤]:(见表1)

---

① [德]马克斯·韦伯:《经济与社会》,林荣远译,上海人民出版社2010年版,第53页。

② “类型”概念等同于“理念型”,具体详见[德]韦伯:《社会学的基本概念》,顾忠华译,广西师范大学出版社2005年版,第26页。作者在说明社会学与现实之间的距离时,将“纯粹类型”与“理念型”的用语默认为统一含义。具体表述为:“纯粹类型”(理念型)。

③ Kwai Hang Ng & He Xin, *Embedded Courts: Judical Decision-Making in China*, Cambridge University Press, 2017, p. 7.

④ Kwai Hang Ng & He Xin, *Embedded Courts: Judical Decision-Making in China*, Cambridge University Press, 2017, p. 8-14.

⑤ 虽然本书已分别对影响两种理想类型法院司法决定过程的因素在结论部分进行了总结(详见本书第193页),但为更清晰的区分、对比两种类型法院的特征以及下文影响司法过程性质的因素,故本文试图总结成表以供读者理解。

表1 两类法院的特征

| 特征 | “单位式”法院 | “公司式”法院 |
| --- | --- | --- |
| 法院结构 | 垂直型 | 扁平型 |
| 司法决定程序 | 垂直等级控制结构的压力(行政、政治等)对程序的影响 | 遵从正规的司法程序 |
| 司法过程中个人价值倾向 | 注重社会、人际交往能力 | 注重法律知识、能力 |
| 影响法官独立判断因素 | 关系网(来自工作、家庭、邻里、社会生活等) | 法官个体独立判断 |
| 法律运用数量 | 少 | 多 |
| 法官人员构成 | 退役军人、司法人员混合 | 司法人员 |
| 司法目的 | 结果导向 | 产出导向 |

观察上述两者的特点,本文认为两种理想类型更像对欧陆法系司法制度与英美法系司法制度的回应,如同达玛什卡著作《司法和国家权力的多种面孔》中对“科层理想型”与“协作理想型”概念的创造性提出,事实上,“单位式”法院与“科层理想型”、“公司式”法院与“协作理想型”呈现高度同质化特征,都是基于欧陆法系、英美法系核心特点总结、凝练生成的概念。① 但“单位式”与“公司式”词语运用更符合中国语境,也因通俗易懂而迎合中国人“口味”。可更形象地进一步描述,“单位式”结构更像上窄下宽的金字塔结构,底层人员看不到顶端领导的权力操作过程,而“公司式”结构则更像长方体结构,所有人都可以彼此一览无遗。

① 关于“科层理想型”与“协作理想型”法院概念的提出与理解,详见[美]达玛什卡:《司法和国家权力的多种面孔:比较视野中的法律程序》,郑戈译,中国政法大学出版社2004年版,第27-41页。

“现时代是一个理智化、理性化和‘祛魅’①的时代”。这个时代崇尚知识、科技、法律等一切理性化的产物。② 中国法院在“知识化”(intellectualization)③时代潮流中也逐渐觉醒、抬头,社会环境变化造成中国法院向着“公司式”法院嬗变,这首先应验于中国东部沿海法院。弱化的等级监控导致“准市场机制”(quasi-market mechanism)在法院悄悄生长。“花费—税收”(cost-revenue)的财政计算方式使得法院像其他市场主体一样可根据偏好选择税收多的案件类型。④ 由此,它便有了“唯利益是图”的契机,这与书中更注重“产出”的观点在逻辑上保持了一致。但本文认为,法院是国家公权力的代表,如今司法审判权被国家垄断,当“公司式”法院参与到市场竞争成为市场主体时,产出虽提高了,却丧失了作为审判机关中立的司法立场,也离“正义”价值目标渐行渐远。正如有位学者指出的那样,西方民事诉讼中的主要冲突是公正与经济、公正与效率、形式公正与实质公正的冲突和背反。在这些冲突中,首要是公正与效率的冲突。⑤ 这使我们开始思考公正与效率间紧张又矛盾的关系,也提醒大家警惕将“公司式”法院过分神圣化宣扬;而作者也提

---

① “祛魅”德文为 Entzauberung,也被译为“除魅”。指祛除神秘化或是非理性的神秘感,世界逐步走向理性化。对该词的理解及“为世界除魅”的叙述具体可参见[德]马克斯·韦伯:《学术与政治:韦伯的两篇演说》,冯克利译,生活·读书·新知三联书店 2013 年版,第 29 页。

② 此处的“理性”实指韦伯提出的“理性”概念。有关“法的形式理性化”论述具体可参见[德]韦伯:《法律社会学》,康乐、简惠美译,广西师范大学出版社 2005 年版,第 216-226 页;“理性”概念的阐释、分类等参见[德]韦伯:《社会学的基本概念》,顾忠华译,广西师范大学出版社 2005 年版,第 31-35 页。

③ Kwai Hang Ng & He Xin, *Embedded Courts: Judical Decision-Making in China*, Cambridge University Press, 2017, p. 74.

④ Kwai Hang Ng & He Xin, *Embedded Courts: Judical Decision-Making in China*, Cambridge University Press, 2017, p. 12.

⑤ 张卫平:《转换的逻辑:民事诉讼体制转型分析》,法律出版社 2007 年版,第 88 页。

示,切勿"将'公司式'法院与西方独立法院混为一谈"。① 司法改革过程中应尽力保持中立立场,结合中国司法环境和土壤理性、综合地衡量两种法院模式利弊,而不能一味地向西方法院看齐。

### [三] 司法过程性质:理性与非理性的混合

"理想型"的大厦已建构,紧接着作者将视角转向理念与现实之间的"偏离"②现象。为突出现实中法院与上述两种类型法院区别,实现类型建构目的,作者对本书结构精心编排、步步为营,在两种理想类型法院框架内论述四种非理性因素分别对司法过程性质的影响以及制度变形,为后续不同司法环境下形成的中国法院类型提供了对比、参照模板,这无疑是成功运用韦伯"理念型"概念的典范。

司法过程性质会受到社会环境影响。"理想型"司法制度受中国特有社会环境影响,实践操作中也出现了"偏离"并渗入非理性因素。作者提到,20 世纪 90 年代以降,最高人民法院在所有法院提倡运用英美法系"对抗制"式审判。但"中国式对抗制"却被作者称为"更像是短时间冲刺"或"快餐店里你在点餐,而服务员却急着与下一位顾客交谈"。据作者观察,真实中国法院场景司法过程的运作中,大多法官都会限制律师对证人的提问数量,但对比英美法系法院,律师对证人可以进行详细的交

① Kwai Hang Ng & He Xin, *Embedded Courts: Judical Decision-Making in China*, Cambridge University Press, 2017, p. 200.

② "偏离"一词是韦伯在谈及类型建构的目的时,认为非理性的行动要素都可以视作与目的理性行动的概念式纯粹类型的"偏离",本文在此引用该词意在表述现实中法院与理念型纯粹类型法院之间的差异。参见[德]韦伯:《社会学的基本概念》,顾忠华译,广西师范大学出版社 2005 年版,第 7 页。

叉询问(cross-examination)。因此作者将此现象戏称为中国式“三分钟交叉询问”。① 这根源于我国法官普遍视“书证为王”的司法环境。如一位学者曾以日本交叉询问制度移植经验作为样本,认为“移植制度可能会与本国的诉讼体制、具体制度、原则以及法观念意识等环境产生排斥作用”。② “理想很美好,而现实却很骨感”,司法环境对制度运行的影响使法律理性与非理性因素之间发生碰撞是作者在本书“承办法官的日常生活”一章中重点表达的主题。

基于上述对理想制度偏差的描述,我们还会认为现实司法环境下“理想型”法院存在吗?当然,无论从作者还是读者的角度回答均应是否定的。当作者真正开始中国法院调研时,我们发现现实的中国法院不符合任何一种纯粹类型,更多像两者的混合、折中。③ 对此,本书提出有关法院与司法四个论证命题,即司法无法与行政、政治、社会、经济因素脱离,随后尝试将中国法院之间“异质性”及类型“多样性”归因于四种因素的影响。④ 论证时,作者参观法院审判过程、观察审判庭人员之间的互动、通过采访主审法官了解他们在法院里的行为及对当事人的言语作何反应、采访当事人和律师等,这些田野工作的展开是为了更直观地反映司法现状。⑤ “从制度分析转向过程分析”可以更好地描述此部分写作手法的运用,重视过程更因为“现实中使审

---

① Kwai Hang Ng & He Xin, *Embedded Courts: Judical Decision-Making in China*, Cambridge University Press, 2017, p. 41.

② 张卫平:《民事证据法:建构中的制度移植》,载《政法论坛》2001 年第 4 期。

③ Kwai Hang Ng & He Xin, *Embedded Courts: Judical Decision-Making in China*, Cambridge University Press, 2017, p. 192.

④ Kwai Hang Ng & He Xin, *Embedded Courts: Judical Decision-Making in China*, Cambridge University Press, 2017, p. 28.

⑤ Kwai Hang Ng & He Xin, *Embedded Courts: Judical Decision-Making in China*, Cambridge University Press, 2017, p. 207.

判制度运作的都是活生生的个人",①也更能助力司法过程的实证研究。

作者认为,司法过程的性质"难以定义",这与夏皮罗"法院部分是政府官僚机构,部分是专业机构"的立场一致。② 虽对性质难以界定,但该书仍将影响因素在单位式与公司式法院的嵌入大致分为四种③,本文试将二者的主要区别整理如表 2 所示:

**表 2　四种嵌入的特征**

| 影响因素 | 特征 |
| --- | --- |
| 行政嵌入 | 内部上下级垂直控制;法官招录、晋升渠道;审委会组成及决策过程;需进入审委会决策的"疑难、复杂"案件审查标准不明确 |
| 政治嵌入 | 政党的维稳机构;受国家政策影响,如"和谐社会";法律实施带有政治考虑;拒绝接受案件、调解作为裁判的替代;申诉案件、争议离婚案件、房屋拆迁案件处理过程渗入"维稳"考虑 |
| 社会嵌入 | 关系:优先且强纽带;优先但弱纽带;不优先但强纽带;不优先且弱纽带 |
| 经济嵌入 | 新的财政机制:中央政府将保证地方法院的财政,但地方政府对法院经济的影响仍不可忽视,如政府对法院新建筑物或新技术的投资 |

该部分大篇幅引用作者与承办法官访谈对话。直观的材料加之平实的语言使读者仅通过书本对现实司法环境拥有了更真切了解。这是经验研究的独特魅力,它真实不做作、踏实不浮夸、低调而优雅。

① [日]棚濑孝雄:《纠纷的解决与审判制度》,王亚新译,中国政法大学出版社 2002 年版,第 6 页。

② Kwai Hang Ng & He Xin, *Embedded Courts*: *Judical Decision-Making in China*, Cambridge University Press, 2017, p. 83;[美]马丁·夏皮罗:《法院:比较法上和政治学上的分析》,张生、李彤译,中国政法大学出版社 2005 年版,第 32-35 页。

③ Kwai Hang Ng & He Xin, *Embedded Courts*: *Judical Decision-Making in China*, Cambridge University Press, 2017, p. 83-190.

但大量运用经验材料并未使这部分写作显得敷衍甚至有堆砌材料之嫌，个案安排都是作者独具匠心的表现。在说明中国"审判—行政"及"审判—政治"的固有制度逻辑、中国式调解的实用导向思维方式、"关系"纽带对法官造成的羁束等问题时，引用的经验材料赤裸裸地揭示了中国司法环境的现实状况。如论述行政对司法的作用时，书中引用了承办法官流露出的真实话语，他坦言道："法院要求我们在遵守法律和促进社会和谐之间取得平衡。某条法律可以非常明确。如果你依法裁决，结果可能会与现在中央提倡的东西相矛盾。例如，强调调解和社会和谐。①"分析社会纽带对法官裁决造成的影响时，法官如是说道："在我担任一线法官的那些年里，我从未听到我的领导说你应该这样做，或者你应该那样做。他们不会这么说的。他们只会告诉我谨慎处理这件事。"②而另一位法官也发表了同样看法："我的老板③倾向于以相当谨慎的方式说话。这是中国的方式。当然，这并不意味着他没有权力。他在那边。他就像一个国王。他可能是直接的。他本可以直言不讳的。"④访谈材料的恰当运用，使得作者的观点立刻变得生动、鲜活起来，将行政、政治、社会、经济等法外因素对司法的影响以可感知的案例呈现给读者，"千丝万缕"的联系立刻在读者眼前立体起来。文本分析加之经验材料运用，脱离了僵硬书面说辞，文章即刻变得有血有肉。

该书分析司法性质的部分，也穿插了诸多案例为论点支撑

① Kwai Hang Ng & He Xin, *Embedded Courts: Judical Decision-Making in China*, Cambridge University Press, 2017, p. 82.

② Kwai Hang Ng & He Xin, *Embedded Courts: Judical Decision-Making in China*, Cambridge University Press, 2017, p. 116.

③ 中国语境下，"老板"具有指涉"上司""导师"等含义。

④ Kwai Hang Ng & He Xin, *Embedded Courts: Judical Decision-Making in China*, Cambridge University Press, 2017, p. 116.

物。如谈及社会因素时,将关系分为四种类型,包括优先且强、优先但弱、不优先但强、不优先且弱关系。① 为说明关系运作是"隐形"、难以察觉的,把七旬老人被车撞的交通事故案作为分析样本,深入剖析其中当事人、法官后发现关系的运作使法官的中立性受到极大影响:他提供法律建议、增加对方赔偿数额、减轻原告方的责任比例,为原告节省时间、金钱②。再如一则案件,法官为促成双方当事人调解成功,访谈期间出门接了通电话后回来说道:"我知道打电话给律师和当事人不好,但有时我必须这样做。我得确保双方快要达成一致的解决方案时能够找到我。"③案例的注入克服了传统法学著作的枯燥无味,"接地气"的案例使读者阅读该书后可感受到"司法就在身边"。多种写作技巧的运用只为证实"法院是由不同的社会力量塑造的机构"主题,④揭示社会生活对司法决定作出的影响:法院逃不出受到社会存在影响的宿命,它是与社会环境有着"千丝万缕"联系的法院。

这似乎违背了法院作为裁判者需保持中立地位的司法逻辑,读者甚至开始怀疑在这种社会环境下、这样的司法决定作出过程得出的最终裁决能与合法性沾边吗?但作者在书中提醒读者,法院从来都可视为政府机构的组成部分,行政、政治功能主导的中国式司法,社会对其进行考量、评价的标准绝非仅是严格依法审判,必然夹杂政治治理功能的期望。"治理"与"规则"之间随时可能展开竞争。基于对这点的透彻理解,将视线转移到

---

① Kwai Hang Ng & He Xin, *Embedded Courts: Judical Decision-Making in China*, Cambridge University Press, 2017, p. 148-159.

② Ibid., 2017, p. 155.

③ Ibid., 2017, p. 49.

④ Ibid., p. 191.

苏力在《送法下乡：中国基层司法制度研究》中有关“老人赡养案”的叙述，也就能够重新审视、理解为何在老人一纸诉状将四个儿子告上法庭之后，法官超越老人的诉讼请求范围，调解范围由赡养费问题扩展至老人后续衣食住行问题。① 这种“一揽子”纠纷解决方式不能不说是基层法官贴近中国现实的生存智慧。僵硬的法律规则已不能满足基层法官的现实需求，面对血淋淋的现实矛盾，他们必须考虑将纠纷更好地“治理”完毕，以除“后患”。

若《送法下乡：中国基层司法制度研究》是中国司法制度经验研究的开山之作，那《千丝万缕的法院》既是相关领域的继承，也有区别与突破。何为继承？这体现在两者研究主题、对象、进路的一脉相承。从研究内容角度，《送法下乡：中国基层司法制度研究》是从司法行政、政治功能维度展开对“送法下乡”现象②、基层法官“地方性”司法知识和司法行为③、基层法官专业化问题④的讨论，但《千丝万缕的法院》大致将上述问题融合于行政、政治、经济、社会因素对司法性质影响的经验材料之中探讨。何为区别？《送法下乡：中国基层司法制度研究》偏重逻辑推导、思维训练，而《千丝万缕的法院》侧重经验材料论述；前者擅于表达立场，而后者更倾向保持价值中立立场，同样是解读中国法院审委会制度，苏力进行了“温和的辩护”并强调了它的政治、责任分担功能使得它在基层法院具有相对合理

① 苏力：《送法下乡：中国基层司法制度研究》，北京大学出版社 2011 年版，第 133 页。

② 同上书，第 21 页。

③ 同上书，第 107-212 页。

④ 同上书，第 236-308 页。

性。① 而本书作者持谨慎态度,始终未表达自己的偏好。

"什么是你的贡献?"这是苏力在书中发出的呐喊。② 以此衡量《千丝万缕的法院》价值,该书不仅是《送法下乡:中国基层司法制度研究》的继承作品,而它也有自己独特学术贡献:学术眼界更加宽广。从司法政治化的单一视角转换为透过行政、政治、经济、社会因素审视司法过程的全方位视角;"单位式""公司式"法院理想型的提炼为认识中国法院提供了一面镜子,生动揭示了中国表面统一的司法制度之下存有的地方法院差异,同时促进对中国司法专业化前景的理解。

## [四] 代结语: 实践主义视野下的经验研究

法律是社会的产物。在中国法院转型关键时期,如何剖析目前司法环境下社会对法院裁决造成的非理性影响?如何通过有效的研究方法探寻法律与社会间衔接点?等等问题都值得思考。方法之于学术研究"宛如罗盘之于航海,恰如渔具之于垂钓",而"法学是世俗之学,乃经世致用之道",一旦法律与社会实践发生分离,易造成"实践抛却理论,理论偏离实践"。③ 经验研究侧重于在社会实践中进行法学研究,具有强烈问题意识。因此对法律的经验研究而言,该书求真且写实的行文特点、研究进路均具重要借鉴意义。这集中体现在作者论证非理性因素部分时秉承价值中立的学术立场,利用收集的基层法院真实材料,

---

① 苏力:《送法下乡:中国基层司法制度研究》,北京大学出版社 2011 年版,第 103 页。

② 同上书,第 215 页。

③ 曾令健:《实践主义法学研究范式》,载《浙江大学学报(人文社会科学版)》2018 年第 4 期。

让素材"说话"。

同时作者的眼光已不再局限于法学领域,也不再拘于自己的法律人身份,而是"不时地冒险翻过专业领域的墙头",在更辽阔的社会生活中驰骋,横跨政治、经济等领域。① 作者采用类似"小叙事,大视野"的研究思路"在细微处构建宏大"。② 如果说前半部分理想类型的建构是宏观和形而上的,那作者在书后半部分对司法性质影响因素的精彩论述则可以概括为具体而又实际的。从细微处入手,运用一个个具体的经验材料最终勾勒出法院运作真实场景。

不可避免,该书的经验研究方法也可能遭遇种种批评。其中,最尖锐的声音可能来自传统研究领域,直指经验研究提出问题后没有解决对策,是"不负责任"的表现。但本文认为,经验研究本需秉持价值中立立场,发现事实并完成对事实"是什么"的基本描述,而如若提出"应是什么"构想就必然将个人主观价值取向倾注到成果之中,所以不应该苛求经验研究像对策性研究那样提供一整套解决方案。

诸如此类的批评丝毫不减损该书的学术价值,即注重实践中的司法运作与纠纷解决,注重法律与社会生活、社会现象的联系,跳出法条中心主义的局限视野。不应将法律作为"剪刀"充当改变社会的工具、形塑我们的生活,而是应发挥"镜子"作用映照社会生活并使法律贴近生活。③ 该书对于中国法院研究的

① 徐昕:《论私力救济》,中国政法大学出版社 2005 年版,第 41 页。

② "小叙事,大视野"研究进路的提出,具体可详见徐昕:《论私力救济》,中国政法大学出版社 2005 年版,导论中第五部分关于"进路方法"的论述。

③ "剪刀理论"与"镜子理论"具体详见王启梁:《法律移植与法律多元背景下的法制危机——当国家法成为外来法》,载《云南大学学报(法学版)》2010 年第 3 期。

意义不仅仅局限于司法制度研究领域的学术增量,这种专注于研究社会现象以实践带动司法研究的方法论为我们开阔了学术视野,更具启示意义。

# 编辑手记

2019年秋季的某一天,上海交通大学程金华老师和我聊起关于国内司法研究的现状,我们一致认为目前已经到了需要反省方法论的时候了。当年的12月7日,第一期司法研究方法工作坊如期在中国人民大学明德法学楼召开。程金华做了《中国司法制度的量化研究:从小样本到大数据》的报告,我做了《中国司法制度的个案研究:步步深入》的报告,另外还邀请到实务部门的一位专家做司法改革决策过程的专题报告。这分别代表了司法的定量研究、定性研究和政策研究的三种不同取向。我们也决定再举办几期工作坊,并组织《法律和社会科学》的司法专号。

由于疫情的缘故,2020年我们在线上举办了五期方法工作坊,但热烈程度并不亚于线下。本辑的大部分作者都参加了这几期活动,其中杨帆、韩宝、姜增三位老师还专门做了报告,他们的论文在修改后发表在本辑专号上。2020年8月29日,第六期也是最后一期的方法工作坊邀请到来自不同领域的九位老师分享各自对司法研究的认识和体会。他们撰写了书面文字,形成了《司法研究问答》作为本辑专号的第一篇文章。这里也特别感谢陈杭平、程金华、戴孟岩、侯学宾、刘洋、孙海波、张剑源、朱明哲这八位老师,他们不计回报,从不同领域和不同方法各自表述,放在一起就勾勒出了司法研究的整体图景。可以说,他们的这些文字不仅有趣,也有意义。

这一辑专号的各篇论文也有比较鲜明的方法论特征:张翔宇的《对话中的司法实证研究》一文,对美国早期司法政治学研究的不同理论分支进行了梳理,特别是展示了定量方法的运用。杨帆和冷正涛的《家事裁判文书中的情感说理》也是利用裁判文书网的大数据进行定量的卡方分析,同时与访谈方法相结合。张孝晨的《为什么中国民事上诉率偏低》也是定量分析,主要是以近30年的全国司法统计数据为样本来呈现问题。当然,即使是侧重定性的司法研究论文也会运用数据进行描述,例如,孙一帧的《法院执行机构的组织变迁》。而侧重于叙事的定性研究是贺欣、吴贵亨的《实用话语与两性不平等》主要是在讲故事,以法庭对话为材料,展现社会对司法运作的影响。姜增的《司法界人际网络与近代法院运作》运用史料对民国司法界的人际关系进行社会科学的定性分析。程金华的《法官时间研究》也是一篇有意思的定性文章,文中提出了研究法官时间支出的初步分析框架。代伟的《法院的空间治理术》分析了法院的物理空间所塑造的权力关系及其对司法场域再生产的意义。韩宝的《从河西走廊看大国司法的难题》是从法律地理学的角度展开讨论,提出了"司法的西北问题"和"西北的司法问题"。本辑的最后一篇文章是书评。范媛对贺欣、吴贵亨的新著《千丝万缕的法院》进行评论,而这本新著可以说是代表了目前中国司法研究的最高水平。

总的来说,这一辑"司法的社会科学"专号优秀作者云集,既有冒尖学者,也有学生新锐。值得一提的是,2020年8

月,我们举办了第四届社科法学研习营,选拔出海内外36名优秀学员,本辑就收入了其中3位学员的论文。我们希望能够继续搭建好这些平台,让更多的学生能够投入法律的社会科学研究之中。

侯　猛

2020年12月12日